David Ogilvy

Kenneth Roman hat 26 Jahre lang bei Ogilvy & Mather mit David Ogilvy zusammengearbeitet. Zuletzt war er dort Chairman und CEO. Heute lebt er mit seiner Frau in New York und Nantucket.

Kenneth Roman

David Ogilvy

Ein Leben für die Werbung

Aus dem Englischen von Birgit Schöbitz
und Dzifa Vode

Campus Verlag
Frankfurt/New York

Die Originalausgabe erschien 2009 unter dem Titel
*The King of Madison Avenue. David Ogilvy and the Making
of Modern Advertising* bei Palgrave Macmillan.
Copyright © Kenneth Roman, 2009. All rights reserved.

Bibliografische Information der Deutschen Nationalbibliothek:
Die Deutsche Nationalbibliothek verzeichnet diese Publikation in der
Deutschen Nationalbibliografie. Detaillierte bibliografische Daten
sind im Internet unter http://dnb.d-nb.de abrufbar.
ISBN 978-3-593-39234-9

Das Werk einschließlich aller seiner Teile ist urheberrechtlich geschützt.
Jede Verwertung ist ohne Zustimmung des Verlags unzulässig. Das gilt
insbesondere für Vervielfältigungen, Übersetzungen, Mikroverfilmungen
und die Einspeicherung und Verarbeitung in elektronischen Systemen.
Copyright © 2010. Alle deutschsprachigen Rechte bei
Campus Verlag GmbH, Frankfurt/Main.
Umschlaggestaltung: Anne Strasser, Hamburg
Umschlagmotiv: mit freundlicher Genehmigung von Herta Ogilvy
Satz: Fotosatz L. Huhn, Linsengericht
Druck und Bindung: Beltz Druckpartner, Hemsbach
Gedruckt auf Papier aus zertifizierten Rohstoffen (FSC/PEFC).
Printed in Germany

Besuchen Sie uns im Internet: www.campus.de

Für Ellen, die nicht nur mit dem Autor,
sondern auch mit der Agentur verheiratet ist

Inhalt

Vorwort zur deutschen Ausgabe 9
Vorbemerkung des Autors 13
Einleitung: Der König der Madison Avenue 15

1. Eine exzentrische keltische Mischung 27
2. »Ich vermasselte jede Prüfung« 42
3. Lehrjahre eines Verkäufers 57
4. Wer bitte ist Mather? 71
5. Amerika und der schnöde Mammon 83
6. Der Farmer und der Spion 101
7. Große Ideen 121
8. Die Philosophen-Könige 161
9. Die allein selig machende Kirche 186
10. Der König auf seinem Schloss 219
11. Großfusionen und Größenwahnsinnige 251
12. Eine Krankheit namens Unterhaltung 278
13. Die Klette der Einmaligkeit 309

Nachwort: (Noch mehr) Unveröffentlichtes von David Ogilvy . . 326

Literatur und Quellen 351
Anmerkungen 360
Register 387

Vorwort zur deutschen Ausgabe

Als junger Volontär einer kleinen deutschen Werbeagentur, den Begriff Trainee kannte man noch nicht, las ich 1962 David Ogilvys soeben auf deutsch erschienene *Geständnisse eines Werbemannes*. Alles, was darin beschrieben wurde, lag weit entfernt von meiner Realität. Madison Avenue erschien mir so unerreichbar wie Hollywood. Finanziell war an eine Reise nach Amerika nicht zu denken. Und von dem heutigen Jet-Tourismus hatte man so wenige Vorstellungen wie von einem Computer. Dass Ogilvy & Mather mein Leben ähnlich bestimmen würde, wie es Ken Roman in dieser Biografie für sich beschreibt, war so wenig vorhersehbar wie der schicksalhafte Umstand, dass ich zu den wenigen langjährigen Freunden gehören würde, die David Ogilvy in seiner beginnenden Alzheimer-Erkrankung noch erkannte, wie es Ken Roman so mitfühlend beschreibt. Und als ich das Kapitel über die Konspiration gegen alte Männer las, musste ich daran denken, wie oft mich David als Deutschen gefragt hat, wie alt Adenauer gewesen sei, als er Kanzler wurde, weil an diesem Vergleich seine Hoffnung an eine Schaffenskraft ohne Altersschwäche hing.

Viele, die ihm nahegestanden haben, könnten ihre Erinnerungen an David Ogilvy aufschreiben, darunter außerordentlich faszinierende. Denn er war ein Mann von fesselnder Autorität und bestechender Fähigkeit, den Kern einer Sache schnörkellos zu benennen. Dass Ken Roman nun als Erster eine Biografie des Menschen David Ogilvy vorlegt, ist ihm besonders zu danken. Wir alle, die David Ogilvy persönlich kannten, erfahren vieles, was wir so nicht wussten. Die jüngeren Generationen haben nun die Chance, David Ogilvys Lebenswerk nicht nur als Bekenntnisse eines Verklärten zu erfahren, die gelegentlich in die Nähe dialektischer Mantras geraten, sondern als Einheit aus Persönlichkeit und Leistung. Und die Zeit läuft ab, in der einer, der dem Agenturgründer so nahestand und Ogilvy als Marke so verkörperte wie Ken Roman, noch aus eigener Authentizität berichten kann.

Von besonderer Spannung ist sein Bericht über die feindliche Übernahme von Ogilvy & Mather durch WPP im Mai 1989. Die Agentur erlebte ein Trauma, von dem sie sich lange nicht erholte. Die stolze Ogilvy-Kultur schien in Gefahr, zugunsten von rüden Zahlenexzessen unwiederbringlich der Vergangenheit anzugehören. David Ogilvy, der zu dieser Zeit keine operationale Verantwortung mehr hatte, aber noch immer uneingeschränkt das verkörperte Gewissen der Agentur war, wurde in diesen dramatischen Tagen mit seinen despektierlichen Äußerungen über Martin Sorrell, Mr. WPP, genüsslich und hoffnungsfroh zitiert, als könne er noch die Rolle des weißen Ritters spielen, der dem Spuk eine Ende bereitet. Nun, wir wissen, der weiße Ritter, der sich wirklich anbot, taugte nicht. Nicht nur David Ogilvy hat sich mit der veränderten Situation arrangiert.

Mit dem heutigen Abstand von über zwanzig Jahren und den Erfahrungen mit einer globalisierten Welt, besonders auch im Marketing, muss man es wohl als Glücksfall betrachten, rechtzeitig in die Hände der zweifellos besten und erfolgreichsten Holding geraten zu sein. Die Unabhängigkeit von Ogilvy & Mather wäre in der Dynamik der Kapitalmärkte niemals aufrechtzuerhalten gewesen. Die Umstellung auf die neuen Managementmethoden war außerordentlich schmerzhaft und fordert bis heute eine hohe Einsicht in die Rationalität des Geschäfts, etwas, was den eher emotionalen Werbeleuten nicht unbedingt in die Wiege gelegt wurde.

Die Ogilvy-Kultur hat sich im Übrigen nicht nur glänzend erhalten. Mit neuer Kraft für ständige Adaption an sich ständig ändernde Geschäftsmodelle wurde sie aus der Gefahr der Erstarrung geführt, die bestenfalls Nostalgie hervorgebracht hätte. So wenig Schnittmengen es zwischen David Ogilvy und Martin Sorrell gegeben hat – in einem passte der neue Inhaber doch exakt in die Ogilvy-Kultur: Er hat nie etwas anderes gemacht, als er vorher kundgetan hat. Es ist diese intellektuelle Verlässlichkeit, die auch ein besonders starkes Wesensmerkmal von Ogilvy war und ist.

Für Ken Roman, den Autor dieser Biografie, ist es eine persönliche Tragik gewesen, den letztlich hoffnungslosen Verteidigungskampf gegen die feindliche Übernahme durch WPP führen zu müssen. Es stimmt, wie er schreibt, dass in der Folge viele Management-Partner Ogilvy & Mather verlassen haben. Wie so oft bei aus einer strengen Unternehmenskultur Gefallenen haben bei weitem nicht alle anschließend nochmals bedeutende Karrieren gemacht. Und viele Kommentierungen des Einflusses von WPP auf Ogilvy sind von zunehmender zeitlicher Distanz und entsprechender Verklärung bestimmt.

David Ogilvy lebt für viele von uns weiter in seiner Witwe Herta. Liest man die entsprechenden Passagen von Ken Roman, wird klar, was ich bei verschiedenen Aufenthalten in David Ogilvys Schloss Touffou an der Loire und in vielen Gesprächen mit Herta Ogilvy hautnah erleben konnte. Sie hat ihn und sein Leben gemanagt und dafür gesorgt, dass er in all seiner Bedeutung Bodenhaftung behielt. Sie hat Touffou nicht zum Wallfahrtsort denaturiert, sondern mit hohem Elan zu einer Seminar- und Begegnungsstätte gemacht, in der man bis heute meint, man müsse David Ogilvy im nächsten Augenblick irgendwo in einem der mit so vielen Erinnerungen verbundenen Räume beggenen. Wir hatten Herta Ogilvy von einigen Jahren eingeladen zu unserem Year-end-Staffmeeting. Sie wurde von den Mitarbeitern gefeiert wie eine Wiedergängerin. Und ihre charismatische Ausstrahlung war eine für alle erlebbare Botschaft aus dem Zentrum der Agenturidentität.

Die Wahrnehmung der Bedeutung von David Ogilvy ist naturgemäß in den angelsächsischen Ländern und besonders in den USA weitaus größer als hier bei uns in Deutschland. Von den Wettbewerbern wird Ogilvy unverändert wahrgenommen als Agentur mit unveränderlichen Kennzeichen. Eine Allgemeingültigkeit seiner Lehren und Grundsätze wird aber eher nicht gesehen. Die Berufung auf ihn würde eher als mangelnde Besinnung auf die eigenen Stärken erlebt. Es ist aber interessant zu wissen, dass eine der erfolgreichsten deutschen Agenturen, Springer & Jacoby, einen Großteil ihrer Führungsgrundsätze bei David Ogilvy entlehnt hat. Und ich weiß von Holger Jung, dass sein mit seinem Partner entstandenes Buch *Momentum* David Ogilvys *Geständnisse eines Werbemannes* zum Vorbild genommen hat.

Auch für uns bei Ogilvy in Deutschland ist die bewusste Besinnung auf die unternehmenskulturellen Werte, die das wichtigste Vermächtnis von David Ogilvy sind, kein Selbstgänger. Es bedarf unermüdlicher Kontrolle und Nachführung. Die Vermittlung der außergewöhnlichen Charakteristik dieser Agentur gelingt nur durch Begründung und Überzeugung. Das vorliegende Buch ergänzt David Ogilvys eigene Publikationen um einen bislang fehlenden und entscheidenden Baustein, um zu verstehen, was Ogilvy ausmacht. Das wird gerade den Generationen von Werbeleuten helfen, die nicht mehr das Glück haben, den Gründer selbst kennenzulernen.

Nie war David Ogilvys Credo »We sell, or else ...« relevanter als heute. In dem Paradigmenwechsel, in dem sich unsere Branche befindet, haben seine Führungs- und Geschäftsgrundsätze an Aktualität nichts verloren.

Lothar Leonhard, Chairman Ogilvy & Mather Deutschland
Frankfurt am Main, im Juni 2010

Vorbemerkung des Autors

Als ich 1963 zu Ogilvy, Benson & Mather wechselte – einer Werbeagentur mittlerer Größe von herausragendem Ruf –, war David Ogilvy einer der am meisten angesagten Werbeprofis der Szene. Er war damals 52 und berühmt. Ich war 33, Junior Account Executive und noch grün hinter den Ohren. Kurz nachdem ich dort angefangen hatte, schrieb er einem meiner Kunden einen Brief, in dem er acht Gründe aufführte, weshalb einige von der Designabteilung entworfenen Werbeanzeigen kaum die erhoffte Wirkung zeigen würden, um dann mit folgendem Geschoss zu enden:

> Das einzig Gute, was über das Layout gesagt werden kann, ist, dass es »anders« ist. Allerdings würde auch eine Kuh anders aussehen, wenn man ihr Euter entfernen würde. Ich brauche wohl nicht darauf einzugehen, ob diese Kuh dann noch ihren Job machen könnte.[1]

Dies war das erste Schreiben, das ich in meiner »David«-Akte ablegte. Fast alle Mitarbeiter der Agentur führten eine solche Akte.

In meinem ersten Jahr in der Agentur machten sich alle 600 Mitarbeiter die Fifth Avenue hinunter auf den Weg ins Museum of Modern Art, wo die Weihnachtsfeier stattfinden sollte. Sehr nobel, dachte ich, passt perfekt zu den roten Teppichen, mit dem die Flure unserer ansonsten dezent eingerichteten Büros ausgelegt waren. »Seht euch mal meinen neuen Anzug von Sears an«, jubelte Ogilvy von der Bühne herunter und drehte sich im Kreis – eine kleine Showeinlage, die seine Loyalität zu seinen Kunden verdeutlichen sollte und zugleich die Aufforderung an uns, seinem Vorbild zu folgen und ebenfalls ihre Produkte zu kaufen.

In den nächsten 26 Jahren gab es noch jede Menge solcher Lektionen zu lernen, zahllose Besprechungen mit ihm überall auf der Welt und unzählige weitere Memos und Briefe für meine Akte. Als ich sein dritter Nachfolger als Leiter der Agentur wurde, unterstand ich ihm offiziell zwar nicht mehr, aber irgendwie war er noch immer präsent, und für uns alle war es nach wie vor *seine* Agentur.

Ogilvy schrieb mehrere Bücher, gab mehrere Hundert Interviews und dabei eine ganze Menge aus seinem Leben preis, doch was er nicht einschätzen konnte, waren sein Vermächtnis und die Rolle, die es noch heute spielt. Mit dieser Biografie – übrigens die erste über Ogilvy – möchte ich sein Leben aus dieser Sicht beleuchten und Ihnen anhand vieler wahrer Begebenheiten vermitteln, wie brillant er war. Ogilvys Erkenntnisse reichen weit über die Welt der Werbung hinaus, sagen viel über Führungsqualitäten im Allgemeinen aus und sind auf jedes professionelle Dienstleistungsunternehmen anwendbar. Ich hoffe, dass es mir gelingt, Ihnen ein Bild von seiner Eigenwilligkeit und lebendigen Persönlichkeit zu vermitteln.

Was Sie nun in Ihren Händen halten, ist eine Mischung aus meinen Erinnerungen, Briefen und Aufnahmen sowie Auszügen aus mehr als Hundert Interviews und über 30 000 Dokumenten aus der US-amerikanischen Nationalbibliothek und anderen Büchereien und Privatsammlungen, unzähligen Büchern und Artikeln. Außerdem besuchte ich Ogilvys Schulen in Schottland und England sowie seine Wohnsitze in New York, Lancaster County, Pennsylvania und Frankreich. Aufgrund meiner Nachforschungen konnte ich viele Lücken in meiner Erinnerung schließen und dem Projekt mehr Farbe und Tiefe verleihen. Fast jeder, der mit Ogilvy aneinandergeraten ist, hat eine Geschichte zu erzählen.

Wann immer ich in diesem Buch über Begebenheiten schreibe, deren persönlicher Zeuge ich wurde, wechsle ich die Erzählperspektive und erzähle die Geschichte nicht mehr aus Sicht eines neutralen Beobachters, der eine Biografie über Ogilvy schreibt, sondern als direkt Beteiligter.

Kenneth Roman
New York, 2008

Einleitung
Der König der Madison Avenue

Die Madison Avenue ist für die Werbebranche das, was Hollywood für die Filmbranche oder die Fleet Street für die Londoner Presse ist – Ort und Identität zugleich. Die Madison Avenue beschwört Bilder herauf von Männern in grauen Flanellanzügen und Mittagessen, zu denen natürlich zwei Martinis gehören. Viele Jahre lang war die Madison Avenue für Werbeagenturen die Adresse schlechthin. Auch wenn mittlerweile viele in Viertel mit günstigeren Büromieten geflohen sind, gilt die Madison Avenue in Amerika noch immer als Synonym für die schillernde Welt der Werbung.

Der Zweite Weltkrieg war erst drei Jahre zuvor zu Ende gegangen, als der 39-jährige David Ogilvy, ein britischer Emigrant, in der Werbebranche nahezu unbekannt, 1948 aus unerfindlichen Gründen eine Agentur eröffnete. Obgleich sein Büro unbestritten in der Madison Avenue lag, hieß das nicht, dass die damaligen Herrscher der Werbewelt ihn zur Kenntnis genommen hätten. Doch nach nur wenigen Jahren zählte Ogilvy zu ihnen.

Schon 1953 bezeichnete die Fachzeitschrift *Printers' Ink* Ogilvy als »das Gewissen und den Katalysator der Madison Avenue«[2]. 1958 berichtete die Presse in heller Aufregung: »In den vergangenen 50 Jahren ist niemand in der Welt der Werbung aufgetaucht, der es auch nur annähernd so gut verstanden hätte, einen derart nachhaltigen Eindruck zu hinterlassen wie dieser koboldhafte Brite in seinen Vierzigern – David Ogilvy. Er ist zwar erst seit neun Jahren in der Werbebranche tätig, doch über diesen schillernden Mann, der einer Geschichte von

Dickens entsprungen zu sein scheint, wurde mehr geschrieben als über jeden anderen Werber unserer Zeit – und mehr Gesprächsstoff bietet er allemal.«[3]

1965 stellte die Zeitschrift *Magazine* die Frage »Ist Ogilvy ein Genie?«[4] und kam zu dem Schluss, dass dies durchaus möglich wäre. (Ogilvy überlegte daraufhin, den Herausgeber wegen des Fragezeichens zu verklagen.[5]) Die Zeitschrift *Time* nannte ihn »den meist verfolgten Hexenmeister der Werbebranche.«[6] Auf die Frage nach seinem Traumteam antwortete Ed Ney, Chef der Werbeagentur Young & Rubicam: »Meine erste Wahl wäre David Ogilvy. Er ist einfach brillant. Bernbach war nicht schlecht, aber David ist der Beste unter den Besten.«[7] (Es war immer die Rede von *David*. Dies hatte die Agentur in einem Rundschreiben klar gemacht: »Die Anrede mit Dave ist ein nahezu sicheres Zeichen dafür, dass der Sprecher Herrn Ogilvy noch nie in seinem Leben getroffen hat, und ein untrügliches Zeichen dafür, dass er ihn noch nie mit seinem Vornamen angesprochen hat.«[8])

Über Ogilvys Bestseller *Geständnisse eines Werbemannes*, der 1962 erschienen ist, hieß es, es sei »das einzige anständige, anspruchsvolle und unterhaltsame Buch über Werbung, das jemals geschrieben wurde – ein magisches Destillat aus Erfahrung und Weisheit«.

Auf dem Höhepunkt seiner Karriere erhielt Ogilvy eine Einladung ins Weiße Haus, sollte die Hauptrolle in einem Musical am Broadway spielen und wurde in Tom Wolfes Erzählband *Das silikongespritzte Mädchen und andere Stories von Amerikas rasendem Pop-Reporter* von 1964 als Symbol für Berühmtheit verwendet:

> Ganz besonders stellte er immer bei allen Leuten heraus, dass er ein Gespräch aus New York erwartete, von David – und jeder wusste, dass dieser ein großer New Yorker Werbemann war – David! – David! – New York! – New York! – ein heißer Draht zur Quelle! – Land der Flamingobeine und Glasklippen![9]

Später war der Name Ogilvy auch in Asien, Europa, Kanada und Südafrika ein Begriff. In Indien wurde er wie ein Filmmogul behandelt; eine Zeitschrift nannte ihn in einem Atemzug mit Papst Johannes Paul II und Prinzessin Diana[10] – alle drei hatten 1982 in Indien für

Schlagzeilen gesorgt. Bei der in diesem Jahr veranstalteten 13. Asiatischen Werbekonferenz schrieb die Bibel der Werbebranche *Advertising Age* über Ogilvy, dass er »so nah daran war, zum König der Werbewelt gesalbt zu werden, wie es einem Sterblichen nur möglich ist.«[11]

Im selben Jahr schickte Ogilvy eine Kurzmitteilung an seine Kollegen aus der Chefetage und zitierte aus der französischen Zeitschrift *Expansion*, die eine Liste mit den 30 Männern erstellt hatte, die am meisten zur industriellen Revolution beigetragen hatten, unter ihnen Berühmtheiten wie Thomas Edison, Albert Einstein, John Maynard Keynes, Alfred Krupps, Lenin, Karl Marx und – an siebter Stelle – David Ogilvy, der »Papst der modernen Werbewelt«[12]. Das Memo endete mit dem Satz: *Wäre das Kardinalskollegium so freundlich und erwiese mir die Gunst seines Besuchs?*

In den Anfangsjahren der Agentur bevorzugte Ogilvy einen bodenlangen schwarzen Umhang aus fließendem Stoff und knallrotem Futter.[13] Ein junger Mitarbeiter fand, er würde damit Emily Brontës Heathcliff, wie er gerade dem Hochmoor entkommt, zum Verwechseln ähnlich sehen. Unter dem Umhang trug er, ganz dem Klischee des britischen Gentlemans entsprechend, eine Fliege, ein seidenes Tuch in der Brusttasche seines wollenen Tweedanzugs, eine Weste mit Revers und festes Schuhwerk mit Gummisohlen. In späteren Jahren ersetzte er dieses Outfit durch einen dunkelblauen Zweireiher (mit rotem Innenfutter) und eine traditionell gestreifte Krawatte, die an den meisten Tagen ausgerechnet von einem Foldback-Klemmer in Form gehalten wurde. Den klassischen »Büroanzug« trug er so gut wie nie. Zu Staatsanlässen zog er eine Weste aus königsblauem Samt im Stil eines geistlichen Würdenträgers an. In der damaligen Zeit der grauen Flanellanzüge und Button-down-Hemden war Ogilvy der modische Exot.

Sein ursprünglich »feuerrotes«, leicht gewelltes Haar nahm im Laufe der Zeit einen dunkelblonden Ton an und war schließlich rötlich-graumeliert. Seine blauen Augen funkelten. Sein Teint war typisch für einen Rotblonden, seine Gesichtszüge aristokratisch, und er sprach mit leichtem Oxford-Akzent. Jeden Nachmittag ließ er sich von einer jungen Dame namens Bridey Murphy Tee in seinem Büro servieren. Viele Fotos zeigen ihn mit einer Pfeife im Mund, die er nur selten herausnahm, aber hin und wieder rauchte er auch Zigarren und Zigaretten (meist ohne sie selbst gekauft zu haben).

Als er nach Amerika einwanderte, war er dünn wie eine Bohnenstange[14], doch mit den Jahren legte er an Gewicht zu und war eher als stämmig zu beschreiben. Je älter er wurde, desto größer wirkte er. Er maß knapp 1,80 m vom Scheitel bis zur Sohle, hatte einen relativ großen Kopf, breite Schultern und riesige Hände – »die Hände eines Bauern«[15], wie ein ehemaliger Kollege meint, der sich darin erinnert, wie Ogilvy in den 1960er Jahren einen Findling aufhob und über eine Hecke warf, den er persönlich nicht hätte heben wollen.

Ogilvy war ein auffallend attraktiver Mann. Eine Freundin von ihm, die ihn noch aus seiner Studienzeit in Oxford kannte, erinnert sich: »Er hatte eine gewisse Ähnlichkeit mit dem britischen Poet Rupert Brooke, weswegen er gerne mit den Händen durch sein Stirnhaar fuhr, um sein Profil besser zur Geltung zu bringen. Er drehte uns ständig sein Profil zu, damit uns auch ja seine klassischen Züge nicht entgingen.«[16] Er bewunderte hübsche und kluge Frauen und gab ihnen das Gefühl, etwas ganz Besonderes zu sein. »Er war sehr, sehr sexy und unglaublich charmant«[17], erzählt eine ehemalige Schreibkraft. Eine Kollegin pflichtet ihr bei: »An meinem zweiten Arbeitstag in dieser Agentur stand mit einem Mal David im Büro. Ich brachte kein Wort mehr heraus. Es fühlte sich an, als stünde ein Filmstar neben mir. Er war groß, schlank, attraktiv. Ich hätte ihn beinahe um ein Autogramm gebeten. Man hatte das Gefühl, die ganze Welt wäre schwarz-weiß und nur er in Farbe.«[18]

Mit seiner entwaffnenden Präsenz platzte Ogilvy unangemeldet in eines der Büros, setzte sich hin und nahm einen der Anwesenden in die Mangel. Der Betreffende rückte ins Zentrum seiner Aufmerksamkeit. Ogilvy schaute ihm unverwandt in die Augen und stellte bohrende Fragen. Sobald er fertig war (oder genug hatte), verschwand er ebenso schnell aus dem Raum wie er ihn betreten hatte. Neulinge schlossen, dass sie ihn wohl verärgert hätten und zerbrachen sich stundenlang den Kopf, bis ihnen irgendwann auffiel, dass er sich bei hohen Tieren nicht anders verhielt. Ogilvy sprang immer wie von der Tarantel gestochen hoch, erinnert sich ein Kollege. Er konnte nicht einfach normal aufstehen, er musste immer vom Stuhl aufspringen.[19]

Um diesen Mann zu verstehen, muss man sich klar machen, dass er im Grunde seines Herzens ein Schauspieler war. Er unterstrich seinen kultivierten britischen Akzent mit theatralischen Gesten. Er verstand es wie kein anderer, sich in den Mittelpunkt des Geschehens zu rücken und hatte einen untrüglichen Instinkt dafür, mit welchen Gesten er einen bleibenden Eindruck hinterlassen würde. Als er einmal sah, wie seine Kundin Helena Rubinstein – damals in ihren Achtzigern – im Begriff war, aus dem Auto in eine Pfütze zu steigen, rannte er blitzschnell über die Straße und breitete sein Jackett darüber aus, sodass sie trockenen Fußes aussteigen konnte.[20] Seinem Auftritt wohnte grundsätzlich etwas Überschwängliches bei, und seine Kleidung unterstrich das Ganze noch. Zu festlichen Anlässen erschien er in einem Kilt, »möglicherweise Teil meiner Eigenwerbung«[21], erklärte er sein Verhalten. »Wer nicht für sich selbst werben kann, ist wohl kaum in der Lage, für einen Kunden die Werbetrommel zu rühren«.

Er besaß die Fähigkeit eines Schauspielers, seinen Auftritt und Abgang zu inszenieren. Er betrat niemals einen Konferenzsaal, während der Chef einer anderen Werbeagentur noch seine Rede hielt, sondern wartete viel mehr ab, bis dieser zu Ende gesprochen und sich wieder hingesetzt hatte.[22] Nur so konnte er sich sicher sein, dass sich alle Augen auf ihn richteten. Eine Präsentationstrainerin meinte einmal, dass sie ihn umgehend unverrichteter Dinge nach Hause schicken würde, sollte er ihre Dienste in Anspruch nehmen wollen, da seine Selbstdarstellung nahezu perfekt war.[23] Noch bevor es allgemein üblich war, ließ sich Ogilvy in einem Rolls-Royce durch New York kutschieren – auch Teil seiner Show.

Ogilvy gab sein Bestes, um die Wahrnehmung seiner Person als Schelm noch zu verstärken. So erzählte er dem Vorstand des Tabakkonzerns British American Tobacco, dass er seinen ersten Auftrag von dessen Unternehmen erhalten hätte.[24] Ein paar Monate später erzählte er einem *anderen* CEO genau das Gleiche.[25] All das war Teil seiner eigenen Vermarktungsstrategie. Wie in der *Printers' Ink* zu lesen war, war das Problem mit Ogilvy, »dass er den unbezwingbaren Drang hatte, nur das zu sagen, was sich gut anhörte oder las. Außerdem schmückte er seine Geschichten immer ein kleines bisschen aus, sodass er dasselbe Erlebnis nie zweimal in den gleichen Worten erzählte«[26] – wie ein Schauspieler, der nie dieselbe Leistung bringt, sondern immer auf der Suche nach einer noch besseren Darbietung ist.

Einstein sagte einmal, ein Kennzeichen eines wahren Genies sei seine leidenschaftliche Neugier. Das große Geheimnis Ogilvys war seine Wissbegierde. Gespräche mit ihm erinnerten nicht etwa an Vorlesungen, sondern an Verhöre. Bei einem Abendessen mit einer Texterin und ihrem Ehemann, der in der Ölbranche tätig war, durchlöcherte Ogilvy den Mann mit Fragen über die Situation im Nahen Osten.[27] Die 15-jährige Tochter eines Managers quetschte er über ihr Schulorchester aus, in dem sie Flöte spielte. »Wie viele Blockflöten seid ihr? Wie viele Piccolo-Flöten? Weshalb gibt es in einem Orchester immer viel mehr Flöten als Piccolo-Flöten?«[28] Eine Dame, die bei einem Abendessen neben ihm saß, verlautbarte, dass er sie bis zum Dessert besser kennen würde als ihre eigene Mutter. Außerdem liebte er Klatsch und Tratsch und pflegte nachzuhaken: »Ich will die schmutzigen Einzelheiten hören« oder »Was denkst du über XYZ? Ist er schon so weit?«

Als jemand, der die Mechanismen seiner Branche stets eifrig studierte, behauptete Ogilvy von sich, sämtliche Bücher gelesen zu haben, die jemals über Werbung verfasst worden wären – und verachtete jeden, der das Gefühl hatte, dieses geballte Wissen wäre zu viel des Guten. Überall in seinem Haus lagen stapelweise Bücher herum, die meisten darüber über erfolgreiche Größen aus Wirtschaft und Politik.[29] Ihn interessierte brennend, wie sie ihre Macht einsetzten, womit sie ihr Geld machten. Vor allen Dingen aber wollte er wissen, was reiche Leute mit ihrem ganzen Geld anstellten.

Er wusste eine ganze Menge über die unterschiedlichsten Dinge und nutzte dieses Wissen, um mit den verschiedensten Leuten ins Gespräch zu kommen. In einem Gespräch mit einem seiner Kunden aus London, dem britischen Briefmarkenverband British Philatelic Bureau, stellte er seinem Gesprächspartner die Frage: »Sagen Sie mal, was ist eigentlich aus der Briefmarkensammlung von George V. geworden?«[30] Er liebte die Musik von Mozart, Brahms und des großen Barockkomponisten Henry Purcell und besuchte des Öfteren Konzerte der New Yorker Philharmoniker. Einmal korrigierte er sein Kreativteam, weil sie eine Zeile aus einer Operette von Gilbert & Sullivan falsch zitierten. Ein potenzieller neuer Mitarbeiter taute merklich auf, als er ihn in ein Gespräch über abstrakte Kunst und die Politik in der damaligen Tschechoslowakei verwickelte.[31] Doch »Kultur« an sich langweilte ihn.[32] Sein Kommentar über einen nervtötend langen französischen Dokumentarfilm: »Mir ist sogar mein Hintern eingeschlafen.«

Wie die meisten Snobs liebte es Ogilvy, sich damit zu brüsten, wen er alles kannte. Seinen Aussagen zufolge war der ehemalige König von Ex-Jugoslawien ein Bekannter von ihm, und es machte ihm großen Spaß, seinen Kollegen zu verkünden, dass er am Abend mit dem König speisen werde. »Wenn es irgendetwas gibt, was David gefällt, dann sind es Königshäuser«, meinte einmal ein Freund. »Und ein König ist natürlich das Größte.«[33] In der Geschäftswelt hielt er es dagegen mit der Demokratie. Bei seinem Eintritt in die Werbewelt New Yorks war er bestürzt, dass dort sorgsam auf eine Trennung von Juden und Nicht-Juden geachtet wurde. »Ich machte unseren wenigen Mitarbeitern klar, dass ich dieses Spiel nicht mitspielen würde. Viele unserer Kunden waren Juden – zum Beispiel [Helena] Rubinstein oder später dann Seagram. Und auch in der Führungsetage saßen Menschen unterschiedlichen Glaubens – anders als bei JWT [J. Walter Thompson] oder den anderen großen Agenturen.«[34] Es kam Ogilvy überhaupt nicht in den Sinn, Rasse oder Religion zu einem Ausschlusskriterium für einen qualifizierten Bewerber zu machen.

Das Wohl seiner Mitarbeiter lag ihm ebenso am Herzen wie gute Umgangsformen. »Wir begleiten unsere Kunden nicht zur Aufzugstür, wir bringen sie bis vor die Tür.«[35] Als er hörte, dass die Eltern eines seiner Texter bei einem Flugzeugabsturz ums Leben gekommen waren, lud er diesen jungen Mann (den er nicht persönlich kannte) und dessen Frau spontan zum Abendessen zu sich nach Hause ein.[36] Eine Mitarbeiterin, deren Mann den Kampf gegen den Krebs verloren hatte, war zutiefst gerührt von seiner Kondolenzbezeugung, die aus nur drei Worten bestand: »Sie armes Ding.«

Er pflegte seine Macken und stellte sie offen zur Schau – selbst die weniger angenehmen. Am schlimmsten waren seine haarsträubenden Auftritte in Restaurants, wo er keine Mühe scheute aufzufallen. Er ließ sich gerne die Spezialitäten des Hauses aufzählen, nur um dann ein Müsli mit Trauben und Nüssen zu bestellen oder auch einen Teller voll Ketchup – ohne Pommes Frites – oder ein Glas Marmelade und sonst nichts. Bei einem vorweihnachtlichen Abendessen mit britischen Kunden lehnte er das mehrgängige Menü ab und bestellte zwei Mince Pies als Vorspeise gefolgt von zwei Mince Pies als Hauptgericht und anstelle eines Desserts wieder – richtig geraten – zwei Mince Pies.[37]

Nur bei Ogilvys Angst vor dem Fliegen handelte es sich nicht um eine Macke, sondern um echte Angst. Er nutzte jeden Vorwand, um kein Flugzeug besteigen zu müssen, und reiste viel lieber mit der Bahn, auch wenn er große Distanzen zurücklegen musste. Er war ein unterhaltsamer Mitreisender, der aus einem scheinbar endlosen Vorrat an Anekdoten und witzigen Begebenheiten schöpfen konnte, und seine Begleiter genossen es, ihn längere Zeit für sich alleine zu haben.

Fast alle, die ihn kannten, erlagen seinem Charme und Esprit und ließen ihm deshalb so manches rüpelhafte Benehmen durchgehen. »Er war bekannt für seine Exzentrizität«, sagte Cheftexter David McCall, einer der Nachfolger Ogilvys, über ihn, »aber sein unorthodoxer Arbeitsstil machte ihn zu einem unersetzbaren Pionier dieser Branche, die wie keine andere auf jemanden wie ihn angewiesen war.«[38]

∽

Einen großen Teil seines Erfolgs schuldete Ogilvy seiner bemerkenswerten Fähigkeit, solange am Ball zu bleiben, bis er hatte, was er wollte. Es fing damit an, dass er mehr oder weniger beiläufig erwähnte, er hätte da eine Idee. Dann fasste er mit einem kurzen oder auch längeren Schreiben nach, fügte einen Zeitungsausschnitt bei, schickte weitere Memos – bis sich ein wahrer Sturzbach an Briefen über den Empfänger ergoss. Ein Mensch mit normal ausgeprägter Entschlossenheit hätte sich in einem Schreiben danach erkundigt, ob die Idee, die er neulich erwähnt hatte, weiter verfolgt werden sollte oder nicht, ein etwas hartnäckiger Zeitgenosse hätte es wohl mehrere Male wiederholt und es dann sein lassen – nicht so Ogilvy: Er gab *nie* auf.

Stieß der Vorschlag eines Gesprächspartners auf Zustimmung, pflegte er zu nicken. Missfiel ihm dieser jedoch, sagte er nichts. Wieder in seinem Büro, schickte er dem Betreffenden ein Memo – und schreckte dabei auch vor Hieben unter die Gürtellinie nicht zurück. So grausam er in seinen Briefen sein konnte, umso zurückhaltender, um nicht zu sagen feige, war er im persönlichen Gespräch. Einer der Kundenbetreuer war davon überzeugt, dass er ein Wortgefecht einfach durch drei bedrohliche Schritte in Ogilvys Richtung gewonnen hatte.

Seine Ideen gewannen durch seinen prägnanten, kompakten Schreibstil an Kraft. »Ich glaube an das Dogma der Kürze«, erläuterte Ogilvy. In Memos und Briefen unterstrich er seine Kerngedanken, während er sie im persönlichen Gespräch oder Reden stark betonte. Seine Vorträge zogen die Zuhörer in ihren Bann; niemand wagte es, sich zu unterhalten, wenn Ogilvy sprach. Sollte sein Vortrag gefilmt werden, funktionierte er wie ein erfahrener Schauspieler – nicht eine Szene musste öfter als einmal gedreht werden.

Er liebte und sammelte Aphorismen, mit denen er seinen Standpunkt klarmachte. Zum Thema Bezahlung von Mitarbeitern hieß es bei ihm: »Wer nur einen Apfel und ein Ei zahlt, braucht sich nicht zu wundern, wenn sich nur Affen melden«, über Kontrollen der Spesenkonten: »Selbst der Papst hat einen Beichtvater« und zum Thema Führung: »In keinem Park der Welt gibt es Statuen von Ausschussmitgliedern zu bewundern.«

Ihm fiel immer ein anschauliches Bild ein, um seinen Standpunkt zu verdeutlichen und dafür zu sorgen, dass man ihn nicht so schnell wieder vergaß. Als es in einer Diskussion darum ging, welcher der beiden Werbefilme dem Kunden als erstes gezeigt werden sollte, schilderte Ogilvy seinem Kreativteam folgende Begebenheit: »Als kleiner Junge aß ich die Kirsche auf meinem Pudding immer als Letztes. Doch eines Tages stibitzte sie mir meine Schwester. Seit diesem Tag habe ich immer als erstes die Kirsche gegessen. Ich denke, wir sollten den besseren Spot als erstes zeigen.« Der Kunde entschied sich für den ersten Spot.[39]

»Sein Widerwillen gegen Faulheit in jeder Form nahm mitunter pathologische Züge an«, berichtet ein ehemaliger Texter. »Er war der fleißigste Mensch, der mir je begegnet ist. Durch seine Arbeitsweise zog sich Intoleranz gegenüber jeglicher Form von Trägheit und Müßiggang wie ein roter Faden. Faule Menschen geben sich mit Mittelmaß zufrieden – noch etwas, das er auf den Tod hasste.«[40] Ganz gleich, wie gut etwas war, es musste noch *besser* sein.

Walter Cronkite, Ogilvys Nachbar in New York, erzählte, dass er durch sein Fenster beobachten konnte, wie Ogilvy Nacht für Nacht, Stunde um Stunde an seinem Schreibtisch saß und arbeitete.[41] Am Morgen waren sämtliche Briefe verfasst, Pläne umrissen und Memos geschrieben. Ogilvy war unermüdlich, arbeitete jeden Tag bis 19:00 Uhr und nahm alle unerledigten Aufgaben verteilt auf zwei Aktentaschen mit nach Hause (was keine Hilfe für seine zweite Ehe war). Auch an den Wochenenden gönnte er sich keine Ruhe, sondern arbeitete weiter. »An diesem Wochenende habe ich 375 Schriftstücke geschafft«, ließ er seine Direktoren einmal wissen. »Auch der Herzog von Wellington ging erst nach Hause, wenn er alle Arbeiten erledigt hatte.«[42]

∿

Als der US-amerikanische Werbefachverband ANA (Association of National Advertisers) Ogilvy im Jahr 1991 bat, anlässlich der Verbandstagung eine Ansprache zu halten, nahm die mittlerweile 80-jährige Koryphäe diese Einladung gerne an. Ogilvy betrat die Bühne und setzte sich an einen niedrigen Kaffeehaustisch, der dort für ihn bereit gestellt worden war. Nach einer kurzen Einführung stand er auf und zog seinen Blazer aus, sodass jeder seine roten Hosenträger sehen konnte, und warf das Jackett auf einen Stuhl, der in der Nähe stand.

> Das letzte Mal, dass ich vor dem ANA sprach, war vor 37 Jahren. Im Jahr 1954, um genau zu sein. Sie haben mich 37 Jahre lang nicht eingeladen!

Ein perfekter Anfang! Das Publikum – allesamt Marketing- und Werbeleute – war begeistert.

> Ich werde Ihnen von meinem persönlichen Kreuzzug erzählen und von den fixen Ideen in meinem Kopf. Auf meinem Kreuzzug gibt es nur ein Ziel: Werbung, die sich verkauft. Mein Schlachtruf lautete: »Wir verkaufen. Oder es setzt was.«

Dann bezeichnete er eine Reihe von Werbespots, die mit Preisen überschüttet worden waren, als »anmaßenden und unverständlichen Unsinn« und stichelte weiter: »schleierhaft«, »selbstverherrlichend«, »zu intellektuell« und »ignorant«.

> Wenn ich eine Anzeige texte, will ich nicht, dass ich von Ihnen höre: »Wie kreativ!« Ich will, dass Sie es so überzeugend finden, dass Sie schnurstracks losziehen und sich dieses Produkt kaufen – und am besten nicht nur einmal!
> Das ist seit 50 Jahren meine Philosophie, und davon bin ich noch keinen Deut abgewichen, auch wenn die Versuchung, einfach auf den Zug aufzuspringen und das zu tun, was alle Werber tun, mitunter sehr groß war.

Gegen Ende seiner Ansprache erzählte Ogilvy, wie man ihm bei anderer Gelegenheit applaudiert hatte. Er beschrieb, dass er damals das Gefühl hatte, mehr verdient zu haben als diesen Applaus, weshalb er eine auffordernde Geste machte, um sein Publikum zum Aufstehen zu bewegen und mehr Begeisterung an den Tag zu legen. Genau das tat er in diesem Augenblick wieder. Die Zeitschrift *Advertising Age* berichtete von »stehenden Ovationen für die größte noch lebende Werbeikone aller Zeiten«.

Die meisten seiner bekannten Werbekampagnen entstammen seiner zehnjährigen Schaffensperiode zu Beginn seiner Karriere. Er nannte sie seine »Großen Ideen« (und betonte dies, indem er beide Wörter grundsätzlich groß schrieb). »Werbung zieht an einem vorüber wie ein Schiff in der Dämmerung, außer sie beruht auf einer

Großen Idee.«[43] Seine Großen Ideen waren weitaus mehr als einprägsame Werbung. (Er sprach nie von »ads« – die englische Kurzform für »advertisements« – zu deutsch Werbeanzeigen –, weil er diese Bezeichnung als unprofessionell empfand, und verbannte den Begriff »Kreativität« aus seinem Wortschatz, da er behauptete, nichts damit anfangen zu können.[44]) Ogilvy verfolgte ein hochtrabendes Ziel: Er wollte die gesamte Werbebranche umkrempeln und professionalisieren. Bei einer seiner Großen Ideen handelte es sich um das mittlerweile durchgesetzte Konzept der Marke. Als einer der Ersten erkannte er die Bedeutung von Marken und wusste genau, welche Rolle der Werbung für den Aufbau von Markenbewusstsein zukam. Lange vor dem Ende seines Wirkens ist diesem britischen Einwanderer das Unwahrscheinliche gelungen: die Regeln der Madison Avenue umzuschreiben und zu einer eigenen Marke zu werden.

Kapitel 1

Eine exzentrische keltische Mischung

Unser Vorsitzender »stammt *definitiv* über fünf unterschiedliche Linien von Karl dem Großen[45] – König des Fränkischen Reichs und Römischer Kaiser – ab«[46], hieß es in den 1970er Jahren verbindlich im Mitarbeiter-Rundschreiben der Agentur *Flagbearer*. Angeblich hatte ein Verwandter Ogilvys, der sich mit dem Familienstammbaum beschäftigte, diese Entdeckung zutage gefördert. Als Beweis dieser Behauptung waren in dem Bericht ein Foto von Karl dem Großen und eines von Ogilvy abgedruckt, um »die Ähnlichkeit der Gesichtszüge zu verdeutlichen.«

David Mackenzie Ogilvy wurde als viertes von fünf Kindern am 23. Juni 1911 in West Horsley geboren, einem ländlichen Bauerndorf rund 50 Kilometer südwestlich von London zwischen Guildford und Leatherhead.[47] Unglaublicherweise waren sowohl sein Vater als auch sein Großvater ebenfalls am 23. Juni geboren worden, der zugleich Krönungstag von George V. gewesen war. Ronald Reagan ist übrigens ebenfalls Jahrgang 1911.

Auch wenn die Einwohnerzahl von West Horsley in jüngster Zeit einen Boom erlebte (und auf stolze 750 Dorfbewohner anstieg), gab es dort noch immer mehr Pferdegespanne als Autos, und die Dorfschmiede schloss erst 1920 für immer ihre Türen.[48] Die Geschichte dieses Landfleckens reicht bis zu den Römern zurück, die im Jahre des Herrn 410 zunächst von sächsischen Söldnern und dann von den Dänen und Normannen vertrieben wurden. »Horsley« ist sächsisch und bedeutet »Rodung für eine Pferdekoppel«. Irgendwie scheint die industrielle Revolution an dem Städtchen spurlos vorübergegangen zu sein, sodass die Landschaft von Fabrikgebäuden und Reihenhaussiedlungen verschont geblieben war.

Wix Hill[49], das Herrenhaus der Ogilvys, war ein altes Fachwerkhaus aus dem 14. Jahrhundert.[50] Die Familie war von East Horsley hierher gezogen. Im 18. Jahrhundert erhielt das Haus ein Ziegeldach, das ihm einen modernen Anstrich verleihen sollte. Der Name »Wix« kommt von »Wick«, einer Abwandlung des lateinischen *vicus*, was »bewohnter Ort, wo man Lebensmittel erwerben kann« bedeutet. Diese Information war gerade in diesem spärlich bewohnten Landstrich von erheblicher Bedeutung für jeden Reisenden.

Ogilvy liebte es, in Erinnerungen an seine frühe Kindheit, die er in der Grafschaft Surrey verbracht hatte, zu schwelgen, »ein Schlaraffenland, in dem es in Hülle und Fülle Kiebitzeier, Schlüsselblumenwein, Köhler, Zigeuner in Wohnwagen, Heuhaufen und Kutschen gab.«[51] Und obendrein noch eine Hexe namens Dame Feathers. Als Ogilvys Agentur im Auftrag des Britischen Fremdenverkehrsamtes die Kampagne »Come to Britain«[52] entwickelte, wählte er persönlich die opulenten Farbbilder der britischen Landschaft aus, die das England seiner Kindertage widerspiegelten. »Darüber sollte ich wohl besser den Mund halten und so tun, als hätte ich nach rein wissenschaftlichen Erkenntnissen ausgewählt.« Er wuchs in einer gut betuchten Familie mit Bediensteten auf, deren Leben an *Mary Poppins* erinnerte. Mit einem Chauffeur, einem Kindermädchen, einer Krankenpflegerin und zwei Dienstmädchen hatte Ogilvy einen guten Start, der irgendwo zwischen Mittel- und Oberschicht angesiedelt war.[53]

In seiner Autobiografie *Blood, Brains and Beer* aus dem Jahr 1978 geht Ogilvy weniger auf seine Ahnentafel ein. Der Titel seines Buchs geht auf die skurrile Anweisung seines Vaters zurück, David habe im Alter von sechs Jahren täglich ein Glas frisches Blut zu trinken (um groß und stark zu werden), und dreimal die Woche Kalbshirn zu essen (um seine geistigen Fähigkeiten zu stärken) – beides musste mit mehreren Flaschen Bier hinuntergespült werden.[54] In so manchen Gasthäusern erinnert man sich noch heute an den »exzentrischen« Vater[55] aus Wix Hill.

1. Eine exzentrische keltische Mischung

Diese kurze Autobiografie zu lesen ist, als ob man den Abend mit einem geistreichen Geschichtenerzähler verbringt. Doch mit Details über seine Familie hielt sich Ogilvy zurück. So erfährt der geneigte Leser weder den Vornamen seiner Mutter noch den seines Vaters. Ogilvy schildert seinen Vater als warmherzigen, liebevollen Mann – und Versager. Seinen Großvater beschreibt er als kaltherzig, respekteinflößend und erfolgreich – und als seinen Helden. Ogilvy hatte drei Schwestern und einen älteren Bruder, doch bei ihrem Namen nennt er nur zwei von ihnen – Mary und seinen Bruder Francis. Seine jüngere Schwester Christina war so verärgert über die Art, wie David ihren Vater darstellte, dass sie 15 Jahre lang kein Wort mehr mit ihm wechselte.[56]

Als kränkliches Kind, das – ein Leben lang – an Asthma litt, erzählte David, war er häufig dem Spott seiner Pflegerin ausgesetzt, da er als Warmduscher, Milchbubi und Memme galt, der in jeder Disziplin von seiner Schwester Mary geschlagen wurde – im Ringkampf, bei jedem erdenklichen Spiel und sogar beim Bäumeklettern. Er wuchs in dem Glauben auf, er sei ein Missgriff der Natur – und diese Überzeugung hielt sich bis in seine Vierziger.[57] Da hatte er eine Psychotherapie begonnen, in deren Verlauf er dank der Unterstützung seines Therapeuten zu dem Schluss kam, dass er wohl doch keine solche Missgeburt sei, wie er immer geglaubt hatte.

Seine Memoiren zeichnen das Bild eines jungen Knaben, der sich als »stinkfaul« verschrien durch mehrere Schulen quälte, interessante Leute kennen lernte, die ihn faszinierten, und Erfahrungen in den unterschiedlichsten Berufen sammeln konnte, was ihm zufällig den Weg für seinen Erfolg in der Werbebranche ebnen sollte. Zu seinen Bekannten zählten Namen wie George Bernard Shaw, Harpo Marx, Albert Einstein, Leonard Bernstein, Lady Astor, Henry Luce, Edward R. Murrow, Alexander Woollcott, George S. Kaufman, Ethel Barrymore, Robert Moses, David Selznick, Charles Laughton, Loretta Young, Alfred Hitchcock, Thornton Wilder, Samuel Goldwyn, Walt Disney und Aldous Huxley. Sie alle kreuzten irgendwann Davids Weg, und er wurde nicht müde, es seine Mitmenschen wissen zu lassen.

David gab selbst zu, dass seine Autobiografie – ganz im Gegensatz zu seinen anderen Büchern – »ein Flop« war, und dass er die Gründe dafür genau kannte. »Wer ein Buch über Werbung schreibt, konkurriert mit Zwergen, bei einer Biografie dagegen mit Riesen.«[58] Außerdem gab er zu, dass der Titel ekelerregend war, »ebenso wie mein Geltungsbedürfnis.«[59]

∾

Ogilvy sah sich selbst als Schotte, obwohl er in England geboren und aufgewachsen und seine Mutter Irin war. Doch sein Vater war Schotte. Für einen Schotten ist das »alles, was zählt.« Seine schottisch-irische Herkunft – »diese exzentrische keltische Mischung«[60], wie es ein britischer Kollege einmal formulierte – verdankte er letztlich drei Familien, die sich vereint hatten wie eine Fusion von Konzernen: die Ogilvys und die Mackenzies aus Schottland und die Fairfields aus Irland. Ogilvy selbst legte großen Wert darauf zu betonen, dass er Kelte und keinesfalls Angelsachse sei.[61]

Wie stolz er auf seine Abstammung war, ließ er das Scottish Council in seiner Tischrede wissen, die er als jüngstes Mitglied des US-amerikanischen Ablegers hielt: »Ich hatte das Pech, die ersten zwölf Jahre meines Lebens im Süden Englands zu verbringen – was ich meinem spartanischen schottischen Vater zu verdanken hatte, der dies als charakterbildende Maßnahme ansah«. Er war stolz auf seine Verwandtschaft im Hochland von Schottlands Norden[62] und schickte seinem Freund George Lindsay, einem Direktor seiner Agentur, einmal ein Telegramm, in dem er spottete: »Du armer Teufel stammst ja aus den niederen Landen.«

Den Stolz auf seine schottische Abstammung stellte Ogilvy ein weiteres Mal unter Beweis, als er 1962 vor der Saint Andrew's Society in New York sprach[63] und als Absolvent des Fettes College in Edinburgh vorgestellt wurde [Johlen und Applaus]. Sobald für David der Zweck dieser Gesellschaft feststand – Spenden für mittellose Schotten sammeln – (von denen es seines Wissens jede Menge gab), erzählte er Witze am laufenden Band, mokierte sich über Klischees über Schotten und erzählte erneut die Geschichte von Ralph Waldo Emerson, als dieser mit Thomas Carlyle durch Schottland wanderte. Angesichts des kargen Bodens fragte Emerson Carlyle: »Was gedeiht auf so einem Boden?« »Männer«, lautete die simple Antwort. [Applaus.] Anschließend erzählte Ogilvy von den Bemühungen seiner Agentur, US-Amerikaner zu bewegen, nach Großbritannien – »Ich meine natürlich Schottland« – zu reisen und zitierte Benjamin Franklin: »Die sechs Wochen, die ich in Schottland verbrachte, waren die glücklichste Zeit meines Lebens.«

Einmal schrieb er einem gewissen Richard Ogilvie, Sheriff im Cook County, Chicago, dass er glaube, mit ihm verwandt zu sein, da sich die unterschiedlichen Schreibweisen ihres Nachnamens erst um 1800 durchsetzten.[64] Er nutzte die Gelegenheit und erzählte in dem Brief von einem anderen Landsmann, Alan Pinkerton, der ein in Baltimore geplantes Attentat auf Abraham Lincoln aufgedeckt hatte und zum Chef des Geheimdienstes befördert wurde. Es war Pinkertons Nachfolger, dem es nicht gelang, den damaligen Präsidenten zu schützen, berichtete Ogilvy. »Ich war schon immer der Überzeugung, dass Lincoln der Tragödie in Fords Theater hätte entkommen können, wenn er weiter auf Pinkerton vertraut hätte«. Abschließend wies er noch darauf hin, dass dieser Schotte der geistige Vater des FBI, des Amtes für strategische Dienste (OSS) und des CIA war.[65]

∽

Das angestammte Quartier der Ogilvys war das Schloss Cortachy Castle an der Nordküste Schottlands. Der jetzige Clanchef, David George Coke Patrick Ogilvy (der 13. Earl of Airlie) erkannte seinen Namensvetter in den 1960ern, als dieser die Madison Avenue entlang ging, und sprach ihn an: »Gestatten? Mein Name ist David Ogilvy.«[66] Wie aus der Pistole geschossen kam die Antwort: »Freut mich sehr. Und wie ist es so, ständig mit mir verwechselt zu werden?«

Der Werbemann wurde nach seinem Großonkel David Ogilvy benannt, der auf der Seite Frankreichs im Deutsch-Französischen Krieg kämpfte und in einem Scharmützel ums Leben kam. Auch sein Urururgroßvater – ein Kaufmann – hieß David Ogilvy. Keine bekannte

Verbindung gab es zu einer weiteren Linie der Ogilvys – dem Earl of Airlie, Prinzessin Alexandra und anderen –, wie sein Freund Louis Auchincloss erzählt.[67] »Es sei denn, man ginge bis Adam und Eva zurück. Darüber war er stinksauer, denn diese Linie war wirklich berühmt.« Auch wenn in den Adern seines Urgroßvaters Thomas Ogilvy kein königliches Blut floss, zählte er als Großgrundbesitzer zu den begüterten Männern des Landes, der (als Friedensrichter) hohes Ansehen genoss.[68] Er stammte aus Inverness im schottischen Hochland und war eine Zeit lang als Kaufmann in Liverpool tätig, bevor er nach London zog. Dem schottischen Staatsarchiv ist zu entnehmen, dass es in seinem Haus sechs Bedienstete gab: einen Kammerdiener, eine Krankenpflegerin, eine Magd, eine Amme, einen Koch und ein Dienstmädchen.[69] Sein Testament von 1796 war 55 Seiten lang.[70]

Ogilvy bewunderte seinen Großvater Francis (Frank) Mackenzie Ogilvy, der von Beruf Schafzüchter, im Grunde seines Herzens jedoch ein verwegener Abenteurer war. Der gebürtige Schotte zog nach London, wanderte mit 24 nach Südamerika aus und führte dort das Leben eines Draufgängers, der sogar im Krieg Argentinien gegen Paraguay mitmischte. Nebenbei war er Verwalter eines Landguts samt Rinderzucht, das einer Gruppe schottischer Investoren gehörte. Als dieses Unternehmen scheiterte, setzte der arbeitslose Großvater, der eine Großfamilie zu ernähren hatte, auf das Goldschürfen und wanderte nach Neuseeland aus. Als auch daraus nichts wurde, kehrte er nach London zurück und ergatterte einen Verwaltungsposten in der britischen Zweigstelle der Bank of Rio de Janeiro. »Vier Jahre später«, schreibt Ogilvy, »wurde aus diesem ungebildeten Schafzüchter der Direktor der Bank Brown Shipley, wo er den späteren Leiter der britischen Nationalbank ausbildete. Er konnte es sich leisten, seine sieben Kinder auf Privatschulen zu schicken und ihnen ein kostspieliges Studium an einer Privatuniversität zu finanzieren. Er führte das Leben eines Forsyte.«[71] Seine Erfahrung als Bankier brachte ihn dazu, seinem Enkel zu empfehlen, sich gründlich mit der Firma von J. P. Morgan zu befassen, da er selbst beeindruckt von dessen Kriterien war, die für Geschäftspartner (»Nur Gentlemen mit Hirn«[72]) und Kunden (»Nur Geschäfte erster Klasse auf erstklassige Weise«)

galten. Diese Leitsprüche wurden später Teil von Ogilvys Agenturphilosophie.

Sein Vater, Francis John Logley Ogilvy, kam auf einer Schaffarm in Argentinien zur Welt, war aber nichtsdestotrotz britischer Staatsangehöriger. Als klassischer Gelehrter, der sich selbst Gälisch beibrachte und bei den Sitzungen auf der Toilette griechische Lektüre bevorzugte, griff er für seinen Sohn schon mal zum Dudelsack. Er bestand darauf, vor anderen Leuten von David mit »Sir« angeredet zu werden.[73] Dieser behauptete später einmal, von seinem Vater zwei Dinge geerbt zu haben: eine Vorliebe für Fäkalhumor und eine Schwäche für das Pfeiferauchen.

Obgleich Agnostiker erzog Ogilvys Vater seinen Sohn nach den striktesten viktorianischen Moralvorstellungen. »Mein lieber Junge, man muss kein Christ sein, um sich wie ein Gentleman zu benehmen.« Der junge Ogilvy entwickelte sich zu einem bekennenden Atheisten, der Glaubensfragen mit einem Kollegen – einem ehemaligen Theologen – diskutierte. Dieser attestierte David, ein durchweg rationaler Mensch zu sein, der sich mit der Vorstellung, dass ein göttliches Wesen das Schicksal des Menschen lenken könnte, beim besten Willen nicht anfreunden konnte.[74] »Der Gedanke, den Leib Christi zu essen und sein Blut zu trinken, erfüllte mich mit Ekel. Ich konnte nicht an die Schöpfung, die jungfräuliche Geburt, Christi Himmelfahrt, den Himmel, die Hölle oder den Heiligen Geist glauben.«

Ogilvys Vater war ein durchschnittlich erfolgreicher Börsenmakler. Als David gerade einmal drei Jahre alt war, erklärte Großbritannien Deutschland den Krieg, die Märkte brachen zusammen, und sein Vater verlor sein ganzes Vermögen. Die fünf Bediensteten mussten ihren Hut nehmen, und die Familie selbst konnte nicht länger in Wix Hill bleiben, sondern zog gemeinsam mit seiner Großmutter mütterlicherseits nach London, von wo aus sie dann nach Gildford gingen. Dort erwarben seine Eltern das Wohnhaus von Lewis Carroll. Er behauptete, Alice Liddell, das Vorbild für *Alice im Wunderland* zu kennen. Beatrix Potter, die tierliebende Kinderbuchautorin des Romans *Die gesammelten Abenteuer von Peter Hase* und ihr zahmer Igel Mrs. Tiggy-Winkle statteten ihren Nachbarn einmal einen Besuch ab.

Potters berühmte Romanfigur des Gärtners Mr. McGregor entstand vermutlich nach dem Vorbild des übellaunigen Gärtners, der seine Dienste auf der Woodcote Farm leistete.[75] »Ihr England ist auch das England, an das ich mich erinnere«, bestätigte Ogilvy. Doch ab diesem Zeitpunkt lebten die Ogilvys in vornehmer Armut. »Wir waren sehr arm«, sagte David. »Das Jahreseinkommen meiner Mutter betrug weniger als 1 000 Pfund.«[76] Sein Großvater weigerte sich beharrlich, Davids Vater Geld zu leihen, weshalb dieser versuchte, sich das Leben zu nehmen, indem er sich die Kehle durchschnitt. Obgleich Ogilvy seinen Vater verehrte und ihn für einen wahren Gentlemen hielt, erkannte er, dass er ein ausgezeichneter Gelehrter, aber ein miserabler Geschäftsmann war. Sein Großvater war dagegen das komplette Gegenteil. »Er war ein beinharter, aber extrem erfolgreicher Geschäftsmann. Ich wusste nicht, ob ich nach ihm oder meinem Vater käme.«[77]

Wenn Väter erfolglos bleiben, fühlen sich ihre Söhne oft zum Erfolg getrieben. Für diesen Sohn zählte ein Leben lang nur Leistung – und er war besessen von Geld.

∽

Mit der Heirat von Davids Großvater Frank Ogilvy und Kythé Caroline Mackenzie im Jahr 1865 gehörte ein weiterer Familienzweig schottischer Abstammung zum Clan der Ogilvys – die Mackenzies (wie in David *Mackenzie* Ogilvy). Die Geschichte der Mackenzies reicht bis ins Jahr 1494 zurück, als König James IV. Hector Roy Mackenzie eine Urkunde übergab, die ihm das Recht einräumte, 170 000 Morgen Land, davon 90 Kilometer Meeresküste, Berge, Seen und Flüsse, mit *Feuer und Schwert* zu verteidigen[78] – die einzige Bedingung, die daran geknüpft war, lautete, den Einheimischen Arbeit zu verschaffen. So kamen die Mackenzies in den Besitz eines abgelegenen Herrenhauses an der Westküste von Ross-shire. Von 1494 bis 1958 – also 464 Jahre lang – wurde dieses Gut vom Vater an den Sohn übergeben. Insgesamt waren es 15 Gutsherren von Gairloch.

Sir Hector war ein furchtloser Krieger (der nahezu ununterbrochen von Schlacht zu Schlacht zog) und doch nicht annähernd so bedrohlich wie sein Halbbruder Kenneth of Battle, der sich einmal von der Ehefrau seines Cousins beleidigt fühlte. Kenneth sann auf Rache und schickte seine Frau, die nur ein Auge hatte, zu ihrer Familie zurück – und zwar auf einem einäugigen Pony in Begleitung eines einäugigen Dieners gefolgt von einem einäugigen Hund. Ein Affront, der natürlich zu einem Blutbad führte.

Ogilvy, der sich einmal als »inbrünstiger« Mackenzie[79] bezeichnete, überredete seine Schwester Christina – eine ebenso begeisterte Anhängerin der Mackenzieschen Linie ihrer Familie –, die Memoiren ihres anderen schottischen Großvaters zu veröffentlichen. Dr. John Mackenzie war ein Reformer. Er hatte an der Universität von Edinburgh Medizin studiert, wo die Abschlussprüfungen noch immer in lateinischer Sprache abgehalten wurden. Als junger Arzt arbeitete er in den Armenvierteln von Edinburgh. Da die meisten Armen im Krankheitsfall den Apotheker, den »Arzt der Armen«, aufsuchten, kehrte Dr. Mackenzie der Medizin den Rücken und in sein geliebtes schottisches Hochland zurück, ausgerechnet zur Zeit der Vertreibung der ansässigen Bevölkerung zugunsten der flächendeckenden Einführung der Schafzucht.[80] Dr. Mackenzie versuchte, den sogenannten *crofters*, kleinbäuerliche Pächter, die auf einen Nebenerwerb angewiesen waren, moderne Methoden der Landbestellung und der Schafzucht schmackhaft zu machen. Er machte sich für die Schulbildung von Kindern stark, kämpfte für die Weiterbildung junger Männer, wollte die Armenviertel räumen lassen, ein öffentliches Gesundheitswesen einführen und plädierte für die Abstinenz von Alkohol.

Ogilvys grüner Daumen stammt vermutlich von der Mackenzie-Linie. Osgood Mackenzie, Schottlands berühmtester Gärtner, begründete die Gärten von Inverewe im Nordwesten Schottlands, die heute unter dem Schutz der schottischen Denkmal- und Landschaftsschutzorganisation National Trust stehen.

∼

Ogilvys Familie mütterlicherseits war anglo-irischer Abstammung,[81] jedoch schon 400 Jahre im County Kerry ansässig.[82] In den vergangenen Jahrhunderten war es politisch erwünscht, dass britische und schottische Grundstücksbesitzer auch Land in Irland erwarben, um den dort aufkeimenden Unruhen etwas entgegenzusetzen. Ogilvys Großvater, Arthur Rowan Fairfield, wurde in den öffentlichen Registern als »Gentlemen« geführt (was mit vermögend gleichzusetzen war)[83]. Der gute Freund von George Bernard Shaw hielt seinem Enkelsohn (im zarten Alter von vier) Vorträge über die Gräueltaten der Armenier und die Niederträchtigkeit des Premierministers und Mitglieds der liberalen Partei William Gladstone, »einem Cousin aus der anderen Seite der Familie«.

Ogilvys Mutter, Dorothy Blew Fairfield, von allen nur Dolly[84] genannt, war von so kleinem Wuchs, dass sie den Spitznamen »Mini-Venus«[85] trug. Sie war ein bildhübsches Mädchen mit braunen Augen, Sommersprossen und Köpfchen, übernervös – und sehr ehrgeizig. Als sie mit 18 Davids Vater, damals 33 Jahre alt, heiratete, studierte sie Medizin und war nach der Heirat sehr unglücklich mit ihrem Dasein als Ehefrau und Mutter – so hatte sie ihr Leben nicht geplant.[86] Da sie zugunsten der Familie auf ihre Karriere als Ärztin verzichtet hatte, ihr Ehemann sie aber langweilte, sorgte sie dafür, dass ihre Kinder an ihrer Statt ihre ehrgeizigen Pläne realisierten.[87] Sie wollte um jeden Preis, dass ihre Kinder sich einen Namen machten, und trieb sie dazu an, ihr Hirn einzusetzen.

Aus der Ehe von Francis Ogilvy und Dorothy Fairfield gingen zwei Söhne, Francis Fairfield Ogilvy und David Mackenzie Ogilvy, sowie drei Töchter, Kythé, Mary und Christina, hervor.

David beschrieb seine Mutter als harte und exzentrische Irin aus einer verschrobenen irischen Familie. »Heutzutage würde man sie wohl als völlig durchgeknallt bezeichnen. Sie konnte mich nicht besonders gut leiden. Hielt mich für sehr materialistisch.«[88]

Das Verhältnis zu seinem (acht Jahre) älteren Bruder, der hochgesteckte Ziele verfolgte, war von einseitiger Rivalität geprägt.[89] Francis bedeutete David von allen Geschwistern am meisten, sowohl als Bruder als auch in beruflicher Hinsicht. Er war immer Klassenbester und gründete bereits in London seine eigene Werbeagentur, während sein jüngerer Bruder zu dieser Zeit noch gar nicht wusste, welchen Weg er einmal einschlagen würde. Francis hielt seinen kleinen Bruder für ein Genie und öffnete ihm bei jeder Gelegenheit die Türen, doch David erkannte die helfende Hand seines Bruders nicht einmal in seiner Autobiografie an.

Ogilvy hielt Christina für die klügste seiner Schwestern.[90] Zu Kriegszeiten machte sie Karriere im Abwehrdienst. Sie entwickelte ein Gerät, mit dessen Hilfe man fremder Leute Post unbemerkt lesen konnte. Dabei handelte es sich um eine Glasstange mit einem Haken an einer Seite, der an der Stelle in den Umschlag eingeführt wird, wo sich kein Klebstoff befindet. Durch geschicktes Drehen der Stange wurde der Brief aus dem Umschlag gezogen, gelesen und anschließend auf dieselbe Weise wieder hineingeschoben. Am nächsten stand David jedoch seine Schwester Kythé – sie war hochgewachsen, interessant und extravagant. Außerdem mochte er ihren Ehemann, Sir Philip Hendy, der lange Zeit die Nationalgalerie in London leitete. Seine andere Schwester Mary wurde Sozialarbeiterin und später Leiterin einer reformpädagogischen Schule.

Dolly hinterließ ihren Töchtern eine hübsche Summe aus dem Vermögen, das sie einst geerbt hatte, da Frauen in ihren Augen zu abhängig von ihren Ehemännern waren.[91] Sie war bekannt dafür, dass sie ihre Familie durch intellektuelle Streitgespräche aufwühlte und brachte alle Beteiligten dazu, einen konträren Standpunkt einzunehmen. Ihre Kinder wurden stark konkurrenzorientiert erzogen, sie mussten sich nicht nur gegenüber der Außenwelt behaupten, sondern auch gegenüber ihren eigenen Geschwistern. »Im Normalfall bekamen sie, was sie sich in den Kopf gesetzt hatten«, erzählt ein Freund.

Cicely Isabel Fairfield änderte ihren Namen, da sie davon überzeugt war, dass sie mit einem derart braven Namen nie ernst genommen würde.[92] Als Rebecca West wurde sie eine der einflussreichsten Intellektuellen und Schriftstellerinnen Großbritanniens Mitte des 20. Jahrhunderts. Obwohl ihre Beziehung zu dem verheirateten H. G. Wells offen und emanzipiert war, verboten Ogilvys Eltern David, Wells zu besuchen, da er ihrer Meinung nach der Schuldige war, der Rebecca verführt hatte. Später verband Ogilvy eine tiefe Freundschaft mit West, die ihm erzählte, dass ihre Familie großmütterlicherseits jüdisch war. »Einerseits fand ich das ziemlich aufregend«, meinte Ogilvy dazu, »andererseits wusste ich, dass Rebecca schon immer gut im Lügen war. Deswegen war es vermutlich leider nicht wahr.«[93] Ogilvy war immer stolz auf seine Abstammung, verhielt sich in der Öffentlichkeit dazu jedoch manchmal etwas widersprüchlich.

Als die Queen einmal einen Staatsbesuch in New York machte, gab er der gesamten Belegschaft den Nachmittag frei, um sich vor dem Waldorf-Astoria Hotel zu versammeln und der Queen einen ordentlichen Empfang zu bereiten.[94] Als eine Gruppe Dudelsackpfeifer, die von der Niederlassung in Chicago angeheuert worden war, ihn mit einem Ständchen willkommen heißen sollte, protestierte er lautstark: »Schalten Sie bloß diesen Krawall ab. Deswegen habe ich Schottland verlassen.«[95]

Ogilvy war dreimal verheiratet, in erster Ehe mit Melinda Street, die aus einer der angesehensten Familien Virginias stammte und die Mutter seines einzigen Nachkommens wurde. Nach der Scheidung heiratete er Anne Flint Cabot, die ihrerseits in erster Ehe mit einem Sprössling des Adelsgeschlechts der Cabots aus Boston verheiratet gewesen war. Seine dritte Ehefrau war Herta Lans de la Touche, die in Mexico als Kind von deutsch-niederländischen und Schweizer-englischen Eltern auf die Welt kam, und die er in Frankreich kennengelernt hatte. Diese, seine letzte Ehe hielt bis zu seinem Lebensende.

Anders als sein Bruder Francis, der gerne mit seinen Eroberungen protzte, achtete David bei seinen außerehelichen Liaisons sehr auf Diskretion. Er liebte die Frauen und fühlte sich stark zu ihnen hingezogen (und sie sich zu ihm). Auf Partys suchte er sich das hübscheste Mädchen im Raum aus, verwickelte sie ihn ein Gespräch, machte ihr Komplimente und flirtete, was das Zeug hielt, doch was anschließend geschah, entzog sich den Blicken der Öffentlichkeit.

Ogilvy verbrachte so manch glückliche Tage mit seinen Stiefkindern, die zwei seiner Ehefrauen in ihre Ehen mitgebracht hatten. Er liebte es, die Kinder dazu zu bringen, ungezogen zu sein, weil es ihn interessierte, wie weit sie gehen würden. Im hohen Alter von über 80 Jahren entdeckte er seine Zuneigung zu seinem blonden, blauäugigen Stiefsohn François – »seine letzte große Liebe«, wie es Herta empfand. Am meisten am Herzen lag ihm David Fairfield Ogilvy, der gemeinsame Sohn von ihm und Melinda, seiner ersten Frau, der als Kleinkind »Zucky« und bis ins Erwachsenenalter »Fairfield« gerufen wurde.[96] Heute ist er für Freunde und für die Kunden seines erfolgreichen Immobiliengeschäfts in Greenwich, Connecticut, einfach nur »David« oder »David Jr.«.

Vom Tag seiner Geburt an war Ogilvy vernarrt in seinen Sohn, doch im Laufe der Zeit entwickelte er sich zu einem nachlässigen und bisweilen übermäßig autoritären Vater, der sich voll und ganz darauf konzentrierte, sein Geschäft aufzubauen. Fairfield war 16, als sich seine Eltern scheiden ließen. Er lebte dann bei seiner Mutter, die ihn mithilfe ihres Schwagers Rosser Reeves, dem Geschäftsführer einer Werbeagentur, großzog.[97] Er besuchte die Knabenschule Hotchkiss in Lakeville, Connecticut. Bei einem Mittagessen mit seinem Vater und David McCall, einem Absolventen von Hotchkiss und damaligen Cheftexter von Ogilvys Werbeagentur, gab sich der Junge missmutig. Als sein Vater ausführlich erklärte, welche Art von Schule er gerne als Direktor leiten würde, blickte ihn sein Sohn mit kalten Augen an und fiel ihm ins Wort: »Das wäre ein ganz schreckliche Schule. Freiwillig würde ich da keinen Fuß hineinsetzen. So eine Schule wäre grauenhaft und verabscheuenswürdig.«[98] Ogilvy riet ihm, in Zukunft mehr darauf zu achten, in wessen Gegenwart er solche Äußerungen machte, denn »Mr. McCall *geht* genau auf so eine Schule.«

Als Fairfield als Teenager gezwungen wurde, auf einer Party im Ausgehkilt zu erschienen, ließ er sich den ganzen Abend darüber aus, wie sehr er den Kilt hasste, die Werbewelt hasste, überhaupt alles hasste.[99] Fairfield war »ein toller Junge«, fand ein Kollege, doch David als Vater zu haben, »war mitunter eine grausame Angelegenheit.«[100] Nach seinem Abschluss in Hotchkiss studierte er an der Universität von Virginia. Kaum hatte er sein Studium beendet, machte sich David erneut Sorgen um seinen Sohn. »Was soll ich bloß mit ihm machen?« fragte er sich. »Er ist so oberflächlich. Und er sollte sich eigentlich um einen Job bemühen.«[101] In die Fußstapfen seines Vaters zu treten, war für Fairfield keine Option, da er unter keinen Umständen etwas mit Werbung zu tun haben wollte, wie er unerlässlich betonte.[102]

Zum 21. Geburtstag seines Sohnes überschrieb ihm Ogilvy die Tantiemen an *Geständnisse eines Werbemannes*, vermutlich zumindest teilweise um sein schlechtes Gewissen zu beruhigen, weil er als Vater so oft nicht für seinen Sohn da gewesen war, aber auch weil er sich nicht vorstellen konnte, um welche Summen es sich da handeln würde. Er bereute diese Entscheidung zutiefst, als das Buch die Bestsellerlisten erklomm, und noch viel mehr, als er mitbekam, dass sein Sohn damit seine Skileidenschaft in Europa finanzierte – zum Glück hielt diese Phase nicht lange an. Später war Ogilvy sehr stolz auf seinen Sohn und dessen Erfolg als Immobilienhändler.[103] Bei einem seiner Besuche in Greenwich wollte Ogilvy mit seiner American-Express-Kreditkarte zahlen, als ihn der Kassierer fragte, »Sind *Sie* der David Ogilvy, der berühmte Immobilienhändler?« Ogilvy erzählte diese Geschichte häufig und gerne.

Ganz gleich, welche Konflikte Vater und Sohn in dessen Kindheit und Jugend auch ausfochten, es ist für jedermann offensichtlich, dass sich dieser zu einem netten, normalen und erfolgreichen Mann entwickelt hat. Von einer besonderen Eigenschaft seines Sohnes war Ogilvy besonders beeindruckt. »Es ist schon erstaunlich, dass dieser junge Mann, den ich für so oberflächlich halte, es wie kein anderer versteht, Zwistigkeiten zwischen anderen in Luft aufzulösen. Wann immer es ein Problem oder einen Streit in unserer Familie gab, kam Fairfield herein, und zack, weg war es. Er kriegt einfach alles wieder ins Lot.«[104]

Nach seiner Scheidung von Melinda entfremdeten sich Vater und Sohn eine Zeit lang, doch es gelang ihnen, sich auszusprechen und ein sehr inniges Verhältnis zueinander aufzubauen.[105] Wann immer sie sich sahen, küssten sie sich zur Begrüßung, was einen Beobachter dieser Szene zu der Bemerkung veranlasste, dass er hoffe, er würde auch einmal ein so herzliches Verhältnis zu seinem Sohn haben.[106] Als Ogilvy, der sich schließlich aus der Arbeitswelt zurückgezogen hatte und nach Frankreich gegangen war, einmal seinen Sohn zum Bahnhof begleitete, standen ihm Tränen in den Augen. Als sein Sohn bei einem anderen Besuch unverschuldet viel später als geplant eintraf, erfuhr er, dass sein Vater den ganzen Tag im Pförtnerhaus auf ihn gewartet hatte. »Das hätte er für keinen anderen Menschen auf dieser Welt getan«, war sich ein Freund sicher. »Sein Sohn war sein Ein und Alles.«[107] Voller Stolz auf seinen Sohn schrieb Ogilvy: »Er ist nicht nur ein Meister des Immobiliengeschäfts, sondern auch mein unfehlbarer Berater in allen Lebenslagen.«

Als Ogilvy im Sterben lag, flog Fairfield fast jede Woche aus den Vereinigten Staaten nach Frankreich, um bei ihm sein zu können.[108] Nach dem Tod seines Vaters heiratete der mittlerweile geschiedene Fairfield ein weiteres Mal. Kurze Zeit später kam seine Tochter auf die Welt – Ogilvys erstes Enkelkind, Melinda Fairfield Ogilvy (die nur Field gerufen wurde) – die neunte Melinda mütterlicherseits.[109] In direkter Abstammung von Karl dem Großen?

Kapitel 2
»Ich vermasselte jede Prüfung«

Als Ogilvy gerade zehn Jahre alt war, stand in seinem Zeugnis:

> Er verfügt über einen ausgesprochen eigenständigen Verstand und kann sich gut in seiner Muttersprache ausdrücken. Er neigt jedoch dazu, sich mit seinen Lehrern anzulegen, und versucht sie davon zu überzeugen, dass er Recht habe und in den Büchern Falsches stehe; vermutlich nur ein weiteres Zeichen seines unabhängigen Geistes. Dennoch würden Sie als Eltern gut dran tun, ihn dabei zu unterstützen, sich diese Eigenheit abzugewöhnen. Ich hoffe, dass er sich alle Mühe gibt und sich in dieser Hinsicht in Zukunft zurückhält.[110]

Sein Rechenlehrer war derselben Meinung: »Er nimmt die Mathematik sehr ernst und arbeitet in der Regel gut mit, außer wenn er mal wieder Rechenmethoden entwickeln möchte, die denen des Lehrers haushoch überlegen sind.«

Ein eigenständiger Geist und gute Noten sind zwei Paar Stiefel. Ogilvys Schullaufbahn begann mit schlechten Noten und endete genauso. Als Ogilvy sechs Jahre alt war, schickte ihn sein Vater in einem Kilt in den Kindergarten in London. Ogilvy schämte sich und wurde von den anderen Kindern gehänselt. Als er genug davon hatte, versetzte er einem seiner Peiniger einen Faustschlag. Auf den Rat seiner Mutter hin lernte er, sich künftig mit Worten zur Wehr zu setzen.

Doch der wahre Horror seiner Schulzeit begann mit acht Jahren auf der berüchtigten St. Cyprian School in Eastbourne, Sussex, an der Südküste Englands.[111] Berichten ehemaliger Schüler zufolge – berühmte

2. »Ich vermasselte jede Prüfung« 43

Persönlichkeiten wie die Schriftsteller George Orwell und Cyril Connolly sowie der Modefotograf Cecil Beaton – handelt es sich bei Ogilvys traumatischen Erlebnissen keinesfalls um Einzelfälle. St. Cyprian war ein typisches Beispiel für ein in den 1850er Jahren gegründetes Internat, als die Briten nach Indien und in andere ferne Länder gesandt wurden, um dort das British Empire in der Armee oder im Staatsdienst zu vertreten. Eltern schickten ihre neun- bis 14-jährigen Söhne nach England zurück, um ihnen dort eine gute Ausbildung (und Erziehung) zu ermöglichen. Diese Internate, die nur Jungen offenstanden, befanden sich meist in ehemaligen Landsitzen des Adels und bereiteten die Jungen auf ihr künftiges Studium in Eton, Harrow und anderen führenden Privatuniversitäten vor. Zu den Aufgaben gehörte jedoch nicht nur die klassische Schulbildung, diese Institutionen stellten sich auch der Verantwortung, den Charakter ihrer Zöglinge zu formen und sie zu lehren, was Pflichtbewusstsein, Disziplin, Dienst am Vaterland und Respekt für selbiges für einen Briten bedeutet. In der Regel wurden diese Internate von einem Direktor geleitet, oft unterstützt von seiner Frau – eine Konstellation, wie man sie aus den Romanen von Dickens kennt.[112] Oft wurde das Internat praktisch von einer willensstarken Ehefrau geleitet. Handelte es sich dabei um eine warmherzige, mütterliche Frau, waren die einsamen Jungen, die ihre Eltern vermissten, gut aufgehoben. Wenn nicht, war ihr Leben die Hölle.

Es war Glückssache. Ogilvy hatte Pech. St. Cyprian[113] wurde von Mr. L. C. Wilkes – dessen Spitzname (aus unerfindlichen Gründen) »Bimbo« lautete – und seiner Gattin Cicely Ellen Philadelphia Vaughan Wilkes, die hinter ihrem Rücken »Schwabbelwabbel« (was sich auf ihren riesigen Vorbau bezog, der beim Laufen auf und ab wogte) und offiziell »Mutter« gerufen wurde. Die Figur des Big Brother in George Orwells Roman *1984*, der die Psychologie der Manipulation beschreibt, soll zumindest teilweise auf Mrs. Wilkes zurückgehen, die keine Gelegenheit ausließ, »ihre« Knaben zu demütigen, während sich ihr Ehemann darauf beschränkte, sie vor amourösen Abenteuern, romantischen Verstrickungen und der Beschmutzung von Körper und Geist durch Selbstbefriedigung zu warnen.

Orwell bezeichnete seine Schule einmal als »Welt, in der es mir nicht möglich war, gut zu sein«. Seine Verbitterung darüber fand Ausdruck in dem Essay mit dem ironischen Titel *Die Freuden der Kindheit,* der als so verleumderisch und beleidigend galt, dass er erst nach Orwells Tod veröffentlicht wurde. Der Fotograf Cecil Beaton erinnerte sich, dass die »Klassenzimmer nach Tinte und Staub stanken, das Wasser im Schwimmbecken abgestanden war und der Waschsaal kalt und klamm.« Über Mrs. Wilkes sagte er: »Ihr zu entkommen, als wir das Internat endlich für immer verlassen durften, war einer der größten Meilensteine in meiner Karriere.«

Die jüngst verarmten Ogilvys konnten sich St. Cyprian eigentlich nicht leisten, doch die Internatsleitung erklärte sich mit der Hälfte der Schulgebühren einverstanden, wohl in der Hoffnung, dass der Sohn ein ebenbürtiger Nachfolger seines Vaters wäre, dessen Leistungen Cambridge zu Ruhm und Ehre gereichten. Doch David Ogilvy schloss sich schon bald Orwells Auffassung an[114]:

> Mrs. Wilkes, die Ehefrau des Schulleiters, war der Schrecken in Person. Dieses teuflische Weib beherrschte die Kunst der Kastration wie keine andere. Wie ein Schachmeister, der gleichzeitig gegen mehrere Gegner antrat, spielte Mrs. Wilkes ein emotionales Katz-und-Maus-Spiel mit jedem einzelnen Jungen in diesem Internat. Sie erlitten das gleiche Schicksal wie die Höflinge in Versailles: Mal war ein bestimmter Junge ihr Lieblingskind, der nur kurze Zeit später ihre Gunst wieder verlor ... Die Söhne von Vätern, die weder Künstler noch wohlhabend waren, standen niemals in ihrer Gunst; vier Jahre lang umgab mich düstere Ablehnung.[115]

Ogilvy erinnerte sich noch gut an den Tag, als ihm Mrs. Wilkes mit der Begründung, er sei mittellos und nur aufgrund eines Stipendiums hier, verbot, sich einen Pfirsich zu kaufen:

> »Wie kannst du es wagen?«, brüllte sie laut genug, um in der ganzen Schule gehört zu werden. »Dein Vater ist so arm wie eine Kirchenmaus, und wir mussten dich für einen Apfel und ein Ei hier aufnehmen. Mit welchem Recht will der Sohn eines Almosenempfängers Geld für so etwas Luxiöses wie einen Pfirsich verschwenden?«[116]

Davids Eltern konnten sich noch nicht einmal einen Geburtstagskuchen für ihren Sohn leisten – geschweige denn einen Besuch ihres Sohnes in vier Jahren, obwohl sie nur 80 Kilometer von ihm entfernt lebten. David litt an »entsetzlichem Heimweh«[117] und freute sich über die Briefe seiner Familie und die Wochenenden, die er manchmal außerhalb der Schulferien bei Klassenkameraden und deren Familien verbringen durfte. Sein bester Freund, Johnnie Rotherham, wurde Generalleutnant der britischen Luftwaffe und im Alter von 12 bis 15 Jahren war David unsterblich in dessen Schwester Jean verliebt.

St. Cyprian war geprägt vom intensiven Studium der Bibel.[118] Die Schüler mussten jeden Tag ein Kapitel auswendig lernen und die Verse beim Frühstück rezitieren. Machten sie dabei mehr als zwei Fehler, mussten sie sämtliche Mahlzeiten an diesem Tag im Stehen einnehmen. »Auf diese Weise lernte ich in vier Jahren fast die ganze Bibel auswendig«, erzählte David und legte Wert auf die Feststellung, dass er die Bibel besser kenne als die meisten bekennenden Christen unter seinen Freunden und das, obwohl er absolut nicht religiös sei.

Ogilvy schrieb, dass Mrs. Wilkes Gewinne in unglaublicher Höhe einstrich, indem sie ihre rund 90 Zöglinge hungern ließ. Deshalb konnte sie sich die Sommerfrische im schottischen Heideland leisten und ihre Söhne nach Eton schicken. »Sie und ihr Mann aßen niemals das Gleiche wie wir, doch die Privilegierten von uns, die das Glück hatten, bei den Mahlzeiten neben diesem unsäglichen Pantoffelhelden Mr. Wilkes zu sitzen, der mit seinen Gedanken immer woanders war, konnten ihm so manchen Bissen von seinem Teller stibitzen.« Einmal wurde David ohne Abendessen ins Bett geschickt, weil er behauptet hatte, Napoleon sei ein holländischer Landsmann gewesen. So manche Nacht tröstete er sich über sein trauriges Dasein hinweg, indem er im Bett an einer Dose Kondensmilch nuckelte, in die er ein Loch hineingebohrt hatte (»schmeckt wie Muttermilch«), und als er keine Milch mehr hatte, nuckelte er Zahnpasta aus Gratisproben.

Nicht bei seinen Eltern leben zu können, öffentlich als Stipendiat geschmäht und hungrig ins Bett geschickt zu werden – all das war traumatisch für David und verstärkte seine Einsamkeit und Unsicherheit als Heranwachsender noch weiter. Es ist erstaunlich, dass er mit diesen Erfahrungen nicht auch noch als Erwachsener unter mangelndem Selbstbewusstsein litt.

∽

Ogilvys nächste Schule hatte einen fiktiven Schüler, den Geheimagenten James Bond.[119] In seinem Spionagethriller *Man lebt nur zweimal* enthüllt Ian Fleming, dass Bond aus Eton hinausgeworfen wurde und es seiner Tante gelang, ihn in Fettes (»der ehemaligen Schule seines Vaters«) unterzubringen. Bonds Tante hoffte, die calvinistische Atmosphäre an dieser Schule sowie die rigorosen akademischen und sportlichen Anforderungen würden dem jungen James den richtigen Pfad weisen.

Ihre Wahl fiel also auf Fettes, eine Vorbereitungsschule für die Universität, kurz vor den Toren Edinburghs gelegen, in die David mit 13 eintrat. Zu dieser Zeit galt die Kombination aus einem britischen Gentleman und einer schottischen Schulbildung als nahezu vollkommen.[120] Damals zählte das schottische Schulsystem zu den besten weltweit, und Fettes gehörte zu den besten Privatschulen. Das freiherrschaftliche, im gotischen Stil erbaute Hauptgebäude von Fettes mit seinen Türmen, Giebeln, Pfeilern und Wasserspeiern diente als architektonisches Vorbild für die Zauberschule Hogwarts in den Harry-Potter-Büchern von J. K. Rowling.

In Fettes (Fet-tes ausgesprochen) wurde viel von den Schülern gefordert – »Hausaufgaben, Hausaufgaben und nochmal Hausaufgaben«[121], erinnert sich ein ehemaliger Schüler – und großer Wert auf die Form gelegt. Zu Ogilvys Zeiten trugen die Schüler auf ihrem Weg in die Kirche in der Stadt Zylinder und Frack; und noch heute tragen sie im Unterricht braun-rot gestreifte Blazer. Auch an dem vorgeschriebenen täglichen Gottesdienst in der Hauskapelle hat sich bis heute nichts geändert. Bis in die 1950er Jahre war Fettes eine typische strenge Privatschule, in der am Morgen kalt geduscht und am Nachmittag Sport getrieben wurde, körperliche Züchtigung gang und gäbe war, und die jüngeren Schüler für die älteren, die sogenannten Präfekten, kleine Dienste ausführen mussten.[122] Alles

2. »Ich vermasselte jede Prüfung« 47

charakterbildende Maßnahmen, wie mir ein ehemaliger Schüler von Fettes erzählte. Nach St. Cyprian wäre wohl fast jede Schule besser gewesen. Ogilvy genoss das Essen in Fettes: »Dreimal täglich leckerer schottischer Haferbrei, schottisches Roastbeef und Hammel mit Kartoffelbrei. In den fünf Jahren, die ich an dieser Schule war, wurde ich gemästet wie ein Kampfhahn.«[123] Er ging gerne in die hauseigene Kapelle, weil er die Predigten ebenso inspirierend fand wie das gemeinsame Singen.

Auch in Fettes bekam David ein Stipendium. Sein Vater hatte keine andere Wahl. Durch die Krise an der Londoner Börse und den Verlust seines in die argentinische Eisenbahn investierten Kapitals war sein mäßiges Einkommen um weitere 90 Prozent geschrumpft. Fettes war für die Ogilvys so etwas wie ein Familiensitz, weshalb dem jungen David ein Stipendium gewährt wurde. Diese Schule, so erinnerte er sich, »hatte ich im Blut.« Vor David gingen sein Bruder Francis, ihr Vater und ihr Großvater auf die Schule Fettes, wobei Letzterer im ersten Jahrzehnt nach Eröffnung der Schule zu den ersten Schülern überhaupt zählte. Sein Großonkel, Lord Inglis of Glencorse, war einer der ursprünglichen Treuhänder der Privatschule und 48 Jahre lang ihr Rektor – die Nachfolge übernahm dann sein Schwiegersohn.

Ogilvys Vorgänger waren ebenfalls Stipendiaten, deren Schulgeld von der Fettes Stiftung bezahlt wurde, Ogilvy zufolge richtige Sportskanonen. »Sie haben einfach jeden Wettkampf gewonnen. Ich erinnere mich noch ganz genau, wie mir meine Mitschüler im ersten Schuljahr immer wieder sagten: ›Nie im Leben bist du Francis Ogilvys Bruder.‹ Das hat mich nicht unbedingt zu Bestleistungen angetrieben.« Sein Vater war Schülersprecher und Kapitän des Rugbyteams gewesen, hatte im besten Cricket- und Five-Team (dem Vorläufer von Squash) gespielt und vier Preise gewonnen. Sein Bruder Francis war ebenfalls Schülersprecher sowie Kapitän des Rugbyteams und der Schützen gewesen und hatte den Schützenpreis und vier andere vom Gouverneur ausgelobte Preise gewonnen.

Ganz im Gegensatz dazu beschrieb sich Ogilvy selbst als zu eigenbrötlerisch, um zu den beliebten Schülern zu zählen. Aufgrund seines Asthmas nahm er weder am Sportunterricht noch an irgendwelchen

Wettkämpfen teil. Einmal war er so krank, dass er vom Schulhospital ins Sterbezimmer verlegt wurde. Doch er genas und erlebte seine sportliche Glanzzeit, als ihn sein Fußballtrainer ins bessere Team aufnahm, und er sich mit einem Mal auf der Sonnenseite des Lebens befand.[124] Nicht, dass er Fußball hätte spielen können – nein, aber sein Kapitän hatte herausgefunden, dass sie dieselben Gedichte mochten.

In Fettes drehte sich Ogilvys Leben um Musik. Er spielte im Schulorchester Kontrabass und sein bester Freund Geige.[125]

Der junge Ogilvy zog das Interesse von seinem Kapellmeister Henry Havergal und dessen Frau auf sich, und sie blieben 60 Jahre lang befreundet. Zu Ogilvys Lieblingsfächern gehörte Geschichte, das ein gewisser Walter Sellar unterrichtete, der für sein Geschichtsbuch *1066 and All That* bekannt wurde, mit dem er den Geschichtsunterricht damals parodierte.[126] Der junge Ogilvy war Leiter des Debattierclubs und wurde zunächst zum Head of Fags und dann zum Präfekten ernannt[127]; später behauptete er von sich, der erste Präfekt gewesen zu sein, der die kleineren Jungen nicht verprügelt hätte. Er gab zu, dass er zu faul war, um die klassischen Fächer zu belegen und somit in die Fußstapfen seines Vaters und seines Bruders zu treten[128], außerdem hegte er gewisse Vorbehalte gegen die in Fettes herrschende Klassenaristokratie (obwohl er selbst mit dem für die Oberschicht typischen Akzent sprach und zugab, auf die Leute, die das nicht taten, herabzusehen, bis er nach Amerika ging und diese Attitüde ablegte[129]).

Was beide Olgivy-Brüder auf Fettes lernten, war ein solider Schreib- und Redestil. Damals wurden dort noch vorwiegend die klassischen Fächer wie Latein und Griechisch unterrichtet, während Englisch kein eigenes Fach war, sondern es wurde von *allen* Lehrern schlicht erwartet, dass sie auch Englisch unterrichteten.[130] Auch die Kunst, sich schriftlich auszudrücken, war kein Unterrichtsfach nach Lehrplan, aber die ganze Atmosphäre der Schule unterstrich »das Vergnügen und die Bedeutung« des geschriebenen und des gesprochenen Wortes, wie es der ehemalige Schulleiter Cameron Cochrane formulierte. Einer der Lehrer meinte, dass jede Stunde in den klassischen Fächern auch eine Stunde in Englisch, Geschichte und Geografie war und zugleich die Maßstäbe für das künftige Leben der Schüler setzte.

2. »Ich vermasselte jede Prüfung« 49

Die Anforderungen an die Schüler waren sehr hoch, schon bei kleineren Verfehlungen musste der Schuldige 25, 50 oder 100 Mal einen bestimmten Bibelvers schreiben.[131] Auch auf eine ordentliche Handschrift wurde Wert gelegt: Kleinbuchstaben mussten auf einem linierten Blatt Papier beide Linien – oben und unten – berühren. Von einem Mathelehrer hieß es, dass er Verse gerne 12,5 Mal abschreiben ließ.

»Wer wirklich an englischer Literatur interessiert war«, sagte Cochrane, »dem haben wir die klassischen Unterrichtsfächer empfohlen. Möglicherweise liegt der heutige schludrige Umgang mit der englischen Sprache – sowohl schriftlich als auch mündlich – daran, dass sich immer weniger Schüler für Latein als Fremdsprache entscheiden, und so gut wie keiner mehr für Griechisch.«[132] Der redegewandte ehemalige Premierminister Tony Blair ist ein ehemaliger Schüler von Fettes und profitierte in seinem späteren Beruf erheblich vom damaligen Stundenplan.

Ogilvy hielt anlässlich der Feier des Gründungsjubiläums 1968 eine Rede, in der er die fünf Jahre, die er in Fettes zur Schule gegangen war, zusammenfasste. Er nutzte die Gelegenheit und warf der Schule vor, keine Mädchen zugelassen zu haben (was heute nicht mehr der Fall ist) und erinnerte die Anwesenden daran, dass er damals keine große Leuchte gewesen war.

> Ich war kein guter Schüler. Im Sport war ich die totale Niete. Ich verabscheute die Spießer, die den Ton angaben. Ich war ein unversöhnlicher Rebell – ein Außenseiter. Anders ausgedrückt, ich war die absolute Lusche. Aufgemerkt, ihr Versager, fasst Mut! Es gibt keinen Zusammenhang zwischen Erfolg in der Schule und Erfolg im Leben![133]

Als er 1974 erneut zur Feier des Gründungsjubiläums eingeladen wurde[134], trug er zahlreiche innovative Ideen vor, wie sich ein einzigartiges Image der Schule aufbauen ließe: einen berühmten französischen Koch einstellen, Schüler zu erstklassigen Handwerkern wie Klempnern, Schreinern, Elektrikern, Anstreichern oder Gärtnern ausbilden, einen Tanzlehrer engagieren, damit die Knaben später einmal mit der Gattin ihres Vorgesetzten ein Tänzchen wagen könnten,

Unterricht in Maschinenschreiben und Stenographie (er beherrschte weder das eine noch das andere), Abschaffung der Anwesenheitspflicht, stattdessen Einführung eines Schulgelds, das bei Betreten des Klassenzimmers zu entrichten war (auf diese Weise würden erstklassige Lehrkräfte gut verdienen, während die Langweiler allmählich verhungerten), eng mit der Universität von Edinburgh zusammenarbeiten und eine Zweigstelle in Frankreich eröffnen (wohin er sich im Ruhestand zurückgezogen hatte).[135]

Außerdem schlug er vor, den Unterricht an sich sowohl in der Theorie als auch in der Praxis umzukrempeln.

> Bislang ist es die Aufgabe der Lehrkräfte, Schüler mit Wissen aufzufüllen, nur damit diese die verhassten Prüfungen bestehen. Im Prinzip erinnert das an das Verfahren, Gänsen Getreide in den Hals zu stopfen, um ihre Leber zu vergrößern. Auf diese Weise mag man zwar exzellente Gänseleberpastete gewinnen, aber den Gänsen tut das alles andere als gut.
>
> Die Mission einer erstklassigen Schule kann nicht lauten, Schüler mit Wissen vollzustopfen, damit sie es ein paar Wochen später bei den Prüfungen wieder hochwürgen können. [Sie] muss viel mehr lauten, Freude am Lernen zu wecken, … die am besten ein ganzes Leben lang anhält. Dr. Potts ist dies bei meinem Vater gelungen; … bis zu seinem Lebensende hat er auf der Toilette Horace gelesen.

Neben solch provokativen Vorträgen nahm sich Ogilvy die Freiheit heraus, der Schulleitung Vorschläge hinsichtlich der Vermarktung des »Produkt Fettes« zu unterbreiten.[136] Jahre danach schrieb der damalige Schulleiter dem »guten alten Jungen« David Ogilvy folgende Zeilen: »Mein lieber Junge, du bist stinkreich. Wir brauchen einen Minibus. Der kostet dich 7 000 Pfund.«[137] Ogilvy schickte einen Scheck in der Höhe mit den Worten: »Ihr elendigen Mistkerle! Da habt ihr!«

Als Ogilvy 1955 in Amerika eine Schule für seinen damals 12-jährigen Sohn auswählen musste, bezweifelte er, dass auch nur eine von ihnen den Schülern Lesen und Schreiben nach seinen Anforderungen beibringen könnte. »Das ist ja die Krux mit den meisten amerikanischen Schulen – am Ende der Schulzeit haben wir es mit perfekt an-

2. »ICH VERMASSELTE JEDE PRÜFUNG« 51

gepassten, aber des Schreibens unkundigen Menschen zu tun. Das genaue Gegenteil von Fettes.«[138]

∽

Ogilvy verließ Fettes 1929 im Alter von 18 Jahren und arbeitete kurze Zeit im Boys Club in den Slums von Edinburgh, bevor er seine Ausbildung fortsetzte. Sein Austrittszeugnis von Fettes bescheinigte Ogilvy ausgezeichnete Noten in den modernen Unterrichtsfächern[139] sowie eine »bemerkenswerte Persönlichkeit«, weshalb er sich in Oxford um einen Studienplatz bewarb und »es somit vermied, in Konkurrenz zu meinem Vater, meinem Bruder Francis und dem Rest meiner Familie zu treten, die sich alle in Cambridge hervorgetan hatten«. Sein Bewerbungsaufsatz beeindruckte den Prüfungsleiter von Oxford derart, dass er ihm eines der seltenen Stipendiate in Geschichte gewährte.[140] Die Begründung seiner Entscheidung lautete, dass es wohl angebrachter sei, ein Stipendium demjenigen mit den besten Zukunftsaussichten zu gewähren als demjenigen mit den besten Noten.

Ogilvys Wahl fiel auf das Oxford Christ Church College, »weil es mehr Premierminister, Vizekönige von Indien und Erzbischöfe von Canterbury hervorgebracht hatte, als alle anderen Oxford Colleges zusammengenommen«[141]. Das Christ Church galt als herausragendes, aristokratisches und kirchentreues College, das viel Wert auf Traditionen legte. Seine beeindruckenden Gebäude oben an der High Street entlang der Themse zählen zu den schönsten Bauwerken Oxfords.[142] In dem mächtigen Speisesaal, in dem die ersten beiden Harry-Potter-Filme gedreht wurden[143], hängen Porträts von einigen der 13 späteren Premierminister – allesamt Absolventen des Oxford College – und seines Gründers König Heinrich VIII.[144]

Ogilvy begann sein Studium am Christ Church College 1929 als Stipendiat[145], was bedeutete, dass er eine Prüfung ablegen musste, um finanzielle Unterstützung zu erhalten. Beim Abendessen saßen die Stipendiaten im Gegensatz zu den Kommilitonen, die die volle Studiengebühr entrichteten, etwas erhöht in einem abgetrennten Bereich des riesigen Speisesaals.[146] Auch diese Sitzordnung verdeutlichte die am College herrschende Hierarchie; noch höher saßen die Professoren. Beim Abendessen sowie bei Seminaren und Vorlesungen ist die Kleiderordnung – ein Talar über einem dunklen Anzug –, die als *subfusc* (»im Schatten«) bezeichnet wird, noch immer vorgeschrieben. Stipendiaten wie Ogilvy mussten einen langen schwarzen Talar tragen, sodass sie auf einen Blick von den voll zahlenden Studenten mit ihrem kürzeren Talar zu unterscheiden waren.[147] Viermal die Woche war das Abendessen im Smoking einzunehmen; zu besonderen Anlässen trug man eine weiße Krawatte.

Ganz Großbritannien war damals ziemlich versnobt, und das galt insbesondere für das Christ Church College. Ein damaliger Studienkollege Ogilvys erzählte, dass dessen erste Frage an ihn gelautet hätte: »Warst du auf einer guten Schule? Schließlich gibt es davon nicht gerade viele.«[148] Ogilvy war warmherzig und freundlich, aber auch »eigentümlich«[149], meint Margot Wilkie, eine Amerikanerin, die einige Kurse in Oxford belegt hatte, und ihr Leben lang mit Ogilvy befreundet blieb. »Ogilvy war keineswegs der typische Erstsemester. Er war sehr witzig, und wir hatten viel Spaß miteinander. Ich kann mich gut daran erinnern, dass ich mit ihm und ein paar anderen Studenten in der Bude eines von ihnen saß, und es dort einen Diener gab. Das hat mich als Amerikanerin schwer beeindruckt. Außerdem hat er uns zum Stechkahnfahren mitgenommen. Er war jung. Ich war damals 17, also müsste er 18 gewesen sein. Und ich glaube, er war ein bisschen unsicher.«

Mit der Hilfe seines Tutors, der ihn als »sehr interessanten und beeindruckenden Menschen« empfand, legte David einen guten Start hin, doch er fühlte sich in dieser akademischen Welt nie wirklich wohl und lehnte sich zuweilen dagegen auf. Er kam andauernd zu spät zu den Vorlesungen.[150] Einmal kam er zu spät zu einem Seminar, das in einem großen Amphitheater stattfand. Der Professor unterbrach seinen Vortrag, um die allgemeine Aufmerksamkeit auf den Nachzügler zu lenken. Ogilvy durchbrach das Schweigen: »Wenn Sie mich noch einmal demütigen, werde ich keine einzige Ihrer Vorlesungen mehr besuchen«.

David wusste nicht so recht, was er studieren wollte. Im zweiten Semester brach er sein Geschichtsstudium ab und schrieb sich für Medizin ein, da er in die Fußstapfen seines Großvaters treten und Chirurg werden wollte. »Er machte aus allem ein Drama«[151], erinnert sich Wilkie, die noch gut weiß, wie er gegen den Kaminsims lehnte und über seinen Traum, Arzt zu werden, ins Schwärmen geriet. »Er betonte sein schottisches Erbe und welche berufliche Leistung es doch wäre, schottischer Arzt zu werden. Schließlich stammte er ja aus einer endlosen Reihe von Ärzten und Chirurgen ab, aber er würde sie natürlich übertreffen«. Als David Jahre später in einer Küche als Aushilfe arbeitete, schrieb er Wilkie: »Ich habe immer gedacht, ich würde mal Leichen sezieren, aber im Moment stehe ich in einer französischen Hotelküche und tranchiere Hähnchen und Tauben«.

Ogilvys Tutor betrachtete dessen Studienwechsel mit Skepsis. »Er hat mit den Naturwissenschaften praktisch bei Null angefangen und einen perfekten Start hingelegt. Wenn er sich ein wenig zusammenreißt und versucht noch professioneller zu arbeiten, wird er es noch weit bringen. Im Moment wirkt er jedoch ziemlich geistesabwesend auf mich. Er macht den Eindruck eines interessierten Amateurs auf mich«. Wie seine Tutoren in ihren Unterlagen festhielten, wurden Davids Probleme in den darauffolgenden Semestern noch größer. »Der Studienwechsel ist ziemlich schwierig und macht ihm große Mühe. Außerdem hat er Geldsorgen«, erinnerte sich einer von ihnen. Ein anderer notierte: »Er ist zu blasiert, um sich einen Nebenjob zu suchen. Ich schätze, das hat mit seinem bisherigen Studium zu tun. Doch in den Semesterferien wird er wohl arbeiten gehen«. Für einen dritten Tutor schrillten die Alarmglocken: »Ich glaube nicht, dass er die Prüfungen in Chemie besteht. Er strengt sich zwar an, aber ich glaube, Naturwissenschaften sind einfach nicht sein Ding. Aber sonst ist er sehr nett.«

In der Mitte des Semesters traten neue Probleme auf. »Trotz seiner Krankheit hat er fleißig gelernt«, schrieb sein Tutor. Das Asthma ließ David nachts nicht schlafen, und er musste auf mehreren Kissen liegen, um überhaupt Luft zu bekommen. Zu allem Überfluss steckte er sich mit einer schmerzhaften Mittelohrentzündung an, die ihm Lesen und Studieren zur Qual werden ließ. Bevor er sich in Oxford einschrieb, hatte Ogilvy ein Jahr lang in Cambridge gewohnt, wo er sich zwei Mal einer Mastoidektomie unterziehen musste.[152] Seine Vermieterin, Appy Sewell, eine junge Witwe, und er wurden Freunde (und sie später die erste Frau seines Bruders). In dieser Zeit, lange vor der Entdeckung der Antibiotika, wurde im Falle einer Komplikation bei einer Mittelohrentzündung der entzündete Knochen durch einen Schnitt hinter dem Ohr freigelegt und mit einer Art Hammer und Meißel abgeschabt. Das Narkotikum, vermutlich Äther, half mit Sicherheit, das beständige Klopfen am Schädel zu ertragen, nichtsdestotrotz muss der Eingriff eine grauenvolle Erfahrung gewesen sein.

Nahezu ein Jahr nach der Operation nässte der Schnitt immer noch, sodass Ogilvy seinen Kopf in einen turbanähnlichen Verband wickeln musste. Hinter seinem Ohr blieb ein großes Loch zurück, was er dadurch verdeckte, dass er seine gewellten Haare bis zu seinem Lebensende länger trug.[153] Außerdem hörte er auf dem linken Ohr nicht mehr gut, weshalb er sich einem Gesprächspartner zu seiner Linken immer ganz zuwenden musste.

Unter Ogilvys körperlichen Beschwerden litt auch sein Studium, und er kam gerade so durch. »Ich glaube zwar nicht, dass er durch die Prüfungen in den modernen Fächern durchfällt«, merkte sein Tutor an, »aber er hat noch einen weiten Weg vor sich. Ich bin mit seinen Leistungen in diesem Semester durchaus zufrieden.«

Ein Studium in Oxford war zwar kein Pappenstiel, aber es blieb doch Zeit für Dinge, die David mehr Spaß machten.[154] Ogilvy verfasste Buchkritiken, reiste nach Blenheim, um mit dem Graf von Marlborough Geburtstag zu feiern, gab dem Sohn eines amerikanischen Millionärs Nachhilfestunden, bis die französische Geliebte dieses Mannes ihn verführen wollte, profitierte von dem Tipp eines Spiritualisten und setzte beim Pferdewettrennen auf das richtige Pferd, hörte Lady Astors leidenschaftliche Ansprache gegen Alkohol und war danach abstinent (drei Wochen lang), ging auf Partys und schloss Freundschaften, die ein Leben lang anhalten sollten.

Davids Problem war, dass er die sechswöchige vorlesungsfreie Zeit nicht dazu nutzte, die anstehenden Studienaufgaben zu erledigen. Schließlich waren es keine Ferien. Von den Studierenden wurde erwartet, dass sie dicke Wälzer lasen und Studienarbeiten verfassten, die sie bei ihrer Rückkehr an die Universität einreichen mussten. Wilkie zufolge hat Ogilvy dies jedoch nicht getan. »David war ein sehr geselliger Mensch. Er hat nicht gearbeitet. Er war voller Tatendrang, strotzte vor Energie und war von einer inneren Unruhe getrieben. Er war brillant, aber irgendwie auch durcheinander und konnte seine Brillanz nicht für eine normale akademische Laufbahn nutzen.«[155] Nach zwei Jahren verließ Ogilvy 1931 – mitten in der Wirtschaftskrise – Oxford ohne Abschluss und sagte über sich selbst, er sei »in keinem Fach lernfähig. Vielleicht war ich mit meiner Geduld für die akademische Welt zu Ende, vielleicht wollte ich endlich Geld verdienen. Vielleicht war ich intellektuell überfordert. Aus welchem Grund auch immer, ich vermasselte jede Prüfung.«

Ogilvy erzählte, dass er vom College verwiesen worden war und bezeichnet diesen Rauswurf als sein größtes Versagen.[156] »Ich sollte in Oxford ein Star werden. Doch stattdessen wurde ich rausgeschmissen.« Laut Studienbuch gab es keine offizielle Exmatrikulation, und es ist nirgends verzeichnet, dass er durch alle Prüfungen gefallen wäre. Viel mehr deutet alles darauf hin, dass Ogilvy damals ein unsicherer junger Mann war, der sein Studienfach wechselte, mit gesundheitlichen und finanziellen Problemen zu kämpfen hatte, und den es nach mehr Abwechslung und Erfüllung in seinem Leben dürstete. Die Aussage, »Ich habe das Studium abgebrochen«, hätte der Wahrheit wohl mehr entsprochen.

»Weißt du überhaupt, was es bedeutet, rausgeworfen zu werden?«, fragte mich Ogilvy später einmal. »Anscheinend hatte ich eine Phase erreicht, in der ich nichts mehr kapierte, in der nichts Sinn ergab. Und das Schlimmste war, dass es mir ziemlich egal war. Ich wollte eigentlich Professor werden – keine Ahnung, wie ich auf diese Idee kam, aber das war mein Ziel. Ich studierte moderne Geschichte. Ich hatte es geschafft, hatte ein Stipendium in Oxford, und was passiert? Ich werde hinausgeschmissen. Ich habe meine Familie enttäuscht. Aber zumindest kann ich von mir behaupten, mal in Oxford studiert zu haben.«

Fest steht jedoch, dass Ogilvy ebenso wie andere brillante Köpfe – unter ihnen Albert Einstein, Benjamin Franklin, Bill Gates, die auch keinen Schulabschluss vorzuweisen hatten – von einer inneren Unruhe getrieben wurde und bereit war, neue Wege zu beschreiten. Die Erfahrung in Oxford war ein herber Rückschlag für David – von dem er sich bald erholte. Ein Gastwirt und Freund aus Oxford meinte, dass diese 18 Monate aus einem »ungestümen, attraktiven und fast schon idiotischen großen Burschen« einen »sehr ruhigen und nachdenklichen Mann« gemacht hätten.[147]

Ogilvy bewahrte seine Zeugnisse und sein Studienbuch sein ganzes Leben lang auf, weil er sie als Warnung verstand, es in Zukunft besser zu machen. Er empfand großen Respekt vor Akademikern, vor allem, wenn sie ihren Abschluss in Harvard gemacht hatten. Und er war sehr stolz auf seinen Ehrendoktor, den ihm das Adelphi College verlieh. Doch was immer Ogilvy in seinem Beruf auch erreichte, schien nicht das Ergebnis seiner Schulbildung zu sein. Er hatte das Gefühl, in seiner Schulzeit versagt zu haben, und strebte nach einem Neuanfang. Seine Ausbildung sollte gerade erst beginnen.

Kapitel 3
Lehrjahre eines Verkäufers

Als Ogilvy 1931 Oxford verließ, steckte Großbritannien tief in der Wirtschaftskrise. 1930 hatte sich die Zahl der Arbeitslosen in nur zwölf Monaten nahezu verdoppelt. Millionen waren auf staatliche Unterstützung angewiesen. Eine schlimme Zeit weltweit, erinnerte sich Ogilvy. »Die Dinge standen schlecht. Es war fast unmöglich, einen Job zu finden.«[158]

Er war offen für einen Neuanfang, obwohl er sich keinen schlechteren Zeitpunkt hätte aussuchen können. Er wollte fort, fort von den Akademikern, den Philosophen, den ganzen gebildeten Leuten. Er beschloss, sich Menschen zuzuwenden, die mit ihren Händen arbeiteten – und fand eine Stelle als Koch in Paris. Es gibt so viele handwerkliche Berufe, weshalb in aller Welt landete er ausgerechnet in einer Küche?

Ein Koch hat immer genug zu essen, begründete Ogilvy diesen Schritt gegenüber einem Freund.[159] Und betonte, dass seine Mutter ihm beigebracht hätte, was gutes Essen sei. »Wenn sie wissen wollte, ob wir uns gewaschen hatten, *schnüffelte* sie uns ab. Wenn ihr bei Tisch ein Teller gereicht wurde, roch sie daran. Meinen ausgeprägten Geruchssinn habe ich von ihr geerbt, und ich weiß, was schmeckt.«

Fakt war, dass seine Entscheidung damit nichts zu tun hatte. Er brauchte Arbeit, und sein Vater gab ihm ein Empfehlungsschreiben für seine alte Flamme, Mrs. Will Gordon, mit auf den Weg, die in sieben Zimmern des Hotels Majestic in Paris residierte. Oder so ähnlich. In einer anderen Version der Geschichte heißt es, er hätte die Stelle den Eltern eines hübschen jungen Mädchens zu verdanken, das er in Oxford kennengelernt hatte.[160] Wie auch immer, er beeindruckte die ältere Dame derart mit seinem Charme, dass sie ihn fast adoptiert hätte. Mrs. Gordon war die beste Kundin des Hotelrestaurants und deshalb in der Lage, den Küchenchef – der »einen Schotten in der Küche ebenso sehr wollte wie ein Loch im Kopf«[161] – zu zwingen, Ogilvy einzustellen.

Viele erfolgreich in der Werbung tätige Menschen haben keinen Studienabschluss vorzuweisen. Anstelle von herkömmlichen Qualifikationen bringen sie schillernde Lebenserfahrungen mit. Dies war auch das Muster in Ogilvys Leben, und alles begann mit der Arbeit in einer französischen Spitzenküche, wo er am eigenen Leib erfuhr, was hohe Standards und Mitarbeiterführung bedeuten.

Das Majestic – ein riesiges Luxushotel – befand sich in unmittelbarer Nähe zum Arc de Triomphe in der Kléber Avenue 19 und war ein beliebter Tagungsort von Diplomaten, die im Ersten Weltkrieg dort zusammenkamen.[162] Im Zweiten Weltkrieg diente es zunächst als internationales Konferenzzentrum, das sich im Besitz des französischen Staats befand und später im besetzten Frankreich von Hitler beschlagnahmt und als Hauptquartier der Wehrmacht genutzt wurde.[163] Nach Kriegsende wurde es Sitz des französischen Außenministeriums. Hier im legendären Majestic dachten Le Duc Tho und Henry Kissinger, sie würden den Vietnamkrieg beenden.[164] Im Jahr 1937 schlossen sich seine Pforten als Hotel, und es dauerte bis 1960, bis es sie zwei Straßen weiter wieder eröffnete.

Damals zählte das Hotelrestaurant zu den besten von Paris und erzielte Anfang der 1930er Jahre die höchste Bewertung im Michelin-Gourmetführer.[165] Henri Soulé vom Le Pavillon in New York erzählte Ogilvy einmal, dass das Majestic damals mit seiner Rabelais'schen Brigade von 35 Köchen so einen hohen Standard setzte, dass dieser später nie mehr erreicht wurde. Monsieur Pitard, der gebieterische Küchenchef, ein »gnadenloser Menschenschinder«[166], schockierte Ogilvy, als er einen Koch entließ, weil dessen Brioches nicht gleichmäßig aufgingen. Doch allmählich begriff der angehende Souschef, was der Chefkoch damit bezweckte: Diese extravaganten Maßstäbe

3. Lehrjahre eines Verkäufers   59

vermittelten den anderen Köchen das Gefühl, in der besten Küche der Welt zu arbeiten. Ogilvys Job in einem französischen Spitzenrestaurant war nach seinem Studienabbruch der erste Schritt seiner Berufsausbildung und Pitards Managementstil wurde sein Vorbild in Sachen harte Arbeit, Disziplin und Exzellenz.

> Das Majestic war vermutlich eines der letzten Hotels weltweit, in der die Küche nach guter alter Manier geführt wurde. Ich kann mich noch gut an meinen ersten Arbeitstag dort erinnern. Ich musste Kartoffeln schälen. Ich stand also so da [lehnte sich an die Wand]. Da kam dieser Kerl auf mich zu und meinte, ›Stell dich gerade hin! Was immer du hier tust, es ist wichtig – du kannst stolz sein auf alles, was du hier tust.‹ Das hat mich schwer beeindruckt.[167]

Später einmal verglich David den Küchenchef eines französischen Spitzenrestaurants mit dem Chefchirurgen in einem großen Krankenhaus – und, ohne dies jedoch auszusprechen, mit dem Chef einer großen Werbeagentur.

> Man muss eine Vielzahl von Gerichten aus dem Effeff beherrschen. Man muss eine Brigade heißblütiger Irrer in den Griff bekommen. Und man muss – was für einen Koch keine Selbstverständlichkeit ist – rechnen können und sich mit der Buchhaltung auskennen, um seine Bestellungen wirtschaftlich abwickeln und die Menüs planen zu können.[168]

Ogilvy stand ganz unten in der Küchenhierarchie und kochte beispielsweise Knochen für die zwei Pudel eines Hotelgasts. Doch er arbeitete hart genug, um zweimal befördert zu werden. Deshalb durfte er in der nächsten Station das Eiweiß für den Chef Pâtissier steif schlagen und nach der zweiten Beförderung sogar die Hors d'œuvre – 26 Variationen zu jedem Menü – vorbereiten. Nach zehn Stunden Plackerei in der im Keller des Hotels untergebrachten Großküche – und das sechs Tage die Woche – war Ogilvy am Abend klatschnass geschwitzt.[169] Doch am nächsten Morgen hieß es wieder früh aufstehen und antreten. Vor sämtlichen Wänden der Großküche standen riesige Herde. Das Personal rannte hektisch von einer Station zur anderen, brüllte herum und benutzte Ausdrücke, die Ogilvy als »vulgär« empfand. Ein Koch warf einmal wutentbrannt drei Eier nach ihm; wenn er ein paar Minuten lang nichts tat und einfach nur herumstand, riefen die anderen ihm zu: »Was ist los? Hast du nichts zu tun?«

Die Plackerei als Koch, für die der junge Ogilvy 7 Dollar Lohn die Woche erhielt, war sehr anstrengend, entfernte ihn jedoch wie gewünscht aus der akademischen Welt und lehrte ihn so manche Lektion, an die er sich sein Leben lang erinnern sollte. Er wurde niemals müde, Geschichten aus dieser Zeit zum Besten zu geben. Und Paris ist nicht unbedingt der schlimmste Ort, an den es einen verschlagen kann. David traf sich mit einer der Kaltmamsellen, spielte Tennis, verbrachte seine Freizeit im Künstlerviertel Montparnasse und liebte es, an seinen freien Abenden den Hügel Montmartre hochzusteigen und die funkelnden Lichter der Großstadt zu betrachten.

In der ersten Zeit als Aushilfskoch hätte sich Ogilvy nicht träumen lassen, dass er sich einmal auf perfekte Art und Weise bei seiner Mäzenin dafür bedanken könnte, dass sie ihn in Paris untergebracht hatte. Mrs. Gordon liebte Bratäpfel. David entwickelte eine spezielle Technik, indem er zunächst zwei Äpfel buk, sie dann aushöhlte und den Inhalt beider Äpfel in eine Apfelhaut füllte. Mrs. Gordon hatte noch nie zuvor einen so leckeren Bratapfel verspeist. »Sollte jemals ein anderer als dieser Junge meinen Bratapfel zubereiten, ziehe ich sofort in ein anderes Hotel«[170], drohte sie. Pitard blieb nichts anders übrig, als David gewähren zu lassen, und dieser lernte in etwa drei Monaten die Grundzüge des Kochens.

Ogilvy zufolge kochte er nach einem Jahr so gut, dass der Chefkoch ihn niemals wieder gehen lassen wollte. Unzählige Male erzählte er, wie er angewiesen wurde, Froschschenkel mit Kerbel anzurichten. »Das war kein Kochen, das war Schmuckwerk, dazu brauchte man gute Augen, ein ruhiges Händchen und ein Gespür für Proportionen.« Einmal bemerkte er, dass ihn Pitard mit Argusaugen beobachtete. Kein Wunder, schließlich hatte sich der Präsident Frankreichs zum Abendessen angekündigt. Nach fünf Minuten unheilvollen Schweigens bedeutete Pitard der gesamten Brigade, sich zu ihm zu gesellen und David zu beobachten. »Dieser Mistkerl«, dachte Ogilvy bei sich. »Gleich wird er mich feuern, und dazu braucht er wohl noch ein Publikum, wie bei einer öffentlichen Hinrichtung.« Er verrichtete dennoch unbeirrt, wenngleich mit schlotternden Knien, seine Arbeit. Als er fertig war, deutete Pitard auf die Froschschenkel und sagte zu den anderen Köchen gewandt: »*Genau so müssen sie aussehen.*«[171] Ogilvy war noch nie in seinem Leben so stolz auf sich gewesen.

Ogilvy erzählte, wie er den damaligen französischen Staatspräsidenten Paul Doumet ein paar Stunden später die von ihm angerichteten Froschschenkel verspeisen sah. Und zog den unlogischen Schluss: »Und eine Woche später war er tot.« Manchmal setzte er dann noch dazu, dass Doumer von einem wahnsinnigen Russen erschossen worden war. Jahre später führte Ogilvy einen französischen Kollegen ins Majestic und zog ihn, von heftigen Gefühlen bewegt, vor ein kleines Fenster, von dem aus man das Restaurant im Untergeschoss im Blick hatte, und zeigte ihm, wo er für den Präsidenten der Republik gekocht hatte. Immer wenn er diese Geschichte erzählte, standen Tränen in seinen Augen.

Obwohl er die Gesellenprüfung als Koch bestand, sah Ogilvy wenig Potenzial in dem harten Beruf eines Kochs.[172] Nach 18 Monaten in Paris wandte er sich an seinen Bruder Francis, der zu dieser Zeit eine wichtige Position in einer der großen Werbeagenturen Londons, Mather & Crowther, innehatte. Francis wusste genau, wo die Stärken seines jüngeren Bruders lagen und lenkte ihn – nicht zum letzten Mal – in die richtige Richtung.

Mather & Crowther waren mit der Markteinführung des Kochherdes Aga, einem teuren und neuartigen Herd, der sich in den besseren Küchen Großbritanniens und des restlichen Europas fand, betraut.[173] Aga hatte sich zu einem der größten Kunden der Agentur entwickelt.[174] Da das Werbebudget zunächst knapp bemessen war, kam Francis die Idee, Schulen als Zielgruppe anzusprechen. Er selbst kannte jedoch nur Privatschulen. Er setzte sich also hin und schrieb den Rektoren dieser Schulen einen Werbebrief – auf Altgriechisch – und erhielt Dutzende von Antwortschreiben, in denen sich einige der Empfänger dafür entschuldigten, dass niemand an ihrer Schule Altgriechisch beherrschte. Diese Schulleiter und alle anderen, die nicht auf sein erstes Schreiben reagiert hatten, schrieb er erneut an – diesmal auf Latein. Francis stellte David W. T. »Sommersprossen« Wren, den damaligen Vertriebsleiter (und späteren Firmenchef) des Herdbauers Allied Ironfounders Ltd. vor. Wren war auf der Suche nach einem Handelsreisenden, der seinen Kochherd in ganz Großbritannien in Restaurants und Hotels verkaufen sollte. Er brauchte jemanden, der sich mit den Küchenchefs auf Französisch unterhalten konnte – und zwar Küchenfranzösisch, also genau das, was Ogilvy in Paris gelernt hatte. Wren zögerte nicht lange und stellte Ogilvy als Handelsreisenden ein.

Der Aga-Herd (»so britisch wie Roastbeef und Yorkshire Pudding«[175]) war in vielen britischen Haushalten eine Legende. Sein Erfinder war Gustaf Dalén[176], ein schwedischer Physiker, der seiner Frau die Arbeit erleichtern und einen Herd für sie entwickeln wollte, auf den man nicht ständig aufpassen musste und der sparsamer im Energieverbrauch sein sollte. Obwohl er durch ein fehlgeschlagenes Experiment sein Augenlicht verloren hatte, war Dalén noch immer in der Lage, sich einen genial einfachen Herd auszudenken: ein gusseiserner Wärmespeicherherd mit einer zentralen Wärmequelle, zwei großen Kochplatten und zwei Öfen, deren Temperatur von ihrer Distanz zur Wärmequelle (ehemals mit Kohle befeuert) abhing. Temperaturregler oder Schalter gab es keine. Der Name Aga stammt von den letzten drei Initialen des Firmennamens: Svenska Aktiebolaget Gas Accumulator. In den ersten Werbeanzeigen warb man mit der Energieeffizienz des Herdes, der Sauberkeit (»Kein Rauch, kein Staub, kein Schmutz«) und der einmaligen Eigenschaft, dass der Aga immer warm war (»immer einsatzbereit«). Der Aga-Herd setzte sich schnell auf dem Markt durch, und wurde begeistert im Haushalt, aber auch in den Großküchen der Clubs und Schulen und sogar von der königlichen Familie genutzt.

Als ersten Auftrag sollte David verhindern, dass ein Kunde abspringt. Ein Club in London hatte mehrere dieser Herde angeschafft, man war dort aber nicht in der Lage, sie richtig zu nutzen, und stand kurz davor, sie wieder aus der Küche zu werfen. Ogilvy zog seine Küchenuniform aus seiner Pariser Zeit an – um von Koch zu Koch und nicht als Vertreter zu reden – und suchte die Küche des unzufriedenen Kunden auf. Als man ihm erzählte, dass man auf diesem Herd keine Pfannkuchen machen könne, zerließ Ogilvy Butter in einer Bratpfanne und gab den Teig hinein. Als es an der Zeit war, den Pfannkuchen zu wenden, warf er ihn unter den Augen von 18 Köchen mit Schwung hoch in die Luft, und hielt die Pfanne hinter seinen Rücken.[177] Der Pfannkuchen landete perfekt gewendet in der Pfanne, doch Ogilvy stürzte dabei zu Boden. *Der Kunde blieb der Marke jedenfalls treu.* Zumindest geht so die Geschichte, und es mag gut sein, dass sie sich tatsächlich so zugetragen hat.

Ogilvy wurde nach diesem Ereignis zum ersten Handelsreisenden Schottlands befördert und ging von Tür zu Tür. Der Aga war damals der teuerste Herd auf dem Markt. Unangemeldet an der Tür zu klingeln und zu versuchen, pfiffigen Schotten inmitten der Wirtschaftskrise einen Luxusherd anzudrehen, war bestimmt alles andere als einfach, aber David machte seinen Umsatz, weil er den Köchen zeigte, wie man den Aga nutzt. Er hatte keine Scheu, selbst den Kochlöffel zu schwingen. Er bot sogar einen Gratiskochkurs für jede Neubestellung an, was von vielen Köchen gerne angenommen wurde.

Ogilvy sprach 1989 im britischen Fernsehen über seine damalige Verkaufsstrategie und erläuterte, dass er grundsätzlich mit dem Küchenpersonal gesprochen hätte, denn wenn sie nicht auf seiner Seite stünden, hätte er bei der Dame des Hauses keine Chance gehabt. Als er sechs Kochstunden für ein halbes Pfund Sterling offerierte, die es bei Kauf eines Herdes kostenlos obendrein gab, konnte Ogilvy seinen Umsatz weiter steigern und lernte, welche durchschlagende Wirkung das Wörtchen »gratis« hatte.[178]

Den Durchbruch erzielte er, als er dem römisch-katholischen Erzbischof von St. Andrews und Edinburgh (»ein reizender alter Mann, fast schon ein Engel«) einen Aga verkaufte.[179] Der Bischof fragte Ogilvy, ob es ihm etwas brächte, wenn er allen Einrichtungen seiner Erzdiözese ein Empfehlungsschreiben schickte, in dem er die Vorzüge dieses Herdes beschrieb. Ogilvy war höchst erfreut.

Ungefähr vier Monate lang bin ich quer durch ganz Schottland gefahren und habe an die Türen von Frauen- und Männerklöstern, Schulen und Krankenhäusern geklopft. Meistens hat mir eine Nonne die Tür aufgemacht. Wenn ich mich dann vorstellte, »Guten Tag, mein Name ist David Ogilvy. Dürfte ich bitte die Schwester Oberin sprechen?«, lautete die Antwort in der Regel: »Sie werden erwartet.« Ich ging also hinein, und da war sie mit dem Stift in der Hand und wollte nur noch wissen, wo sie unterzeichnen müsse. Meine Umsatzzahlen stiegen. Doch es war nicht immer so einfach – schließlich gibt es nur eine begrenzte Anzahl an Erzbischöfen.

Nachdem er den ganzen Tag lang Nonnen Herde verkauft hatte, verbrachte Ogilvy die Abende gern in einem Boys Club in Edinburgh, wo er sich mit einem Bewährungshelfer anfreundete, dessen Aufgabe es war zu verhindern, dass straffällige junge Männer rückfällig wurden. Ogilvy unterstützte ihn dabei und gab den Männern Schauspielunterricht. Als drei seiner Produktionen auf einem Theaterfestival mit Gold ausgezeichnet wurden, präsentierte die Jury den Regisseur mit den Worten: »die größte Hoffnung der schottischen Theaterszene«. Es kam auch vor, dass David die Abende mit einer Witwe, die 40 Jahre älter war als er (und die sich in ihn verliebt hatte), verbrachte und mit ihr in der Pension, wo sie beide logierten, Karten spielte. Die Wochenenden verbrachte er häufig im Dumfries-Haus, das seiner Freundin Mrs. Murray of Murraythwaite gehörte, die ihn mit ihren 16 Dienstmädchen schwer beeindruckte.

Seine Zeit als Handelsreisender hatte aus Ogilvy einen Verkäufer mit Leib und Seele gemacht. »Ohne diese Erfahrung wäre ich nicht der geworden, der ich heute bin. Ich konnte an nichts anderes mehr denken, als daran, Sachen an den Mann zu bringen.« Dieses »nichts anderes« ist eine für ihn typische Übertreibung, doch der Fokus auf das Verkaufsgeschäft durchzog seine gesamte Karriere. Ebenso wie sich seine Ansichten darüber, wie man ein Unternehmen führt, auf seine Zeit in einer Pariser Großküche gründeten, beruhte seine Einstellung über den Sinn und Zweck von Werbung auf seinen persönlichen Erfahrungen an den Haustüren Schottlands. »Kein Abschluss, keine Provision. Keine Provision, kein Essen. Das hat mich geprägt.«

3. Lehrjahre eines Verkäufers 65

Ogilvy zufolge dauerte es eine halbe Stunde, die Vorzüge des Aga bis ins letzte Detail zu beschreiben. Auch diese Erfahrung übertrug er auf seine spätere Tätigkeit in der Werbewelt – er hatte eine Vorliebe für Anzeigen mit langen Texten, in denen er in mehreren hundert Wörtern die Vorzüge eines Produkts beschrieb. Außerdem entwickelte er schon als Handelsreisender ein heftiges Misstrauen gegenüber jeder marktschreierischen Form von Werbung und verabscheute kreative Anzeigen, die keinen eindeutigen Zusammenhang mit dem Produkt oder der Dienstleistung erkennen ließen. Er setzte vielmehr auf Direktwerbung, bei der sich anhand der eingereichten Coupons der Erfolg dieser Werbestrategie bequem messen ließ. Die Umsatzzahlen wurden zu seinem Erfolgskriterium für »gute« Werbung, und diese Besessenheit verstärkte sich im Laufe der Jahre sogar noch als Reaktion auf alles, was im Namen der »Kreativität« so getrieben wurde.

Ogilvy war so erfolgreich darin, Kochherde zu verkaufen, dass sein Arbeitgeber (nicht ahnend, dass David vom Erzbischof persönlich protegiert worden war[180]) ihn fragte, ob er nicht einen Ratgeber schreiben wolle, damit seine Kollegen von seinen Erfahrungen profitieren könnten. 1935 – Ogilvy war gerade einmal 24 Jahre alt – erschien die spätere Verkaufsbibel des Unternehmens *Der Verkauf des Aga-Herds in Theorie und Praxis*[181]. In einem Artikel bezeichnete die Zeitschrift *Fortune* diesen Ratgeber 30 Jahre nach seinem Erscheinen als »das beste Verkaufshandbuch, das je geschrieben wurde«. Der amüsant formulierte Klassiker beweist nicht nur Ogilvys Fähigkeit, aus seinem Erfahrungsschatz zu profitieren und die richtigen Schlüsse zu ziehen, sondern auch seine Freude daran, sein Wissen weiterzugeben – Fähigkeiten, die er später auch in der Theorie und Praxis der Werbung unter Beweis stellen konnte.[182]

Das 32-seitige Büchlein kommt ganz ohne Abbildungen aus und enthält Tipps für den Verkauf von Produkten aller Art. Immer wieder kann man zwischen den Zeilen herauslesen, dass der schlimmste Fehler eines Verkäufers ist, seine Kundschaft zu langweilen. Der Star unter den Aga-Verkäufern verwendete für seine Ratschläge einprägsame Bilder:

Ein Wärmespeicher ist die älteste Form des Kochens. Die Aborigines haben ihre Igel in der Asche eines kaum noch glimmenden Feuers gebraten.

Auch wenn die Anschaffungskosten eines Agas kein Pappenstiel waren, waren die Betriebskosten doch sehr gering:

> Betonen Sie die Tatsache, dass die Betriebskosten eines Aga weniger als vier Pfund Sterling pro Jahr betragen, ganz gleich, wie dämlich, verschwenderisch oder sorglos der Koch damit auch umgehen mag. Wurde mehr Kohle verbraucht, wurde sie garantiert gestohlen, und Sie sollten unverzüglich die Polizei verständigen.

Sein Porträt eines guten Verkäufers mag von dem Bild, das er von sich selbst hatte, durchaus abweichen:

> Ein guter Verkäufer ist eine Mischung aus der Hartnäckigkeit einer Bulldogge und den guten Manieren eines Cockerspaniels. Eine ordentliche Prise Charme, sofern verfügbar, schadet auf keinen Fall.

In dem Ratgeber schildert er die Vorzüge eines Agas in lebendigen Bildern:

> IMMER BETRIEBSBEREIT: Ein Aga lässt sich nicht überraschen. Er ist immer in Habachtstellung, gewillt, dass er zu jeder Zeit benutzt wird. Einer Hausfrau oder einem Koch, die noch keine Erfahrung mit einem Herd wie ihm gemacht haben, dürfte es schwerfallen, sich auszumalen, was das konkret bedeutet. Ihre Frau wird Sie mit großen Augen ansehen, wenn Sie ihr sagen, dass sie mitten in der Nacht eine Gans braten oder ihre Wärmeflasche mit heißem Wasser befüllen kann ... Der leidgeplagte Übernachtungsgast, der sich am Montagmorgen kurz nach Mitternacht auf den Rückweg nach London machen muss, kann sich auf ein warmes Frühstück freuen.

Der Vertriebsmannschaft von Aga legt er nahe, sich nicht nur über den Herd, sondern auch das Kochen an sich schlau zu machen:

> Versuchen Sie erst gar nicht, einen Aga an den Mann zu bringen, wenn Sie nichts vom Kochen verstehen. Doch selbst wenn Sie etwas kochen können, müssen Sie den Anschein erwecken, dass Sie mehr davon verstehen,

als dies tatsächlich der Fall ist. Es geht um viel mehr als sagen zu können, auf welcher Kochstelle eines Agas Wasser zum Kochen gebracht wird, und auf welcher etwas leicht vor sich hin köchelt. Sie müssen in der Lage sein, mit Köchen und Hausfrauen gleichermaßen fachsimpeln zu können …

In seinem Handbuch empfiehlt Ogilvy unterschiedliche Taktiken, je nachdem ob man es mit einem Profikoch, einem Mann oder einem Kind zu tun hat, das Bonbons herstellen möchte. Außerdem legt er nahe, sich mögliche Einwände bereits im Voraus zu überlegen und über Witze zu lachen:

> Wichtig ist vor allem eines: Lachen Sie, bis Ihnen die Tränen kommen, wenn Ihr potenzieller Kunde einen Witz über den Aga Khan macht.

In einer Dokumentation, die kurz vor seinem Tod in der BBC zu sehen war, sprach Ogilvy darüber, wie der Aga sich in Großbritannien zu einem wichtigen Utensil im Leben der oberen Zehntausend gemausert hatte:

> Sie besitzen ein Schießeisen, einen Cockerspaniel, sie schicken ihre Kinder auf ein grässliches Internat und natürlich besitzen sie einen Aga.
>
> Auf der Suche nach Kunden haben wir die britische Gesellschaft von oben nach unten durchforstet, denn ein Aga war auch ein Statussymbol. Ich werde niemals vergessen, wie Queen Mary in die Küche kam, um sich das Prachtstück einmal selbst anzusehen, und ihr dann jemand erzählte, dass eine der königlichen Tanten ein kostenloses Exemplar erhalten hätte, weil sie uns gegenüber so nett gewesen war. Queen Mary war außer sich vor Zorn, dass ihre Tante nichts für den Herd hatte zahlen müssen, denn ihr zweiter Sohn – der Herzog von York und spätere George VI., genannt Bertie – musste das sehr wohl tun.

Ogilvy sollte seinen »Snobappeal« in den kommenden Jahren effizient zu Werbezwecken zu nutzen wissen. Er wurde ein guter Freund von »Sommersprossen« Wren, seinem ehemaligen Chef bei Aga, und blieb ein treuer Fan dieses Herds: »Kein lausiger Designer in schrillen Hosen hat diesem guten alten Stück je seinen Willen aufgezwungen; er ist und bleibt ein durch und durch funktionales Gerät.«

Das Entscheidende an Ogilvys Zeit als Handelsvertreter für Aga war, dass sie aus ihm einen erfahrenen Verkäufer machte. Offenbar war ihm diese Gabe in die Wiege gelegt worden. Durch den Verkauf von Tür zu Tür wusste er genau, wie man mit seinen Kunden zu reden hatte, ohne sie dabei herunterzuputzen. Später wurde er für folgende Ermahnung bekannt: »Eine Kundin ist nicht schwachsinnig. Sie ist deine Ehefrau. Lüge sie niemals an und beleidige ihre Intelligenz nicht.« Seine Erfahrung als Handelsreisender für Aga hat ihn gelehrt, wie wichtig es ist, Kunden niemals zu langweilen, sondern sie mit Anekdoten und Witzen zu amüsieren, ihnen aber auch die Fakten zu dem jeweiligen Produkt und seine Vorzüge klar zu machen. Er hat diese Lektion auch in der Werbewelt umgesetzt – allerdings ohne die Witze.

Was immer Ogilvy auch in seiner Pariser Zeit oder als Handelsvertreter von Luxusherden gelernt haben mag, eines mit Sicherheit nicht: die Wertschätzung eines guten Essens. Der ehemalige Sous-Chef war weniger an Haute Cuisine interessiert als an Selbstinszenierung. Er war dafür berüchtigt, in feinen Restaurants lediglich einen Teller Ketchup – und sonst nichts – zu bestellen, nur um die Aufmerksamkeit der anderen Gäste zu erregen.[183] War ihm der Kellner nicht schnell genug, stand er entweder auf und ging oder er trommelte wie ein kleines Kind mit Messer und Gabel auf den Tisch und verkündete laut: »Ich habe Hunger, Hunger, Hunger ... Ich will mein Essen ... « Ein ehemaliger Kollege ergänzte: »David hatte keinerlei Interesse daran, in einem feinen Restaurant zu essen. Nahrung war für ihn so etwas wie Brennstoff, aber kein Ritual und schon gar nicht der Höhepunkt eines Tages. Er aß, was immer ihm hingestellt wurde, solange es kein Schnickschnack war. Das galt vor allem, wenn man ihm eines seiner vier Lieblingsgerichte servierte: Mayonnaise (aus dem Glas), Müsli mit Trauben und Nüssen, gebratener Speck und Schokolade. Er wollte sofort etwas essen, sobald er ein Hungergefühl verspürte, und er bekam schlechte Laune, wenn er auf sein Essen warten musste.«[184]

Ein gemeinsames Essen in Ogilvys Zuhause konnte auch sehr exzentrische Züge annehmen, vor allem wenn seine Ehefrau nicht da war. Den Gästen wurden dann Austern serviert – und sonst nichts. Oder eine Hummercremesuppe aus der Dose, gefolgt von Käse und Eiskrem. »Wir verzichten auf den Hauptgang, wenn es Ihnen recht ist.« Ein Manager seiner Werbeagentur, der bei Ogilvy zum Essen eingeladen worden war, beschloss der Einladung zu folgen, brachte sich aber ein Sandwich mit, weil er sicher sein wollte, dass er etwas zu Essen bekommt, was ihm auch wirklich schmeckt. Obwohl er in einer gehobenen Küche das Kochen gelernt hatte und auch als Handelsvertreter mit Profiköchen zu tun gehabt hatte, kochte Ogilvy nur im Ausnahmefall selbst oder zeigte überhaupt Interesse an Essen. Ihn interessierten stattdessen Menschen – Menschen, die etwas Beeindruckendes geleistet hatten. Er konsumierte lieber Tatsachen als Nahrungsmittel und verschlang, wenn es keine Fakten gab, Klatsch.

Ogilvy gab selbst zu, seine Zeit als Koch in Paris ziemlich ausgeschmückt zu haben. Doch eigentlich spielt es keine Rolle, ob er ein echter Koch war oder nicht, er konnte gutes Essen von schlechtem unterscheiden. Und er wusste, wie man ein Carbonade Flamende (in Guinness geschmortes Rindergulasch) und Queues de Bœf (in Rotwein gesimmertes Ochsenschwanzragout) zubereitet.

Was er über die Haute Cuisine lernte, ist weitaus weniger wichtig als die Standards, die er in Paris kennengelernt und aufgesogen hatte. Pitard hatte ihm einst verdeutlicht: »Mein lieber David, alles, was nicht perfekt ist, ist Schrott.«[185]

In der offiziellen Firmengeschichte über den Aga-Herd wird Ogilvy als »Schlüsselfigur« des Unternehmenserfolgs bezeichnet. Jahre später machte Ogilvy in dem Versuch, einen Mann zu trösten, der gerade seine Stelle verloren hatte, die unglaubwürdige Anschuldigung, dass er bei Aga Sparmaßnahmen zum Opfer gefallen sei[186]: »Es hat mich damals zutiefst verletzt, und ich empfand es als sehr grausam. Aber zum guten Glück ist es passiert, sonst würde ich wohl immer noch von Tür zu Tür ziehen und Herde verkaufen.«

Es gibt keinen Beweis dafür, dass Ogilvy gekündigt wurde, doch die Wahrscheinlichkeit, dass er bis zum Rest seines Lebens als Vertreter für Herde unterwegs gewesen wäre, geht gegen Null.[187] Er schickte das

Schulungshandbuch nämlich seinem Bruder in die Werbeagentur Mather & Crowther, weil er auf diese Weise beweisen wollte, dass er ein Talent für die Werbung hatte. Er wurde als Trainee in London eingestellt. Seine Zeit bei Aga bildete die Basis für seine Haltung gegenüber der Werbung und machte ihm klar, wie wichtig es ist, sich ins Zeug zu legen und hart zu arbeiten. Später, als Mather & Crowther sein Gehalt verdoppelten, wurde ihm klar, dass er schon damals »Blut geleckt hatte«[188].

Kapitel 4
Wer bitte ist Mather?

Werbung war schon immer das Geschäft junger Männer. Die Wurzeln der Werbeagentur, aus der später einmal Ogilvy & Mather (MAY-ther ausgesprochen) wurde, reichen zurück zu einer britischen Agentur, die Mitte des 19. Jahrhunderts gegründet worden war. Edmund Charles Mather war erst 27 Jahre alt, als er 1850 eine Werbeagentur mit Sitz in der Fleet Street Nummer 71 in London gründete. Schon kurze Zeit darauf war er als der bestangezogene Mann der Fleet Street bekannt.[189] Zwei Jahre nach seinem Tod tat sich sein Sohn Harley mit Herbert Oakes Crowther zusammen, und sie gründeten 1888 die Agentur Mather & Crowther.

Die damalige Zeit war gewissermaßen die Geburtsstunde der Werbeagenturen.[190] In den Zeitungen erschienen zwar seit über 200 Jahren Anzeigen, doch das Wachstum dieses Marktes wurde durch Steuern stark gebremst, die für jede für den Druck verwendete Papierseite, für jede verkaufte Zeitung und für jedes Inserat fällig wurden. Mit dem Wegfall dieser Steuern stand mit einem Mal mehr Platz für Anzeigen zur Verfügung, und die Zeitungsverlage beauftragten Unternehmen mit dem Verkauf von Anzeigenplatz. Diese Firmen – Auftragnehmer der Zeitungsverlage[191] – waren die ersten Werbeagenturen, und Mather & Crowther war eine der bekanntesten.

In den Anfangsjahren der Werbeagenturen musste bei den Herstellern Überzeugungsarbeit geleistet werden, dass sich Werbung auszahlt *und* dass sie von der Gesellschaft akzeptiert wird. Mather & Crowther stellten sich dieser Aufgabe, indem sie eine Reihe von Werbebroschüren herausgaben und diese an potenzielle Kunden schickten. »Ist Werbung unter unserer Würde?«[192], lautete die rhetorische Frage in einer dieser Broschüren. Und NEIN die Antwort: »Hersteller von Gebrauchsgegenständen können es sich angesichts der derzeitigen starken Konkurrenz *nicht leisten*, nicht zu werben, da ihre Konkurrenten ihnen ansonsten eine lange Nase drehen und an ihnen vorbeiziehen.« NEIN, wenn man sich den Erfolg anderer ansehe. NEIN, Werbung kompromittiere ihr Ansehen nicht: »Es gibt zahlreiche Mitglieder des britischen Unterhauses und nicht wenige Mitglieder des Oberhauses, die Partner von Herstellern von Artikeln sind, für die in großem Umfang Werbung getrieben wird.«

In einer Broschüre wurde vor »sinnloser Werbung« gewarnt – Schalten von Anzeigen in den falschen Publikationen, Versäumnis, das Interesse der Leserschaft zu wecken, zu wenig oder zu viel Informationen über das beworbene Produkt, Einsatz von Methoden, die gegen den guten Geschmack verstoßen. In einem frühen Versuch von Verbraucherforschung klärte eine andere Broschüre darüber auf, dass es in den meisten Fällen Frauen waren, die Kaufentscheidungen trafen, und dass sich aufgeweckte Käufer nicht über den Tisch ziehen lassen.

Mather & Crowther profitierte von dem Boom und verdiente gutes Geld an diesen Kunden, die ihren Absatz auf neue Weise fördern wollten.[193]

Venus Soap: »Does the work for you. Not a rub in the tub.« (Venusseife: Erledigt die Arbeit für Sie. Blitzsauber ohne mühsames Schrubben.)

Mellin's Food: »For infants, for invalids.« (Mellins Lebensmittel: Für Kinder und Kranke.)

Sower's Lime Juice: As supplied to her Majesty. No musty flavour. (Sowers Zitronensaft. So trinkt ihn auch die Königin. Frischer Geschmack.)

Royal Worcester American Corsets: »Ease. Comfort. Elegance.« (Korsetts von Royal Worcester American Corsets: Angenehm. Bequem. Elegant.)

H. Samuel's World Famed Watches: »Promptness and Punctuality Pave the way to Prosperity.« (Weltberühmte Uhren von H. Samuel: Pünktlichkeit und Schnelligkeit ebnen den Weg in den Wohlstand.)

Mother Siegel's Syrup: »I keep my bowels open, and my blood pure, by a daily dose.« (Sirup von Mother Siegel: Gut bei einer trägen Verdauung und gut für's Blut. Einmal täglich.)

Mit S. H. Benson kommt eine weitere Londoner Werbeagentur ins Spiel, die sich später Mather & Crowther anschloss, um gemeinsam mit dieser Agentur David Ogilvys Startup-Unternehmen finanziell zu fördern. Im Jahr 1893 wurde Samuel Herbert Benson, damals 39 Jahre alt, gebeten, eine Werbeagentur zu gründen, um Bovril – eine dickflüssige, salzige Rinderbrühe, die sich in Großbritannien großer Beliebtheit erfreute – zu bewerben. Bensons Agentur war darin sehr erfolgreich und bediente sich dabei sogar damals gänzlich unbekannter neuer Medien: »Lichtwerbung«[194] – öffentliche Gebäude, Denkmäler, ja sogar Wolken wurden mit Werbebotschaften wie »Cold Night Drink Bovril« (das Kalte-Nacht-Getränk Bovril) angestrahlt. Der Seifenhersteller Ivory Soap und andere Kunden folgten dem Beispiel von Bovril und wechselten in Bensons Werbeagentur.

Rowntree's Elect Cocoa: »It's different.« (Edler Kakao von Rowntree: Schmeckt anders.)

Caley's Milk Chocolate: »Delicious and Absolutely Pure.« (Milchschokolade von Caley: Köstlich. Ein purer Genuss.)

Virol: »Try it if your child seems to be wasting away.« (Virol: Probieren Sie es aus, wenn Ihr Kind groß und stark werden soll.)

Coleman's Starch: »The secret of good ironing.« (Stärke von Coleman: Das Geheimnis perfekten Bügelns.)

Es dauerte nicht lange, bis der Markt mit einer Flut von Ratgebern überschwemmt wurde, die alle nur ein Thema kannten: diesem neuen Geschäft einen professionellen Anstrich zu verleihen. 1895 veröffentlichte Mather & Crowther *Practical Advertising* gefolgt von Bensons *Wisdom in Advertising* (1901) und *Force in Advertising* (1904). J. Walter Thompson, der sich bereits auf beiden Seiten des Atlantiks einen Namen gemachte hatte, kam 1906 mit seinem Ratgeber *Blue Book on Advertising* heraus.

Es war vor allem Samuel Benson, der darauf hinwies, dass es in der Werbung keine Erfolgskriterien gab – außer den Verkaufszahlen. Da er nicht nur ein guter Verkäufer, sondern auch ein Showman war, setzte er auf Werbung, die ihre Produkte hauptsächlich dadurch verkaufte, dass sie für Schlagzeilen sorgte. Busfahrer verschenkten Gratisexemplare von Rowntrees Kakao, und das Ereignis wurde in den Zeitungen als »Die Schlacht um den Kakao« bezeichnet. Schon früh in der Geschichte der Werbung erkannte Benson die Bedeutung von Sponsoren und überzeugte den Hersteller der Kraftbrühe Bovril davon, einen landesweiten Wettbewerb für Kinder im Sandburgenbauen auszulosen. Die Preise sollten den glücklichen Gewinnern von den Bürgermeistern der Badeorte überreicht werden. Während des Burenkriegs von 1899 bis 1902 gab es bei Lebensmittelhändlern in den sogenannten »Bovril-Kriegstelegrammen« Nachrichten von der Front zu lesen.

Im Laufe der Zeit segneten die Gründer dieser Werbeagenturen das Zeitliche und wurden von einer neuen Generation von Managern abgelöst. In der Benson-Familie gab es keinen Nachfolger für Samuel Herbert. Bei Mather & Crowther trat Edmund Lawrence (»Laurie«) Mather, der Enkel des Gründers, 1935 als Agenturchef in die Fußstapfen seines Vaters Harley. Er war ein sehr gutmütiger Mensch und leitete die Agentur nach Art von Mr. Pickwick, dem bekannten Junggesellen aus Charles Dickens Roman. So liebte er es, in die Büros seiner Angestellten zu platzen, ihnen väterlich auf die Schulter zu klopfen und zu fragen: »Was machst du gerade, mein Junge?«[195] Er vermittelte das Bild eines ruhigen, gut situierten englischen Landwirts, der nach London gereist war, um dort ein oder zwei Tage in seinem Club zu verbringen.

Sowohl Mathers als auch Bensons – wie man die beiden Agenturen in London nannte – hatten zwischen den Weltkriegen Erstaunliches geleistet. Für Bensons wurde die Kampagne für Guiness prägend – »Guiness is Good for You« (Guiness ist gut für dich), »Guiness for Strength« (Guiness macht stark), »Guiness Time« (Zeit für ein Guiness), »My Goodness, My Guiness« (Meine Güte, mein Guiness). Für den Senfhersteller Colman schuf Bensons den Senfclub. »Ist dein Vater schon Mitglied im Senfclub?«, lautete die Frage in der Anzeige, und die Geschichte wurde weitergesponnen. Satiriker machten sich einen Spaß aus der neuen Ausrede des Vaters, weshalb er nicht nach Hause kommen könne. Es war erstaunlich, wie die Werbung Menschen dazu brachte, über Senf zu reden.

In den 1920er Jahren leistete Mathers mit der Gattungskampagne »Eat More Fruit« (Esst mehr Obst) und dem langlebigen Slogan »An apple a day keeps the doctor away« (Ein Apfel am Tag hält den Doktor fern[196]) Pionierarbeit. Im Zweiten Weltkrieg, als es viele Lebensmittel entweder nicht gab oder sie rationiert waren, ersann Mathers Werbung, die sich an Hausfrauen richtete und sie darüber informierte, welche Lebensmittel erhältlich waren und was sie daraus kochen konnten – und sicherte sich damit nach Ende des Krieges Kunden aus der Lebensmittelindustrie, so zum Beispiel für Bananen, Fisch und Milch (»Drinka Pinta Milka Day« – Ein Glas Milch am Tag).

Einen der berühmtesten Werbeslogans »Go to Work on an Egg« (Geh mit einem Ei im Bauch zur Arbeit) ersann die Autorin von Romanen und Kurzgeschichten Fay Weldon, die sich nach ihrer Scheidung ein Zubrot in der Werbung verdienen musste, um sich und ihren kleinen Sohn nun allein zu versorgen. Sie stand um 5 Uhr morgens auf, setzte sich an ihren Schreibtisch und schrieb an ihren Büchern, bevor sie sich auf den Weg zu Mather & Crowther machte, wo sie über 50 Theaterstücke und Drehbücher verfasste, so auch die erste Staffel der Fernsehserie *Das Haus am Eaton Place* (Originaltitel: *Upstairs, downstairs*), für die sie mit dem Preis als beste Drehbuchautorin ausgezeichnet wurde.[197]

Ebenfalls in beiden Welten – Schriftstellerei und Werbung –verkehrte Dorothy L. Sayers, eine Kriminalautorin. Sie arbeitete in den 1920er Jahren für S. H. Benson und nahm die Werbung sehr ernst. »Keine Arbeit hätte besser zu ihr gepasst als ihre Arbeit bei Bensons«, schrieb einmal ein Biograf über sie. »Sie verdiente ihr Geld mit ihrer

Lieblingsbeschäftigung – mit Sprache zu spielen. Ganz gleich, ob sie einen Werbetext für Seidenstrümpfe verfasste, ein Sonett oder eine Villanelle – es ging darum, eine Idee in eine ansprechende, vorgegebene Form zu bringen und mit ihr eine möglichst große Wirkung zu erzielen.« In ihrem 1933 auf Englisch und erst 1995 auf Deutsch erschienen Roman *Mord braucht Reklame* zeichnet Sayers ein Porträt der Benson-Agentur, wie sie damals war.[198]

Die Werbeagenturen wurden mehr und mehr für ihre kreativen Köpfe bekannt, und nicht nur für ihre Fähigkeit, Werbefläche zu verkaufen.

∼

Auftritt Francis Ogilvy, der acht Jahre ältere Bruder von David, der großen Einfluss auf dessen Leben ausübte. Wie kein anderer spielte Francis eine maßgebliche Rolle in der Anfangszeit der Werbeagentur, die David in Amerika gründete.

Als sich Francis 1921 bei Mather & Crowther auf deren Stellengesuch für einen Texter bewarb, wusste er nicht einmal genau, was ein Texter ist, aber – so schrieb er später: »Ich war genau der Typ, den sie bei Mathers suchten. Sie stellten mich für fünf Pfund Sterling die Woche ein.«[199] Als seine Großmutter erfuhr, dass Francis in die Werbung ging, meinte sie: »Oh wie schön, der Junge wollte schon immer schreiben.«

Francis hatte Altphilologie und Jura in Magdalene, Cambridge, studiert, nachdem er das College Fettes in Edinburgh mit Bravour bestanden hatte. Zwischen Cambridge und seiner Karriere in der Werbung hatte er es mit dem Lehramt probiert (»festgestellt, dass mir kleine Jungs auf den Wecker gehen und ich Armut verabscheue«), mit dem Ölgeschäft in Kalkutta versucht (»festgestellt, dass ich Indien verabscheue, nachdem ich gleichzeitig an Malaria, Ruhr, Sonnenstich und Mittelohrentzündung litt«), und, obwohl er Erfahrung als Laienschauspieler besaß, mit einer Schauspielerin verheiratet war[200] und sein Sohn Ian später ebenfalls den Beruf eines Schauspielers[201] ergriff, »festgestellt, dass ich Schauspieler und Schau-

4. WER BITTE IST MATHER? 77

spielerinnen verabscheue und mich die chronische Armut in dieser Branche nervt«.

Bei Mathers stieg Francis schnell die Karriereleiter hoch, wurde mit 34 Jahren Geschäftsführer und später das erste Mitglied der Firmenleitung, der nicht zur Gründerfamilie zählte. Sein Kommentar dazu: »Habe festgestellt, dass ich Werbung und Werbeleute mochte und noch immer mag. Angesichts der Tatsache, dass das Leben ›ungerecht, grausam und zu kurz‹ ist, finde ich einen Job in der Werbebranche genauso gut wie alle anderen Möglichkeiten, sein Leben zu leben, die mir je untergekommen sind.«

Bis in die 1950er Jahre galten die Londoner Werbeagenturen als Herrenclubs, und Mathers war noch für seine steife Art bekannt, als sich in der Londoner Szene schon die ersten Regungen der »Swinging Sixties« bemerkbar machten.[202] Bei den Sitzungen des Vorstands trugen die Direktoren Nadelstreifenhosen, schwarze kurze Jacketts und Steifkragen. Sobald ein Direktor die Glocke auf seinem Tisch ertönen ließ, erschien ein dienstbeflissener Bote und fragte nach seinen Wünschen.[203] Es gab einen Wartesaal für die Chauffeure, die Uniform und eine Chauffeursmütze trugen. Francis saß hinter einem schlichten Schreibtisch, auf dem weder Papier noch Stifte zu sehen waren. Unter der Schreibtischplatte befanden sich zwei Knöpfe: einer für die Sekretärin, die den Raum sogleich mit Block und gezücktem Stift betrat, und einer für einen Mann, der ihm unverzüglich Streichhölzer und eine Schachtel Zigaretten brachte, diese öffnete und vor ihm hinlegte.[204]

Die Bürozeiten waren von 9:30 Uhr bis 17:30 Uhr, außer im Sommer, wenn der Dienstbeginn eine halbe Stunde vorverlegt wurde, damit die Angestellten das warme Wetter genießen und Tennis spielen konnten.[205] (Neulingen wurde mitgeteilt, dass von ihnen erwartet würde, im Bedarfsfall unentgeltlich Überstunden zu leisten.) Da Francis als unterkühlt und reserviert galt, schlugen ihm seine Kollegen vor, einfach mal durch die Agentur zu spazieren und mit den Angestellten zu plaudern. Am darauf folgenden Montag betrat er den Aufzug, als eine junge Frau zustieg. »Guten Morgen, Liebes«, begrüßte er sie mit einem Grinsen im Gesicht, das offensichtlich anzüglich wirkte, da ihm solche freundschaftlichen Gesten fremd waren.»Dreckiger alter Sack«[206], lautete die prompte Antwort.

Laurie Mather, der neue Vorstand, hatte eine Firma geerbt, die in ihrer Denkweise nicht nur angestaubt, sondern völlig antiquiert war. Seine Entscheidung, Francis zum neuen Geschäftsführer zu machen und damit den Mann abzulösen, der diese Tätigkeit an die 33 Jahre innegehabt hatte, war ein erster Schritt in die Verjüngungskur der Werbeagentur. Francis sah seinem Bruder David sehr ähnlich, war aber gewissermaßen die größere Ausgabe von ihm.[207] Er war korpulent, kräftig, über 1,85 Meter groß, mit einem rundlichen rötlichen Gesicht und welligem rotbraunem Haar.[208] Er hatte einen aufrechten Gang und hielt die Arme fest an die Seite gepresst. Als echter Lebemann und Genießer schätzte er gutes Essen, einen gepflegten Wein und natürlich Frauen.[209] Als Antwort auf die Bemerkung, dass in dieser Agentur sehr viele attraktive Frauen arbeiten würden, meinte er, dass Frauen, die auf ihr Äußeres achteten, auch mehr auf andere Dinge achten würden.[210] David hielt diese Begründung für eine Rationalisierung. »Das ist nur Francis' Rechtfertigung, um hübsche Mädchen einstellen zu können.« Francis liebte es, seinen Intellekt unter Beweis stellen zu können. So verfasste er die Schlagzeile einer Anzeige, die sich an Lehrkräfte wandte, in lateinischer Sprache und wies seine Kollegen stets auf Fehler hin. »Ich weiß, dass wir alle sehr stolz auf unsere klassische Bildung sind, aber *per capita* lasse ich nicht durchgehen. Ihr schreibt entweder *per caput* oder pro Kopf.«[211]

Francis war maßgeblich an der Einführung einer Kampagne der Jugendbewegung beteiligt, die Mather über Nacht von ihrem respektablen, aber verknöcherten Image befreite und eine neue Ära einläutete.[212] Kurze Zeit später zählte die Agentur zu den angesehensten in ganz London und entwickelte einige ihrer erfolgreichsten Werbekampagnen. Francis gestaltete auch PR-Kampagnen und nutzte einmal einen Pendlerzug für eine Ausstellung, um Architekten und Behörden zu zeigen, welche technischen Errungenschaften die schöne neue Welt zu bieten hat. Im Auftrag der Labour Party in Wales wandte er Werbetechniken an, um der Arbeiterschaft wirtschaftliche Zusammenhänge zu verdeutlichen. Aufgrund seiner Achtung gebietenden

Größe und seines mustergültigen Äußeren fiel er bei Verhandlungen mit Gewerkschaftsvertretern, in Stahlwerken und Bierclubs als imposante, wenngleich sonderbare Erscheinung auf, doch selbst die härtesten Gewerkschaftsvertreter und Politiker des linken Flügels respektierten ihn.

Insbesondere schätzt man ihn für seinen klaren Schreibstil und seine Fähigkeit, eindeutig Position zu den unterschiedlichsten Themen zu beziehen – so auch zur Werbung:

> Viele Menschen wollen in der Werbung arbeiten, weil es ihnen Vergnügen macht zu schreiben. Das ist ihr gutes Recht. Dagegen ist nichts einzuwenden. Aber bitte nicht in den regulären Arbeitszeiten. Da überlegen Sie sich erst mal, was der Leser wissen muss und was nicht. Werbung muss so einfach wie möglich strukturiert werden. Vermeiden Sie Fettnäpfchen aller Art! Erst wenn Sie diese Vorbereitungen abgeschlossen haben, beginnen Sie mit dem Texten. Je sachlicher Sie an diese Aufgabe herangehen, umso einfacher fällt es Ihnen, sich knapp und bündig und verständlich auszudrücken. Diese Vorgehensweise bewahrt andere vor schlechter Laune und zaubert ein breites Grinsen auf die Gesichter Ihrer Kunden.

David las gerade einen Brief seines Bruders Francis durch, als jemand in sein Büro kam. »Francis schreibt, dass er diesen Morgen 22 Anzeigentexte verfasst hat«, meinte er verdrossen. »Du liebe Güte, und ich brauche für einen einzigen schon drei Tage.«[213] Doch als er darauf hingewiesen wurde, dass sein Bruder hauptsächlich für Behörden arbeitete, verbesserte sich seine Stimmung sichtlich. »Sie haben ja so Recht! Das Einzige, auf was man da kommen muss, ist ›Trinkt Milch, esst Fisch.‹« Nach einer versonnenen Pause fügte er hinzu: »Und macht Liebe.«

Francis neigte dazu, mit allem herauszuplatzen, was ihm gerade in den Sinn kam, und war für sein launisches Handeln bekannt.[214] Bei einer Aufführung des Musicals *Meine Lieder – meine Träume* von Rodgers & Hammerstein, die er gemeinsam mit Kollegen und Kunden besuchte, meinte er nach einem kurzen Blick auf die Bühne, nachdem sich der Vorhang geöffnet hatte, »Du meine Güte! Nonnen und Kinder! Ich bin dann mal weg.« Sprach's und verschwand. Es oblag dann seinen Kollegen, den Geschäftskunden seinen Abgang zu erklären. Er zählte Reisen, Bücher, das Landleben und die internationale Politik zu seinen Freizeitvergnügungen, während er tiefes Missfallen gegenüber »London, Lärm, Musik und meinen Mitmenschen« hegte.[215] Er war Mitglied im Conservative Club.

Er war eine Vaterfigur, leitete eine patriarchalische Werbeagentur und wurde von der gesamten Belegschaft bewundert.[216] »Das Problem, das David mit uns in London hatte, lag zum Teil daran, dass er einem Vergleich mit Francis nicht standhielt.«[217] Doch seinen ehemaligen Partnern zufolge war Francis verantwortungslos und trank zu viel. Er war herzlich und optimistisch. In seinen Augen gab es keinen Zusammenhang zwischen Einnahmen und Ausgaben; irgendjemand wartete immer, bis er beim Mittagessen war, nahm dann die Rechnungen aus seiner Schreibtischschublade und bezahlte sie.[218] Er stand in dem Ruf, eine oder mehrere Geliebte zu haben – mitunter auch zur gleichen Zeit –, während er zwei abwechslungsreiche Ehen führte.[219]

Obgleich sich die Brüder in vielerlei Hinsicht ähnelten, stand David zu Beginn seiner Laufbahn im Schatten seines acht Jahre älteren Bruders. Francis hatte ein hervorragendes Universitätsdiplom von Cambridge als Philologe und Jurist in der Tasche, während David sein Studium in Oxford abgebrochen hatte. Francis war schon Chef einer großen Werbeagentur, als David noch nicht genau wusste, welche berufliche Laufbahn er einschlagen sollte. Andererseits waren sie beide helle Köpfe und hatten Humor. Beide waren sie Snobs und konnten mitunter recht gereizt wirken. Sie waren unerbittliche Fragesteller, ihre Fragen nach dem *Warum* nahmen kein Ende. Sie galten als hartnäckig und motiviert und arbeiteten oft bis spät in die Nacht hinein. Francis arbeitete im Gegensatz zu dem Rest der Belegschaft auch an den meisten Wochenenden. Wer am Montagmorgen in sein Büro kam, fand meistens eine Nachricht »von F. O.« auf seinem Schreibtisch vor: »Sie haben am ... Folgendes zugesagt: ... Nun machen Sie schon!« Oder: »Ich bat um ... Bitte erklären Sie mir, wo das bleibt.«

Francis war dafür bekannt, dass er beim Diktat ohne Notizen auskam. Seine Sekretärin sagte einmal, dass man für immer verdorben war, wenn man ein einziges Diktat für ihn gemacht hatte. Es kam nur äußerst selten vor, dass er nach Worten suchte oder seine Meinung änderte, doch wenn er sich korrigieren musste, dann bat er zig Mal um Entschuldigung, weil er seiner Sekretärin so viele Umstände machte. Seine Ansprüche waren hoch und seine Ansagen streng. »Ich kann mir nicht erklären, wie es sein kann, dass ein so talentierter Mann die Handschrift eines Hausmädchens hat«[220], blaffte er einen Angestellten einmal an.

Beide Brüder waren ausgezeichnete Geschäftsmänner, wenngleich völlig unterschiedlich im Stil. Francis war der in Großbritannien weit verbreiteten Überzeugung, dass die Führung eines Unternehmens nach Art eines Gentlemans und im Hintergrund zu erfolgen hatte. Ganz im Gegensatz zu seinem Bruder wollte er keineswegs im Rampenlicht der Öffentlichkeit stehen. Der schüchterne Mann hasste öffentliche Auftritte und musste von seinen Partnern genötigt werden, seine Rede über Führungsqualitäten »The Seven Pillars of Survival« [auf Deutsch: Die sieben Säulen im Kampf ums Überleben] zu veröffentlichen.[221] »Ich mag dieses Getue um meine Person nicht. Ich will damit nichts zu tun haben. Wir sollten lieber ein erfolgreiches Unternehmen leiten.« Für Francis zählte vor allem dabei zu sein, er musste nicht unbedingt auch gewinnen. Werbetexter zu sein war ein an sich faszinierender Job und sollte nach bestem Können erledigt werden, doch Geld und Wachstum waren für ihn – im Gegensatz zu seinem Bruder – gänzlich uninteressant.

Francis lag das Lehren ebenso im Blut wie David, weshalb er seine Prinzipien als Leitfaden für Mitarbeiter niederschrieb. Sein Aufsatz »Credo für Texter«[222] hätte genauso gut von David verfasst worden sein.

Sie müssen Ihr Handwerk verstehen, die Grammatik beherrschen. Ich bin mir sicher, dass Sheraton und Chippendale perfekte Schreiner waren, bevor sie sich an das Design von Möbeln wagten. Ehe sie einen Stuhl für eine ältere Dame zimmerten, sorgten sie gewiss schon in der Planung dafür, dass die Dame niemals mit ihrem Allerwertesten an einem Nagel hängenbleibt.

Als Werbetexter sollten Sie so tun, als ob Sie mit Ihrer Frau sprächen. Dann wagen Sie es nämlich nicht, Unsinn von sich zu geben. Lesen Sie zehn Seiten aus der Bibel oder von Robert Louis Stevenson – und zwar jeden Morgen, bevor Sie aufstehen. Und danken Sie Gott jeden Abend auf den Knien dafür, dass Sie nicht mit einem derart magerem Wortschatz wie die Franzosen auskommen müssen.

Die Brüder verband eine enge, wenngleich komplizierte Beziehung, wobei David Letzteres meist abstritt.[223] Er erwähnte seinen Bruder so gut wie kein einziges Mal in seiner Autobiografie, sondern sprach stattdessen seitenlang über seine Gefühle für ihren erfolglosen Vater. Manche sind der Ansicht, dass David eifersüchtig auf seinen Bruder war und nicht zugeben wollte, dass dieser erheblichen Einfluss auf ihn ausgeübt hatte. Francis war alles, was David sein wollte[224], erzählte mal jemand, der für beide Brüder gearbeitet hatte. »Er war älter und viel erfolgreicher. David ging auch deshalb nach Amerika, weil er sich dem Einfluss von Francis entziehen und etwas Neues, Eigenes aufbauen wollte.«

In den 1980er Jahren, als die Erinnerung an den Gründer der Werbeagentur verblasste, und sich Davids Werbeagentur unter dem Namen Ogilvy & Mather etabliert hatte, fragten die Leute oft: »Wer bitte ist Mather?« Diese Frage verkam zu einem Dauerwitz. Ab und zu wurde darüber diskutiert, ob man den Firmennamen ändern sollte – auch David selbst hatte diese Frage aufgeworfen –, doch es wurde erst dann zu einem Problem, als immer mehr Agenturen unterschiedlicher Namen gekauft wurden. Als bei einer Sitzung des Vorstands dieses Thema erneut aufkam, war Ogilvy soweit: »Es ist ein schrecklicher Fehler, den Firmennamen zu ändern.« Dann schlug er mit der Faust auf den Konferenztisch. »Solange ich lebe, werde ich alles in meiner Macht stehende tun, um dies zu verhindern.« Pause. »Aber wenn ihr ihn ändert, dann streicht Mather.«

Kapitel 5
Amerika und der schnöde Mammon

Im Jahr 1935 fing David Ogilvy als Lehrling für 9 Dollar Lohn die Woche in der Londoner Werbeagentur Mather & Crowther an, die sein Bruder leitete. Er war damals 24. Es war das erste Mal, dass er mit Werbung zu tun hatte, und er durchlief alle Abteilungen. Eine seiner ersten Aufgaben war die Erstellung einer Marketingpräsentation für seinen ehemaligen Arbeitgeber Allied Ironfounders, der Hersteller des Aga-Herds. In seiner Analyse, die er in einem gebundenen Buch mit vergoldetem Einband präsentierte[225], empfahl er dem Unternehmen, seine umfangreiche Palette an unterschiedlichsten Herden und Heizkesseln zu verringern und sich nur noch auf wenige Produkte zu beschränken.

Weniger selbstsicher war David bei seiner ersten Werbeanzeige, ebenfalls für Aga. Als Illustration – aus der Sammlung der Agentur »Alte Meister für die Werbung«[226] – hatte er sich für eine Reproduktion von Manets umstrittenen Gemäldes *Frühstück im Grünen* entschieden, das eine nackte Frau mit zwei Männern bei einem Picknick zeigt. Ogilvy wollte damit klarmachen, dass der Aga-Herd ebenso aufsehenerregend sei wie dieses Bild, das 1865 seine Betrachter schockiert hatte. Der Hersteller bezeichnete die Anzeige als »bahnbrechend«, doch Ogilvy war die in seinen Augen stümperhafte Analogie schon kurze Zeit später peinlich, und er erwähnte sie so gut wie nie mehr.[227]

In London teilte er sich eine Wohnung in Soho mit seiner Schwester Christina, besuchte bis in die frühen Morgenstunden Konzerte und Bälle, alberte mit Mädchen herum, sah sich Debatten im Unterhaus an und spielte mit dem Gedanken, in die Politik zu gehen. Er war schon eine verwegene Gestalt, wenn er morgens in seinem Stresemann mit einer Blume im Knopfloch – wie die leitenden Angestellten der Agentur – zur Arbeit ging. Ein Amerikaner, dem er in diesem Aufzug begegnete, zeigte sich unbeeindruckt und bemerkte lakonisch, »Ach du meine Güte, bin ich froh, dass ich nicht in einem Büro sitze und jeden Tag in so einem Morgenmantel zur Arbeit erscheinen muss.«[228]

Endlich war Ogilvy bereit, Kariere zu machen – und dafür zu *arbeiten*. Er abonnierte einen Ausschnittservice aus Chicago, sodass er ständig über die neuesten Anzeigekampagnen aus Amerika Bescheid wusste und die besten für seine britischen Kunden kopieren konnte. Er sog jede Information aus der Werbebranche förmlich in sich auf und las alles, was ihm dazu in die Finger kam. Nach nur einem Jahr hatte der junge Mann genug gelernt, um einen Marketingplan aufzustellen, den er viele Jahre später seinen Partnern in New York erklärte.

In dem Abschnitt über Werbung gibt es eine Passage, die zweierlei beweist:
a) Mit 25 war ich unheimlich schlau.
b) In den darauf folgenden 27 Jahren habe ich nichts Neues mehr dazu gelernt.[229]

Eine der Stärken von Ogilvy war, dass er sich und seinen Grundsätzen ein Leben lang treu blieb. In seinem Marketingplan stand unter anderem auch diese Bemerkung des ehemaligen Handelsreisenden:

Scherzhaftigkeit in der Werbung ist ein für den Laien eingängiges Stilmittel, doch ein Gräuel für den Werbeexperten, der genau weiß, dass dauerhafter Erfolg selten auf mangelndem Ernst beruht, und dass sich Verbraucher nichts von einem Hanswurst aufschwatzen lassen.

∽

Im Jahr 1938 konnte Ogilvy einen kleinen Erfolg für sich verbuchen, denn immerhin war er in den Augen seiner Vorgesetzten gut genug, um zum Kundenbetreuer befördert zu werden.[230] Daraufhin überredete er seinen Bruder Francis, ihn doch nach Amerika zu schicken, um dort amerikanische Werbetechniken zu studieren.

Während dieses Sabbatjahrs und anschließenden Arbeitseinsätzen im Ausland führten die Brüder einen regen Gedankenaustausch per Post. Sie schrieben einander mehrmals die Woche, mitunter sogar zweimal täglich – eng beschriebene, mit der Schreibmaschine säuberlich getippte[231] Briefe, in der Regel zwei bis drei Seiten, manchmal auch sieben Seiten. In Ausnahmefällen – davon gab es mindestens einen – verfasste Francis einen 14-seitigen maschinengeschriebenen Brief, in dem er sich über die unterschiedlichsten Dinge, vor allem aber über Werbung, ausließ.

In Ogilvys Plänen war London nur eine Zwischenstation auf dem Weg ins Land seiner Träume: Amerika. Zum ersten Mal war er 1934 dort gewesen – gerade erst 23 Jahre alt –, als er Urlaub auf einer Ranch in Montana machte. Mit den Jahren sammelten sich viele Gründe an, weshalb er unbedingt nach Amerika wollte: Abenteuerlust, seine Bewunderung für Roosevelts Wirtschaftsprogramm New Deal und die von ihm sogenannte »Leidenschaft« für Nordamerika, die durch die Bücher von Willa Cather, Edith Wharton und Sinclair Lewis noch weiter angefacht wurde.[232] Einmal sagte er (mit dem für ihn typischen Hang zur Übertreibung), dass er *Huckleberry Finn* jedes Jahr von Neuem lese und es nicht mehr erwarten könne, bis er endlich in einem Floß den Mississippi hinunterfahre.

Doch das waren natürlich nicht die einzigen Gründe. Er wollte sich selbst etwas beweisen und aus dem Schatten seines großen Bruders heraustreten. Und *Geld* machen. »Ich habe festgestellt, dass man mit dem gleichen Einsatz in Amerika dreimal so viel verdienen kann wie in dem provinziellen Britannien.« Möglicherweise lag es an der Armut, die David in seiner Kindheit erleben musste, möglicherweise an anderen Gründen, doch Fakt ist, dass er keinen Hehl daraus machte, dass ihm Geld wichtig war. Dabei konnte er sehr direkt sein. Seine erste Frage an den Chef einer großen Werbeagentur mit mehreren Zweigstellen lautete: »Und wie viel Geld verdienen Sie so? Wie hoch ist Ihr Marktwert?« Auch den Seniorpartner einer großen Anwaltskanzlei stieß er mit der Frage vor den Kopf: »Haben Sie gut daran verdient?« Er war brennend interessiert daran zu erfahren, wie ein ehemaliger Studienkollege aus Oxford vom (mageren) Gehalt eines Professors seine Familie ernähren konnte.[233] In einem Fernsehinterview von 1983 dramatisierte er die Rolle des armen Jungen mit einer schrecklichen Kindheit: »Die meiste Zeit meines Lebens war ich arm wie eine Kirchenmaus. Vor allem, als ich noch ein Kind war. Meine Eltern mussten fünf hungrige Mäuler stopfen, und ihr Jahreseinkommen betrug keine 1000 Dollar.«[234] Sein ehemaliger Kollege, David McCall, der in derselben Sendung auftrat, widersprach dieser Selbstdarstellung jedoch deutlich. »Ich hatte immer den Eindruck, dass er aus einer guten Familie stammt, die mit schwierigen Lebensumständen zurechtkommen musste, doch mit Armut hatte das nichts zu tun.«[235] Wie auch immer man darüber denken mag, eines steht fest: Ogilvy stand im Vergleich zu seinen damaligen Mitschülern sicherlich nicht ganz so gut da wie sie. Ungeachtet der Tatsache, dass es ihm letztendlich gelungen ist, so viel Geld zu verdienen, dass er sich ein hübsches Schloss in Frankreich leisten konnte, hat das Thema Geld ihn sein Leben lang begleitet. Möglicherweise hatte er deswegen – ganz nach Art des verarmten Adels – selten Bargeld einstecken und rechnete damit, dass sich andere um solch banalen Dinge kümmerten.

Sein Beweggrund, in der Werbung tätig zu sein, war zwar in erster Linie der, dass sich dort viel Geld verdienen ließ, aber Ogilvy hatte auf der anderen Seite auch ein starkes – leidenschaftliches – Interesse für die schillernde Welt der Werbung entwickelt. Er hat einmal von sich behauptet, jedes Buch, das über dieses Thema geschrieben wurde, gelesen zu haben[236], und bereits als junger Mann felsenfest davon überzeugt gewesen zu sein, dass er es darin zu etwas bringen könne und ihm das Ganze auch noch Spaß machen würde. Da die Werbung in Amerika der in Großbritannien um Jahre voraus war, beschloss er, die Zunft dort zu studieren, wo man sie am besten beherrschte.[237]

∼

Als Ogilvy 1938 (auf dem Zwischendeck stehend[238]) in den Vereinigten Staaten ankam, war das Glücksgefühl, das ihn beim Anblick der

5. AMERIKA UND DER SCHNÖDE MAMMON 87

Skyline von Manhattan ergriff, so groß, dass ihm Tränen die Wangen hinunterliefen. Er hatte zwar ein paar Empfehlungsschreiben in der Tasche, aber kein Geld. Er erhielt eine Führung durch die NBC-Studios und machte in der Madison Avenue seine Runde. »Wenn ich mir die Anzeigen von Young & Rubicam ansah oder ihre Werbung im Radio hörte, musste ich mich hinsetzen, so beeindruckt war ich. Allein die Werbung für Sanka-Kaffee! Die hat mich völlig umgehauen!«

Aufgrund eines Empfehlungsschreibens seiner Cousine Rebecca West wurde er eingeladen, die Wochenenden in dem Ferienhaus von Alexander Woollcott am See Bomoseen in Vermont zu verbringen, wo er seinen Gastgeber durch Charme, Witz und blendendes Aussehen rasch von sich einnahm. Woollcott, der damals einflussreichste Theaterkritiker New Yorks und Leiter des legendären literarischen Zirkels »The Algonquin Round Table«, war Vorbild für die Rolle des scharfzüngigen Sheridan Whiteside in dem Broadwayerfolg *The Man Who Came to Dinner*, der in den 1930er Jahren uraufgeführt wurde. Woollcott liebte es, Gäste an einem Ort zusammenzubringen, an dem er den Ton angeben konnte.[239] Die Schauspielerin Ruth Gordon beschrieb Ogilvys Ankunft:

> Das Motorboot legte an, und ein hoch gewachsener junger Mann mit flammend rotem Haar stieg aus und folgte dem Dienstboten, der sein Gepäck den schmalen Weg hinauf trug, wo alle beim Frühstück saßen.
> »Dr. Livingstone, nehme ich mal an?« begrüßte ihn Woollcott in Anspielung an den berühmten schottischen Forscher und wandte sich seinen Gästen zu. »Darf ich vorstellen? David Ogilvy. David, das sind die ewigen Nassauer.«
> »Guten Morgen«, sagte der Neuankömmling. »Gibt es hier einen Schreibtisch?«
> »Was für eine abwegige Frage ist denn das?«, wollte Woollcott wissen. »Setzen Sie sich erst mal hin und trinken Sie einen Kaffee. Der schmeckt so gut, dass Sie oder ein anderer Untertan Ihrer Regierung ihn sich eigentlich nicht verdient haben.«
> »Vielen Dank, aber zuerst muss ich dem Präsidenten der Eisenbahngesellschaft von Vermont von dieser skandalösen Bahnfahrt berichten.«
> Woollcotts Interesse war geweckt. »Wie bitte? Welche skandalöse Reise?«

»Dieses Land *muss* sich etwas einfallen lassen mit seinem Schienennetz. Kann ich bitte ein Blatt Papier haben? Ich muss eine Reklamation melden.«

»Wollen Sie sich wirklich über alles beschweren, was Sie stört? Wenn Sie beabsichtigen, länger in diesem Land zu bleiben, werden Sie wohl mehr Stifte verbrauchen als der gute alte James Boswell – Gott hab' ihn selig!«[240]

Zu den »Schmarotzern«, die zu verschiedenen Zeiten im Ferienhaus anzutreffen waren, zählten die Schauspielerin Ethel Barrymore, die Bühnenautoren Robert Sherwood und George S. Kaufman, der Entertainer Harpo Marx, der Verleger und Eigentümer der Zeitung *The New Yorker* Raoul Fleischmann und andere Berühmtheiten dieser Zeit aus der Welt der Literatur und der Unterhaltung. Den größten Teil ihrer Freizeit auf der Insel verbrachten die Gäste damit, sich gegenseitig auf den Arm zu nehmen. Als die Unterhaltung bei einem Abendessen ins Stocken geriet, nutzte der Gastgeber die Pause und stellte mit lauter Stimme fest, »Ogilvy, du bist ein Schotte aus der Mittelschicht ohne jegliches Talent.« Das war natürlich nicht ernst gemeint, Woollcott und er wurden Freunde, die sich bis zu Davids Tod häufig trafen. Am liebsten allerdings mochte David Ethel Barrymore, die er des Abends auf dem See mit dem Ruderboot spazieren fuhr. Zurück in New York wurde er dem Bürgermeister Fiorello La Guardia – einer schillernden Persönlichkeit – vorgestellt. David verkehrte in den besten Kreisen.

Eine der nachhaltigsten Begegnungen im Leben von David Ogilvy, der ständig auf der Suche nach Vaterfiguren war und nach eigenem Bekunden ein Faible für Helden hatte, war die mit Rosser Reeves, der später einer seiner Mentoren wurde. Später bezeichnete David Reeves neben Claude Hopkins und John Caples als denjenigen, der seine Einstellung zur Werbung am meisten geprägt hatte – eine Einstellung, der er im Prinzip sein ganzes Leben lang treu geblieben ist.

Diese drei Männer waren mehr als Werbetexter, sie waren *Theoretiker* und schrieben Bücher, in denen sie ihre Haltung verkündeten.

5. AMERIKA UND DER SCHNÖDE MAMMON

Schließlich wurde Ogilvy gebeten, für zwei ihrer Neuauflagen das Vorwort zu verfassen. Außerdem schrieb er eine überschwängliche Lobesrede für die dritte Auflage. Als Reeves, der später Chef der Werbeagentur Ted Bates & Company wurde, in die Advertising Hall of Fame aufgenommen wurde, sprach Ogilvy über ihre komplizierte Beziehung:

> Als ich vor 58 Jahren auf der Suche nach Arbeit in Amerika landete, war ich der typische Vertreter eines britischen Werbetreibenden meiner Generation – ein überheblicher Intellektueller. Wenige Tage, nachdem ich Ellis Island verlassen hatte, traf ich Rosser Reeves. Wir machten es uns rasch zur Gewohnheit, uns einmal in der Woche zum Mittagessen zu verabreden. Bei all diesen Essen redete Reeves, und redete und redete – mein Job war es, ihm zuzuhören. Alles, was er sagte, hat mein Leben verändert. Er hat mir beigebracht, dass es der Sinn und Zweck von Werbung ist, ein Produkt zu verkaufen. Und er hat mich gelehrt, wie man etwas verkauft. Manche Leute behaupten, Rosser und ich seien Rivalen, um nicht zu sagen Feinde. Nein, ich war sein Schüler. Gott segne dich, mein lieber Rosser. Du hast mir das Geschäft erklärt.

»Da erschien dieser wunderschöne junge Mann auf der Bildfläche«, erinnert sich Reeves, der bei ihrer ersten Begegnung noch Texter bei der Agentur Ted Bates war. »Damals war er Lord Byron wie aus dem Gesicht geschnitten. Da er für keinen unserer Konkurrenten arbeitete, standen ihm all unsere Türen offen, und wir gaben unser Wissen preis.« (»Rosser hat sich geirrt«, stellte Ogilvy später richtig. »Ich sah aus wie Rupert Brooke.«)

Später bedachte Ogilvy noch mehr Menschen mit der Rolle, sein Leben geändert zu haben. In Bezug auf Reeves, der Davids angeborenes Verkaufstalent zu fördern verstand und ihn mit der Denkweise von Claude Hopkins vertraut machte, war es mit Sicherheit keine Übertreibung. Außerdem gab Reeves ihm das Manuskript des damals noch unveröffentlichten Buchs *Wissenschaftliche Werbung* von Claude Hopkins zu lesen.

Hopkins, behauptete Ogilvy später einmal, ist für die Werbung, was Escoffier für das Kochen ist. Er war der erfolgreichste Werbetexter seiner Zeit, und sein Arbeitgeber Albert Lasker schätzte seine Fähigkeit, Umsatz für die Kunden von Lord & Thomas zu erzeugen so sehr, dass er ihm ein fürstliches Gehalt (das heute rund 4 Millionen US-Dollar im Jahr entspräche) zahlte. In Laskers Augen enthielt *Scientific Advertising* viel zu wertvolle Informationen, um auf den Markt zu gelangen, weshalb er das Manuskript 20 Jahre lang in seinem Safe wegschloss. Ogilvys Vorwort in der Neuauflage von 1966 (lange, nachdem es aus dem Safe genommen wurde) stellte klar, was er davon hielt:

> Niemand, ganz gleich welche Position er bekleidet, sollte irgendetwas mit Werbung zu tun haben, außer er hat dieses Buch sieben Mal gelesen. Jedes Mal, wenn ich eine schlechte Werbung sehe, sage ich mir: »Derjenige, der diesen Werbetext verfasst hat, hat noch nie von Claude Hopkins gehört«. Wer dieses Buch von ihm liest, wird nie wieder einen schlechten Text schreiben – und nie wieder schlechte Werbung zum Druck freigeben.

Was Ogilvy so an Hopkins bewunderte, ist im ersten Absatz seines Buches nachzulesen:

> Damit man verstehen kann, was Werbung eigentlich ist und worum es da letztlich geht, muss man die richtige Einstellung dazu haben. Werbung ist nichts anderes als die Kunst des Verkaufens. Für die Werbung gelten dieselben Prinzipien wie für das Verkaufen. In beiden Welten sind Erfolg oder Scheitern auf vergleichbare Ursachen zurückzuführen. Deshalb ist es nur folgerichtig, dass Fragen zur Werbung nach den Grundsätzen eines Verkäufers beantwortet werden.

Wer diese Zeilen liest, dem drängt sich das Bild des Handelsreisenden, der von Haus zu Haus zieht und seine Aga-Herde verkaufen möchte, förmlich auf. Hopkins schreibt darüber, wie wichtig es ist, den Kunden in der Werbung Service anzubieten, Überschriften zu formulieren, die neugierig machen, konkret zu werden und die ganze Geschichte zu erzählen, und er berichtet über die Lektionen, die aus der Direktwerbung zu lernen sind, wo »falsche Theorien schmelzen wie Schneeflocken in der Sonne«.

Über John Caples, den herausragenden Werber seiner Zeit, der sich auf Direktwerbung spezialisiert hatte, hat David einmal gesagt, dass er mehr über die *Realität* der Werbung wisse als sonst irgendjemand. In seinem Vorwort zu einer Neuauflage von Caples *Tested Advertising Methods* schrieb Ogilvy:

> Die Erfahrung hat mich gelehrt, dass die Faktoren, die in der Direktwerbung funktionieren, auch für alle anderen Bereiche der Reklame geeignet sind. Doch die große Mehrheit aller Werbetreibenden und fast all ihre Kunden haben noch nie etwas von diesen Faktoren gehört. Und genau das ist der Grund, weshalb sie sich von irrelevanter Brillanz blenden lassen. Sie geben Millionen von Dollar für schlechte Werbung aus, wo sie mit guter Werbung doch mehr als den 19 ½-fachen Umsatz erwirtschaften könnten.[241]

Worüber Hopkins, Reeves und Caples schrieben, hatte Ogilvy in seiner Zeit als Handelsreisender am eigenen Leib erfahren: Werbung sollte anhand dessen beurteilt werden, wie viel Umsatz sie erzeugt und nicht daran, ob sie unterhaltsam ist. Grundlage jeglicher Werbung muss Forschung sein, die herausfindet, was Verbraucher wollen. In der Printwerbung sollte bereits in der Überschrift stehen, welchen Vorteil das Produkt dem Käufer bietet. Häufig bietet es sich an, in einem relativ langen Textteil mit den einschlägigen Fakten aufzuwarten. (»Mehr erzählt, mehr verkauft«, wie er später zu predigen pflegte.)

Nach seinem einjährigen Aufenthalt in Amerika kehrte David nach London zurück und war bereit, sein Wissen über die elementaren Unterschiede zwischen amerikanischer und britischer Werbung zu enthüllen und seinen älteren Kollegen zu erläutern, was genau sie falsch machten. »Als erstes nahm ich mir Sir Francis Meynell, den damaligen Kreativdirektor von Mather & Crowther, vor die Brust«, erinnert er sich. »Ich bewunderte ihn für seine Fähigkeiten als Typograph und Dichter, aber seine Werbekampagnen hielt ich für blanken Unsinn. Ich war 27 und hatte noch nie einen Werbetext verfasst.«[242]

Meynell ließ sich auf eine Diskussion mit ihm ein.[243] »Aufgrund meiner Großherzigkeit, gepaart mit ein wenig Herablassung, sorgte ich dafür, dass sich dieses schlaue Kerlchen (der sage und schreibe 20 Jahre jünger als ich war) mit mir in einer Diskussion, zu der die gesamte Belegschaft eingeladen wurde, auseinandersetzen durfte.« Ogilvy leitete seine Präsentation, die als Glanzleistung in die Annalen der Agentur eingehen sollte, mit diesen Worten ein:

> Im vergangenen Jahr hat sich meine Vorstellung von Werbung grundlegend geändert. Ich habe die größte Revolution meines Lebens erlebt. Mir ist jetzt klar, dass Ästhetiker in der Werbung nichts verloren haben. Die wichtigste Aufgabe einer Anzeige ist es, die gesamte Aufmerksamkeit auf das beworbene Produkt zu lenken, während die Form der Präsentation absolut nebensächlich ist. Das Ziel von Werbung ist zu verkaufen. Das Schlimmste an Ihrer Werbung ist, dass es ihr in dieser Hinsicht an jeglicher Schlagkraft fehlt.
>
> Beim Texten müssen Sie so tun, als würden Sie dem einzelnen Käufer von Angesicht zu Angesicht gegenüberstehen. Geben Sie nicht an. Versuchen Sie nicht, lustig zu sein. Oder schlau. Oder verschroben. Messen Sie die Aussagekraft einer Werbung an den Maßstäben eines Verkäufers, nicht an ihrem Unterhaltungswert![244]

Ogilvy stellte anschließend 32 »Grundregeln für gute Werbung« vor und begann mit dem Grundsatz »Die bewährten Prinzipien der Direktwerbung müssen auf sämtliche Werbekampagnen angewendet werden.« Er stellte die Fähigkeit der Direktwerbung, ihre Effizienz anhand der eingelösten Gutscheine und Coupons zu bewerten als positiv heraus, beschrieb die Vorteile eines langen Textteils und eines Kundendienstangebots und machte deutlich, weshalb Fotografien die bessere Wahl seien als Zeichnungen. »Bei der Direktwerbung gibt es kein Palaver. Keine ausgefeilte Schriftstellerei. Und es wird nicht mal im Ansatz versucht, unterhaltsam zu sein.« Dann gab er Tipps, wie man wirkungsvolle Überschriften formuliert, und stellte Verkaufstaktiken vor sowie »Regeln, wie man Leser dazu bringt, den ganzen Text einer Werbeanzeige zu lesen« und nicht zu vergessen die »Hingucker«: Bilder von Umarmungen, Bräutigam trägt die Braut

5. AMERIKA UND DER SCHNÖDE MAMMON

über die Schwelle (»und alles, was sexy ist«), Babys, Hunde und andere Tiere.

»Was ich mitgebracht habe, ist nicht nur eine Ansammlung von Tricks«, schlussfolgerte David, »sondern ein New Deal. Was immer ich heute Abend auch gesagt habe, war elementar, einfach und kindgerecht. Gute Werbung hat nichts mit Schlauheit zu tun, sondern ist vielmehr eine Frage des gesunden Menschenverstandes und erwiesenermaßen funktionierender Prinzipien. Heute habe ich Ihnen Grundregeln vorgestellt.«

Meynell räumte seine Niederlage ein. Ogilvy »hat mich überwältigt«, hieß es in seiner Biografie. »Er kennt die wissenschaftlichen Fakten. Ich dagegen konnte nur meine Meinung dagegensetzen«. Ogilvy war sich sicher, dass er auf dem richtigen Weg war. »Auf jeden Fall waren Mather & Crowther – allen voran mein Bruder Francis – davon überzeugt. An diesem Abend habe ich eine Kerze angezündet, die auch 40 Jahre später noch brennt.«

Nach diesem Triumph war es ein Leichtes für Ogilvy, nach New York zurückzukehren, um dort sein Glück zu machen. Da er kaum Geld hatte – er behauptete, er sei mit 10 Dollar in der Tasche in Amerika angekommen, logierte aber nichtsdestotrotz in dem schicken St. Regis Hotel –, musste er so schnell wie möglich Geld verdienen. Scheinbar hatte Ogilvy auf seinen Reisen immer das Glück, die richtigen Leute zu kennen; dieses Mal wurde ihm der berühmte Meinungsforscher George Gallup vorgestellt, von einem Landsmann, der die Niederlassung Gallup Poll in Großbritannien begründete.

Gallup hatte 1936 für Schlagzeilen gesorgt, als er die Ankündigung des vorherrschenden Meinungsforschungsinstituts *Literary Digest*, dass Alfred E. Landon bei den kommenden Präsidentschaftswahlen Franklin Roosevelt ablösen würde, öffentlich infrage stellte.[245] Der *Literary Digest* führte seine Umfragen telefonisch durch; doch zu dieser Zeit verfügten beileibe noch nicht alle Haushalte über ein Telefon. Aus diesem Grund wurden mehrheitlich Angehörige der Oberschicht befragt. Gallup befragte eine repräsentative Stichprobe und sagte richtigerweise die Wiederwahl von Roosevelt voraus. Dieser dramatische Sieg machte Gallups Namen landesweit bekannt und weckte das Interesse zahlreicher Politiker und Geschäftsleute.

Gallup hatte eine der ersten Umfragen für Young & Rubicam durchgeführt. Ein Großteil seiner Arbeit bestand aus der sogenannten Faktorenanalyse, bei der ermittelt wurde, welche Faktoren allen erfolgreichen und welche allen misslungenen Werbekampagnen gemeinsam waren. Das war alles andere als ein Kinderspiel, meinte einer der Mitarbeiter von Y&R, ein Anhänger von Gallups methodischer Vorgehensweise – zunächst mussten die eigenen Leute davon überzeugt werden, nicht von ihren Kunden zu reden. Als Ogilvy auf der Bildfläche erschien, war Gallup nach Princeton, New Jersey, gezogen, um dort sein Meinungsforschungsinstitut, Audience Research Institute (ARI) zu gründen. Nach einem Vorstellungsgespräch war Gallup so beeindruckt von Ogilvy, dass er ihn für 40 Dollar die Woche als Direktor einstellte.[246]

Ogilvy kam auf die Idee, die Filmindustrie als Kunden aufzubauen und schrieb seinem Bruder, dass er beabsichtige, die Popularität von Filmstars mit Gallups Methoden zu messen und zu testen, ob die Handlung eines Filmes auf breites Interesse stößt.»Die Filmindustrie verprellt ihr Publikum, weil sie keine Ahnung hat, was es wirklich sehen will. Ich gehe jede Wette ein, dass ich dieser Unwissenheit und den falschen Statistiken ein Ende bereiten und dieser gigantischen Industrie neuen Auftrieb verschaffen kann.«

Zufälligerweise hatte Gallup die gleichen Überlegungen angestellt, weshalb sie sich gemeinsam auf den Weg machten, ihr Terrain abzustecken.[247] Sie fuhren mit der Bahn quer durch das Land, und Ogilvy sorgte für die Unterhaltung der ganzen Truppe. Er war einer der besten Geschichtenerzähler weit und breit, berichtete Gallup.[248] »Er fing an, Geschichten zu erzählen, als wir einstiegen, und hörte erst wieder auf, als wir angekommen waren. Und dabei haben wir nicht eine Geschichte zweimal gehört.« Kurz nach ihrer Ankunft rief Ogilvy vom Beverly Hills Hotel aus mehrere Studios an und stellte sich als Sekretär von Gallup vor. Gallup fragte ihn, weshalb er das tue. Ogilvys

5. AMERIKA UND DER SCHNÖDE MAMMON   95

Antwort lautete, dass die Studiobosse beeindruckt waren, wenn sie hörten, dass Gallup einen männlichen Sekretär hatte. »Und sie waren noch viel beeindruckter, wenn sie meinen Oxford-Akzent hörten.«

Ogilvy erreichte Los Angeles in Begleitung von Gallup und Henry Sell, einem Werbetreibenden (und Erfinder von Sell's Liver Pate, einer in Amerika sehr beliebten Leberpastete), der Ogilvy von einem Bekannten aus New York vorgestellt worden war. »Ein sehr attraktiver, reicher junger Brite auf seinem Weg nach Hollywood«[249], schrieb Sell an die junge Schauspielerin Constance Bennett. »Er wäre der perfekte Statist, solltest du einen suchen. Definitiv nicht die 08/15-Ausgabe eines typischen Engländers, vom Typ her eher wie Evelyn Waugh. Hat sehr moderne Überzeugungen. Ein kluges Kerlchen. Sehr ungewöhnlich. Sein Name ist David Ogilvy.« »Reich?«, wunderte sich Ogilvy und stellte richtig: »Ich besaß ganze 400 Dollar.«

Das Team erhielt seinen ersten Auftrag von RKO, der ältesten noch operierenden Produktionsfirma für Kino- und Fernsehfilme. Seine Aufgabe war es, die Popularität der Schauspieler zu messen in Bezug auf ihre Fähigkeit, Kinotickets zu verkaufen, Filmtitel und Handlungen im Vorfeld von einem Testpublikum testen zu lassen und herauszufinden, wie viele Zuschauer von einem Film schon gehört hatten, bevor er in die Kinos kam. Da Ogilvy dafür zuständig war, fand er schon bald heraus, dass einige der Stars eine *negative* Wirkung auf das Publikum hatten, was sich beim Kartenverkauf bemerkbar machte – ihr Name über dem Kinoeingang hielt mehr Kinogänger davon ab, sich eine Karte für die Vorstellung zu kaufen als umgekehrt. »Die Filmproduzenten waren von ihren Persönlichkeiten geblendet, aber das Publikum ließen sie kalt.« Er nannte diese streng geheime Liste das »Kartenverkaufsgift« und behauptete von sich, die Karriere einiger der bekanntesten Schauspieler auf dem Gewissen zu haben. Die Drehbuchautoren Hollywoods gaben ihm den Spitznamen »Gallup-Gestapo«[250].

Im Laufe der Zeit bekundeten auch andere Filmstudios ihr Interesse an Gallups Arbeit – »hohe Tiere, die viel interessanter waren als die Stars«, erzählte Ogilvy. Und er selbst, nicht Gallup, hätte mit ihnen zu tun gehabt. »Da war ich nun, musste immer wieder nach Holly-

wood und mich mit so großen Tieren treffen wie David Selznick oder Sam Goldwyn.«[251] Ich traf mich mit ihnen. Ich führte die Besprechungen mit ihnen, und zwar allein! Ich telefonierte ständig mit ihnen. Und dafür zahlte mir Gallup 40 Mäuse die Woche!«
Ogilvy sah sich als Fürsprecher der Kinogänger, die seiner Meinung nach von den Studios übersehen wurden. In einem Bericht schrieb er, dass das Kinopublikum wesentlich vielfältiger sei als das seriöse Theaterpublikum. »Bei einem Theaterstück spricht man von einem Erfolg, wenn die Aufführung am Broadway oder in der [Londoner] Shaftsbury Avenue den Leuten aus der oberen Einkommensklasse gefallen hat, doch beim Kino ist es ganz anders. Ein Kinofilm muss nun mal allen Einkommensklassen gefallen, um als Erfolg zu gelten.« Ogilvy ging drei bis vier Mal die Woche ins Kino, um mit der Entwicklung dieses Marktes Schritt halten zu können. Diese Erfahrung hat ihn derart geprägt, dass er später so gut wie nie mehr ins Kino ging.

Obwohl es Gallup war, der die Lorbeeren für das Werk einheimste, das er gemeinsam mit Ogilvy über ihre Studien für die Filmbranche verfasst hatte, hatte Ogilvy den Löwenanteil der Arbeit geleistet.[252] Drei Jahre lang – zwischen 1939 und 1942 – war er der Ansprechpartner, der die gesamte Kommunikation zwischen Gallup und Hollywood abwickelte und sämtliche Berichte über die 467 landesweiten Umfragen verfasste.[253] Er wendete die Methoden und Daten von ARI auf die Filmindustrie an und stürzte sich mit wahrer Begeisterung auf die Gelegenheit, Verallgemeinerungen über den typisch amerikanischen Kinogänger zu treffen, obwohl er selbst, wie Susan Ohmer in ihrem Buch *George Gallup in Hollywood* anmerkte, erst kurze Zeit vorher in die Vereinigten Staaten immigriert war.

Er wies die Studiobosse darauf hin, dass sich die meisten Amerikaner die Freizeitvergnügen der Filmmogule schlicht nicht leisten konnten. »Als RKO mit dem Gedanken spielte, einen Film über Pferderennen zu drehen, schalt Ogilvy sie, dass sie nicht bedacht hätten, dass solche Rennen zwar ihre Lieblingsbeschäftigung seien, der Durchschnittsamerikaner jedoch lieber Football- oder Baseballspiele ansah«, schrieb Ohmer. Diese Beobachtung Davids bedeutete wahrlich nicht, dass er auf einmal einen Draht zum gemeinen Volk entwickelt hatte. In einem Bericht über den Film *Das Korn ist grün* schrieb er schnippisch: »Wir können lediglich die Kommentare der von uns Befragten wiedergeben und enthalten uns jedes Versuchs, ihren Geschmack zu interpretieren.«. Fans der beiden Komiker Abbott und Castello bezeichnete er als »niederes Segment«, die des überwiegend durch Kriminalfilme bekannt gewordenen George Raft als »proletarische Bewunderer«.

Ogilvy sah voraus, wie wichtig die jugendlichen Kinogänger einmal für diesen Markt werden würden und war sich sicher, dass eine der größten Entdeckungen von ARI die war, dass 65 Prozent aller Kinokarten von unter 30-Jährigen und rund 32 Prozent von unter 20-Jährigen gekauft wurden. Bis zu diesem Zeitpunkt hatten die Studios diese Zielgruppe eher vernachlässigt. Die Forschungsergebnisse von ARI waren der Karriere der Nachwuchsschauspieler förderlich, ruinierten jedoch so manche Laufbahn unter den älteren Stars. Mit dem Hinweis, dass Irene Dunne älter als 76 Prozent aller Kinogänger war, schrieb Ogilvy über ihre tragende Rolle in einem Gefühlsdrama, dass »ihr zuzusehen nichts anderes ist, als die eigene Tante zu beobachten. In bestimmten Situationen kann dies amüsant sein, aber sie in einer leidenschaftlichen Umarmung zu sehen, ist eher peinlich.« Ob Ogilvy die Peinlichkeit aus seiner Forschung ableitete oder sie eher seine Reaktion auf diese Filmszene beschrieb, ist nicht überliefert.

In seinen Berichten fanden sich zahlreiche Analogien, die den Auftraggebern schmeicheln sollten. In einem Brief, den Ogilvy 1942 an Selznick schrieb, hieß es: »Unsere Funktion für Hollywood entspricht die der Informationsabteilung in der Armee. Ebenso wie diese Abteilung dafür sorgt, dass sämtliche Informationen auf dem Schreibtisch des Generalmarschalls und seiner Mitarbeiter landen und dieser Strom an Fakten niemals abreißt, müssen wir alles dafür tun, unsere Auftraggeber aus der Kinobranche permanent mit neuen Daten zu versorgen.«

Ogilvy stellte eine Theorie über Selbstidentifikation auf und führte in diesem Zusammenhang ins Feld: »Jungen wollen Jungen als Filmhelden sehen, ältere Frauen ältere Frauen und kultivierte und intellektuelle Kinogänger Stars wie Katherine Hepburn und Laurence Olivier.« Er sprach sich gegen Rollen, die einen ausländischen Akzent erforderten oder einen ausländischen Hintergrund hatten aus und legte RKO nahe, doch einen Film nach dem Bestseller *An American Doctor's Odyssey* zu drehen, da der Protagonist »ein amerikanischer Doktor ist« – ob das nun klug von ihm war oder nicht, sei dahingestellt. Seine Überzeugung, dass der typisch amerikanische Kinogänger amerikanische Stars in einer vertrauten Umgebung sehen wollte, führte dazu, dass er die Anziehungskraft von Schauspielerinnen wie Ingrid Bergman und Stars wie Charles Boyer, die nicht zu dieser Kategorie zählten, zu gering bewertete. Die Forschungen von ARI unterschätzten noch eine weitere wichtige Zielgruppe: die weiblichen Kinofans. Der gute Ruf des Meinungsforschungsinstituts litt erheblich, als es vorhersagte, dass *Fräulein Kitty* bestimmt ein Flop würde, der dann aber tatsächlich die Kassen von RKO mächtig klingeln ließ.

Zu der bisweilen etwas fragwürdigen Zuverlässigkeit der Prognosen kam die Tatsache, dass ARI mehr mit Topmanagern aus New York in Verbindung gebracht wurde als mit Stars, Drehbüchern und der Filmproduktion. Doch mit seiner Forschungsarbeit und seinen Umfragen – und dem Beweis, dass viele seiner Erkenntnisse korrekt waren – hatte Ogilvy ein Umdenken in der Filmindustrie ausgelöst.

Während der Zeit, die er für Gallup arbeitete, teilte sich Ogilvy seine Arbeitszeit zwischen Los Angeles und seinem Büro in Princeton auf, wo er George Gallup Jr. zufolge als extravagant und »gewollt exzentrisch« galt. »Er sorgte schon dafür, dass es jeder mitbekam, wenn er niesen musste. Er verhielt sich grundsätzlich anders als alle anderen; so fuhr er mit dem Rad zur Arbeit, weil alle anderen mit dem Auto kamen.«[254] Obwohl er sich wegen seiner schlechten Bezahlung beschwerte, leistete er sich irgendwie den Luxus, in einem wunderschönen Wohnhaus aus dem 18. Jahrhundert namens Mansgrove zu wohnen, das in einem Viertel mit viel Grün stand, in dem überwiegend Akademiker wohnten. Ogilvy freundete sich mit seinem Nachbarn Gerard B. Lambert an, der ein Vermögen mit der Entdeckung einer Erkrankung namens »Halitose«[255] (landläufig als Mundgeruch bezeichnet) gemacht hatte und das Mundwasser Listerine als Heilmittel anpries. Ogilvy genoss die Fahrten auf einer der Jachten Lamberts, der ein begeisterter Segler war.

Ogilvy bezeichnete seine Zeit bei Gallup durchweg als die schönste Pause seines Lebens.

> Sollten Sie jemals Ihr Glück in einem fernen Land machen wollen, sollten Sie sich bei einem ortsansässigen Gallup-Meinungsinstitut bewerben. Dort lernen Sie aus erster Hand, was die Einheimischen vom Leben erwarten und was sie in Alltagsfragen denken. Schon bald werden Sie mehr über die Gepflogenheiten dieses Landes wissen als die meisten Bewohner.

»David war jahrelang meine rechte Hand«, erzählte Gallup und bezeichnete ihn als einen der talentiertesten Männer, denen er je begegnet sei. Ogilvy wusste genau, was er Gallup zu verdanken hatte und sagte über ihn, dass er von ihm mehr über die Gewohnheiten und die Mentalität des US-amerikanischen Verbrauchers erfahren hätte als die meisten amerikanischen Texter.

Seine Arbeit für Gallup machte Ogilvy zu einem wissenschaftlichen *Forscher* – oder besser gesagt zu jemandem, der ganz und gar an Forschung *glaubte*. Er wusste genau, welche Art von Forschung er wollte und entwickelte sich zum Fürsprecher für eine bestimmte, seiner Überzeugung nach unumgängliche Form von Werbung, die auf quantifizierbarem Verbraucherverhalten beruhte. »Meiner Meinung nach gibt es nur einen Mann, der in derselben Liga spielt wie Ogilvy«, sagte Gallup, »und zwar Raymond Rubicam [der Gründer von Young & Rubicam]. Die beiden wussten wissenschaftlich gesicherte Erkenntnisse besser anzuwenden als jeder andere. Der Forschung haben sie eine Menge zu verdanken, sie versorgte sie immer wieder mit Zündstoff für neue Ideen.«[256] Später fragte Ogilvy Gallup, ob er sich vorstellen könne, mit ihm eine Werbeagentur zu gründen.[257] Gallup erbat sich einen Monat Bedenkzeit, lehnte dann aber ab und gründete sein eigenes Unternehmen, das die Effizienz der Werbung seiner Klienten auswertete.

∼

Die Tatsache, dass Ogilvy sich einen Job bei Gallup an Land gezogen hatte, war für ihn der Anfang eines neuen Lebens.[258] Nun hatte er die Gewissheit, heiraten und eine Familie ernähren zu können.

Als Ogilvy die 18-jährige Studentin der Juilliard School of Music zum ersten Mal sah, war er hingerissen. Sie war groß und schlank und trug teure, gepflegte Kleidung, wie man sie in Greenwich, Connecticut, trug. Sie verwendete kein Make-up, hatte dunkles Haar und fühlte sich wohl in ihrer Haut. Für sie war es Antipathie auf den ersten Blick[259], David war in ihren Augen ein hochnäsiger Wichtigtuer. Am Tag darauf wurden so viele Rosen in ihr Zimmer geliefert, dass sie kaum noch die Tür öffnen konnte. Schließlich überredete er sie doch zu einer Verabredung. Eine Woche später – sie hatten sich gerade vier Mal getroffen – waren sie verlobt. Ein guter Verkäufer, wie ihr Sohn bemerkte.

Melinda Graeme Street stammte aus einer der angesehensten Familien Virginias. Ihre Schwester war mit Rosser Reeves verheiratet, sodass Ogilvy und Reeves nun Schwäger wurden. Ein Freund war ob dieser Verbindung ziemlich überrascht, denn er hatte erwartet, dass Ogilvy eine auffälligere Frau auswählen würde. Melinda war ruhig, liebenswürdig und – wie jemand treffend bemerkte – »die netteste Frau der Welt«. Sie hatte einen wunderbaren Sinn für Humor und bei Partys war sie meist von einer Menschentraube umgeben, woraufhin sich Ogilvy schmollend in eine Ecke zurückzog und Zeitschriften durchblätterte, weil diesmal nicht er im Mittelpunkt des Geschehens stand.

Auch wenn Ogilvy hauptsächlich nach Amerika gegangen war, um das große Geld zu machen, fand er dort doch zunächst etwas ganz anderes: eine Familie und die felsenfeste Überzeugung, wie Werbung sein muss. Bis er seinen Traum vom großen Geld in der Werbung verwirklichen konnte, sollte es noch einige Jahre dauern, denn für ihn gab es keinen direkten Weg in die Madison Avenue.

Kapitel 6

Der Farmer und der Spion

In der Zeit, als Ogilvy für Gallup arbeitete – also ab 1939 –, besserte er sein Einkommen als Berater der britischen Regierung über die öffentliche Meinung in den Vereinigten Staaten auf.[260] Als 1942 auch die USA in den Zweiten Weltkrieg verwickelt wurden, gab er seine Tätigkeit im Audience Research Institute auf und nahm eine Vollzeitstellung beim britischen Abwehrdienst an, zunächst in New York. Für ihn war es der »Krieg gegen Hitler«, und in einer düsteren Vorahnung hatte er erkannt, was auf dem Spiel stand. Sein erster Kunde bei Mather & Crawther – der Rat der deutschen Juden – hatte bereits 1937 Spenden für Flüchtlinge gesammelt, die vor Hitler flohen.[261] Ogilvy nahm für sich in Anspruch, durch seine Drohung, die Agentur zu verlassen, dafür gesorgt zu haben, dass Hitlers Botschafter nicht als Kunde angenommen wurde. Er und Melinda unterstützten während ihrer Zeit in Princeton vier Flüchtlingskinder aus England.

Sein neuer Vorgesetzter im Spionagegeschäft war Sir William Stephenson, Leiter der British Security Coordination (BSC), einem als britische Nachrichtenagentur getarnten Geheimdienst. Stephenson war die zentrale Figur für verdeckte Operationen, die in den Jahren vor Ausbruch des Zweiten Weltkriegs Großbritannien und die Vereinigten Staaten betrafen. BSC galt als Dachorganisation der britischen Geheimdienste in der westlichen Hemisphäre.[262]

Aufgrund seiner faszinierenden Persönlichkeit wurde Stephenson Vorbild für Ian Flemings berühmten Geheimagenten 007. »Ich werde oft gefragt, wie sehr der Held meiner Romane, James Bond, einem echten, lebenden Geheimagenten ähnelt«[263], schrieb Fleming, der für den britischen Marine-Nachrichtendienst tätig und von dieser geheimnisumwitterten Welt begeistert war. Bond sei eigentlich gar kein Held, erklärte er, sondern eine verklärte Variante eines waschechten Spions – der keinesfalls in derselben Liga spiele wie Stephenson, ein Mann mit »Superqualitäten«, ein Superspion und »nach allen Maßstäben« ein wahrer Held.

Fleming ließ sich von den geheimen Operationen Stephensons zu mehreren Geschichten inspirieren. Das riesige Aquarium im Hamilton Princess Hotel in Bermuda, einer Dienststelle des BSC, wurde im Film zu der gigantischen Glaswand zwischen Bond und den Haien von Dr. No. Als die BSC den Plan spann, Martinique seines Goldes zu berauben, um zu verhindern, dass die Nazis, die Frankreich erobert hatten, sich dessen bemächtigten, gab dies den Anstoß zu dem Roman *Goldfinger*. Bond verdankt seine »Lizenz zum Töten«, symbolisiert durch die Doppelnull, seinem Einsatz im Rockefeller Center, wo er einen japanischen Verschlüsselungsspezialisten erschießt – im Rockefeller Center befand sich auch die reale Dienststelle des BSC in New York, in der feindliche Codes geknackt wurden.[264] Auch der legendäre Martini »geschüttelt und nicht gerührt« war eigentlich das Lieblingsgetränk von Stephenson, wie Geheimagentin Vera Atkins bestätigt: »Billy mixte die tödlichsten Martinis. Viel Booths Gin, extrem trocken, ein Hauch von Wermut. Dazu Zitronenschale – fertig.« Fleming hatte größten Respekt vor Stephensons Martinis, die in riesigen Gläsern serviert wurden.[265]

Die Geschichte, wie die Vereinigten Staaten in den Zweiten Weltkrieg verwickelt wurden, ist noch immer nicht allgemein bekannt. Sicherlich war der Angriff der Japaner auf Pearl Harbour die ultimative Provokation, gefolgt von der Kriegserklärung der Nazideutschen. Doch Amerikas Beteiligung begann schon viel früher im Jahr 1940, und zwar auf den zwei Etagen des Rockefeller Centers in New York, in denen Stephensons Nachrichtendienst operierte. Nazideutschland war bereits in die Tschechoslowakei und in Polen einmarschiert und schlug sich nun durch das restliche Europa, doch die Suche des US-amerikanischen Präsidenten Roosevelts nach einer Rolle für die USA

6. Der Farmer und der Spion

scheiterte an einem mächtigen isolationistischen Block, dem Widerstand in der Bevölkerung und dem *American Neutrality Act*, einem Gesetz, das Amerika zur Neutralität verpflichtete.

In Großbritannien, in dem Kriegsgerät und Nahrungsmittel zur Neige gingen[266], sagte ein angesichts der Bedrohung durch Hitlers Truppen verzweifelter Winston Churchill zu seinem Sohn, dass es nur eine machbare Lösung gebe: »Ich muss die Vereinigten Staaten hinzuziehen«[267]. In den Jahren der Eskalation, die 1941 in dem Angriff auf Pearl Harbor gipfelten, leitete Stephenson die verdeckten Operationen Großbritanniens in den Vereinigten Staaten, die Churchill als Geheimwaffe dienten. Als erfolgreicher ehemaliger kanadischer Geschäftsmann und Erfinder schrillten sämtliche Alarmglocken Stephensons, als ihm während einer seiner Geschäftsreisen in den 1930er Jahren zu Ohren kam, dass Deutschland praktisch die gesamte Stahlproduktion für die Herstellung von Kriegswaffen verwendete – ein klarer und bedrohlicher Verstoß gegen den Versailler Vertrag.[268] Churchill war der einzige, der Stephensons Solofeldzug, die britische Regierung zu warnen, ernst nahm, und er beauftragte ihn daraufhin damit, die inoffiziellen Vorkriegsbeziehungen zwischen dem britischen und amerikanischen Nachrichtendienst zu koordinieren – unter dem üblichen diplomatischen Decknamen einer »Britischen Passkontrolle«[269].

Stephenson, ein kleiner Mann mit stechend blauen Augen und einem starken Willen, den Ogilvy als »ruhig, rastlos und loyal« beschrieb, nahm die schwierige Aufgabe auf sich, Propaganda für die britische Sache mit Spionage und Gegenspionage unter einen Hut zu bringen und – weitaus gefährlicher – eine Form der Zusammenarbeit zu ersinnen, die nicht gegen den *Neutrality Act* verstieß.[270] Die gesamte Kommunikation musste streng vertraulich erfolgen, nicht einmal das US-amerikanische Außenministerium durfte davon Kenntnis erlangen. »Wenn die Anhänger des amerikanischen Isolationismus das gesamte Ausmaß der geheimen Allianz zwischen den Vereinigten Staaten und Großbritannien geahnt hätten«, lautete der spätere Kommentar von Roosevelts Redenschreiber (und Stückeschreiber) Robert Sherwood, »hätten ihre Rufe nach einem Amtsenthebungsverfahren für Roosevelt das Land erschüttert wie ein Erdbeben.«

Churchill – ein Freund von sinnigen Codenamen – wusste, dass der Mann, der die Amerikaner von ihrem Kriegsbeitritt überzeugen sollte, keine Furcht kennen durfte. »Er muss tollkühn und verwegen sein«, überlegte er laut und wandte sich dann an Stephenson: »Sie müssen ›unerschrocken‹ sein.« *Intrepid*, zu Deutsch »unerschrocken«, wurde dann sein Codename und seine Telegrammanschrift als Leiter der British Security Coordination. Stephenson war kein ausgebildeter Geheimagent, ebenso wenig wie die Mehrzahl der Leute, die er einstellte. Zu seinem ungleichen Team gehörten größtenteils enthusiastische Amateure, deren Namen und Gesichter den feindlichen Geheimdiensten nichts sagten, wie unter anderem die Schauspieler Leslie Howard, David Niven und Cary Grant, Regisseur Alexander Korda, Schriftsteller Roald Dahl (der später an einer Chronik über die BSC mitarbeitete) und Noel Coward, der sich als ... Noel Coward tarnte. »Berühmt zu sein war eine perfekte Tarnung«[271], erläuterte Coward. Ogilvy arbeitete für den britischen Geheimdienst, während sein Freund und ehemaliger Vorgesetzter bei Aga, »Sommersprossen« Wren, der Sicherheitsabteilung des BSC in London vorstand.

»Ogilvy war wohl einer der bemerkenswertesten jungen Männer in Stephensons BSC«[272], schrieb Harford Montgomery Hyde in seinem Insiderbuch *Room 3603*. Es war Hyde, der Ogilvy 1941, kurz nach dessen 30. Geburtstag, rekrutierte, und Ogilvy behauptete später, Stephenson hätte (wie noch einige andere, die er dann und wann namentlich erwähnte) sein Leben verändert. Für ihn war Stephenson ein Mann von »außerordentlicher Produktivität ... Er allein hat elf Sekretärinnen gut beschäftigt.«

Ogilvys angegriffener Gesundheitszustand hatte bis dato verhindert, dass er der Armee beitrat – im Gegensatz zu seinem Bruder, der sich bei Kriegsbeginn zur britischen Luftwaffe meldete, doch zu alt für einen Einsatz als Pilot war und deshalb für die britische geheime Einsatzkommandozentrale tätig wurde. Als David später kritisiert wurde, dass er keinen Dienst am Vaterland geleistet hatte[273], verteidigte ihn Francis: »Trotz seiner kräftigen Erscheinung und seiner

6. DER FARMER UND DER SPION

beeindruckenden Wutausbrüche ist David bestenfalls bedingt wehrtauglich. Er ist seit jüngster Kindheit chronisch krank und leidet unter anderem an Asthma. Außerdem erkrankte er mehrfach an einer Mittelohrentzündung, was dazu führte, dass er auf einem Ohr zu 85 Prozent taub war. Es war keine Frage, dass er je zu den Streitkräften gehen könnte.« David litt schon seit seinem neunten Lebensjahr an Asthma, und diese Krankheit sollte ihn bis zu seinem Tode begleiten.[274]

Zu der Zeit, da David für BSC arbeitete, war Francis für den britischen Geheimdienst tätig.[275] Bei einem seiner Aufträge in Schottland hinterließ er einen bleibenden Eindruck. Hyde beschreibt, wie Francis dort »mit einem schwarzen Hut auf dem Kopf, in gestreiften Hosen in einem kleinen Dorf in Schottland ankommt und den Leiter des Postamts fragt, ob er bereit wäre, zwei Pakete anzunehmen. Prompt wird er daraufhin der Polizei übergeben.«[276] Wieder aus dem Polizeigewahrsam befreit, setzte er seinen Dienst am Vaterland auf weniger auffällige und deutlich einflussreichere Weise fort. Als Churchill 1940 Premierminister wurde, legte er fest, dass eine der Voraussetzungen für den Dienst am Vaterland die Fähigkeit war, sich schriftlich gut ausdrücken zu können, und nannte als Kandidaten neben anderen einen Oxford-Professor für Englisch sowie »den Mann, der diese Berichte über die Bombardierungen verfasst hat.« Churchill hatte Francis' Berichte gelesen.

Den Großteil des Zweiten Weltkriegs verbrachte Geschwaderführer F. F. Ogilvy in der unterirdischen geheimen Kommandozentrale der britischen Kriegsführung, den sogenannten *Cabinet War Rooms*, nicht weit entfernt vom britischen Amtssitz 10 Downing Street in London, wo er jede Nacht auf Wache war.[277] Francis schilderte lebhaft, wie er dort zu unchristlichen Zeiten versuchte, eine Mütze Schlaf abzubekommen, und dann der alte Mann herunter kam, ihn wachrüttelte und mit dem Diktat begann – nicht Wort für Wort wie bei einer Sekretärin, sondern er umriss nur grob den Inhalt, sodass die eigentliche Formulierung dem jeweiligen Schreiberling überlassen blieb.[278] So sagte Churchill zum Beispiel, er müsse Roosevelt ein Telegramm schicken, in Kopie an Stalin und die Vereinigten Stabschefs. Dann schilderte er grob, was er ihnen mitteilen wollte. »Bis zum Frühstück muss es fertig sein.« Francis erzählte, dass er sich zu anfangs für einen guten Schreiber gehalten hatte und mit dieser Meinung wahrlich nicht alleine dagestanden wäre. »Doch dann wurde mir klar, dass ich keine Ahnung hatte. Doch schließlich hörte Churchill auf, mich anzuschreien und mir zu sagen, was ich zu tun hatte, und ich vermutete, dass ich das Schreiben nun endlich gelernt hatte.«

Als erste »Amtshandlung« in seinem neuen Job besuchte David einen Kurs für Spione und Saboteure in Camp X, der streng geheimen britischen Ausbildungsstätte am Nordufer des Ontario-Sees, deren offizielle Bezeichnung Special Training School 103 lautete.[279] Dort wurde er mit den Tricks und Kniffen des Geschäfts vertraut gemacht: Wie verfolgt man Verdächtige, ohne dass sie es bemerken? Wie werden Brücken in die Luft gesprengt? Und wie tötet man einen Menschen mit bloßen Händen? Bekannte und Freunde von David, die wussten, dass er nicht gerade der Tapferste aller Helden war (böse Zungen sprachen von einem Hasenfuß) amüsierten sich über ihn und seine Prahlerei, dass er gelernt hatte, Polizeihunde kampfunfähig zu machen, indem man sie an ihren Vorderpfoten packte und ihnen den Brustkorb auseinanderriss. Ein ehemaliger Kollege meinte, dass Ogilvy angesichts eines Polizeihundes wie der Blitz verschwunden wäre und andere Talente unter Beweis gestellt hätte.

Ebenso wie sein Bruder perfektionierte auch David während seiner Zeit, in der er für den Britischen Geheimdienst (SIS) tätig war, die Kunst des Schreibens. Stephenson verstand es meisterhaft, sich kurz und bündig auszudrücken.[280] An ihn gerichtete Schreiben wurden prompt mit drei Wörtern versehen – JA, NEIN oder REDEN, wobei Letzteres bedeutete, ihn in seinem Büro aufzusuchen. Als Stephenson gebeten wurde, die Quelle seines Berichts, dass mit einem Angriff der Japaner auf Pearl Harbor gerechnet werden müsste, anzugeben, lautete seine knappe Antwort: »Der Präsident der Vereinigten Staaten« – eine nach wie vor umstrittene Behauptung. Jahre später ließ Ogilvy seine Agentur in einem Rundschreiben das Memo von Churchill an den Marineminister aus dem Jahr 1941 veröffentlichen: »Bitte geben Sie an diesem Tag eine höchstens einseitige Erklärung ab, wie die Königliche Marine an die Anforderungen moderner

Kriegsführung angepasst wird.«[281] Dies war Ogilvys Vorbild an Klarheit und Prägnanz.

Ogilvy wurde nicht wie er erwartet (oder vielmehr befürchtet) hatte, mittels eines Fallschirms hinter den feindlichen Linien abgesetzt[282], sondern ihm wurde die Leitung über die Gruppe übertragen, die Informationen über die wirtschaftliche Lage Lateinamerikas zusammentrug.[283] Die Aufgabe bestand darin, die Agenten der BSC dabei zu unterstützen, Geschäftsmänner davon abzuhalten, Hitler strategisches Material zur Verfügung zu stellen und damit gegen die Alliierten zu arbeiten. Ogilvy half mit, »schwarze Listen« mit profitablen deutschen und italienischen Unternehmen zu erstellen, die in der Lage und möglicherweise gewillt waren, die Alliierten finanziell oder anderweitig zu unterstützen, sie mit Informationen zu versorgen oder sogar für sie zu spionieren. In jedem lateinamerikanischen Land gab es wohlhabende Deutsche, die auf Dinnerpartys mit »Heil Hitler!« grüßten. In den Augen der Mexikaner war Hitler *fantastico*. »Heil Hitler. Fantastico.«

Ogilvys Erfahrungen, die er bei Gallup gesammelt hatte, waren auch für Stephenson sehr hilfreich, der eine Reihe von Umfragen durchführen ließ, um die öffentliche Meinung der US-Amerikaner über Großbritannien herauszufinden.[284] Die Ergebnisse dieser Studien standen in krassem Gegensatz zu den Zweifeln der Isolationisten an Britanniens Fähigkeit und Willen, den Krieg zu gewinnen. Ogilvys Bericht mit dem sperrigen Titel »Ein Plan zur Vorwegnahme der Ergebnisse von Volksabstimmungen und zur Voraussage der Reaktion des Volkes auf geplante Ereignisse sowie die Übertragung der Gallup-Methode auf andere Bereiche des Geheimdienstes« zeigte auf, wie Meinungsumfragen für die Einschätzung politischer Bewegungen im Ausland sowie als Leitfaden für die Politik Großbritanniens dienen könnten. Anders als die britische Botschaft in Washington und der Britische Geheimdienst in London, die sich nicht an die Empfehlungen dieses Berichts hielten, befasste sich General Eisenhowers Stab später intensiv mit diesem Thema und führte in Europa erfolgreich Umfragen durch – ganz wie es Ogilvy vorgeschlagen hatte.

Geheimdienstexperte Richard Spence zufolge bestand Ogilvys

Hauptaufgabe darin, Umfragedaten, die britischen Interessen schadeten (oder nutzten), in abstoßende (oder fesselnde) Geschichten zu verpacken.[285] Das BSC brauchte Resultate, die die öffentliche Meinung dahingehend beeinflussen konnten, Großbritannien zu unterstützen und sich am Krieg zu beteiligen – gesucht waren also Titelgeschichten, die belegten, dass die Amerikaner eher Hitler bezwingen anstatt sich aus dem Weltkrieg heraushalten wollten. Spionagearbeit klingt wesentlich romantischer als sie im Grunde ist, fasste Ogilvy später einmal diese Phase seines Lebens zusammen, auch wenn es hin und wieder filmreife Momente gab.[286] Manchmal kam er abends nach Hause und sein Aktenkoffer war mit Handschellen um sein Handgelenk gekettet.[287]

Dank seiner Effizienz, die Schurken auszumachen, die gegen die Alliierten arbeiteten, durfte er zu der BSC-Gruppe stoßen, die den Vereinigten Staaten bei der Gründung eines auswärtigen Geheimdienstes (den es bis dato noch nicht gab) halfen, und aus dem schließlich das Amt für strategische Dienste (OSS) wurde, das heute wiederum als CIA bekannt ist. »In einer bestimmten Phase übergab ich dem OSS täglich an die 80 Berichte, die von meinen Quellen erstellt worden waren«, erinnerte sich Ogilvy.

Doch die professionellen Spione des MI6 fühlten sich von so gewieften »Amateuren« wie Ogilvy bedroht. Es gab verschiedentlich Bemühungen, den Mythos »Stephenson« zu zerstören, unter anderem, indem infrage gestellt wurde, ob *Intrepid* tatsächlich sein Codename war.[288] Ogilvy blieb ein treuer Bewunderer Stephensons, obgleich er es missbilligte, wenn dessen Leistungen zu Heldentaten aufgebauscht wurden.[289] Noel Coward pflichtete ihm bei: »Einerseits war [Stephenson] sicherlich so eine Art ›M‹, wie man ihn aus den *James Bond*-Filmen kennt, ein Strippenzieher, der umsichtig an den Fäden zieht, während sich seine ›Jungs‹ um das Geschäft kümmern. Doch ausschlaggebend war, dass er der Meister der Informationen war: Er wusste, was die Deutschen als nächstes vorhatten, und wir konnten ihre Pläne dann durchkreuzen.« General Bill Donovan vom OSS (der »Big Bill« genannt wurde, um ihn von »Little Bill« Stephenson unterscheiden zu können) bestätigte diese Einschätzung: »Bill Stephenson hat uns alles beigebracht, was wir über Geheimdienstoperationen im Ausland wissen.«[290]

Es sollte nicht mehr lange dauern, bis die fortgesetzte Aggression der Deutschen eine Abkehr der öffentlichen Meinung in den USA vom Isolationismus bewirkte, sodass das amerikanische Volk nun (auch dank der Hilfe des BSC) bereit war, eine andere Demokratie zu unterstützen. Ogilvy selbst empfand seine Dienstjahre während des Weltkrieges als minimalen Beitrag, und so mancher bezeichnete sie als »Spionage eines Gentleman«, doch es ist unbestritten, dass es dem BSC gelungen war, zwei Länder in ihrem Kampf gegen Hitler zu vereinen – der Beginn des »besonderen« Verhältnisses zwischen den Vereinigten Staaten und Großbritannien – und Amerika beim Aufbau eines eigenen Geheimdienstes zu unterstützen.

Ogilvys Beschäftigung mit volkswirtschaftlichen Themen hielt an, als er 1942 zum zweiten Sekretär der britischen Botschaft ernannt wurde.[291] Obwohl er mit den Topleuten aus Regierung und Wirtschaft zu tun hatte, lag der Schwerpunkt seiner Arbeit in alltäglichen Dingen wie dem Erstellen von Statistiken und Broschüren über die Produktionszahlen Amerikas, und Ogilvy hatte schon bald mehr als genug von den internen Machtkämpfen. Er genoss es, an geheimen Dokumenten zu arbeiten und die Größen der Weltszene kennenzulernen, doch angesichts seiner banalen Pflichten und den politischen Spielchen der Diplomatie verließ er 1945 die Botschaft.[292] Das Angebot einer Festanstellung in der Handelsabteilung der SIS-Außenstelle lehnte er ab, gleichwohl war er regelmäßig als Berater für die SIS tätig. Zu dieser Zeit hatte Francis der britischen Luftwaffe den Rücken gekehrt und begonnen, wieder für Mather & Crowther zu arbeiten. Die Brüder waren soweit, sich wieder ihren eigenen Geschäften zu widmen.

Im Gegensatz zu anderen Phasen seines Lebens schwieg sich Ogilvy über seine glamouröse Zeit als Spion aus und praktizierte damit den sogenannten »Gedächtnisverlust der Diplomaten«.[293] Er war stolz darauf, was er in der Kriegszeit geleistet hatte, aber er unterlag dem Gesetz zur Wahrung von Staatsgeheimnissen und respektierte die Regel, dass Spione nicht über ihre Tätigkeit reden dürfen. Er kritisierte einen Bericht, aus dem hervorgehen würde, dass ein bestimmter Kollege an geheimen Umfragen mitgewirkt hatte: »Es ist beim SIS nicht üblich, die eigenen Freunde in eine missliche Lage zu bringen.« In seinen Augen war Hydes Buch eine »dreiste Indiskretion«[294]. Es war strengstens untersagt, Aufzeichnungen oder Kopien anzufertigen oder ein Tagebuch zu führen, weshalb Ogilvy seine gesamten Unterlagen in Washington ließ. In den Veröffentlichungen zur Geschichte des BSC werden keine Namen genannt, damit einzelne Mitarbeiter nicht identifiziert werden können. Sämtliche Archive wurden verbrannt; lediglich 20 Ausgaben der offiziellen Geschichte existierten. Stephenson behielt zwei davon, die aber später ebenfalls vernichtet wurden. In seiner Biografie über Stephenson bedankt sich Montgomery für die freundliche Unterstützung durch Ogilvy, einem der Insider des BSC.

Ein weiterer Grund für Ogilvys lebenslanges Schweigen über diese Phase war wohl auch, dass viele der ehemaligen BSC-Mitarbeiter nicht allzu offensichtlich mit einem britischen Spionagedienst in Verbindung gebracht werden wollten, da sie befürchteten, dies könne sich nachteilig auf ihre spätere Karriere in den Vereinigten Staaten auswirken.[295] Ogilvy sprach jedoch über die Menschen, die er in dieser Zeit kennen gelernt hatte, wie den Schriftsteller Roald Dahl, damals ein junger Pilot der britischen Luftwaffe, der erst in die Botschaft und dann zum BSC versetzt wurde. Die beiden teilten sich eine Unterkunft im Stadtviertel Georgetown, Washington, während Ogilvys Familie weiterhin in Princeton lebte.[296] Die beiden Männer wurden Freunde – Ogilvy war zu Dahls Hochzeit mit der Schauspielerin Patricia Neil eingeladen –, doch später verkrachten sie sich. Ogilvy bezeichnete ihn als »Zuchthengst« (und nannte die Namen von Dahls »Opfern«) sowie als »Arroganz in Person«.

Stephenson vermerkte in seinen Unterlagen, wie sehr er Ogilvys Fähigkeiten zu schätzen wusste, »gute Ausdrucksweise, scharfer analytischer Verstand, zeigt Eigeninitiative, besondere Eignung im Um-

6. Der Farmer und der Spion

gang mit heiklen Problemen«, und fügte hinzu, dass »David nicht nur ein guter Geheimagent war, sondern ein brillanter.« Dieser Eintrag – und natürlich die angebotenen Stellen – bestätigten auch Francis Einschätzung seines Bruders: »David hat in diesem Krieg kräftig mitgemischt, und das offensichtlich mit viel Erfolg.« Ogilvy selbst hatte eine weitaus nüchternere Meinung über diese Phase seines Lebens. »Für den Job, den ich später in der Madison Avenue geleistet habe, würde ich mir eine glatte Eins geben, für die Arbeit in Washington bestenfalls eine Zwei minus.«[297]

~

Wie so viele andere wusste auch Ogilvy nach dem Krieg nicht so recht, was er tun sollte.[298] Doch bereits vor dem Krieg, als er noch für Gallup arbeitete, hatte er einen Ort in Amerika entdeckt, der für die nächsten Jahre sein Zuhause und sein Arbeitsplatz werden würde, und eine der großen Lieben seines Lebens.

> Eines schönen Abends im Juni 1940 reisten Gallup und ich nach Chicago, wo wir vom Zugfenster aus eine Gruppe Männer sahen, die mich stark an die Pilgerväter erinnerten. Gallup erklärte mir, dass sie Amische waren. Drei Wochen später fuhren meine Frau und ich mit dem Rad nach Lancaster, Pennsylvania, und machten uns auf die Suche nach ihnen. Nach zwei Tagen auf dem Rad befanden wir uns am Ende der Welt und sahen auf einer Terrasse eines schmucken Hofes eine Ansammlung von Schlapphüten. Es war Sonntagmorgen, und die Amischen hielten ihre sonntägliche Andacht.

In Lancaster, einer wohlhabenden ländlichen Gemeinde, gab es mehr Kühe als Menschen[299], und die Bauernhöfe dort gehören auch heute noch zu den gepflegtesten weltweit. Ogilvy unternahm 1943 eine zweite Reise dorthin und war erneut begeistert. Für ihn war – wie jemand anders einmal gesagt hatte – ein Besuch bei den Amischen wie der Besuch eines großen Klosters auf dem Land. Der örtliche Briefträger verriet Ogilvy, welche amische Familie bereit war, zahlende Gäste aufzunehmen. David und Melinda verbrachten mit ihrem Sohn,

David Fairfield, jedes freie Wochenende dort, um Washington und der Botschaft zu entfliehen.

Ihre Vermieterin stellte die Kleinfamilie Annie und Levi Fisher vor. Im Jahr 1944 lebten die Ogilvys ein halbes Jahr lang bei den Fishers und schlossen eine Freundschaft, die ein Leben lang hielt. Eines Nachts während ihres ersten Besuchs zog ein Sturm auf, der das Dach nahezu vollständig abdeckte.[300] Im Nu war das halbe Dorf versammelt und half den Fishers, dem Regenwasser Herr zu werden. Unbeirrt kamen die Ogilvys auch im darauf folgenden Jahr wieder, und 1946 verwendete David eine kleinere Erbschaft für den Kauf eines Bauernhofs in der Denlinger Road in Gap zum Preis von 20 817 US-Dollar.[301] Auf dem 81 Morgen großen Grundstück stand ein Backsteingebäude mit weißen Fensterläden.

Erstaunlicherweise wurde aus Ogilvy ein waschechter Farmer. Nein, nicht ganz. Er verpachtete das Land samt Haus an einen amischen Landwirt. In den Augen von Gerry Leszt, der Ogilvy kurz nach dessen Ankunft für die Zeitung *Lancaster New Era* interviewte, war David kein Farmer, sondern jemand, der auf dem Land lebte.[302] »Für uns Dorfbewohner blieb er ein Rätsel«, berichtet Leszt, »er war ein Mann, der ganz offensichtlich über das nötige Kleingeld verfügte, ein Gentleman mit viel Freizeit, er gehörte zu der Welt der Intellektuellen, ein Städter. Doch wir hatten keine Ahnung, mit wem wir es eigentlich zu tun hatten oder womit er sein Geld verdiente. Und wir konnten uns schon gleich gar nicht vorstellen, dass aus diesem Kokon einmal so ein prächtiger Schmetterling schlüpfen sollte.« Ogilvy ließ durchblicken, dass er auch wegen seiner angegriffenen Gesundheit hierher gekommen war, doch er sagte nie, woran er wirklich litt.

Auf dem Hof baute Ogilvy wie viele andere Landwirte dieser Gegend Tabak an, um ihn nach der Ernte zu verkaufen. Als Zeichen seines neuen Lebens trug er einen breitkrempigen Hut wie die Amischen und eine Arbeitshose mit Hosenträgern und er kaute Tabak der Marke Mail Pouch.[303] Außerdem ließ er sich, ebenfalls nach Art der Amischen, einen kurzen Bart stehen. »Was hast du denn noch vor?« spöttelte ein Freund, dem Ogilvy mit Bart zufällig in der Madison Avenue über den Weg gelaufen war. Die Zeitschrift *Fortune* schrieb

6. DER FARMER UND DER SPION 113

später über Ogilvy, dass er »damals 35 Jahre alt war, ein charmanter Dilettant – so schien es – ohne jegliche berufliche Laufbahn oder Perspektiven«.

Die Ogilvys wurden von den Amischen freundlich aufgenommen. Melinda freundete sich mit einigen von ihnen an und ging zu Kaffeekränzchen, bei denen gemeinschaftlich Quilts genäht wurden. David amüsierte sich königlich, wenn er gebeten wurde, das irische Volkslied von »Michael Finnegan-Finnegan-begin again«[304] zu singen. In seiner Eigenschaft als selbsternannter Fachmann für die Amischen[305] beriet er Gäste über Verhaltensregeln (nicht gaffen, nicht fotografieren); empfahl das Kinderbuch *Rosanna of the Amish* als Leitfaden für die Praktiken der Glaubensgemeinde[306] und beriet den Produzenten des Musicals *Plain and Fancy*, in dem Amische vorkamen (»keine Zaubertricks, keine arrangierten Ehen«)[307]. Es amüsierte ihn, dass bei einem seiner ersten Feste mit den Amischen das Gespräch darauf kam, dass er und seine Frau nur ein Kind hatten. »In ihren Augen war das äußerst wunderlich, und ein altehrwürdiges Urgroßmütterlein meinte, dass es an der Zeit wäre, einen neuen Braten anzusetzen.« Seine Cousine Rebecca West kam auf einen Besuch vorbei, als sie 1948 über den Parteitag der Republikaner berichtete, und beeindruckte die Schlüsselfiguren der Kleinstadt mit ihrem Hitzkopf.

Für die Amischen ist jeder, der kein Amischer ist, ein »English«, ob nun Brite oder nicht.[308] Ogilvy war Brite und wurde deshalb »the Englishman« gerufen. Er liebte es, in seinem Ford Modell A mit einem Stoffhut auf dem Kopf durch die Kleinstadt zu fahren. Ein Freund von ihm konnte sich noch gut an ein Abendessen in Davids Farmhaus erinnern, zu dem Ogilvy in einem Kilt die Treppe herunterkam.[309] Er stand einfach nur da, sodass ihn jeder sehen musste. Ein anderes Mal wurde nur ein Hummer für alle – und sonst nichts – serviert, und die Gäste gingen mit knurrendem Magen nach Hause. Jahre später, so erinnert sich ein Nachbar, fuhr Ogilvy in einem großen Bentley ganz langsam die Auffahrt zu seinem Haus hinauf, und die Wimpel flatterten im Wind; man hätte fast meinen können, die Queen von England wäre angekommen.

Der Gegensatz zwischen dem extravaganten Ogilvy und den bescheidenen Amischen hätte nicht größer sein können. Eine mehr als paradoxe Situation: Auf der einen Seite hegte Ogilvy eine vorbehaltlose Bewunderung für die Glaubensgemeinschaft und ihre Ansichten über das moderne Leben, und auf der anderen Seite bevorzugte er einen Lebensstil, der alles andere als schlicht und einfach war. Doch trotz seiner Widersprüchlichkeit schaffte er es, Teil dieser Gemeinschaft zu werden. Ogilvy behauptete von sich, des Stadtlebens überdrüssig geworden zu sein[310] und lieber ein Leben wie die Amischen führen zu wollen: ohne Rasierapparat, ohne Telefon, ohne Auto und ohne elektrisches Licht. »Ich liebe diese Menschen und ihre Art zu leben. Ebenso wie sie sitze ich lieber auf dem Kutschbock, lese bei Kerzenschein, esse, was ich selbst angebaut habe, und schreibe Briefe mit der Hand. Ich liebe diese Mischung aus Theokratie des 17. Jahrhunderts und Rabelais'scher Fröhlichkeit.«

Doch seine Bewunderung hatte Grenzen. Die Vorstellung, auf einem Hof zu leben, entzückte den Schauspieler in ihm, doch mit Landwirtschaft hatte das nichts zu tun. Er dachte nicht im Traum daran, Bücher über den Verkauf des Getreides zu führen oder aufzuzeichnen, ob es gedieh oder nicht, und er war kein ebenbürtiger Geschäftspartner für die Käufer seines Tabaks, die ihn über den Tisch zogen. Und auch die harte körperliche Arbeit reizte ihn nicht im Mindesten. Die Landwirtschaft ist ein hartes Brot, meinte er später einmal. »Unsere Jahre in Lancaster County waren mit die besten meines Lebens. Doch es war klar, dass es mir nie gelingen würde, meinen Lebensunterhalt als Farmer zu bestreiten. Ich machte mir viel zu viele *Sorgen*. Ich war körperlich nicht in der Lage, die schwere Arbeit zu verrichten. Mir fehlten das Wissen und das Geschick, die Maschinen selbst in Schuss zu halten. Ich hatte keine Ahnung von der Tierhaltung, und die kann man nicht aus Büchern lernen.«

In dem Maß, wie Ogilvy das Interesse an der Landwirtschaft verlor, packte ihn die Werbung wieder. Er befasste sich Tag und Nacht damit. Er holte sich, was immer ihm unter die Finger kam – Bücher, Werbebroschüren und Zeitschriften – aus der Bibliothek in Lancaster, und erstellte sogar eine Liste mit potenziellen Kunden für eine Wer-

6. DER FARMER UND DER SPION 115

beagentur, die nur in seiner Vorstellung existierte. »Mir kam in den Sinn, dass mein Großvater als Landwirt auf der ganzen Linie versagt hatte, aber als Geschäftsmann durchaus Erfolg hatte. Weshalb sollte ich nicht in seine Fußstapfen treten und meine eigene Werbeagentur aufmachen?«[311] Da war er 38.

∼

Zehn Jahre zuvor hatte Ogilvy bereits mit dem Gedanken gespielt, wie es wohl wäre, eine britische Werbeagentur in Amerika anzumelden. 1938, nach seiner ersten Reise nach Amerika im Auftrag von Mather & Crowther berichtete er, dass es an der Zeit wäre, sich mit dem Gedanken an eine Niederlassung in New York anzufreunden. In einem Brief an Francis umriss er den Kapitalbedarf, die Eintragung in der Handelskammer und schilderte, wie er künftige Kunden gewinnen und sich einen Namen machen wollte. Er schlug vor, die Agentur nicht mit Briten, sondern mit hoch qualifizierten jungen Amerikanern zu besetzen, die »wesentlich ehrgeiziger sind als [ihre] britischen Kollegen« und bereit wären, auch einmal ein Risiko einzugehen.[312]

Doch David war sich selbst noch nicht darüber im Klaren, wie seine berufliche Zukunft aussehen sollte, und bat seinen Bruder um Rat.[313] Sollte er bei einem Unternehmen anfangen, das sich auf den Handel zwischen Nord- und Südamerika spezialisiert hatte? Sollte er sich in New York niederlassen und britische Handelsinteressen vertreten? Sollte er sich wieder von Gallup oder Young & Rubicam anstellen lassen, wieder für die britische Regierung arbeiten oder sich für eine internationale Organisation wie die UNRRA, die Nothilfe- und Wiederaufbauverwaltung der Vereinten Nationen, entscheiden? 1945 hatte er zusammen mit John Pepper, seinem unmittelbaren Vorgesetzten bei der BSC, ein Handelsunternehmen gegründet, das britische Produkte in den Staaten vertrieb.[314] Pepper (»ein sehr fähiger, sehr kalter Mann«) war Präsident der Firma, Ogilvy stellvertretender Präsident und Geschäftsführer, doch nach drei Monaten kündigte er. Pepper führte die Firma alleine weiter und verdiente sich eine goldene Nase.

Und nun klopfte die Werbung erneut an die Tür. Da er herausgefunden hatte, dass keine einzige britische Werbeagentur in der gesamten westlichen Hemisphäre eine Niederlassung betrieb, schlug er Mather & Crowther vor, doch ihrerseits Zweigstellen in New York, Rio de Janeiro und Buenos Aires zu eröffnen. Für sich sah er eine Doppelfunktion vor: zum einen in einer kontrollierenden Funktion (Überprüfung der Werbeanzeigen, Werbematerialien und Techniken, die für britische Hersteller von Interesse und zugleich Anregung für Mather & Crowther sein könnten) und zum anderen in der Kundenakquise.

Ab 1945 schrieben sich David und sein Bruder fast wöchentlich via »Schiffspost«, und diese »Brieffreundschaft« sollte vier Jahre lang andauern.[315] In ihren Briefen ging es um persönliche und berufliche Dinge und auch über die Familie. »Ich lese gerade die Forsyte Saga. Jede Wette, dass unsere Mutter das Buch geradezu verschlungen hat – schließlich hat sie immer so getan, als wären die Ogilvys und die Forsytes ein und dieselbe Familie.« Doch hauptsächlich ging es in der Korrespondenz der zwei Brüder darum, welche Aussichten eine britische Werbeagentur in New York wohl hätte.

1946 war es dann so weit: David hatte die Verhandlungen abgeschlossen.[316] Mather & Crowther machten ihn zu ihrem angestellten Vertreter in den Vereinigten Staaten – wobei seine mangelnde Branchenerfahrung für Unbehagen bei der Entscheidung sorgte. Doch wie sagte Francis so schön zu der Geschäftsleitung von Mather & Crowther? »In New York wimmelt es nur so vor merkwürdigen Käuzen, da kommt es auf einen mehr oder weniger nicht an.«[317]

Sein winziges Büro mit lediglich zwei Räumen (einen für David, einen für seine Sekretärin) quoll fast über angesichts der Unmengen an Memos und Abhandlungen, die David am laufenden Band produzierte, so zum Beispiel ein Manifest für die Kreativabteilung von Mather & Crowther in London.[318] Er verfasste »39 Regeln«[319] für Überschriften, Textteil, Abbildungen, Layout und den Einsatz von Humor. Er berichtete über seine Auswertung, dass 41 Prozent der Anzeigen in der Sommerausgabe von *Punch*, einer satirischen Zeitschrift, »völlig ohne jede Überschrift daherkamen«. Seine erste Regel lautete: »Herz und Seele einer jeden Anzeige ist das Alleinstellungsmerkmal des be-

6. Der Farmer und der Spion

worbenen Produkts. Alles andere ist reine Technik.« Da ihm klar war, dass seine Regeln keine Begeisterungsstürme auslösen würden, griff er möglichen Einwänden vor und schrieb weiter:

> Auch der Texter und der Grafiker, die ihre Arbeit mehr als Kunst begreifen denn als Wissenschaft, sollten sich von der Tatsache trösten lassen, dass auch Mozart und Shakespeare sich strikt an die für Sonaten und Sonette geltenden Regeln hielten und dennoch Meisterwerke schufen.

Zu seiner freudigen Überraschung stellte sich die Geschäftsleitung der Londoner Agentur geschlossen hinter die Empfehlungen des neuen Stars am Werbehimmel, da sie anerkannten, dass Ogilvy »drei Jahre und jede Menge Genialität« darauf verwendet hatte, um anhand von Material aus beiden Seiten des Atlantiks herauszufinden, welche Faktoren die Effizienz einer Werbekampagne ausmachen. Mit diesen Regeln nahm Ogilvy für sich in Anspruch, Francis Agentur umgekrempelt zu haben: weg von »Poesie, Typographie und dem ganzen Unsinn« und hin zu »der Gelegenheit, ausgezeichneten und modernen Textern und Graphikern Raum zu geben.«[320] Eine Kopie davon schickte er an Reeves, und in seinem Begleitschreiben drückte er seine Dankbarkeit für seinen »Vorschullehrer«[321] aus.

Ogilvy verkaufte seine Farm 1948 für 35 000 US-Dollar, womit er nach zwei Jahren einen satten Gewinn von 14 000 US-Dollar einstrich.[322] Davon kaufte er sich ein Haus in Old Greenwich, Connecticut. Sein Aufenthalt auf dem Lande hatte Wirkung gezeigt, die frische Luft – mit einem »Hauch an Pferdemist«, wie Gerry Leszt anmerkte – hatte das Ihrige getan, sodass er vor Gesundheit nur so strotzte. Weshalb er dann wieder zurück in die Stadt ging? Wegen des schnöden Mammons, antwortete David seufzend.

∽

Die Diskussionen um das Vorhaben, eine Niederlassung in den USA zu gründen, hielten bis 1947 an – neun Jahre nach seinem ersten Vorstoß. Ogilvy überlegte mittlerweile, ob er nicht lieber unabhängig bleiben oder sich bei einer amerikanischen Agentur bewerben sollte, anstatt bei Mather & Crowther mitzumischen.[323] Andererseits war er sich sicher, dass die neue Zweigstelle versprach, ein Erfolg zu werden:

An alle, denen die Vorstellung von einer Agentur in New York Angst einflößt: England muss exportieren oder sterben. Wenn England Textilien, Autos, Whisky und beeidigte Buchprüfer exportieren kann, spricht ja wohl nichts dagegen, auch Werbeleute zu exportieren. Es ist natürlich blanker Unsinn zu behaupten, diese winzigen amerikanischen Agenturen, die derzeit den größten Teil der Werbung für britische Unternehmen in Amerika erledigen, wären S. H. Benson Ltd. oder Mather & Crowther Ltd. überlegen; sie spielen nicht in derselben Liga.[324]

Anfang 1948 zierte sich Ogilvy nicht länger und beschloss, an der Gründung der amerikanischen Agentur mitzuwirken, die zu dieser Zeit den Arbeitstitel »Benson & Mather«[325] trug, die Namen der beiden geldgebenden britischen Agenturen. Er hatte den Agenturchef von S. H. Benson, Bobby Bevan, in der Botschaft in Washington kennengelernt, als dieser dort für die Britische Marine arbeitete. Nun war Bensons (die größte Werbeagentur Großbritanniens) gewillt, ein gemeinsames Unternehmen mit Mather & Crowther (der Nummer fünf im Vereinten Königreich), angeführt von ihrem Vorreiter, dem ehemaligen Meinungsforscher/Spion/Farmer, anzustoßen.

Obwohl Ogilvy die treibende Kraft bei der Gründung dieser Agentur war, sollte er nicht ihr Leiter werden. Was immer er sich auch als Autodidakt beigebracht hatte, war in den Augen der britischen Partner nur graue Theorie. Deshalb bestanden sie darauf, dass er einen erfahrenen Amerikaner zu seinem Vorgesetzten machen sollte, eine Art Netz mit doppeltem Boden.[326] Ogilvy hätte doch »keine Ahnung«[327] vom Agenturgeschäft, meinte einer seiner ehemaligen Partner. Sein Bruder drückte sich etwas gewählter aus: »Wenn David über mehr Erfahrung in einer wirklich verantwortungsvollen Position in einer Agentur verfügen würde, würde ich keinen Moment lang zögern, ihn zum Agenturchef zu ernennen, da ich großes Vertrauen in seine Fähigkeiten habe. Doch angesichts seines Alters und seiner Berufserfahrung ist er derzeit besser geeignet, die zweite Geige im Unternehmen zu spielen.«

6. Der Farmer und der Spion

1929, als Ogilvy noch als Meinungsforscher für Gallup unterwegs war, hatte er einen Artikel für die Fachzeitschrift *The Nielson Researcher* verfasst, in dem er elf Männer aufzählte, die er sich für sein »amerikanisches Agentur-Traumteam«[328] vorstellte, angeführt von Raymond Rubicam als Agenturleiter. Seine Nummer zwölf war Rosser Reeves. »Er wird Erfolg haben, oder ich heiße nicht mehr David Ogilvy.« Jetzt war (sein Schwager) Reeves, der aufsteigende Stern bei Ted Bates & Company, sein Favorit für den Posten als Agenturchef. »Ich bezweifle, dass ihr einen anderen erfahrenen amerikanischen Werber mit einem solch schlüssigen Geschäftskonzept finden werdet und jemanden, der auch nur annähernd so überzeugt vom unweigerlichen Erfolg dieses Konzepts ist«, schrieb David an Francis. »Kauft ihm die Fahrkarte!« Und an Reeves: »Wir brauchen dich DRINGEND.«

Als Reeves nach einigen Treffen in London und New York das Angebot ablehnte, stieß Ogilvy auf Anderson F. Hewitt, einen alten Hasen der Branche, der bei J. Walter Thompson in Chicago als Etatdirektor arbeitete. Andy Hewitt, ein Marineveteran, der in Princeton studiert hatte, war ein für die damalige Zeit typischer kontaktfreudiger Werber. Er stand ständig unter Strom, und man wusste nie, woran man bei ihm war. Hinter seinem Rücken wurde er als »liebenswerter Irrer«[329] bezeichnet. Einige seiner Kollegen erinnern sich an ihn als den ersten Mann, der Slipper mit Quasten trug, andere wissen noch sehr gut, dass er Briefe diktierte, während er sich die Haare schneiden ließ. Doch er »kannte jeden«, er kannte das Geschäft, und seine erstklassigen sozialen Kontakte kamen bei Ogilvy natürlich gut an.

Ogilvy spielte also die zweite Geige und vertrat die britischen Interessen[330] – für ein Gehalt von 12 000 US-Dollar, sobald es sich die Agentur leisten konnte. Bis es soweit war sollte er sich doch bitte mit der Hälfte dieser Summe begnügen, die ihm Mathers als amerikanischer Vertreter ihrer Agentur zahlte. »Kein schlechtes Honorar für Botengänge«, wie er es ausdrückte.

D-Day für die britische Invasion auf US-amerikanischen Boden war für das darauffolgende Jahr geplant. Da der (vom Geschwaderführer) zum Staffelkommandanten beförderte Francis Ogilvy ebenso mit von der Partie war wie Kapitän der Königlichen Marine Bobby Bevan, ist es nicht weiter verwunderlich, dass sie einen militärischen Decknamen für ihren Landekopf in Amerika wählten. Sie waren so überzeugt vom Erfolg ihrer Operation, dass sie beschlossen, denselben Codenamen zu verwenden wie Churchill für die Landung der Alliierten in der Normandie: Operation Overlord.[331]

Kapitel 7
Große Ideen

In der Zeit nach dem Zweiten Weltkrieg erreichte landesweite Werbung in den Vereinigten Staaten ihre Zielgruppen nur über eine Hand voll Radiostationen und vier wichtige Zeitschriften: *Life, Look, The Saturday Evening Post* und *Reader's Digest*. Das Fernsehen steckte noch in seinen Kinderschuhen, nur einer von zehn amerikanischen Haushalten besaß ein Fernsehgerät. Mit mehreren großen Zeitungen in jeder größeren Stadt war es immer noch die Zeit der Printmedien. Die Wirtschaft florierte, und fast jeden Tag kamen neue Produkte auf den Markt.

In der Werbung folgte man bewährten Mustern. Der Schriftsteller und Anwalt Louis Auchincloss erinnert sich noch lebhaft an die angeregte Unterhaltung, die er mit Ogilvy in der Bar des Knickerbocker Club in New York geführt hat.[332]

> »Sagen Sie mal, gibt es irgendein Gesetz oder irgendeine Vorschrift in diesem Land, die besagt, dass Werbung langweilig sein muss?«
>
> Ich versicherte ihm, dass dem nicht so sei, obwohl ich ihm insofern beipflichtete, als dass dies eine unserer ältesten Traditionen sei, auf die wir sehr stolz wären.
>
> Dann könnte man es wohl ändern?

»Ich war Zeuge, wie ein neues Zeitalter anbrach«, folgerte Auchincloss.

Die Operation Overlord richtete ihren Landekopf in Amerika am 1. September 1948 unter dem Namen Hewitt, Ogilvy, Benson & Marther, Inc. (HOBM) ein. Die britischen Geldgeber Mather & Crowther und S. H. Benson zeichneten für jeweils 40 000 US-Dollar Vorzugsaktien und hielten damit die Mehrheit. Anderson Hewitt, der Präsident der neuen Agentur, nahm eine Hypothek auf sein Haus auf[333] und investierte 14 000 US-Dollar, Ogilvy 6 000 US-Dollar, was ein Kapital von insgesamt 100 000 US-Dollar darstellte. Ogilvy war Finanzleiter, Mitglied im Verwaltungsrat und Wissenschaftlicher Leiter.

Da es auf der Hand lag, dass keiner aus der Führungsriege die Qualifikation besaß, sich um die kreativen Angelegenheiten – Text und Grafik – zu kümmern, musste diese Art von Talent eingestellt werden. In der Satzung der Agentur wurde als Firmenzweck die Unterstützung britischer Kunden in den Vereinigten Staaten angegeben. Die Londoner Partner waren sich uneinig darüber, ob die neue Agentur realistisch gesehen davon ausgehen konnte, ausschließlich von ihren britischen Kunden zu leben. Schließlich wurde beschlossen, dass sich die Agentur hauptsächlich um ihre britischen Klienten kümmern, aber keinesfalls Werbeetats amerikanischer Unternehmen ablehnen sollte.

Der Firmensitz von HOBM befand sich in 345 Madison Avenue, genau gegenüber von Brooks Brothers, dem Herrenausstatter der Madison Avenue. Der Roman aus den 1950er Jahren (der später auch verfilmt wurde) *Der Mann im grauen Flanell* schildert genau die damals vorherrschende Mode. Der auffälligste Einrichtungsgegenstand in Ogilvys Büro waren nicht die beiden großen Drucke von Audubon[334], sondern das grüne und rote Licht außen an seiner Bürotür, die signalisierten, wann er Besuch empfangen würde und wann er in Ruhe gelassen werden wollte.[335]

Es war David gegen Goliath: ein neu gegründeter britischer Außenposten gegen Dutzende größerer Werbeagenturen von etabliertem Renommee. Eine Hand voll mickriger Werbeetats von unbekannten Unternehmen. Kein nennenswertes finanzielles Polster, ein Präsident, der sein Talent noch nicht unter Beweis gestellt hatte, und ein dreister Wissenschaftlicher Leiter mit vielen Theorien, aber ohne jede praktische Erfahrung in der Werbung. Nicht wirklich rosige Aussichten. Ogilvy war klar, dass es ein harter Kampf werden würde, sich in den Vereinigten Staaten eine Nische zu erobern, doch er trat mutig auf und verschickte am Tag der Eröffnung der Agentur ein Memo mit seinen Zielen.

> Wir sind eine neue Agentur, die um ihr Überleben kämpft. Wir werden eine Zeitlang überarbeitet und zugleich unterbezahlt sein.
>
> Unser vorrangiges Ziel lautet, den Menschen, die für uns arbeiten, ein angenehmes Leben zu ermöglichen. Danach kommt der Profit.
>
> Bei der Auswahl neuer Mitarbeiter siegt die Jugend. Wir brauchen junge Wilde, die offen für Neues sind. Wir wollen weder Schleimer noch Schreiberlinge. Ich suche Gentlemen mit Hirn.
>
> Agenturen sind so groß, wie sie es verdienen. Wir fangen klein an, aber noch vor 1960 werden wir diese Agentur zu einer ganz großen gemacht haben.[336]

Ogilvy redete oft über die Liste, die er gleich nach der Agenturgründung aufgestellt hatte, und über die Namen der fünf Kunden, die er sich am meisten wünschte[337]: Shell, Lever Brothers, Campbell Soup, General Foods und Bristol-Myers. Ein ziemlich ehrgeiziges Vorhaben. In seinen Akten fand sich eine Liste mit 23 potenziellen Kunden. General Foods, Shell und Bristol-Myers standen auf Platz 3, 9 beziehungsweise 17, während die anderen beiden nicht darin enthalten waren. Nichtsdestotrotz konnte er letzten Endes alle fünf Wunschkandidaten für sich gewinnen. An erster Stelle stand übrigens Cunard, den er letztendlich ebenfalls zu seinen Kunden zählen konnte.

Die ersten vier Werbeetats, die von den britischen Partnern über den großen Teich in die neue Agentur geschickt worden waren, sahen lediglich 250 000 US-Dollar[338] an jährlichen Ausgaben vor.[339] Die damalige Standardprovision für die Werbeagentur belief sich auf 15 Prozent, was also 37 500 US-Dollar an Einnahmen für die Agentur ausmachte – bei weitem nicht genug, um zu überleben. Wedgwood China und British South African Airways würden niemals zu Massengütern werden. Guinness und Bovril waren zwar jedem britischen Haushalt ein Begriff, doch in Amerika gänzlich unbekannt – und wer konnte damals schon beurteilen, ob sich das je ändern würde? Die Konzeption der Werbung für diese Kunden wurde einem Texter und einem Artdirektor anvertraut, die aufgrund ihrer Berufserfahrung in größeren Agenturen eingestellt worden waren, doch keiner der beiden war eine Berühmtheit oder ein aufgehender Star in seinem Fachbereich. Später einmal sprach sich Ogilvy als Verfechter kreativer Ideen aus: »Werbung lebt von GROSSEN IDEEN – ohne sie zieht Reklame wie ein Schiff in der Nacht vorbei.« In den Anfangsjahren der Agentur hatte er dagegen immer proklamiert, dass das Herz der Werbung wissenschaftlich gesicherte Erkenntnisse seien.

Eines Abends im Jahr 1950 fuhr der Wissenschaftliche Leiter Ogilvy mit dem Zug nach Hause, als ihm plötzlich eine Idee für Guinness kam.[340] Er verließ den Zug beim nächsten Halt und rief in seinem Büro an: »Ihr werdet es nicht glauben, aber ich habe eine Idee.« (Er sagte, dass seine Familie angesichts seines ersten Anflugs von Kreativität ebenso erstaunt war wie seine Kollegen.)

Seine Idee war, an dem Interesse der Konsumenten für gutes Essen anzuknüpfen. Nachdem er sich in ein Fachbuch für Biologiestudenten über Schalentiere vertieft hatte, konzipierte er den »Guinness-Leitfaden für Austern«, in dem er neun unterschiedliche Austernarten beschrieb. Der Text stammt aus der Feder von Texter Peter Geer[341], doch das Konzept war zu 100 Prozent Ogilvy.

PAZIFISCHE AUSTERN. Pazifische Austern sind mild im Geschmack und besitzen eine harte Schale. Es wird behauptet, dass Austern nachts gähnen. Deshalb bewaffnen sich Affen mit kleinen Steinen. Sie beobachten die Austern, und sobald diese gähnen, werfen sie den Stein zwischen die Schalen. »Auf diese Weise werden die Austern Opfer des Heißhungers von Affen.«

AMERIKANISCHE AUSTERN. Diese köstlichen kleinen Austern stammen aus der Great South Bay und ähneln vom Geschmack den berühmten englischen Austern, über die Disraeli einmal schrieb: »Ich nahm einmal im Carlton mein Abendessen ein, das aus Auster, Guinness und gegrillten Rippchen bestand und bis kurz nach Mitternacht dauerte. Damit ging der bis dato bemerkenswerteste Tag meines Lebens zu Ende.«

7. GROSSE IDEEN   125

Da der Austernleitfaden auf Anhieb ein Erfolg wurde, wurde die Reihe mit einem Ratgeber für Wildgeflügel, Käse und andere Delikatessen fortgesetzt, zu denen ein Guinness gut schmeckt. Zu dieser Zeit schwappten noch weitere Etats aus Großbritannien herüber: der Stoffhändler Viyella, der Scottish Council, HP-Saucen, das satirische Magazin *Punch* und Regenmäntel von Macintosh – allesamt kleine Etats, die sich jedoch als ziemlich arbeitsintensiv entpuppten. Bis 1950 war die Anzahl der Mitarbeiter der neuen Agentur auf 41 angewachsen.

Einer der ersten und besten Neueinstellungen war ein Finanzleiter, der *keine Ahnung* von Buchhaltung oder Werbung hatte[342]: Shelby Page hatte ehemals für das Versicherungsunternehmen Metropolitan Life Insurance Company gearbeitet. Hewitt stellte ihm Ogilvy vor, der Pages Cousine geheiratet hatte. Anfangs wollte Ogilvy ihn nicht einstellen, ließ sich dann aber von der Tatsache beeindrucken, dass Pages Großvater, Walter Hines Page, im Ersten Weltkrieg als britischer Botschafter in Amerika tätig war.[343] Page stimmte freudig zu, sich Grundkenntnisse des Finanzwesens anzueignen, schnappte sich ein Buch über die Grundlagen der Buchhaltung in der Werbung und belegte einen Kurs in Handelskorrespondenz.

Doch mit Page zog gesunder Menschenverstand in die Agentur ein. »Mit der Zeit habe ich gemerkt, dass es meine Aufgabe war, dafür zu sorgen, dass nicht mehr Geld ausgegeben als eingenommen wird. Mit David war das nicht immer so einfach. Wann immer ich verkündete, dass wir schwarze Zahlen schrieben, wollte er ein neues kreatives Genie einstellen.«[344] Der selbsternannte »Geizkragen« Page bewahrte die Agentur vor finanziellen Schwierigkeiten. Zu einer seiner Aufgaben zählte es, die Dinge zu tun, vor denen sich Ogilvy gerne drückte – wie jemanden zu entlassen. Bevor er sich in seinen langen Sommerurlaub verabschiedete, pflegte er Page mitzuteilen, welchem Mitarbeiter gekündigt werden sollte. Bis zu seiner Rückkehr war derjenige dann mit tödlicher Sicherheit spurlos verschwunden – als ob ein Auftragskiller seine Hand im Spiel gehabt hätte, wie jemand bemerkte, der das Ritual kannte.[345]

Ogilvy scheute zwar zurück, Mitarbeiter persönlich zu feuern, aber er hatte keine Skrupel, seine Maßstäbe durchzusetzen. »Man brauchte schon ein dickes Fell, um aus Besprechungen mit Ogilvy lebend herauszukommen, außer man hatte seine Hausaufgaben gemacht und seine Strategie perfekt umgesetzt«[346], schildert David McCall, ein Texter, der von den 1950ern bis Anfang der 1960er Jahre in der Agentur gearbeitet hatte. »Er war sich nicht zu gut, den Schuldigen ins Visier zu nehmen und persönlich anzugreifen. Ebenso wie De Gaulle war er der Überzeugung, Lob müsse ein seltenes Gut bleiben, um diese Währung nicht zu entwerten.« Ogilvy beharrte auf hohen Maßstäben, die auch für ihn persönlich galten. Dies und sein unermüdlicher Einsatz schufen eine Atmosphäre in der Agentur, die allen Mitarbeitern klar machte, dass ihr Job etwas ganz Besonderes war. Ogilvy war meistens der Letzte, der Feierabend machte, und auch an den Wochenenden wurde ohne Murren gearbeitet. Man kam sich vor wie am Hof von König Camelot, sagte ein ehemaliger Kundenberater der Agentur.[347]

Es stellte sich schon bald heraus, dass es ein kluger und lohnender Entschluss war, Hewitt als Präsidenten einzustellen, denn ihm hatte die Agentur zwei Werbeetats zu verdanken: Sun Oil (Sunoco), damals ein großes Mineralölunternehmen, das mehrere tausend Tankstellen unterhielt, und die National Bank, die er mithilfe seines Schwiegervaters Chase an Land ziehen konnte. Allerdings musste die Agentur einen Nachlass auf die damals vorgeschriebene Provision von 15 Prozent gewähren, um Sun als Kunden zu gewinnen. Da dies offiziell verboten war – was dem US-amerikanischen Bundesverband der Werbeagenturen (American Association of Advertising Agencies, die 4As) zu verdanken war –, floss das Geld über dunkle Kanäle wieder an Sun zurück. Später, als es darum ging, aus den 4As anstelle eines Hobbyvereins einen professionellen Verband zu machen, schlüpfte Ogilvy in die Vorreiterrolle, doch bis dahin zog er es vor, die geltenden Regeln zu umgehen.

Doch selbst der Sun-Etat konnte nicht verhindern, dass der jungen Agentur das Geld ausging.[348] Page und Hewitt gingen zu Walter Page (einem weiteren Verwandten), der bei dem Geldinstitut Morgan Guaranty arbeitete und das Risiko einging, ihnen einen Kredit in Höhe von 50000 US-Dollar einzuräumen, damit die Agentur in diesen schwierigen Zeiten über die Runden kam. Page meint, es wäre um Leben oder

7. GROSSE IDEEN

Tod gegangen. »Wir hatten nicht genug Geld, um die Löhne zahlen zu können. Unser Startkapital von 100 000 US-Dollar war aufgebraucht. Das Überleben der Agentur stand auf Messers Schneide.«

∾

Ogilvys erste Auftraggeberin, die er persönlich als Kundin gewonnen hatte, war die Kosmetikkönigin Helena Rubinstein, der er von ihrem »verrückten Sohn« Horace Titus vorgestellt worden war. Sie ließ sich tagsüber mit »Madame Rubinstein« und am Abend dann mit »Prinzessin Gourielli« anreden, da sie in zweiter Ehe einen angeblichen russischen Prinzen geheiratet hatte (was böse Zungen jedoch als Werbetrick abtaten). Sie galt als Tyrannin, die Jahr für Jahr ihre Werbeagentur wechselte. In den Augen von Ogilvy war sie eine »faszinierende Hexe«, und er liebte es, sie zu umgarnen und ihr Komplimente zu machen, was seinen Höhepunkt fand, als er sie in seinen Anzeigen zur »First Lady der Kosmetikwissenschaften« erklärte. Sie war eine zierliche Person, nur knapp 1,50 Meter groß, und trug ihr schwarzes Haar streng nach hinten zu einem Nackenknoten gebunden. Sie sah alt, aber gut erhalten aus, wie eine Mumie. Madame hatte eine auffallende Nase, eine herrschsüchtige Persönlichkeit und einen harten mitteleuropäischen Akzent. Sie liebte es, einen Großteil ihrer Geschäfte von ihrem Bett aus – entworfen von Salvador Dalí – zu erledigen. Sie lebte in einem dreistöckigen Wohnhaus in der Park Avenue, und an den Wänden ihres luxuriösen Heims hingen unzählige Porträts von ihr, gemalt von unterschiedlichen Künstlern.

Ihr Privatvermögen betrug damals über 100 Millionen US-Dollar[349], was bedeutete, dass Madame ungehindert ihrer Leidenschaft für teuren Schmuck frönen konnte.[350] Wann immer sie durch die Schaufenster von Tiffanys ins Ladeninnere stierte, meinte sie: »Ich *libä* es, mir Schmuck anzusehen. Er hat so eine beruhigende Wirkung auf meine Augen.« Von ihrem persönlichen Assistenten, der von Schmuck nichts verstand, hieß es, dass er ihren Schmuck nach Farben sortiert hätte: weiß, rot, blau. Ogilvy meinte dagegen, dass Helena Rubinstein ihren Schmuck alphabetisch geordnet aufbewahrte, Diamanten unter »D«,

Smaragde unter »S« und so weiter. Sie war eine zähe alte Dame, die aus Polen geflohen war und ihre geheimen Rezepturen für Kosmetikprodukte nach Amerika mitgenommen hatte. Einbrecher, die in ihr Haus eingedrungen waren und den Schmuck aus ihrem Safe forderten, verblüffte sie mit den Worten: »Ich bin fast 90. Mein Schmuck ist nicht hier, und wenn, würde ich ihn Ihnen bestimmt nicht geben. Ich bin eine sehr alte Dame. Wenn Sie mich umbringen wollen, nur zu.«

»Ihre Anzeigen sind zu groß«, teilte sie Ogilvy bei einem Mittagessen mit und faltete eine Serviette erst einmal, dann noch einmal und ein letztes Mal. »So groß müssen sie sein. Das ist groß genug«, meinte sie dann und bestand darauf, dass 12 unterschiedliche Hautcremes in einer Anzeige platziert werden. Ogilvy ignorierte ihre erste Anweisung und befolgte ihre zweite mit dieser Überschrift: »Helena Rubinstein löst nun zwölf Schönheitsprobleme.« Als man ihr eine Reihe von alternativen Anzeigenentwürfen vorlegte, blaffte sie Ogilvy an: »Schluss mit dem Quatsch! Zeigen Sie mir die Anzeige, die Ihnen am besten gefällt!« Als ihr noch ein paar weitere Punkte für einen 60-Sekunden-Fernsehspot einfielen, und sie vorsichtig darauf hingewiesen wurde, dass der Spot dann zu lang würde, lautete ihre Antwort: »Dann kaufen Sie eben noch zehn Sekunden dazu.«

Sie warf Ogilvy vor, dass er ihr nicht genug Zeit widmete. »Sie kriegen dauernd neue Etats. Wir sind Ihnen wohl nicht mehr wichtig.« Daraufhin ging er in die Agentur zurück, ließ alle Mitarbeiter antraben, die für Helena Rubinstein arbeiteten – Texter, Artdirektoren, Kundenberater, Finanzberater, Sekretärinnen, Sachbearbeiter aus dem Versand, alles in allem an die 30 Leute – und suchte mit ihnen Madame in ihrem Schlafzimmer auf. »Ich wollte Ihnen nur zeigen, wie wichtig uns Ihr Werbeetat ist. All diese Leute arbeiten für Sie.« Madame ließ diesen Anblick auf sich wirken. »Das müssen sehr dumme Menschen sein, denn sie leisten wirklich schlechte Arbeit.«

Doch ihre Arbeit konnte nicht so schlecht sein, wie sie behauptete. Eine Anzeige für die »Haarkosmetik« von Rubinstein revolutionierte den bisherigen Werbeansatz. Bislang war in kleinformatigen Anzeigen für Kosmetikprodukte geworben worden, während nun in den Zeitungen Großanzeigen geschaltet wurden, die wie Nachrichten gestaltet waren. Aufgrund einer einzigen Anzeige waren innerhalb von drei Wochen so viele Bestellungen eingegangen wie die Verkaufsprognosen für die kommenden zwölf Monate gelautet hatten. Bevor weitere Anzeigen geschaltet werden konnten, musste erst die Produktion in den Fabriken erhöht werden. Als Ogilvy 1963 die Zusammenarbeit mit Rubinstein aufkündigte, war in allen Zeitungen zu lesen, dass seine Agentur die erste war, die länger als ein Jahr für das Kosmetikunternehmen tätig war: immerhin 15 Jahre.

∽

Im folgenden Jahrzehnt produzierte Ogilvy eine beeindruckende Serie erfolgreicher Werbekampagnen, die seinen Ruf als Kreativagentur verstärkte und die besten Werber Amerikas anlockte. Einige seiner Kampagnen gingen in die Geschichte der Werbung ein. Er nannte sie seine »Großen Ideen«.

Seine erste war für eine kleine Hemdenfabrik in Waterville, Maine. 1951 war C. F. Hathaway ein relativ unbekanntes Unternehmen, das noch nie eine Werbeanzeige geschaltet hatte. Es verkündete, nicht mehr als 30 000 US-Dollar investieren zu wollen, um damit gegen Konkurrenten wie Arrow anzutreten, die aufgrund ihrer großen Werbekampagnen wesentlich bekannter waren. »Ich bin beinahe in Tränen ausgebrochen«, sagte Ogilvy. Der Präsident von Hathaway, Ellerton Jette, gab frank und frei zu, dass er nicht beabsichtigte, seinen Werbeetat in Zukunft aufzustocken und die Agentur sicherlich nicht reich durch ihn werden würde, versprach aber zugleich, die Agentur niemals zu feuern und nie auch nur ein Wort am Text zu ändern – beides Versprechen, die er einhielt.

Die Geschichte vom »Mann in einem Hemd von Hathaway« – mit seiner schwarzen Augenbinde – ist schon viele Male erzählt worden, wenngleich sie immer wieder leicht abgewandelt wurde. Es ist jedoch unstrittig, dass Ogilvy, damals angeblich noch immer der wissenschaftliche Leiter der Agentur, die wohl bekannteste Werbung aller Zeiten ganz allein konzipiert hat. Er wusste damals, dass er mit etwas völlig Unorthodoxem aufwarten musste. Irgendwann nach stundenlangem Nachdenken hatte er den Punkt erreicht, an dem er vor sich hin murmelte: »Mir wäre sogar eine schwarze Augenklappe recht.« Mit einem Heureka-Erlebnis hatte das jedoch nichts zu tun. Auf der Liste seiner 19 mit Fotos versehenen Ideen nahm diese nur Rang 9 ein, auf einer anderen Rang 18. Erst auf dem Weg zum Fotostudio kaufte Ogilvy in einem Drogeriemarkt mehrere Augenklappen zu je 50 US-Cent. »Machen Sie mal ein paar Aufnahmen damit, um mich bei Laune zu halten«, wies er den Fotografen an. »Dann verschwinde ich, und Sie können ernsthaft weiterarbeiten«, erinnerte er sich an die Situation. »Doch sobald wir die Fotos in der Hand hielten, wussten wir, das war es!«

Das Model war George Wrangel, ein Mann in seinen besten Jahren mit einem Schnauzbart, der dem Schriftsteller William Faulkner bemerkenswert ähnlich sah. In einer Version der Aufnahme wurde Wrangel als weißrussischer Baron dargestellt, in einer anderen als adliger Spanier aus Málaga. Mit seinem Auge war übrigens alles in Ordnung. Die Augenklappe diente lediglich dazu, der Werbung etwas »Story Appeal« zu verleihen – wie es Ogilvy nannte, einen Anreiz, den Werbetext zu lesen. Der Leser sollte sich fragen, wie es dazu kam, dass der arrogante Adlige sein Augenlicht verloren hat. Ogilvy sagte einmal, dass er das Konzept des »Story Appeal« in einem Buch von Harold Rudolph entdeckt hätte, einem ehemaligen wissenschaftlichen Leiter einer Werbeagentur, der erforscht hatte, welche Faktoren bei Abbildungen die Aufmerksamkeit der Leser wecken. Es war das erste Mal in der Geschichte der Werbung für Oberhemden, dass der *Mann, der das Hemd trug*, ebenso viel Aufmerksamkeit erregte wie das Hemd an sich.

Die erste Schaltung dieser Anzeige erschien zum Preis von 3 176 US-Dollar im *The New Yorker*. Innerhalb einer Woche war der gesamte Lagerbestand an Hathaway-Hemden ausverkauft. Die Reklame erregte ein derartiges Aufsehen, dass die Zeitschriften *Life*, *Time* und *Fortune* sie abdruckten und darüber berichteten. Diese Anzeige wurde auf der ganzen Welt imitiert; auch andere Unternehmen schalteten nun Anzeigen, die Hunde, Kühe oder Babys mit Augenklappe zeigten. Auf Faschingsbällen erschienen die geladenen Gäste natürlich mit Augenklappe, die dann auch am Broadway, im Fernsehen und sogar in Comics im The New Yorker eine Rolle spielte. Ein Comic Strip zeigte drei Männer, die vor einem Schaufenster standen und die ausgestellten Hemden begutachteten. Im nächsten Bild sieht man, wie sie mit einer Augenklappe den Laden verlassen. »Aus irgendeinem Grund, der sich mir nie erschlossen hat«, sagte Ogilvy, »machte die Augenklappe Hathaway praktisch über Nacht bekannt. Oder genauer gesagt, es machte auch mich über Nacht berühmt.«

Auf die Idee mit der Augenklappe kam Ogilvy aufgrund eines Fotos des Botschafters Lewis Douglas, der sich beim Angeln in Großbritannien am Auge verletzt hatte. Der Mann im Hathaway-Hemd – es war immer derselbe Mann – wurde so bekannt, dass die Anzeige einmal nur mit Foto – keine Überschrift, kein Text, nicht einmal die Marke wurde erwähnt – erschien, und dennoch wussten die Leser auf einen Blick, dass es sich um eine Anzeige von Hathaway handelte. Wrangel, der bis dahin Pelzverkäufer war, heiratete eine reiche Erbin und zog nach Spanien in ein Schloss. Später einmal sagte er während der Verhandlungen über seine Gage als Fotomodell zu Ogilvy: »Mein lieber Freund, mir geht es nicht ums Geld, wie Sie wissen – ich mache mir nichts aus Geld. Ich bin froh, dass ich Ihnen weiterhelfen kann. Dieses Ding ist größer als wir beide zusammen.«

Der Werbetext »erzählt die Wahrheit und macht die Wahrheit interessant«, sagte Ogilvy, der sich selbst ins Texten stürzte und es als »Seidenhandschuh, in dem ein Ziegelstein steckt« bezeichnete. Für David McCall war es der klarste und amüsanteste Text aller Zeiten. »Er hat den Text ausschließlich für sich selbst geschrieben. Wer außer ihm hätte den Text in einer Anzeige für Hemden mit dem Satz begonnen: ›Die schwermütigen Schüler von Thorstein Veblen hätten dieses Hemd verschmäht.‹ Ogilvy kümmerte es einen Dreck, ob seine Leser wussten, wer Veblen war, geschweige denn, wofür er bekannt wurde. Er hatte bei diesem Text einfach ein gutes Gefühl, und das reichte ihm.«

Aus welchem Grund auch immer: Der Text war reine Verkaufstaktik, eine bodenständige Beschreibung des Stoffs, des Schnitts, der Nähte und Knöpfe, garniert mit etwas Raffinesse und Witz.

Ogilvy gab zu, dass Hathaways aristokratische Aura das geheime Leben des David Ogilvy widerspiegeln sollte, einer Fantasie, die der Kurzgeschichte *Walter Mittys Geheimleben* von James Thurber entsprang. Ogilvy/Mitty wurde in aufrüttelnden Schauplätzen gezeigt – in einem klassischen Rolls-Royce, mit seiner Schmetterlingssammlung, Oboe spielend, als Dirigent in der Carnegie Hall, wie er seinem Sohn 5 Millionen US-Dollar (und seine ganzen Hemden) hinterlässt, wie er im Metropolitan Museum einen Goya abmalt, wie er ein Gewehr von Purdy betrachtet und wie er Orgel spielt.

Der Hathaway-Zauber löste eine Kette von neuen Aufträgen aus. Die Agentur konzipiere die »spritzigsten« Texte ganz Amerikas, hieß es 1951 in einer Fachzeitschrift. »Und das kann kein Zufall sein. Dafür passiert es zu oft.«

~

Als die Londoner Partner Ogilvy den Kunden Schweppes anboten – damals ein Erfrischungsgetränk für die oberen Zehntausend der britischen Gesellschaft und Grundlage für verschiedene Mixgetränke – war Ogilvy alles andere als begeistert und wollte ihn ablehnen. Der Etat belief sich gerade mal auf 15 000 US-Dollar, was ihm eine Provision von 2 250 US-Dollar einbringen würde, und er hatte genug von »Schaufensterauslagenetats«, wie er Francis mitteilte. »Man darf sich nicht in Kleinkram verzetteln.« Doch Ogilvy musste sich dem Druck beugen und hätte mit seiner ersten Idee beinahe den Kunden samt Werbeetat verloren. Er schlug vor, Schweppes mit dem Slogan »Nun für 15 Cent in den Vereinigten Staaten erhältlich« zu bewerben, doch das passte dem Kunden überhaupt nicht in sein Konzept eines Prestigegetränks für die High Society.

Stephen Fox behauptete in seinem Buch *The Mirror Makers*, dass die Idee, den bärtigen Präsidenten der US-amerikanischen Niederlassung von Schweppes als Werbefigur einzusetzen, von der britischen Muttergesellschaft stammte, während Ogilvy geltend machte, dass er der geistige Vater der Idee sei. Die Wahrheit wird wohl nie ans Licht kommen. Bekannt ist jedoch, dass Kommandant Edward (»Teddy«)

7. GROSSE IDEEN 133

Whitehead ein auffallend attraktiver Mann mit dunkelrotem Haar und einem kräftigen Bartwuchs war, der vor Vitalität und Kraft nur so strotzte – ein Traum von einem Modell. Nach »einem gespielten Anflug von Schüchternheit, der ganze fünf Minuten anhielt«, änderte Whitehead seine Überzeugung, dass es eines Firmenchefs »unwürdig« und ganz und gar »unbritisch« sei, als Werbefigur aufzutreten, und wurde in Amerika die Verkörperung von Schweppes und zugleich Sprecher der für die Schweppes-Werbung typischen Wortspiele.

Die erste Anzeige zeigte Whitehead, wie er mit Melone auf dem Kopf und einem zusammengeklappten Regenschirm in der Hand aus einem britischen Flugzeug in New York aussteigt und einen kleinen Koffer in der Hand hält, der die Geheimnisse des Schweppes-Elixirs enthält. Whitehead gelingt es, distinguierter als jeder Diplomat auszusehen. »Was in dem Koffer war? Mein Schwimmanzug«, erklärte Whitehead.

»Whiteheads bärtige Visage hat die Fantasie der breiten Masse angeregt«, staunte Ogilvy, der stolz berichtete, dass die Kampagne sofort Wirkung zeigte. War Whitehead zu Fuß unterwegs, geriet der Verkehr wegen ihm ins Stocken. Taxifahrer hielten an und fragten: »Sind Sie nicht der Schweppes-Typ?« Passanten deuteten mit dem Finger auf »Mr. Schweppes«. In Hollywood bat Gary Cooper um ein Autogramm. Doch die ersten Verkaufszahlen waren ernüchternd, und die Geschäftsleitung bekam allmählich kalte Füße. Nach nur einem Monat wurde Ogilvy angewiesen, eine neue Kampagne in einem ganz anderen, knallharten Stil zu entwickeln, bei der der Preis im Vordergrund stehen sollte. Doch so schnell gab Ogilvy nicht auf und teilte mit, dass er zu dem Schluss gekommen sei, dass »Teddys haarige Schnauze ein wesentlich wichtigeres Gut ist, als wir uns jetzt vorstellen können.« Er gewann diesen Machtkampf, und der Schweppes-Mann durfte bleiben.

Ogilvy höchstpersönlich kontrollierte jedes noch so winzige Detail dieser Werbekampagne. Die Werbefotos zeigten den Kommandanten als distinguierte Persönlichkeit, der zu Polospielen ging, im Theater hinter der Bühne verschwand oder mit Jockey bei einem Pferderennen abgelichtet wurde. Bei den Fotoaufnahmen fragte er Ogilvy einmal: »Finden Sie nicht, dass ich so aussehe wie ein Rabbi?« »Man könnte Sie durchaus für einen Rabbi halten«, pflichtete ihm Ogilvy bei, »aber nur, wenn man sich bloß das Foto ansieht. Doch da steht ja eine Überschrift – und haben Sie schon mal von einem Rabbi namens Kommandant Whitehead gehört?« In einer Anzeige starrt eine mütterliche Frau Whitehead an, und die Überschrift lautet: »Du lieber Himmel, du hast dir einen Bart wachsen lassen, Teddy!«

In den ersten sechs Monaten der Werbekampagne stieg der Umsatz von Schweppes um das 600-fache. Hotels und Bars nahmen Schweppes auf Lager – und bei vielen gab es keine Alternative mehr, wenn man einen Gin Tonic bestellte. Wie die *Financial Times* schrieb, handelte es sich um die »erfolgreichste Kampagne aller Zeiten für ein britisches Produkt – und das ausgerechnet im Land der Werbung.« Die Agentur stand finanziell gesehen so gut da, dass sie sich ihrerseits eine Anzeige in der *London Times* leisten konnte: »Britische Agentur erfolgreich in Amerika«. Der Anfangszeit der Agentur haftete scheinbar irgendein Zauber an; denn sie bekam fast jeden Werbeetat, den sie haben wollte, auch wenn Ogilvy zugab, dass er sich nur um die Etats bewarb, von denen er sicher wusste, dass er sie auch bekommen würde.

Im Jahr 1952 fanden in Amerika Präsidentschaftswahlen statt, und Rosser Reeves schrieb Werbegeschichte mit 20-Sekunden-Fernsehspots, in denen General Dwight Eisenhower als »Mann des Friedens« porträtiert wurde. Ogilvy war einer der wenigen aus der Madison Avenue, der den Kandidaten der Demokratischen Partei, Adlai Stevenson, unterstützte, und warnte seinen Schwager: »Rosser, ich hoffe für dich, dass es gut läuft, und für unser Land, dass es schlecht läuft.« Für Rosser lief alles gut. Der wortgewandte Stevenson verlor gegen den Kriegshelden. »Kannst du dir vorstellen, dass es Winston Churchill zugelassen hätte, sich für einen Werbespot herzugeben, wie es der arme Eisenhower getan hat?«, merkte Ogilvy mit säuerlicher Miene an.

Da Ogilvy nicht die Geduld hatte abzuwarten, bis seine Texter und Artdirektoren verstanden hatten, worauf es ihm ankam, *zeigte* er ihnen immer öfter, was er wollte, schrieb die Texte gleich selbst und gab das Layout der Anzeigen vor – große, schöne Aufnahmen (niemals Zeichnungen), im Normalfall eine einzeilige Überschrift als Blickfang, die unter das Foto gedruckt wurde, sowie drei Spalten mit gut lesbarem Text in einer einfachen klassischen Schriftart. Es war Ogilvy, der den Produktnamen, der üblicherweise in das untere Eck verbannt wurde, oben neben der Überschrift platzierte.

Kunden der Agentur warben stets »erster Klasse«. Alles an den Anzeigen strahlte Qualität aus: die Produkte, die Wortwahl, die saubere Gestaltung und natürlich das Medium, in dem die Anzeigen geschaltet wurden. Die kleine Agentur, die noch in ihren Kinderschuhen steckte, kaufte mehr Seiten im *The New Yorker* als alle anderen Agenturen, mit einer Ausnahme.[351] Obwohl die Anzeigen im *The New Yorker* geschaltet wurden, war ihr Layout an das niveauvolle Reisemagazin *Holiday* angelehnt, das Ogilvy für seine Aufmachung bewunderte. Er argumentierte, dass die Leser einer Zeitschrift auch die darin enthaltene Werbung im gleichen Stil sehen wollten, und nicht plötzlich Text in weißer Schrift auf schwarzem Hintergrund (sein persönliches Schreckgespenst) oder Firmenschriftzüge, da so etwas schlichtweg unlesbar sei. Es kam ihm offenbar nie in den Sinn, dass die Aufmachung des *The New Yorker* zu dieser Zeit gänzlich ohne Fotos auskam und wenig Ähnlichkeit mit *Holiday* aufwies.

Ogilvy hatte großes Glück, die dänische Schriftsetzerin Ingeborg Baton zu finden. Es war mehr als ungewöhnlich für die damalige Zeit, dass so eine kleine Agentur einen Schriftsetzer in Vollzeit beschäftigte. Ogilvy lag das Layout seiner Anzeigen sehr am Herzen, und in Borgie hatte er eine Gleichgesinnte gefunden.[352] Sie hielt sich mit Bemerkungen über die Typografie solange zurück, bis sie den Werbetext vollständig gelesen und verstanden hatte, was der Texter damit sagen wollte, und es spielte keine Rolle, wie lange sie dafür brauchte. Zwar konnte Ogilvy Auszeichnungen für Kreativität nicht ausstehen, nichtsdestotrotz freute ihn die Anerkennung für die exzellente Qualität von Layout, Grafik und Schriftsatz, und er gab gerne damit an, dass die Agentur 1950 den dritten Platz hinter den viel größeren Werbeagenturen N. W. Ayer und Young & Rubicam einnahm und sechs Werbekampagnen entworfen hatte, die von der Fachzeitschrift *Advertising Agency* zu den »50 Besten« gewählt worden waren.

∽

Das bitterarme Puerto Rico, damals assoziierter Freistaat der Vereinigten Staaten, bot der Agentur die Möglichkeit, erneut zu zeigen, was sie drauf hatte. Luis Muñoz-Marín, Gouverneur von Puerto Rico, und sein Wirtschaftsberater Teodoro »Teddy« Moscoso erzählten Ogilvy von der alarmierend hohen Arbeitslosigkeit und der Armut in ihrem Land, und dass sich dringend Industrie ansiedeln müsste, um dies zu ändern. Sie hatten ihr Bestes gegeben, um die Bedingungen in ihrem Land zu verbessern; und nun sollte es Ogilvys Aufgabe sein, diese Neuigkeit in Amerika, vor allem unter Industriellen, zu verbreiten. In Ogilvys Augen wurde dieser Auftrag zu einer Berufung und er machte sich voller Begeisterung daran, das Bild von Puerto Rico als »neugeborener Insel« zu zeichnen.

Er beklagte sich einmal, dass ihm die Anerkennung für die in seinen Augen beste Werbung, die er je verfasst hatte, versagt geblieben wäre – eine ganzseitige Anzeige voller Text (mit einem Coupon), der die Unterschrift des Ökonomen Beardsley Ruml trug und die Steuervorteile beschrieb, in deren Genuss die Unternehmen kämen, die auf Puerto Rico eine Fabrik bauen ließen. An die 14 000 potenzielle Arbeitgeber schnitten den Coupon aus und sandten ihn ein; es wurden zahlreiche Fabriken gebaut und Arbeitsplätze geschaffen.

Eines Tages stellte Ogilvy fest, dass das Programm zur Förderung der Industrie in Puerto Rico zwar bestens lief und inzwischen Hunderte neuer Fabriken gebaut worden waren, doch wenn sie nicht aufpassten, würde sich das bezaubernde Kleinod in einen gigantischen Industriepark verwandeln. Moscoso fragte ihn nach einer Lösung für dieses Problem. »Naja, meine Heimat Schottland galt solange als barbarisch, bis Rudolph Bing nach Edinburgh ging und dort das Edinburgh Festival organisierte. Weshalb sollte das in Puerto Rico nicht auch funktionieren?« Moscoso machte sich eine entsprechende Notiz

7. GROSSE IDEEN 137

in seinem Tagebuch. Drei Monate später konnte er den berühmten Cellisten Pablo Casals überzeugen, nach Puerto Rico zu gehen und das Casals Musikfestival zu eröffnen. In einer Anzeige sah man nicht, wie zu erwarten gewesen wäre, Pablo Casals, wie er Cello spielte – was tödlich langweilig gewesen wäre, wie Ogilvy meinte –, sondern ein leeres Zimmer, in dem lediglich ein Stuhl stand, an den ein Cello lehnte. Diese Aufnahme, über die ein Grafiker einmal sagte, sie wirke wie von »Vermeer ausgeleuchtet«, wurde später ein Klassiker der Werbung.

Ogilvy hatte von Anfang an erkannt, dass Puerto Rico ein Problem mit seinem Image hatte. Durch eine von ihm in Auftrag gegebene Studie zeigte sich, dass die Amerikaner Puerto Rico als schmutzige, verkommene und unschöne Insel sahen. Die Agentur schlüpfte in die Rolle eines Fremdenverkehrsamtes und machte sich daran, dieses Image zu korrigieren. Ogilvys Anweisung an das Kreativteam vor Ort erfolgte als Telegramm:

WIR BRAUCHEN ETWA ZWÖLF UNVERGÄNGLICHE AUFNAHMEN. DIE WERBUNG MUSS ATEMBERAUBEND, SPIRITUELL, UNVERGESSLICH SEIN.

Außerdem wies er das Team an: »Fotografiert auf keinen Fall die Feuerwache in Ponce«, eine farbenprächtige Touristenattraktion und Motiv unzähliger Postkarten.

Ogilvy verlor sein Herz an Puerto Rico und meinte, dass die Imagekampagne für dieses Land »das Wichtigste war, was er je in seinem Leben geleistet hätte«. Für ihn war Muñoz-Marín der beste Kunde, den er je hatte, und Moscoso eine inspirierende Persönlichkeit. Als ihre Partei wieder an die Macht kam, schrieb er diese Zeilen: »Lieber Gouverneur: Danken Sie Gott! Für immer der Ihre, D. O.«

»David Ogilvys kluge Entscheidungen und sein Einfluss haben aus HOBM eine auffallend erfolgreiche Werbeagentur mittlerer Größe gemacht«, hieß es in dem Branchenmagazin *Printer's Ink* einmal. Weiter stand dort zu lesen, dass »Ogilvy sich zum Gewissen und Katalysator der Madison Avenue entwickelt hat, zum lebendigen Beweis dafür, dass man den Kunden nicht für dumm verkaufen sollte. Sein Platz unter den größten Textern aller Zeiten ist ihm sicher.« Und das über einen Mann, der erst fünf Jahre zuvor seinen ersten Werbetext verfasst hatte.

∽

Viele Wege führten in Ogilvys Büro. Agenturen klopften an, weil sie ihm eine Partnerschaft oder einen Job als Präsident anboten, potenzielle Kunden stellten Aufträge in Aussicht. Ogilvy zufolge lehnte er 1955 20 neue Werbeetats ab, einschließlich den für das neue Modell von Ford, den Edsel – ein heutzutage kaum mehr vorstellbares Auto, doch damals der erste Neuwagen seit 1938, und ein Etat, nach dem sich alle Werbeagenturen die Finger schleckten, die noch für kein Auto Werbung gemacht hatten. Ogilvy lehnte den Etat ab, allerdings nicht aufgrund einer Vorahnung, sondern weil der Etat so groß war, dass im Erfolgsfall alle Mitarbeiter der Agentur damit beschäftigt wären und im Falle eines Flops die Gefahr bestand, die ganze Agentur mit in den Abgrund zu reißen.

Revlon klopfte zwei Mal bei Ogilvy an. »Im Leben nicht«, lautete seine Antwort. »Ich möchte keinesfalls in der Nähe dieses Kotzbrockens [Charles Revson] sein.« Auch einen anderen »Hurensohn« [Louis Rosenstiel von Schenley] lehnte er zwei Mal hintereinander ab. »Der Kerl ist ein faules Ei.« Da es sich Ogilvy mittlerweile leisten konnte, wählerisch zu sein, beschloss er, nur noch für Kunden zu arbeiten, die ihm sympathisch waren. Er teilte dem Firmenchef von Thom McAn Shoes mit, dass er seinen Etat leider ablehnen müsste, da der Vorstandsvorsitzende »ein Arschloch« sei, der seine Mitarbeiter schikanierte.

Haloid Xerox wollte, dass er die Werbung für den ersten Normalpapier-Kopierer entwarf. Doch Ogilvy war nicht daran interessiert, da er das Gerät nicht verstand. An seinem Entschluss änderte sich auch nichts, als ihm Xerox-Aktien angeboten wurden. »Der Etat ist uns zu klein«, lehnte er das Angebot ab und schickte den Kunden zu »meinem Freund Fred Papert, der gerade eine Agentur gegründet hat.« Kurze Zeit später gab Xerox über 10 Millionen US-Dollar über Papert, Koenig und Lois aus, und Fred Papert wurde mit den Xerox-Aktien reich.

7. GROSSE IDEEN

»Eigentlich müsste er den Gewinn mit mir teilen«, meinte Ogilvy dazu. Er schickte einen 50-seitigen Fragebogen von dem Institut Better Vision zurück, und wies in seinem in merklich unterkühltem Ton gehaltenen Begleitschreiben darauf hin, dass er es als Unverschämtheit empfinde, von viel beschäftigten Leuten wie ihm zu verlangen, einen derart überlangen Fragebogen auszufüllen. Sein Postskriptum lautete: »Wer oder was ist das Institut Better Vision eigentlich?« Wie sich im Nachhinein herausstellte, wurde es ein guter Kunde von Doyle Dane Bernbach.

Als Hallmark verlauten ließ, dass sie darüber nachdachten, ihre Agentur Foote, Cone & Belding zu verlassen, und anfragten, ob Ogilvy Interesse hätte, für sie zu arbeiten, fragte er den Giganten der Grußkartenindustrie: »Sind Sie übergeschnappt? Diese Agentur leistet gute Arbeit für Sie und das seit Jahren. Wenn es Probleme gibt, sollten Sie das Fax Cone mitteilen, er kümmert sich darum.« Hallmark blieb bei FCB – mit Ausnahme eines kurzen Techtelmechtels mit Ogilvys Agentur viele Jahre später.

∼

Die Lever Brothers kamen 1958 mit zwei Aufträgen zu Ogilvy. Es war der erste Werbeetat der Agentur aus der Lebensmittelbranche, die erste Reklame für ein echtes Massenprodukt, das in amerikanischen Supermärkten verkauft wurde. Mit diesem Kunden und den potenziellen und sofortigen Einnahmen aus diesem Etat spielte die Agentur nun ganz oben mit.

Für die Margarine Good Luck von Lever lautete Ogilvys Große Idee – vollkommen untypisch für ein Massenprodukt, für das im Allgemeinen nur im Fernsehen geworben wurde: eine einseitige Anzeige, aufgemacht wie ein Leitartikel, mit einer provozierenden Schlagzeile:

Eine Herausforderung für alle Frauen, die nicht im Traum daran denken, Margarine auf den Tisch zu stellen – Lever Brothers fordert Sie heraus, den Unterschied zwischen GOOD-LUCK-Margarine und Sie-wissen-schon-was zu schmecken.

Über drei Spalten beschrieb der Texter, wie er versuchte, seine Frau davon zu überzeugen, diese Margarine einmal auszuprobieren (»Meine Gemahlin fiel aus allen Wolken«), und wie sie die Margarine schließlich in einer kleinen Butterdose auf Dinnerpartys servierte. Dann wurde im Text erläutert, wie gesund Margarine sei und dass ihre Zutaten zu 97 Prozent von amerikanischen Farmen kämen. Zum Schluss wurde von einem Kind aus Greenwich erzählt, dem die Margarine so gut schmeckte, dass es gleich ein Viertelpfund »*auf einmal*« verdrückte.

Noch mehr Aufsehen aber erregte seine nächste Kampagne für Good Luck, denn er konnte die ehemalige First Lady Eleanor Roosevelt, die auch nach dem Tod von Franklin Roosevelt großes Ansehen genoss, dafür gewinnen, im Fernsehspot als Werbeträgerin aufzutreten. Sie spendete ihre Gage in Höhe von 35 000 US-Dollar den Vereinten Nationen. »Im Grunde schäme ich mich für diese Werbung«, gestand Ogilvy später, »denn ich habe Mrs. Roosevelts Unschuld ausgenutzt.« Sie verhalf dem Unternehmen zu einem reißenden Absatz der Margarine, obwohl sich die Zuschauer in erster Linie an ihre Person und nicht an das Produkt erinnerten.

An Rinso, dem zweiten Auftrag von Lever, verbrannte sich Ogilvy die Finger – zwei Mal. Das erste Mal, als er in Zeitschriften eine Anzeige schaltete, die 16 übliche Flecken auf der Wäsche (einer davon war angeblich sein eigenes Blut) zeigte und beschrieb, wie man sie wieder sauber bekam. Vielleicht hatte er mit Fleckenentfernung auf das falsche Pferd gesetzt, vielleicht hätte die Werbung im Fernsehen besser funktioniert, vielleicht hatte die alte Marke aber auch nur ausgedient. Die Umsätze bewegten sich kein bisschen. Dann griff Ogilvy nach dem vermeintlichen Rettungsanker und schrieb einen (ihm im Nachhinein furchtbar peinlichen) Reim über das Waschmittel, der zu einer bekannten Melodie gesungen wurde: »Rinso weiß oder Rinso blau, die Wahl liegt bei Ihnen, gnädige Frau. Beides wäscht weißer von Mal zu Mal, Seife oder Pulver, Sie haben die Wahl.« Die verwirrte Hausfrau kaufte das Konkurrenzprodukt Tide; und die Agentur verlor ihren rentabelsten Etat.

Doch mit dem dritten Auftrag von Lever erhielt Ogilvy die

Chance, seinen guten Ruf wiederherzustellen. Als er sich mit dem Chef von Dove traf, war das Produkt noch nicht auf dem Markt. Sein Kunde erzählte ihm, dass es einzigartig sei und keinesfalls eine Seife, sondern ein *Reinigungsmittel* für die Haut. Es sei das erste pH-neutrale »Waschstück«, weder sauer noch basisch – eine Weltneuheit. »Und genau so müssen Sie auch dafür werben.« Noch am selben Abend befragte Ogilvy ein paar Frauen, was sie von dem angepriesenen »pH-neutralen Wert« der Seife hielten. Er ließ sie völlig kalt – wie von Ogilvy nicht anders vermutet. Er setzte seinen Kunden darüber in Kenntnis und wollte von ihm die Rezeptur von Dove wissen. Kurze Zeit darauf hielt er eine seitenlange Doktorarbeit eines der Chemiker von Dove in Händen, in der lang und breit auf die chemischen Eigenschaften der Bestandteile von Dove eingegangen wurde, unter anderem auch Talgsäure, dem Hauptbestandteil von Hautcreme.

Das war die Geburtsstunde für die größte aller Großen Ideen von Ogilvy:

DOVE ENTHÄLT EIN VIERTEL FEUCHTIGKEITSCREME – CREMT UND REINIGT IHRE HAUT.

Die erste Anzeige für Zeitschriften war nicht wirklich anspruchsvoll – eine Frau in der Badewanne, die am Telefonieren ist und die Botschaft mit einem geflügelten Wort vermittelt: »Darling, I'm having the most extraodinary experience. ... I am head over heels in Dove.« (Liebling, ich erlebe gerade etwas Wunderbares. ... Ich bin von Kopf bis Fuß in Dove eingehüllt.) Doch die Aussage, dass ein Viertel Feuchtigkeitscreme zu einer weicheren und weniger trockenen Haut führt, war effizienter, als sich Ogilvy je hätte träumen lassen. In den Zeitschriften wurde der Unterschied zu herkömmlicher Seife anhand von Tests verdeutlicht. Im Fernsehen lief ein Spot, in dem Reinigungsmilch in einen Behälter in der Form einer Taube (Englisch *dove*) gegossen wurde. Im Lauf der Jahre machte die Kampagne Dove zur Nummer eins der Körperpflegeprodukte weltweit.

Als Lever Sendezeit in der damals sehr beliebten Fernsehserie *Have Gun, Will Travel* kaufte und die Sendung (passenderweise) für Dove-

Werbung empfahl, lehnte Ogilvy ohne Zögern sofort ab. »Dove lässt sich nicht vom Rücken eines Pferdes aus verkaufen.«

∞

Bis 1953 hatte die Agentur 18 Werbeetats zu betreuen und war die Nummer 18 der US-amerikanischen Werbeagenturen. Zu den neuen Kunden zählten der Teeproduzent Tetley Tea und Pepperidge Farm, ein Unternehmen, das Brot- und Backwaren herstellte. Beiden Unternehmenschefs wurden Ogilvys Ideen bei einem Tee in seinem Büro präsentiert. Bei Tetley drehte sich die Geschichte um den Teetester Albert Dimes. Ogilvy war davon überzeugt, dass die Idee, mit einer realen Person für Authentizität zu sorgen, bei Tetley ebenso funktionieren würde wie damals bei Schweppes. Die Idee für die Kampagne von The Pepperidge Farm kam Ogilvy angeblich im Traum – ein Lebensmittelhändler lieferte Backwaren in einer Pferdekutsche aus –, ein Relikt aus seiner Zeit bei den Amischen. Andere Texter machten »Titus Moody«, einen Yankee-Darsteller der Radiosendung Fred Allen aus New England zum Sprecher der Pepperidge-Werbung. Titus und seine Herzensgüte der alten Schule kamen jahrelang gut bei den Zuschauern an.

Ogilvys Entscheidung, ab 1960 den Etat von Rolls-Royce zu übernehmen – »Nur über die Leiche der meisten meiner damaligen Partner, die der Ansicht waren, das würde nur unseren Ruf als eingebildete Agentur für Unternehmen aus dem Fuhrgeschäft festigen« – war sehr scharfsinnig. Für ihn war es die Gelegenheit schlechthin, bemerkenswerte Werbung zu konzipieren, das Image der Agentur weiter anzuheben und »etwas besser zu machen als es Detroit jemals gelungen ist«.

Ogilvy verbrachte drei Wochen damit, sich von den Autobauern die Technik erklären zu lassen, und las alles, was jemals über dieses Auto veröffentlicht worden war. Er behauptete, über Hundert Überschriften verfasst zu haben, und gab freimütig zu, dass seine endgültige Wahl nicht von ihm selbst stammte, sondern aus einem Artikel, der 20 Jahre zuvor geschrieben worden war: »Bei 100 Stundenkilometern ist das lauteste Geräusch im neuen Rolls-Royce das Ticken der elektrischen Uhr.«[353] Diese Überschrift bewog einen britischen Ingenieur zu der Notiz: »Wir müssen endlich etwas gegen diese Uhr unternehmen.« (Später erfuhr Ogilvy, dass genau diese Überschrift bereits 1933 für die Werbeanzeige des Autobauers Pierce Arrow verwendet worden war, woraufhin er diese Erkenntnis Rolls-Royce unverzüglich mitteilte.)

Sein langer Text strotzte vor Fakten: »Der Wagen wird fünf Mal grundiert, nach der Trocknung wird jede einzelne Schicht von Hand poliert, bevor dann neun Schichten Lack aufgetragen werden.« Der Bentley, der auch von Rolls-Royce produziert wird, aber mit einem anderen Kühlergrill ausgestattet ist, wurde mit einem ungewöhnlichen, Aufsehen erregenden Text beworben, der es wagt, das Wort »schüchtern« zu verwenden, um den kleinen, aber feinen Unterschied zwischen einem Bentley und einem Rolls-Royce zu erläutern: »Mit Ausnahme des Kühlergrills sind beide Fahrzeuge identisch und werden von denselben Ingenieuren im selben Werk konstruiert und gebaut. Für alle, die zu *schüchtern* sind, um einen Rolls-Royce zu fahren, ist der Bentley die perfekte Wahl.« Diese Anzeige wurde lediglich in zwei Tageszeitungen und zwei Zeitschriften geschaltet, erhielt aber mehr Anerkennung und Lob als alle anderen Kampagnen der Agentur. Für Agenturchef Leo Burnett war es nicht nur die beste Autowerbung, sondern die beste Werbung aller Zeiten. Geschäftsleute aus der Automobilbranche konnten ganze Abschnitte daraus fehlerfrei zitieren. Doch was noch viel wichtiger für Ogilvy war: »Aufgrund dieser Anzeige wurden so viele Fahrzeuge verkauft, dass wir es nicht wagten, sie nochmals zu schalten. Die Fertigungskapazitäten unseres Kunden sind auf so einen Ansturm einfach nicht ausgelegt. Stellen Sie sich bloß mal vor, was passieren würde, wenn Ford, Chrysler oder General Motors sich für Ogilvy, Benson & Mather entscheiden würden.«

Der ehemalige Farmer, der bei den Amischen gelebt hatte, wollte nun selbst einen Rolls-Royce fahren. Page erteilte ihm eine Abfuhr: »Wir können uns so einen dämlichen Rolls-Royce einfach nicht leisten. Und wer würde ihn schon fahren wollen? Dann müssten wir ja auch noch einen Chauffeur einstellen.« Page setzte sich durch, doch nur, bis er in Urlaub ging. »Als ich zurückkam, stand ein Rolls-Royce samt Chauffeur vor dem Büro. Es war ein Gebrauchtwagen, Baujahr

1932 oder 1933. Ein wunderschönes Auto.« Das Kennzeichen lautete OBM-2, was nahelegte, dass es da noch einen zweiten Rolls-Royce geben müsste. Schriftsteller Peter Mayle, der damals als Texter für die Agentur arbeitete, erinnert sich noch genau, wie er sich an einem schwülen und sehr heißen Sommertag auf dem Weg ins Büro die Fifth Avenue entlang schleppte[354], als plötzlich ein Rolls-Royce neben ihm anhielt und Ogilvy seinen Kopf aus dem Fenster streckte.»Wenn Sie hart und erfolgreich arbeiten, können Sie sich eines Tages auch so ein Auto leisten. Kommen Sie mir bloß nicht zu spät!« Sprach's und gab Gas.

Jahre später kündigte Ogilvy den Werbeetat[355] mit der Begründung, dass ihn die Händler zunehmend unter Druck setzten, Anzeigen zu konzipieren, die denen von Buick ähnelten, der Kundendienst »skandalös« sei, und Rolls-Royce nun anfinge, »Montagswagen« zu produzieren. Er erinnerte das Unternehmen daran, dass er mit so einem kleinen Budget wahre Wunder bewirkt hätte[356] ... und versicherte ihm, dass er seinen »umwerfenden« Silver Wraith jedoch weiter fahren wolle.

Der wachsende Bekanntheitsgrad und Erfolg der Agentur gaben Ogilvy den Mut, das zu tun, worauf er schon solange gewartet hatte: reinen Tisch mit Hewitt zu machen.[357] In der ersten Zeit nach der Gründung der Agentur bezeichnete Ogilvy Hewitt als Genie, und der wiederum hielt große Stücke auf Ogilvy. Mittlerweile gerieten die beiden täglich aneinander.[358] Ogilvy warf Hewitt vor, sich nicht so ins Zeug zu legen, wie er selbst das tun würde[359], woraufhin ihm klar wurde, dass sie weder was ihren Arbeitsstil noch was das Temperament anbelangte harmonierten. Hewitt verbrachte seine Zeit damit, mit den Kunden Cocktails zu trinken – ein Graus für Ogilvy, der das Geschäft professioneller führen wollte. Deshalb drohte er des Öfteren damit zu kündigen, und wollte von den anderen Führungskräften wissen, auf welcher Seite sie stünden, wenn es zu einem letzten Machtkampf käme. Zuletzt gab er frustriert auf und überließ es seinen Kollegen, die Angelegenheit zu regeln. Was das Ganze noch komplizierter machte, war die Tatsache, dass beinahe der gesamte Gewinn der Agentur auf Hewitts Kunden zurückzuführen war, während Ruhm und Ehre Ogilvy zu verdanken waren.

Die britischen Partner flogen nach Amerika, um den Streit zu schlichten, mussten aber feststellen, dass nichts mehr zu retten war und sie eine Entscheidung treffen mussten. Trotz seines einnehmenden Wesens und seiner Gutmütigkeit hatte Hewitt nicht den Hauch einer Chance.[360] Am Ende einer langen Woche setzten die Mehrheitseigner auf Ogilvy. Hewitt hielt eine sehr emotionale Ansprache und packte seine Siebensachen. Kurz danach fing er bei Kenyon & Eckhardt an. Hewitts Abgang machte zwar klar, wer das Sagen hatte, doch natürlich nahm Hewitt ein paar Leute mit und – wie nicht anders zu erwarten war – auch die Werbeetats von Sunoco und Chase Bank. Die Trennung von Hewitt bescherte der Agentur finanzielle Einbußen und ein angekratztes Image. »Es stand auf des Messers Schneide, ob wir überleben würden«, schildert Ogilvy diese Phase. »Ich hatte nicht die leiseste Ahnung, ob sich unsere Agentur nicht am Ende doch noch in Schall und Rauch auflösen würde.« Allen Befürchtungen zum Trotz überlebte die Agentur, nun unter dem Namen Ogilvy, Benson & Mather.

Angesichts der anhaltenden Selbstzweifel und Zukunftsängste, die Ogilvy plagten, begann er eine zweijährige Psychoanalyse, etwas, das in den 1950er Jahren ziemlich angesagt war. »Seit Jahren beschlich mich jeden Tag aufs Neue die Angst, die Agentur könnte pleite gehen. Ich stand Todesängste aus. Ich erinnere mich noch gut daran, dass ich eines Tages sagte: Wenn das Erfolg sein soll, dann verschone mich, Herr, vor dem Scheitern.« Als der Psychoanalytiker bei Ogilvy unter anderem einem Analkomplex diagnostizierte und nach mehreren Sitzungen meinte, dass es nun an der Zeit wäre, über seine Sexualität zu reden[361], rief Ogilvy empört: »Das kann nicht Ihr Ernst sein!« und verließ die Praxis für immer.

Ogilvy fand sein Heil also nicht auf der Couch eines Psychiaters, sondern in seiner *Arbeit*. Ogilvy verdoppelte seine Anstrengungen, arbeitete bis tief in die Nacht und so gut wie an allen Wochenenden.

Er konzipierte Kampagnen, war auf der Suche nach neuen Aufträgen, arbeitete wie verrückt. Nur ganz selten unterhielt er sich mit Kunden, meist ließ er ihnen ausrichten, dass »er sich die Seele aus dem Leib ackern« und sein Bestes geben würde, um gute Werbung zu produzieren, und dass er einfach nicht genug Zeit hätte, auch noch mit ihnen ins Theater zu gehen.

Nachts spazierte er durch die leeren Büroräume und hinterließ seinen Angestellten Zettel mit Anweisungen, sie mögen doch bitte das Lichts ausmachen, wenn sie Feierabend machten und ihren Schreibtisch aufräumen. (»Ich fühlte mich ein wenig wie ein Städtebauer, der die Elendsviertel räumen und neu bebauen ließ, nur um dann festzustellen, dass die Bewohner in den nagelneuen Badewannen Heizkohle lagerten.«) Eines Tages fand er auf seinem Schreibtisch, der voller Papierstapel war, einen Zettel, auf dem stand: »Aufgeräumter Schreibtisch, aufgeräumter Geist?«[362]. Natürlich konnte Ogilvy das nicht so stehenlassen und konterte mit einem »Steriler Schreibtisch, steriler Geist.« Er ermahnte seine Mitarbeiter schriftlich: »Hebt eure Ansprüche. Messt euch mit den Unsterblichen. Begeht neue Wege. Stürzt euch in die Wissenschaft. Und hört niemals auf zu verkaufen.«

Ogilvy war ein Hansdampf in allen Gassen, er gab Interviews, hielt Vorträge – machte sich für ein National College of Advertising and Marketing[363] stark, sprach sich gegen Plakatwerbung aus und ereiferte sich gegen »Geschäftemacher, die nur auf schnelle Abschlüsse setzen, und Lieferanten des schlechten Geschmacks.«[364] Seine wohl bedeutendste Rede hielt er 1955 vor den 4As in Chicago, als er der Werbewelt sein Konzept vom Markenimage vorstellte.[365] »Ich habe das Markenimage beileibe nicht erfunden, ich habe es geklaut«, räumte Ogilvy freimütig ein. Er übernahm das Konzept aus einem Artikel von Burleigh Gardner und Sidney Levy, der in der *Harvard Business Review* erschienen war, und verpackte es in eigene Worte: *Jede Werbung ist Teil einer langfristigen Investition in die Persönlichkeit einer Marke.* In Werbekreisen war dieses Konzept nicht gänzlich unbekannt, doch nachdem Ogilvy es ins Rampenlicht gestellt hatte, galt er als »Apostel des Markenimages«[366]. Die Bedeutung von Marken nahm in dem Maß zu, wie sich die Produkte immer mehr aneinander anglichen, und in den Diskussionen der Werbeexperten drehte sich alles um Markenbildung – eine Entwicklung, die auch vor anderen Bereichen nicht halt machte, und schon bald war »Marke« ein geflügelter Begriff, der auch außerhalb der Werbeszene verwendet wurde.

Ogilvy war so etwas wie ein Cheerleader einer Branche[367] geworden, die von einigen nicht wirklich ernst genommen wurde. »Wenn Ogilvy über Werbung spricht, verleiht er ihr ein Ansehen, über das sie bisher in diesem Land nicht verfügte«, lautete der Kommentar des Branchenmagazins *Madison Avenue*. »Er räumt auf mit dem üblen Beigeschmack einer Scheinwelt, den Hütchenspielertricks und dem Medizinmanngehabe. Sein Credo lautet: ›Bleibt bei der Wahrheit‹, und er wird nicht müde, es zu wiederholen.« Die Agentur wurde mit neuen Aufträgen förmlich überhäuft, sodass es sich Ogilvy erneut leisten konnte, wählerisch zu sein; 1957 lehnte er 50 neue Kunden ab.

Im gleichen Jahr erschien das Buch *Die geheimen Verführer* des Konsumkritikers Vance Packard, das sich damit befasste, ob und inwiefern Werbung am Verstand der Konsumenten vorbeizielt. Ogilvy, schrieb Packard, schuf ein »äußerst erfolgreiches Symbol für eine anfangs ziemlich unbekannte Hemdenmarke – ein schnauzbärtiger Mann mit einer schwarzen Augenklappe.«[368] Sein Buch wurde aufgrund der Überzeugung des Autors bekannt, dass »viele von uns beeinflusst und manipuliert werden – in einem weitaus größeren Ausmaß als angenommen.«

Überraschenderweise schien Ogilvy mit seinem Artikel »Geständnis eines geheimen Verführers«[369] für das *Harper's Magazine* auf diesen Zug aufzuspringen. Doch sein Geständnis enthielt so gut wie nichts, was man nicht auch schon vor dem Erscheinen dieses Artikels über Ogilvy gewusst hätte, wie zum Beispiel, dass er in seiner Zeit als Klinkenputzer gelernt hat, dass Verkaufen eine ernsthafte und anstrengende Tätigkeit sei.

> Sie drücken auf die Türklingel. Die Hausfrau öffnet die Tür – einen Spalt breit. Sie stellen Ihren Fuß in die Tür und beginnen das Verkaufsgespräch. Sie stellen sich also nicht einfach hin und singen ihr ein Ständchen vor – sie würde Sie ja für völlig durchgeknallt halten. Deshalb vermeide ich es

auch heute noch, in Fernsehspots Musik zu spielen. Deshalb schildere ich in meinen Anzeigen keine witzigen Anekdoten. Im persönlichen Gespräch mit der Hausfrau reden Sie von Mensch zu Mensch mit ihr und beschreiben, was Ihr Produkt für sie tun kann. Dasselbe gilt auch für die Werbung.

Harper's wollte den Artikel dann doch nicht veröffentlichen, doch die Kunden von Ogilvy standen hinter seiner Argumentationsweise.

Obgleich Ogilvy in dem Ruf stand, ein brillanter und kreativer Texter zu sein, fanden viele, dass seine beste Anzeige nicht die für Hathaway (die mit der Augenklappe), sondern eine interne war, in der er unter der Überschrift »Wie leitet man eine Werbeagentur?« Führungsprinzipien vertrat, die sich auf nahezu jede Branche anwenden lassen. Noch zehn Jahre nach ihrem Erscheinen war die Nachfrage nach einem Nachdruck beeindruckend hoch. Ogilvy wollte sich nicht damit zufrieden geben, den Rest seines Lebens Anzeigen zu entwerfen – er strebte nach etwas von Dauer. Obgleich er selbst jedes Buch, das jemals zum Thema Werbung geschrieben worden war, verschlungen hatte[370], lernte er das Management nicht auf diese Weise, sondern indem er den Besten ihres Fachs Löcher in den Bauch fragte.

»In den 1950er Jahren versuchten vier Männer unabhängig voneinander, Dienstleistungsunternehmen zu gründen und dabei die Theorie mit der Praxis zu verbinden. Diese vier Männer waren Marvin Bower von McKinsey, David Ogilvy, Leonard Spacek von Arthur Anderson und Gus Levy von Goldman Sachs«[371], schrieb Elizabeth Edersheim Haas in ihrer Biografie über Bower. »Die vier trafen sich oft zu einem gemeinsamen Mittagessen im University Club und verglichen ihre Aufzeichnungen über ihr gemeinsames Ziel«. Vor allem Bower und Ogilvy standen sich sehr nahe. Sie tauschten sich über ihre Ansichten aus, sprachen über ihre Vorbildfunktion und machten sich gegenseitig Mut, in unbekanntes Terrain vorzudringen und Neues auszuprobieren. Außerdem teilten sie den »unermüdlichen Drang

7. GROSSE IDEEN 149

nach Exzellenz«, schrieb Haas. »Bei McKinsey und Ogilvy & Mather kannte und verstand jeder Angestellte – vom Vorstandszimmer bis zur Poststelle – die Unternehmenswerte, die Mission und ›die Art und Weise, wie die Dinge hier erledigt werden‹.«

Ogilvy sog Bowers Führungsstil förmlich in sich auf und bewunderte ihn unter anderem deshalb, weil er dem Schreiben so viel Aufmerksamkeit schenkte. »Von meinem Freund Marvin Bower – dem großartigen Geschäftsführer von McKinsey – heißt es, dass er eine in Gold gravierten Lettern geschriebene Einladung zu einer Hochzeit postwendend mit Korrekturen versehen zurückschickt.« Ogilvy erfuhr diese Pingeligkeit am eigenen Leib, und zwar als er die Ziele der Agentur ausformulierte. Das erste lautete »jährliche Umsatzsteigerung«. Als er diese Erklärung Bower mit der Bitte um einen Kommentar vorlegte, machte dieser ihm die Hölle heiß. »Er schrie mich an, dass jede Agentur, der der Gewinn wichtiger ist, als ihre Kunden zufriedenzustellen, es verdienen würde, auf die Nase zu fallen.« Jahre später freute sich Ogilvy über die Einladung, einen Vortrag vor der Firmenleitung von McKinsey halten zu dürfen und begann seine Rede mit ein paar Zeilen aus einem Lied seiner Jugend:

> Who takes care of the caretaker's daughter
> When the caretaker is busy taking care?[372]
> (Wer kümmert sich um die Tochter des Hausmeisters,
> wenn der Hausmeister beschäftigt ist, sich ums Haus zu kümmern?)
> Ich habe mich schon immer gefragt, wen Unternehmensberater beraten.
> Nun weiß ich es. Sie beraten *mich*.

Ogilvy war es ernst damit, die Prinzipien der Unternehmensführung direkt von Bower zu übernehmen. McKinsey hielt im Gegenzug mehrere Seminare ab, in dem Ogilvys Firmenphilosophie mit der von McKinsey verglichen wurde.[373]

Gegen Ende der 1950er Jahre begann Ogilvy mit dem Aufbau einer Unternehmenskultur, auch wenn dieser Begriff damals noch nicht in Mode gekommen war. Da er sich noch gut daran erinnerte, wie er in seiner Jugend vom glänzenden Rot des schicken Mobiliars seiner wohlhabenden Tante geblendet war[374], beschloss er kurzerhand, diese Farbe auch für die Agentur auszuwählen. Zunächst dominierte sie nur in seinem Büro, doch später dann alle Räumlichkeiten. »Nach all den schäbigen Behausungen anderer Agenturen kam man sich dort vor wie im britischen Oberhaus«, beschrieb ein ehemaliger Texter das Ambiente. Diese Kultur wurde mithilfe zahlreicher kleiner Gesten vermittelt, von denen einige auch in einem Büchlein standen, das alle Neuanfänger als Willkommensgeschenk erhielten. Es gab Anweisungen zur Ordnung und Sauberkeit (nichts durfte oben auf den Schränken abgelegt werden)[375], zum Schreibstil (es galt grundsätzlich, Prozent zu schreiben und nicht %) und über Zuvorkommenheit (jeder nimmt an seinem Apparat eingehende Telefongespräche selbst an). Außerdem hieß es darin: »Büroklammern sind gefährlich. Wenn man mit ihrer Hilfe einige Seiten Papier zusammennimmt, kann es passieren, dass man versehentlich Seiten dazupackt, die gar nicht dorthin gehören. Mit einem Hefter oder Foldback-Klemmer kann das nicht passieren.«

Ogilvy entwickelte die Firmenkultur nicht nur, sondern lebte sie auch. 1959 sollte die Fernsehsendung *Play of the Week*[376], die als kultureller Höhepunkt des Fernsehens galt, abgeschafft werden. Die Sendung lief auf Kanal 13, dem öffentlich-rechtlichen Sender New Yorks und zeigte Woche für Woche Theaterstücke – von O'Neill, Steinbeck, Sartre, in denen großartige Schauspieler mitspielten. Doch die Zuschauerzahlen ließen zu wünschen übrig, und immer mehr Unternehmen zogen ihre Werbespots ab.[377]

Ogilvy war auf der Suche nach einem geeigneten Fernsehsender für seinen Kunden Standard Oil (New Jersey), dem damals zweitgrößten Mineralölkonzern weltweit, der für Ogilvy doppelt attraktiv als Kunde war, da der Unternehmenschef Monroe (Mike) Rathbone ein Freund von ihm war. Sie arbeiteten gut zusammen. Und nun ergab sich die Gelegenheit, gemeinsam »ein großes Ding zu drehen«. Rathbone suchte einen Sender, der ebenso anspruchsvoll wie Standard Oil war. Er war nicht gewillt, sich den Sendeplatz mit Werbespots für Joghurt, Büstenhalter und Gebissreinigern zu teilen. Ogilvy stimmte ihm zu und erzählte den Produzenten von Kanal 13, dass er ein Unternehmen beibringen könnte, das die komplette Werbesendezeit kaufen würde – aber eben nur die komplette.

7. GROSSE IDEEN

Angestellte der Agentur und des Senders machten sich an die Arbeit, um die letzten Unternehmen, die auf Kanal 13 warben, zu überreden, ihre Spots künftig auf einem anderen Sender ausstrahlen zu lassen oder die Werbung im Fernsehen ganz sein zu lassen, um *Play of the Week* zu retten. Unternehmen für Unternehmen, Agentur für Agentur kam diesem Ansinnen bereitwillig nach – mit einer Ausnahme. Die Werbeagentur Lennen & Newell hatte einen oder zwei Spots für ihren Kunden P. Lorillard Tobacco Company erworben und weigerte sich unter Berufung auf das gute Geschäft, dass sie damit gemacht hätten, und mit dem Hinweis, dass sie nur ihrem Kunden verpflichtet seien, sowie der Anmerkung, dass sie hofften, Kanal 13 würde seine vertraglichen Pflichten erfüllen.

Nun schaltete sich Ogilvy ein und rief einen der Geschäftsführer von Lennen & Newell an, den er persönlich kannte. Er stellte das Projekt bis ins kleinste Detail vor, führte jedes erdenkliche Argument und zu guter Letzt sogar das Wohl der Öffentlichkeit ins Feld: Schließlich läge es im Interesse aller Amerikaner, dass *Play of the Week* fortgesetzt würde. Der Geschäftsführer entgegnete, dass er leider nichts für Ogilvy tun könne und beendete das Telefonat. Das Aus für die Sendung schien unvermeidbar. Ogilvy saß einen Augenblick ganz ruhig da, griff zum Telefonhörer und ließ sich erneut mit dem Geschäftsführer von Lennen & Newell verbinden.[378]

> Gehen Sie sofort zu Ihrem Vorstand und sagen Sie ihm, dass unsere Agentur bereit ist, Lennen & Newell die gesamte Provision an *Play of the Week* für die kommenden zwei Jahre zu ersetzen. Ich warte auf Ihre Antwort.

Innerhalb von fünf Minuten rief der Manager zurück: »Abgemacht.« Keine Rede mehr davon, die Interessen ihres Kunden zu vertreten. Keine Rede mehr von der Diskussion, ob die Spots nun pädagogisch wertvoll waren oder nicht. Keine Rede mehr von der Ehre der Agentur. *Play of the Week* wurde weiter ausgestrahlt – und die Rettung der Sendung wurde zum Aufmacher der *New York Times*. Die Zeitschrift *Life* schrieb, wenn es eine staatliche Ehrenauszeichnung für die Industrie gäbe, hätte sie sich Standard Oil redlich verdient. Laut *New York*

Post war dies größtenteils Ogilvys Heldentat zu verdanken[379], »die ihm einen Platz in den Herzen der gebildeten Zuschauer sichern wird, auf die er schon des Öfteren seine kommerziellen Pfeile abgeschossen hat«. Ogilvy wurde in höchsten Tönen gelobt.

Mittlerweile stand er in dem Ruf, ein absolut integrer Werber zu sein. Die Redakteure der Zeitschrift *Gallagher Report* hatten es sich zur Gewohnheit gemacht, den Agenturleitern, über die sie regelmäßig ihre Kolumnen schrieben, Spitznamen zu verleihen. Ogilvy wurde zum »Aufrichtigen David« gekürt.

Ogilvys Freundschaft zu Bower und damit der Kontakt zu McKinsey verstärkten sein Bestreben, Werbung zu einem Beruf mit Prinzipien und einem anerkannten »Wissensbestand« zu machen. Gesagt, getan: Er kommunizierte diese Prinzipien in Vorträgen und Memos, institutionalisierte sie in Präsentationen, betonte sie in Schulungen und dramatisierte sie auf unkonventionelle Weise wie den Matroschkapuppen, die am Platz der Vorstandsmitglieder lagen, als diese zu einer Sitzung zusammenkamen. Als sie ihre Puppen auseinandernahmen – eine kleiner als die andere –, fanden sie in der kleinsten Puppe einen Zettel, auf dem stand:

> Wenn wir Leute einstellen, die kleiner sind als wir selbst, werden wir eine Gesellschaft von Zwergen.
> Wenn wir dagegen Leute einstellen, die größer sind als wir selbst, werden wir es zu Großem bringen.

Ogilvy plädierte dafür, die Besten der Besten einzustellen, auch wenn dies bedeutete, dass sie besser waren als man selbst. »Im schlimmsten Fall müssen wir ihnen mehr bezahlen als wir selbst verdienen«. Russische Puppen wurden Teil der Firmenkultur.

Ebenso erging es Ogilvys Vorliebe für exzentrische Benennungen. Aus den »Regionaldirektoren« wurden »Barone«, aus den Kreativdirektoren »Syndikatchefs«, und aus klugen Neueinsteigern mit Führungspotenzial »Kronprinzen«[380], die es zu fördern galt. Am anderen Ende dieses Spektrums gab es »Altlasten«, die der Agentur nichts mehr brachten, da sie den Höhepunkt ihres Schaffens schon längst hinter sich gelassen hatten, und derer es sich zu entledigen galt, um das Schiff

7. GROSSE IDEEN 153

am Laufen zu halten. Das Entledigen musste natürlich von anderen durchgeführt werden als von Ogilvy, der in diesem Punkt in der Theorie besser war als in der Praxis. Wurde der Geschäftsleitung (auf Ogilvys Drängen hin) eine solche »Altlast« namentlich genannt, »mussten wir die Reise nach Jerusalem spielen«, wie es ein Direktor nannte.

Ogilvy erließ die Anweisung, »Überflieger«[381] zu rekrutieren. »Kreative Leute klopfen nicht an die Tür und bitten um einen Job; man muss sie aufspüren wie Trüffel, mithilfe eigens dafür geschulter Schweine. Suchen unsere geschulten Schweine nach Trüffeln? Ich denke nicht.« Um das professionelle Image noch weiter zu stärken, nannte Ogilvy seine Führungskräfte »Partner«.

Außerdem hielt sich Ogilvy strikt an McKinseys Vorgabe, die eigenen Mitarbeiter zu schulen und weiterzubilden. Er umschrieb das Ganze mit der Metapher eines Lehrkrankenhauses.[382]

> Großartige Krankenhäuser tun zweierlei: Sie kümmern sich um ihre Patienten, und sie bilden junge Ärzte aus.
> Ogilvy & Mather tut zweierlei: Wir kümmern uns um unsere Kunden, und wir bilden junge Werbeleute aus.
> Ogilvy & Mather ist also das Lehrkrankenhaus der Werbewelt. Und als solches sollten wir vor allen anderen Agenturen allgemeinen Respekt genießen.

Alle Mitarbeiter wurden geschult, damit auch wirklich jeder begriff, wie die Agentur die Konzeption von Werbung verstand und wie die Unternehmenskultur zu leben war.[383] Für jede Managementebene und jeden Fachbereich – neue Mitarbeiter, Manager der mittleren Ebene, Büroleiter, Mitglieder des Kreativteams, Medienberater und so weiter – gab es Schulungen. Nach der Probezeit galten Fortbildungsmaßnahmen in der Agentur nicht als Pflicht, sondern als Privileg – ohne eine gute Bewertung durfte niemand an einer Schulung teilnehmen. Ogilvy persönlich nahm an jeder Fortbildung teil, solange er dafür kein Flugzeug besteigen musste.[384] Er spielte mit dem Gedanken, eine Ausbildungsstätte für Werber zu gründen, die bereits eine Ausbildung oder ein Studium abgeschlossen hatten, und schlug vor, die Studiengebühren von Mitarbeitern zu übernehmen, die Kurse an der Harvard Business School oder ähnlich angesehenen Bildungsstätten belegten. Auf den Rat seines Großvaters – einem Bankier – machte er J. P. Morgans Firmenphilosophie (»Nur Geschäfte erster Klasse auf erstklassige Weise« und »Gentlemen mit Hirn«) zum Leitfaden seiner Agentur.

∾

Ogilvy feilte an seiner Werbephilosophie.[385] Inhalt war ihm wichtiger als die Technik: »Es kommt mehr darauf an, was man sagt, als wie man etwas sagt. Achten Sie auf das Image einer Marke. Geben Sie dem Leser Ihrer Anzeigen etwas dafür zurück, dass er Ihnen seine Zeit und Aufmerksamkeit geopfert hat. Der Markenname muss in der Überschrift erwähnt werden. Vermeiden Sie schwammige und unklare Überschriften, die es erforderlich machen, den gesamten Text zu lesen, um zu verstehen, worum es eigentlich geht. Nutzen Sie Wörter, die verkaufen. Was Sie [im Fernsehen] zeigen, ist wichtiger als das, was Sie sagen. Und das Wichtigste: Ihre Werbung ist immer zweitklassig, wenn sie nicht auf einer Großen Idee beruht. Sobald Sie wissen, in welche Richtung Ihre Kampagne gehen soll, seien Sie laut und deutlich. Halbherzigkeiten haben in der Werbung nichts verloren. Seien Sie glaubwürdig. Reden Sie nicht um den heißen Brei herum. Gehen Sie aufs Ganze!«

Ogilvy gelang es, ein starkes Team aus talentierten Textern und Artdirektoren zusammenzustellen, die von der erstklassigen Arbeit der Agentur und Ogilvys überzeugender Persönlichkeit gehört hatten. Bis Ende der 1950er Jahre schrieb er nur noch wenige Kampagnen selbst. »Eine kurze Phase meines Lebens, allenfalls zehn Jahre lang, war ich so etwas wie ein Genie. Dann baute ich ab.«

Er steckte seine Energie in die Kundenakquise. Seine Mitarbeiter waren für ihn kleine hungrige Vögel, die den Schnabel weit aufgerissen darauf warteten, dass er einen Wurm hineinfallen ließ.[386]

Bei einer Präsentation für KLM, bei der von jeder Seite acht Personen gekommen waren, sagte Ogilvy: »Meine Leute dürfen jetzt

7. GROSSE IDEEN 155

nach Hause gehen.« Er hielt die Präsentation selbst und erhielt den Zuschlag. Im Fall der Rayon Manufacturers Association[387], die mehrere Agenturen eingeladen und ihnen 15 Minuten Zeit eingeräumt hatte, sich zu präsentieren, bevor mithilfe einer Glocke verdeutlicht wurde, dass die Zeit um war, fragte Ogilvy, wie viele der anwesenden zwölf Führungskräfte an der Entscheidung beteiligt sein würden. Die Antwort lautete, »Wir alle natürlich, weshalb?« »Und wie viele sind an der Genehmigung einer Werbekampagne beteiligt?« »Alle zwölf Mitglieder des Komitees, die zwölf Unternehmen repräsentieren.« »Läuten Sie die Glocke«, meinte Ogilvy – sprach's und verschwand. Als er für Greyhound Bus[388] eine Präsentation halten sollte, reisten Ogilvy und Herb Strauss von der Werbeagentur Grey mit dem Zug nach San Francisco – weshalb sie nicht den (Greyhound-)Bus genommen hatten, ist eine andere Frage. Am zweiten Tag ihrer Reise hielten sie die Spannung nicht mehr aus und zeigten sich gegenseitig ihre Kampagnen. Vor der eigentlichen Präsentation rief Ogilvy den Werbeleiter von Greyhound an. »Ich kenne Herbs Arbeit. Und ich kenne meine. Herb hat Ihren Werbeetat verdient.« Mit diesen Worten fuhr er zurück nach New York.

Nichts wurde dem Zufall überlassen.[389] »Lehnen Sie sich nicht zurück, sondern beugen Sie sich leicht vor«, lautete sein Rat, wie sich seine Mitarbeiter während einer Präsentation hinsetzen sollten. »Ein leicht nach vorne gebeugter Oberkörper verrät Interesse. Dabei ist es vollkommen unerheblich, ob Sie die Präsentation schon kennen oder nicht.« Ogilvy formulierte Listen mit seinen Zielvorgaben, verschickte Rundschreiben[390], arbeitete Anweisungen aus, informierte sich über potenzielle Neukunden, gab Präsentationen den letzten Schliff, zerbrach sich über winzige Details den Kopf, verlieh Vorträgen seiner Führungskräfte eine menschliche Note und präsentierte die Arbeiten seiner Agentur wie der Schauspieler, der er im Grunde seines Herzens war, und setzte obendrein seinen ganzen Charme dafür ein.

Als er das Baustoffunternehmen Armstrong Cork als neuen Kunden gewinnen wollte, schaffte es der gebürtige Schotte irgendwie, von dem irisch-schottischen Kulturverband Donegal Society die Genehmigung zu erhalten, seine Präsentation von der Kanzel der alten presbyterianischen Kirche aus zu halten.³⁹¹ Schließlich wusste Ogilvy, dass der Chef von Armstrong Cork, Henning Prentis, Mitglied dieser Kirchengemeinde war. Ogilvy sang das Loblied auf »Schottland, mein Heimatland«³⁹² und rühmte den »Schotten Prentis als Industriellen, der so viel zum Wohlstand und zur Kultur des Lancaster beigetragen hat«. Ogilvy bekam den Etat, doch einige Jahre später verlor er ihn wieder. »Sie sind bestimmt gekommen, um uns zu feuern«, empfing er den Überbringer der schlechten Nachricht. »Ich kann Ihre Entscheidung verstehen. Wir haben keine gute Arbeit für Sie geleistet.«

Nicht anders als in den ersten Jahren der Agentur hatte Ogilvy nicht den Anspruch, sich an allen Kunden eine goldene Nase zu verdienen. So wollte er den Werbeetat von Steuben Glass in Höhe von 60 000 US-Dollar, wohl wissend, dass er mit diesem Kunden rote Zahlen schreiben würde.³⁹³ Doch er nannte fünf Gründe, weshalb er diesen Kunden trotzdem haben wollte: Das Unternehmen war Marktführer, es würde der Agentur bestimmt nicht schaden, ein »Portfolio aus Vollbluthengsten aufzubauen«, die Werbeanzeigen würden von Unternehmenschefs gelesen, die Produkte von Steuben für den eigenen Gebrauch erwarben, Steuben war eine Tochtergesellschaft von Corning Glass (ein Wunschkunde Ogilvys) und »Steuben sitzt nur einen Block von uns weg«.

Da die Agentur immer größer wurde, musste sie zwei Mal in ein größeres Quartier umziehen – beim ersten Mal die Madison Avenue ein Stückchen weiter Richtung 57. Straße und dann in 589, Fifth Avenue (die durch den Eingang, der in einer Seitenstraße liegt, als 2 East 48 Street bekannt ist).³⁹⁴ Ogilvys großzügiges Büro im neunten Stock war lichtdurchflutet und besaß sogar eine Dachterrasse. Im Büro standen ein Tresen und eine Pinnwand (an der Anzeigen aufgehängt wurden) und eine Toilette, die nur von ihm genutzt wurde. Er saß hinter einem mächtigen alten Schreibtisch am anderen Ende des Raums. Es dauerte immer recht lange, bis Besucher den roten Teppich überquert hatten, um ihm die Hand schütteln zu können. In der Nähe der Zimmertür stand eine rote Ledercouch, über der eine riesige Wanduhr hing, die »Act of Parliament«³⁹⁵. Ogilvy liebte es, die Geschichte ihrer Namensgebung zu erzählen: Als das britische Parlament 1797 beschloss, eine Steuer für den Besitz von Armbanduhren einzuführen, spielten die geizigen Schotten nicht mit und trugen fürderhin eben keine Armbanduhren mehr. Findige Pubbesitzer hängten daraufhin riesige Wanduhren in ihre Kneipen, auf die keine Steuern fällig waren, was den Schotten einen guten Grund lieferte, dort Abend für Abend zu versacken. »Mein größtes Problem ist, dass ich kaum Zeit habe, mich um alles zu kümmern«, erklärte sich Ogilvy. »Diese Uhr soll Besucher daran erinnern, dass die Zeit vergeht, und dass es an der Zeit für sie ist zu gehen.«

∾

An einem Wochenende 1957 ging Ogilvy mit seiner Frau Melinda zu einer Hausparty und verließ sie aus einem für ihn typischen spontanen, romantischen, aufregenden und gedankenlosen Impuls heraus mit der Frau eines anderen. Mit seiner 18-jährigen Ehe stand es damals nicht zum Besten, und nun hatte er sich auch noch verliebt. Ein Freund meinte zu Davids Liebesleben einmal, dass sowohl Ogilvy als auch Rosser Reeves zwei großartige Südstaatenfrauen geheiratet hätten, sie beide jedoch mies behandelten.[396] Ogilvy ließ sich von Melinda scheiden und heiratete Anne Cabo noch im selben Jahr. Melinda, die ihn aus tiefstem Herzen bewunderte, hat nie wieder geheiratet.

Anne Flint Cabot war wunderschön und intelligent; bestimmt erinnern sich noch einige an ihr Foto auf der Titelseite des *Life*-Magazins.[397] Für Ogilvy war sie eine typisch amerikanische junge Frau.[398] Herumzuerzählen, dass er Anne Cabot geheiratet hatte, entsprach nicht ganz der Wahrheit, sagte ein Freund dazu. »Er hatte Anne Flint geheiratet, die einmal mit Tom Cabot verheiratet gewesen war. Doch er wollte, dass jeder dachte, er hätte eine Cabot aus Boston zur Frau genommen.«[399]

Das frisch verheiratete Paar zog gemeinsam mit Annes drei kleinen Kindern nach New York in ein modernisiertes Sandsteinhaus in 521 East 48. Street, in der Nähe des Gracie Square, nur ein paar Schritte von der Chapin School entfernt, auf die sie ihre Töchter dann schickten. Das dreistöckige Wohnhaus war mit britischen und portugiesischen Antiquitäten vollgestopft. Anne war eine ausgezeichnete Köchin, und die Ogilvys liebten es, in ihrer großen Wohnküche (es gab kein Esszimmer), die ganz im französischen Stil eingerichtet war und in einen kleinen Hinterhof hinausführte, zu speisen. An den nackten Wänden hingen zahllose wunderschöne Kupferpfannen. »Du lässt zu, dass deine Frau selbst kocht?«, wunderte sich Ogilvys Kundin Helena Rubinstein, die zum Abendessen eingeladen war.

Nach dem Essen gingen die Gäste in das Wohnzimmer – manche mussten auf der Treppe Platz nehmen – und sahen sich gemeinsam Ogilvys Lieblingsfilm *The 20th Century* an – ein Dokumentarfilm, der von seinem Nachbarn Walter Cronkite gesprochen wurde und in dem Originalbildmaterial von Sarah Bernhardt, Kaiser Franz Joseph, Rodin und Renoir verwendet wurde. Ogilvy zeigte den Film so oft, dass die Filmrolle schließlich ausleierte.

Cronkite wohnte Tür an Tür mit den Ogilvys und erzählte, dass er des Öfteren durch rumpelnde Geräusche von nebenan beim Lesen gestört wurde.[400] Erst dachte er an ein kleines Tier wie eine Maus, doch er sah nie eine, und wusste letztlich nicht, was dieses leichte Rumpeln verursachte. Am ersten Abend, an dem sie bei den Ogilvys zum Essen eingeladen waren, klopfte David am Kamin die Asche aus einer Pfeife. »Ich war erleichtert, das zu hören«, erzählte Cronkite. »Ich erkannte, dass dieses Geräusch nicht von einem Tier stammte – außer man hält Ogilvy für eins«.

Ogilvy erzählte, dass er jeden Tag 36 Blocks, meist quer durch den Central Park, ins Büro gelaufen sei. Vermutlich war das ein wenig übertrieben[401], denn Cronkite stand jeden Morgen hinter zugezogenen Vorhängen am Fenster und wartete darauf, dass Ogilvy das Haus verließ. In dem Moment trat auch er – rein zufällig – auf die Straße, und hoffte darauf, dass Ogilvy ihm anbot, ihn ein Stück in seinem Rolls-Royce mitzunehmen. »Es hat nicht immer geklappt, aber immer öfter. Ich bin mir ziemlich sicher, dass er das Spiel nach einer Weile durchschaut hat, aber das war mir egal. Hauptsache, ich durfte mitfahren. Ein sagenhaftes Auto!«

In der ersten Zeit nach seiner kreativen Phase beschrieb sich Ogilvy oft als »erloschenen Vulkan«. Er brach zwar nicht mehr aus,

7. GROSSE IDEEN

ließ aber noch jede Menge Dampf ab. Er arbeitete nach wie vor hart, und nahm jeden Abend zwei vollgestopfte Aktentaschen mit nach Hause. In den wenigen Theatervorstellungen, die er mit Anne besuchte, ging er meist in der Pause noch ins Büro, und Anne musste dann alleine nach Hause gehen. »Das machte Anne stinksauer«, erinnert sich ein Kollege, und ein anderer ergänzt: »Er war leicht reizbar, hochkonzentriert und nur von einer Sache besessen – seiner Werbeagentur.«[402]

Was steckte dahinter? Die Sehnsucht nach Anerkennung, Ruhm, das Gefühl, etwas erreicht zu haben? »Die größten Entdeckungen der Menschheit entsprangen dem Bedürfnis, viel Geld zu verdienen«, erklärte Ogilvy. »Wenn Oxford seinen Studenten Geld zahlen würde, hätte ich es dort zu wahren Wundern gebracht. Erst in der Madison Avenue habe ich ernsthaft begonnen zu arbeiten.« Er war Chef von 120 Mitarbeitern, täglich standen sechs Besprechungen auf seiner Tagesordnung, ab und zu verfasste er einen Werbetext (»ein zäher, mühsamer Job«) und musste nach der Pfeife von 18 »wasserköpfigen« Kunden tanzen.[403] »Ich arbeite an sieben Tagen die Woche von neun Uhr morgens bis Mitternacht«, schrieb er einmal. »Ich habe weder die Zeit noch die Kraft für Freizeitvergnügungen. Ich habe seit fünf Jahren kein Buch gelesen, war auf keiner Party und habe nicht einen Brief an meine Verwandten geschrieben.«

Ende der 1950er Jahre, als Ogilvy Ende 40 war, lagen die meisten seiner Großen Ideen, wie er sie später nannte, bereits hinter ihm. Seine Definition für eine Große Idee war, dass sie den Beginn einer Werbekampagne darstellte, die mindestens 20 Jahre lang anhielt, wie die für Hathaway, Pepperidge Farm und Dove. Eine seiner Lieblingsanzeigen wurde allerdings nur einmal geschaltet und lautete: »Entlaufen – mein Hund Teddy. Sieht aus wie Lassie.« Die Aufmerksamkeit, die damit erzielt wurde, war erstaunlich: sogar lateinamerikanische Zeitungen berichteten darüber. Natürlich war auch dieser Vorfall in seinen Augen eine »Große Idee« – schließlich hatte er es ihr zu verdanken, dass er seinen Hund wiederfand.

Von all seinen Einfällen der größte, oder zumindest der absurdeste, war wohl sein Gefühl, dass er es in Amerika schaffen könnte, Chef einer eigenen Werbeagentur zu werden. So sah sich Ogilvy selbst an dem Tag, an dem er seine Agentur gründete:

> Er ist 38 und arbeitslos. Sein Studium hatte er abgebrochen. Er war Koch, Handelsvertreter und Diplomat. Er hat keine Ahnung von Marketing und noch nie in seinem Leben eine Anzeige getextet. Er gibt vor, ernsthaftes Interesse an einer Karriere in der Werbebranche zu haben und ist bereit, für 5 000 US-Dollar im Jahr zu arbeiten. Ich kann mir nicht vorstellen, dass ihn irgendeine Agentur einstellt.

Und die Moral von der Geschichte: Manchmal zahlt es sich für eine Agentur aus, eine unorthodoxe Einstellungspolitik zu verfolgen.

Kapitel 8
Die Philosophen-Könige

Nur eine Hand voll führender Werbetreibende hatte so umfassende Vorstellungen von ihrem Geschäft und vertrat diese so lautstark, dass man von einer Philosophie sprechen konnte. Anfang der 1960er Jahre hatte Ogilvy bereits erste Kontakte zu dieser kleinen Gruppe geknüpft, zu der damals Rosser Reeves, Leo Burnett und Bill Bernbach zählten. Bald war er ein vollwertiges Mitglied dieses erlauchten Kreises.

Im Frühling 1962 teilte Ogilvy seinen Mitarbeitern mit, dass er vorhabe, den Sommer größtenteils in einem Ferienhaus zu verbringen[404], das er in Ipswich angemietet hatte, einem kleinen Städtchen an der Nordküste von Massachusetts. Schließlich käme er bei dem täglichen Trubel kaum dazu, sich über die Zukunft der Agentur Gedanken zu machen. Was Ogilvy zunächst nicht preisgab, war, dass er plante, ein Buch zu schreiben. Er würde diese Auszeit dafür nutzen, um sein gesamtes Wissen über die Werbewelt zu Papier zu bringen: »ein Lehrbuch, garniert mit Anekdoten«[405]. Dazu musste er nicht ganz von vorne anfangen. Seit geraumer Zeit hatte er seine Gedanken in Mitarbeitermemos, Reden und Präsentationen ausgebreitet. Sein Buch wäre faktisch die Zusammenfassung seiner Philosophie über das Werben.

Obgleich zwölf Verleger, denen er seine Idee kurz umrissen hatte, Interesse gezeigt hatten, rechnete Ogilvy mit höchstens 4000 verkauften Exemplaren. Für ihn war sein Buch eine Möglichkeit mehr, die Werbetrommel für sich zu rühren, es kam ihm nicht in den Sinn, dass er damit viel Geld machen könnte.[406] Deshalb übertrug er die

Tantiemen daran seinem Sohn, als Geschenk zu dessen 21. Geburtstag. In diesem Sommer verbrachte Ogilvy sechs Wochen lang den Tag am Strand[407] und schrieb von vier Uhr nachmittags bis zur Schlafenszeit an seinem Buch. Sein Manuskript schickte er kapitelweise nach New York an seine Kollegen mit der Bitte um Kritik.

In den vergangenen Jahren war die Agentur gewachsen und gediehen, zugleich war Ogilvys Ruf immer besser geworden. Er wurde zum Direktor der New Yorker Philharmoniker, mit denen Leonard Bernstein den Höhepunkt seiner Karriere erlebte. John D. Rockefeller III. bat ihn, die Leitung des Bürgerkomitees für das damals im Bau befindliche Lincoln Center zu übernehmen. Zu seinen Lieblingsclubs gehörte The Brook to the Century. Seine Werbekampagnen für Rolls-Royce und Hathaway schafften es in das Buch *The 100 Greatest Advertisements 1852 – 1958* von Julian Watkins, einer Ansammlung von Werbeklassikern aus knapp hundert Jahren. Ogilvy wurde zusammen mit dem Bürstenhersteller Alfred Fuller, Thomas Watson von IBM und Charles Revson von Revlon zu den »Zehn Top-Verkäufern«[408] gekürt. Zwar zählte Rubinstein nicht mehr zu den Agenturkunden, doch dieser Verlust wurde mehr als wettgemacht durch die neuen Kunden International Paper, Standard Oil aus New Jersey, Sears Roebuck, KLM Royal Dutch Airlines und drei weitere Etats, die die Agentur verändern sollten: General Foods, Shell und American Express.

Das Erscheinen seines Buchs *Geständnisse eines Werbemannes* im Jahr 1963 war ein weiterer Meilenstein in Ogilvys erfolgreicher Karriere. In nur einem halben Jahr musste das Buch sechs Mal neu aufgelegt werden und stand auf der Bestsellerliste der Zeitschrift *Time*. Die fesselnde Mischung aus persönlichen Erfahrungen, Werbephilosophie und Managementprinzipien gab einen Einblick in eine zivilisierte Geschäftswelt, die zugleich schillernd, bunt und doch durch und durch professionell war.

Als ein Manager seiner Agentur Raymond Rubicam einmal fragte, weshalb er niemals ein Buch geschrieben hätte, lautete seine Antwort: »David Ogilvy hat schon alles Wissenswerte und Interessante in ein Buch gepackt – da ist für mich nichts übrig geblieben«. Rubicam schrieb den Klappentext (»Dieses Buch ist Inspiration und Ärgernis

8. Die Philosophen-Könige 163

zugleich, doch niemals langweilig.«[409]) und meinte zu Ogilvy: »Du bist Claude Hopkins plus Intellekt und Oxford-Ausbildung, es würde mich nicht wundern, wenn du dessen Ratgeber aus den Bücherregalen verdrängst«[410]. (Außerdem schalt er Ogilvy dafür, dass er Y&Rs gemeinsam mit Gallup geleistete Pionierarbeit nicht gewürdigt hatte, obwohl er sich »ihrer Erkenntnisse so freimütig bedient hatte.«)

Das Branchenblatt *Printers' Ink* schrieb, dass Ogilvy zwar wie »ein Regiment königlicher Husare« in die Madison Avenue eingefallen wäre, aber nicht mit anderen Schriftstellern mithalten könnte. »Mit diesem Buch tut David Ogilvy ebenso viel für die Werbung wie Elisabeth Taylor für London. Allein der Versuch, neben Albert Lasker und James Webb Young im Regal zu stehen, reicht eben nicht aus.« Young, der selbst als altgedienter Texter bei J. Walter Thompson arbeitete, widersprach und teilte Ogilvy mit: »Ich habe mich köstlich über alles amüsiert, was Sie gesagt haben – nur über ein Thema nicht: die Vergütung der Werbeagenturen. Immer wenn Sie wieder einen Punkt gemacht haben, habe ich beim Lesen beinahe applaudiert.« In einer anderen Buchkritik wurde Ogilvy als »einer der liebenswertesten Frechdachse in der Literatur« bezeichnet.

Leo Burnett sagte über das Buch, es sei »anregend, bereichernd, unterhaltsam ... und auf seine Weise großartig«[411]. Für Reeves war es »große Literatur, spannend, und voller Weisheiten aus der Werbewelt«[412]. Für Gallup war es »das beste Buch, was je über Werbung und die Zunft der Werber« geschrieben wurde. PR-Mann Ben Sonnenberg fand es »erkenntnisreich, voller Anekdoten und amüsanten Geschichten aus dem Nähkästchen«[413]. Ogilvys Cousine Rebecca West verglich es mysteriöserweise mit dem Genuss, »in den Dardanellen zu schwimmen«[414]. Der Direktor des Reiseunternehmens U. S. Travel Service (ein Kunde der Agentur) schenkte seine Ausgabe dem damaligen US-amerikanischen Präsident John F. Kennedy. Charlie Brower, Vorstand von BBDO, meinte mit dem ihm eigenen Humor: »Du hast dazu beigetragen, der Werbung die Illusion von Reife zu verleihen«[415].

Trotz des vielsagenden Titels enthält das Buch im Gegensatz zu anderen Geständnissen – von St. Augustins aus dem 4. Jahrhundert bis zu Thomas De Quincys aus dem 19. Jahrhundert – eher wenig echte Geständnisse, jedoch genug Pikantes, dass die Leser nicht enttäuscht waren. Amazon listet mittlerweile 145 000 Titel auf, in denen der Begriff *Confessions* (»Geständnisse«) vorkommt, wie *Confessions of an Economic Hit Man*, *Confessions of an Ugly Stepsister* und *Confessions of a Shopaholic*. Einer Möchtegern-Titel-Imitatorin machte Ogilvy klar: »Mein liebes Kind, in der Welt der Werbung gehört das Wort Geständnis mir.«[416] Einem der Partner erzählte Ogilvy, dass er in einer Pariser Buchhandlung auf dessen Buch gestoßen sei, und zwar in der Erotikabteilung[417], es stand direkt neben *Die Geschichte der O*. »Tja, eine Überschrift lässt tief blicken«, erwiderte Ogilvy lächelnd.

In seinem Buch geht es darum, wie man eine Werbeagentur leitet, Kunden gewinnt, Werbekampagnen entwickelt und auch wie man es bis ganz an die Spitze schafft. Viele dieser Lektionen entspringen seiner persönlichen Erfahrung. So schreibt er zum Beispiel: »eine Werbeagentur wird wie jedes andere schöpferisch tätige Team geführt – wie ein Forschungslaboratorium, eine Zeitschrift, ein Architekturbüro oder eine große Küche«, wobei sich Letzteres natürlich auf seine Zeit im Hotel Majestic bezog.

Auch wenn einige der dort beschriebenen Werbeanzeigen schon ein bisschen in die Jahre gekommen sind, kann man auch heute nicht sagen, dass das Buch veraltet wirkt (es verkauft sich noch immer), was wohl an Ogilvys Talent liegt, Erfahrung in Prinzipien umzuwandeln und diese wiederum in bildhafte und einprägsame Lehrsprüche.

Langeweile verführt niemals zum Kauf.
Ausschüsse können Werbung zwar kritisieren, aber keine schaffen.
Halbherzigkeiten haben in der Werbung nichts verloren. Sie dürfen nicht um den heißen Brei herumreden.[418]

Am häufigsten zitiert wurde jedoch dieser Spruch:

Eine Kundin ist nicht schwachsinnig. Sie ist deine Ehefrau. Lüg sie niemals an, und beleidige ihre Intelligenz nicht.

Das letzte Kapitel verdankt seine Leitfrage »Sollte man Werbung abschaffen?« Ogilvys älterer Schwester, »die eine begeisterte Sozialistin

8. Die Philosophen-Könige 165

ist« und versuchte, ihn zu überzeugen, dass Werbung abgeschafft werden sollte. Ogilvy nimmt seinen Berufsstand in Schutz, stimmt ihr aber dahingehend zu, dass Werbung, vor allem im Fernsehen, oftmals langweilig und zugleich vulgär ist – in seinen Augen die größte Sünde. Sein Buch endet mit den Worten: »Nein, meine liebe Schwester, Werbung sollte nicht abgeschafft werden, aber sie muss reformiert werden.«

Seine *Geständnisse eines Werbemannes* machten Ogilvy zu einer Person des öffentlichen Interesses, zerrten ihn aus der Gemeinschaft der Werber mitten ins »Leben der normalen Leser«. Von dem Bestseller wurden rund 1,5 Millionen Exemplare verkauft[419], und dieses Buch bleibt für die meisten vermutlich das einzige Buch über Werbung, das sie je gelesen haben. In der betriebswirtschaftlichen Ausbildung wurde es zur Standardlektüre[420], trug in erheblichem Maß zur Meinungsbildung zahlreicher Studenten bei und verführte so manchen dazu, eine Karriere in der Werbung anzustreben. Und natürlich bescherte es der Agentur jede Menge neue Aufträge.

Der triumphale Erfolg von *Geständnisse eines Werbemannes* verdeutlichte, dass sich Ogilvy über seine Kollegen aus der Werbebranche erhoben hatte, dass er zu einem kleinen Kreis von Vordenkern in der Werbung zählte, in der Art wie die von Plato beschriebenen Philosophen-Könige[421]: Denker, die zugleich über einen enormen Erfahrungsschatz verfügen, und die andere aufgrund ihrer Einsicht und Visionen führen. Diese Führungspersönlichkeiten vergrößern das Wissen ihres Fachs, äußern sich über Techniken und Verfahren – und ziehen Schüler an.

Die vier Zeitgenossen, auf die diese Beschreibung passte – Rosser Reeves, Leo Burnett, Bill Bernbach und Ogilvy – waren allesamt Texter. Jeder von ihnen vertrat eine eigene Philosophie über das Wesen guter Werbung. Ihre Philosophien unterschieden sich größtenteils voneinander, wiesen aber auch so manche Gemeinsamkeit auf und beeinflussten stark, wie die Kampagnen aussahen, die die jeweilige Agentur gemäß den Prinzipien ihres Leiters erschuf.

Rosser Reeves war dafür bekannt, dass er noch immer an einer Werbebotschaft festhielt, auch wenn diese in den Augen der meisten längst »ausgereizt« war. In der Madison Avenue kursiert die immer wieder gern erzählte Geschichte über einen Klienten, der einmal anmerkte, dass die Agentur seinen Werbespot in fünf Jahren nicht einmal geändert habe, sodass er sich schon fragen müsse, was die 120 Leute, die an seinem Etat arbeiteten, den ganzen Tag tun würden. »Sie halten Sie davon ab, Ihre Werbeanzeige zu ändern«, antwortete Reeves. Im *The New Yorker* wurde die wohl bekannteste Kampagne von Reeves im Aufmacher eines 23-seitigen Porträts über ihn beschrieben:

> Hammer, die mitten ins Großhirn hämmerten, gezackte Blitze, die direkt auf das Mittelhirn zielten – das waren die Schreckensbilder, die jeder vor Augen hatte, der in den 1950er und Anfang der 1960er Jahre Werbespots im Fernsehen sah. Die Bilder des aggressiven Werbespots – eine Kunstform von einmaliger Wirkung – hinterließen im Auftrag des Herstellers des Schmerzmittels Anacin bei Millionen von Verbrauchern einen bleibenden Eindruck.[422]

Es hieß, dass der Anacin-Spot so durchdringend war und so oft wiederholt wurde, dass ein kurzer Blick auf die Mattscheibe genügte, um beim Zuschauer Kopfschmerzen auszulösen. »Und jeder Werbespot, der genau das unbehagliche Gefühl auslösen kann, das das beworbene Produkt angeblich verschwinden lässt, setzt das absolute Maximum an aggressiver Verkaufstaktik ein«, schlussfolgerte der Verfasser dieses Artikels Thomas Whiteside, bevor er von weiteren erfolgreichen »Angriffen von Reeves auf das zentrale Nervensystem der Verbraucher« berichtete.

Zwei Jahre bevor *Geständnisse eines Werbemannes* erschien, hatte Reeves sein Buch *Reality in Advertising* auf den Markt gebracht. Dieses Buch wurde vor allem deswegen bekannt, weil Reeves für die sogenannte U. S. P. (die Abkürzung für *Unique Selling Proposition*)[423] eintrat – das Alleinstellungsmerkmal: »Jede Werbung muss dem Verbraucher gegenüber ein Versprechen machen, und zwar eines, was die Konkurrenz nicht geben kann oder gibt. Dieses Versprechen muss so überzeugend sein, dass es Millionen von Menschen zu Ihrem Produkt

8. Die Philosophen-Könige 167

hinzieht.« Die Werbung der Agentur Bates war ziemlich aggressiv, und je öfter man sie sah, als umso aggressiver empfand man sie. Reeves war dafür bekannt, dass er seinen Kunden seine Philosophie klar machte, indem er sie fragte:»Möchten Sie reich werden oder beliebt sein?« Er gab unverfroren zu, dass der Anacin-Spot zu den meist gehassten Werbespots in der Geschichte der Werbung zählte.

Reeves war der »einflussreichste Theoretiker darüber, wie Werbung in den 1950er Jahren funktionierte«, schrieb Stephen Fox in seinem Buch *The Mirror Makers*. Reeves fing bei Bates als Texter an und stieg dann zum Agenturchef auf. Er machte die Agentur zur viertgrößten weltweit. Den Höhepunkt seiner Karriere erreichte er 1948, exakt in dem Jahr, als Ogilvy seine Agentur gründete. Da er erkannte, dass das Fernsehen das dominante Werbemedium werden würde und man dort all das tun konnte, was im Rundfunk nicht möglich war, *zeigte* Reeves in seinen Spots für Rolaids, wie Magensäure Löcher in Taschentücher ätzte, ließ für Zahnpasta mit Gardol von Colgate Baseballs gegen ein durchsichtiges Schutzschild werfen, für Bic Kugelschreiber mit einer Armbrust durch die Gegend schießen und Teer und Nikotin den Zigarettenfilter von Viveroy verfärben. Er nutzte das neue Medium auf bislang unbekannte Weise. In den ersten Jahren des Werbefernsehens sponserten werbende Unternehmen ganze Sendungen wie *The Jack Benny Show* – nicht anders als es beim Rundfunk üblich gewesen war. Bates war der Vorreiter der 30- und 60-Sekunden Spots, die erstmalig *zwischen* zwei Sendungen ausgestrahlt wurden, und erhielt den Spitznamen »Spot-Agentur«.

Ogilvy und Reeves verband eine komplizierte Freundschaft. Sie wechselten sich ab als Mentor und Schüler, Konkurrenten, Freunde, und wenngleich sie niemals Feinde wurden, kam es doch zu einem Bruch, als sich Ogilvy von Reeves' Schwägerin scheiden ließ. So mancher Zeitgenosse mutmaßte, dass Ogilvy mit seinem Buch *Geständnisse eines Werbemannes* in Konkurrenz zu Reeves' *Reality in Advertising* treten wollte. Bei einem Abendessen, das im Rahmen einer Preisverleihung gegeben wurde, wurde ihre Rivalität öffentlich sichtbar. Reeves kündigte an, dass er vorhabe, Ogilvy bei der Preisverleihung die Schau zu stehlen und reiste für eine Woche ins Resort Half

Moon nach Jamaika, um sich dort in der Sonne zu aalen. Er kehrte braungebrannt zurück und betonte dies noch durch ein weißes Jackett. Als er am Morgen danach gefragt wurde, wie der Abend gewesen sei, geiferte Reeves wütend: »Wisst ihr, was dieser schottische Mistkerl gebracht hat? Er kam im Kilt!«[424]

Ogilvy wusste genau, was er Reeves zu verdanken hatte, und sagte in einer Danksagung über ihn, dass er in »direkter Linie von dem Apostel Claude Hopkins abstamme«: »Du hast mir 1938 eine Ausgabe seines Buchs in die Hand gedrückt. Es hat mein Leben verändert. Ich kenne es in- und auswendig. Jedes Jahr verschenke ich 20 Ausgaben an sogenannte Wortschöpfer. Doch sie kapieren nichts.«[425] Er ließ verlauten, dass er und Reeves denselben Schutzpatron hätten (Hopkins), dieselbe Bibel besäßen (Hopkins *Wissenschaftliche Werbung*) und »derselben, allein selig machenden Kirche angehörten, auch wenn seine Werbemanieren zu wünschen übrig lassen«[426]. Ogilvy lehnte es ab, einer Einladung zu folgen, um darüber zu debattieren, ob nun sein Konzept des Produktimages oder die aggressive Verkaufstaktik von Reeves besser sei[427]; als Begründung führte er ins Feld, dass sie sich über die Grundlagen von Werbung durchaus einig wären. »Wir arbeiten zwar in den meisten Fällen mit unterschiedlichen Grafiken, doch diese marginalen Unterschiede spielen keine Rolle, wenn man sich die Verkaufszahlen ansieht.«

Ihre jeweiligen Kundenlisten hatten einen nicht unerheblichen Einfluss auf die Art ihrer Werbung. In den 1950er Jahren arbeitete Bates hauptsächlich für Konsumgüterhersteller mit Produkten wie Anacin und Colgate, während Ogilvy größtenteils Imagekampagnen für Kunden wie Hathaway, Schweppes, British Travel und Puerto Rico erstellte. Reeves »hat mich mehr über Werbung gelehrt als jeder andere«, sagte Ogilvy. »Zu meiner Schande muss ich gestehen, dass ich ihm nichts beibringen konnte.« Reeves gab zurück: »Sollten wir irgendwann einmal die Konsumgüterhersteller verlieren und nur noch Luxuswaren vertreten, freue ich mich darauf, David zu Füßen zu sitzen und seinen Worten zu lauschen.« Als in einem Branchenmagazin Ogilvy einmal mit den Worten zitiert wurde, dass sich mit Humor alles verkaufen ließe, schickte ihm Reeves un-

8. Die Philosophen-Könige 169

verzüglich ein Telegramm mit den Worten: BIST DU JETZT VÖLLIG DURCHGEKNALLT?

Jeremy Bullmore, Chef von J. Walter Thompson in Großbritannien, war überzeugt:»Wenn das Erklärungsmodell von Rosser Reeves, wie Werbung funktioniert, tatsächlich zutreffen sollte, hätte Hathaway nicht ein einziges Hemd verkauft. Denn in diesen Anzeigen gibt es weder ein Versprechen noch wird die Botschaft andauernd wiederholt.«[428] Ein Texter, der sowohl für Reeves als auch für Ogilvy gearbeitet hatte, machte die Erfahrung, dass der wesentliche Unterschied zwischen den beiden philosophischer Natur gewesen wäre.»Ogilvy war davon überzeugt, dass der Verbraucher nicht schwachsinnig sei, sondern deine Ehefrau. Reeves dagegen hielt ihn nicht für deine Ehefrau, sondern für einen Idioten.«[429]

Ogilvy selbst legte keinen Wert auf solche künstlichen Unterscheidungen. Als Reeves 1993 zum Mitglied der Advertising Hall of Fame ernannt wurde, hielt er eine Dankesrede, die nicht mit Lob geizte:

> Rosser hat mir beigebracht, dass der Sinn und Zweck von Werbung der ist, ein Produkt zu verkaufen. Und er hat mich gelehrt, wie man etwas verkauft. Manche Leute behaupten, Rosser und ich seien Rivalen, um nicht zu sagen Feinde. Nein, ich war sein Schüler. Gott segne dich, mein lieber Rosser. Du hast mir das Geschäft erklärt.[430]

~

In den 1950er Jahren, als das Rauchen und die Zigarettenwerbung noch gesellschaftlich akzeptabel waren, ersann Leo Burnett eine Werbekampagne, die viele kreative Menschen für die beste des 20. Jahrhunderts hielten.[431] Als Burnett von Philip Morris den Auftrag für eine Imagekampagne für Marlboro erhielt, hatte sich die Marlboro-Werbung bislang ausschließlich auf Frauen konzentriert – deshalb auch der rote Filter, auf dem ein Lippenstift keine sichtbaren Spuren hinterließ. Burnett stopfte die Forschungsergebnisse in seine Aktentasche und kam zu einer überraschenden Schlussfolgerung: Man müsste diese Damenzigaretten in eine Männermarke umwandeln. Als erster Ausdruck dieser neuen Strategie gab es eine Serie mit

»echten Männern«, die ihre tätowierten Oberarme zur Schau stellten. Dieses maskuline Image wurde schon bald durch das Machosymbol schlechthin ersetzt: den Cowboy, der einsam durch die Prärie ritt. Nachdem der »Marlboro-Mann« 1955 in ganz Amerika ausgestrahlt wurde, war der Umsatz der Marke auf fünf Milliarden US-Dollar angestiegen. 1957 waren es sogar 20 Milliarden US-Dollar, obwohl *Readers Digest* bereits einen Artikel über den Zusammenhang von Rauchen und Lungenkrebs veröffentlicht hatte.[432] 1964 zog der Cowboy ins »Marlboro-Land«. Als 1971 die Zigarettenwerbung aus dem Fernsehen verbannt wurde, machten die Cowboys der Printkampagne, die auf dem Rücken ihrer Pferde genüsslich rauchten, Marlboro zum weltweiten Marktführer.

Burnett, der Chef der größten Werbeagentur westlich des Hudson-Rivers, bezeichnete sich selbst stolz als »Landei« und brüstete sich damit, nicht in der Stadt aufgewachsen zu sein. Er hatte als Reporter in Peoria und anschließend als Werbeleiter für Cadillac in Detroit gearbeitet, bevor er inmitten der Wirtschaftskrise der 1930er Jahre seine eigene Agentur gründete. Seine Ansichten über das Geschäft mit der Werbung finden sich in einigen privat verlegten Büchern, von denen eines unter dem Titel *Communications of an Advertising Man* erschien.

Burnett und seine Agentur saßen im Herzen von Amerika. Chicago *sei* der Mittlere Westen, schrieb Burnett und fuhr fort: »Hier gibt es in der Zunft der Werber jede Menge Leute, deren Kopf vollgestopft ist mit Ansichten und Wertvorstellungen, die der tiefsten Prärie zu entspringen scheinen ... unser erdverbundener Stil, unsere locker-flockigen Überzeugungen und unsere offene Denkweise [machen] es uns einfacher, Werbeanzeigen zu erstellen, in denen wir mit der Mehrheit der amerikanischen Bevölkerung Klartext reden ... Mir gefällt die Vorstellung, dass Texter aus Chicago erst einmal in die Hände spucken, bevor sie zum Stift greifen«. Ein ehemaliger Mitarbeiter sprach von »Schlepper-Texten«, wobei die Gefühle der Verbraucher die Schlepper waren, an die sich die Werber hängten.

Burnett kannte nichts außer seiner Agentur – er prüfte jede einzelne Werbung auf Herz und Nieren. Häufig stand er gegen fünf Uhr morgens auf und arbeitete noch vor dem Frühstück bereits zwei Stunden. Man munkelte, dass er sieben Tage die Woche 20 Stunden täglich schuftete und das an 365 Tagen im Jahr: »Nur am Weihnachtsmorgen nimmt er sich frei.« Qualität ging ihm über alles.[433] Als er eine neue Kampagne für das Waschmittel Joy Light Duty Detergent durchsah, auf der ein korpulenter Mann zu sehen war, der sich auf einem Presslufthammer abstützte, verlangte Burnett, diesen »verdammten Presslufthammer« wegzulassen, da er mit dem Produkt nichts zu tun habe. »Diese Werbung verlässt meine Agentur nicht!«, polterte er. Als der Kundenbetreuer darauf hinwies, dass die Anzeigen überfällig seien und sie den Kunden dann vermutlich los wären, meinte Burnett lediglich: »Na und. Lieber verliere ich den Werbeetat, als dass die Werbung so rausgeht.«

Burnett war alles andere als ein attraktiver Mann.[434] Seine äußere Erscheinung schien ihm völlig egal zu sein – er war von gedrungener Gestalt, die Kleidung meist unordentlich, nie sah man ihn ohne Zigarette im Mundwinkel und Zigarettenasche auf dem Hemd. Manche erinnerte er an einen Hydranten. Seine Unterlippe verriet seine innersten Gefühle – je stärker der Schmollmund, umso weniger gefiel ihm, was er sah. Seine Mitarbeiter sprachen vom SMI – Schmollmundindex.

Ein ehemaliger Mitarbeiter sagte einmal, dass die Arbeit bei Burnett einem das Gefühl gab, in einem Club ehemaliger Studenten der Northwestern University gelandet zu sein – alle waren Exkommilitonen aus Chicago.[435] Leo war sich nicht zu fein, sich über die New Yorker Masche oder die Suche »nach diesem Alleinstellungsmerkmal – oder wie das heißt« lustig zu machen. Die bodenständige Persönlichkeit dieser Werbeagentur spiegelten sich auch in den Schüsseln voller Äpfel wider, die Burnett als Zeichen ihrer Gastlichkeit und Freundlichkeit am Empfangstresen aufstellen ließ.

Burnett liebte es, Produkten eine Persönlichkeit und einen Charakter zu verleihen – in vielen Fällen waren es tierische Charaktere (Viecher, wie man sie in der Werbebranche zu nennen begann). Tony, der Tiger, brüllte, dass die Frosties von Kelloggs einfach »GRRRR-O-S-S-A-R-T-I-G« schmeckten, während Charlie, der Thunfisch, darauf hoffte, gefangen zu werden, aber »nicht gut genug« für Star-Kist war. Das Teigmännchen Dough-Boy von Pillsbury war weich, knuddelig und natürlich immer frisch. Unter der Marke Jolly Green Giant (»Fröhlicher grüner Riese«) wurden so viele Dosen Erbsen und Mais verkauft, dass das Unternehmen seinen Namen von Minnesota Canning Company in Green Giant Company änderte. Urlauber flogen mit den »Friendly Skies« (Schönwetterhimmel) der Fluggesellschaft United Airlines in ihr Urlaubsziel.

In einer legendären Mitarbeiterbesprechung machte Burnett klar, was er von seiner Branche hielt. Seine Rede stand unter dem vielsagenden Titel »Wann es an der Zeit ist, meinen Namen von der Tür zu kratzen«[436]:

> Irgendwann einmal in der Zukunft, nach meinem endgültigen Rückzug, wird der Zeitpunkt kommen, dass Sie – oder Ihr Nachfolger – sich fragen werden, ob Sie nicht auch mein Namensschild von der Tür abnehmen sollten ... Solange das für Sie in Ordnung ist, *können* Sie es machen. Doch ich möchte Ihnen nun sagen, wann Sie es tun *müssen:* Und zwar genau an dem Tag, an dem Sie mehr Zeit damit verbringen, Geld zu verdienen als damit, Werbung zu machen – und zwar unsere Art von Werbung.

In seiner Rede betonte er, wie viel Spaß Werbung doch mache, welche Leidenschaft vonnöten ist, den Job gut zu machen, lobte die Tugendhaftigkeit »guter, harter Arbeit« und warnte davor, nur zu wachsen, »um zu den Großen zu gehören«. Er fuhr fort: »Wenn dies eintritt, möchte ich nicht, dass mein Name noch an der Tür steht, und außerdem werfe ich dann jeden dieser verfluchten Äpfel einzeln den Fahrstuhlschacht hinunter!«

Rein körperlich hätte der Unterschied zwischen dem immer leicht verknittert daherkommenden Burnett und dem eleganten, sehr auf sein Äußeres bedachten Ogilvy nicht größer – und zugleich unwichtiger – sein können. In beruflicher Hinsicht hatten sie viele Gemeinsamkeiten und verstanden sich prächtig. Die beiden standen sich in nichts nach, wenn es um den Ausdruck ihrer gegenseitigen Bewunderung ging, sie tauschten Komplimente aus und schickten sich gegenseitig seitenlange Erklärungen ihrer Prinzipien.[437] 1954, nur sechs Jahre

8. Die Philosophen-Könige 173

nachdem Ogilvy zum ersten Mal Fuß in der Geschichte der Werbung gefasst hatte, schlug Burnett bei einer geheimen Besprechung eine Fusion beider Agenturen vor. Ogilvy hielt das für den besten Zusammenschluss aller Zeiten[438] und teilte seinen Londoner Partnern mit, dass Burnetts kreative Arbeiten eine Klasse für sich seien. Aufgrund von Interessenkonflikten, die sich durch ihre Kunden ergeben würden, und von Problemen mit den britischen Aktien kam die Fusion letztlich nicht zustande, doch die beiden Männer blieben in Kontakt.

Sie sprachen dieselbe Sprache, wenngleich mit einem anderen Akzent. Beide orientierten sich mehr an den Verkaufszahlen denn an Auszeichnungen für ihre Kreativität. Burnett hatte in seiner Agentur eingeführt, dass dem Team, das die Werbung mit der größten Umsatzsteigerung ersonnen hatte, der »Schwarze Bleistift«[439] verliehen wurde – Vorbild war sein eigener fetter schwarzer Bleistift. Ogilvy belohnte die Mitarbeiter, die durch ihre Kampagne den Absatz ihres Kunden am stärksten erhöhten, mit Barem. Beide Männer waren ihren Kunden gegenüber extrem loyal und bestanden darauf, dass alle Mitarbeiter ausschließlich die Produkte ihrer jeweiligen Kunden kauften. Während einer Besprechung außerhalb der Agentur geriet der Diabetiker Burnett in Unterzucker und brauchte dringend etwas Süßes.[440] Irgendjemand erinnerte sich, dass unten in der Halle ein Süßwarenautomat stand, was Burnetts Lebensgeister wiedererweckte: »Aber nur Riegel von Nestlé!«

Im Jahr 1991 wäre Burnett hundert Jahre alt geworden. Anlässlich der zu diesem Anlass stattfindenden Feierlichkeiten schrieb Ogilvy folgende Lobeshymne für das Gedenkbuch zu Ehren Burnetts: »Young & Rubicam und Leo Burnett sind die zwei Werbeagenturen, die ich am meisten bewundere. Leo ist vor zwanzig Jahren verstorben, aber von seinem endgültigen Rückzug aus der Werbung ist nichts zu spüren. Sein Einfluss auf die von ihm gegründete Agentur hält unvermindert an«[441]. Weiter schrieb er: »Und aus diesem Grund ist seine Agentur die beste«, wobei er übersah, dass der letzte Satz gegen seine eigene Agentur verwendet werden konnte. Die Geschäftsleitung von Burnett zeigte sich von ihrer noblen Seite und ließ diesen Satz streichen, schätzte sich aber glücklich, Ogilvys Begründung, weshalb er sich letztlich doch gegen eine Fusion der beiden Agenturen ausgesprochen hatte, verwenden zu dürfen: Er hatte das Gefühl, dass er den hohen Standards des Firmengründers in Bezug auf die Arbeitsmoral niemals gewachsen wäre. Auch abgedruckt wurde Ogilvys Erinnerung an seine Begeisterung, als er erfuhr, dass Burnett der Zeitung *Chicago Tribune* mitteilte,»dass unsere Agentur die einzige wäre, die zur ›Chicagoer Schule‹ gehörte – ein größeres Kompliment hätte er uns nicht machen können.«[442]

∽

Im Jahr 1957 konzipierte Bill Bernbach eine aufsehenerregende neue Werbung anlässlich der Eröffnung des Kaufhauses von Ohrbach in New York. Die Werbeanzeige wurde nur ein einziges Mal geschaltet[443], doch sie war so gut gemacht, dass Werbetreibende sie sich massenweise ins Büro hingen. Die ganzseitige Anzeige zeigte eine Katze, die einen Damenhut mit einer großen Schleife und eine Zigarettenspitze im Maul trug. Sie grinste den Leser süffisant an und sagte in der Überschrift schnurrend zu ihm:»Ich weiß alles über Joan«. Im Text wurde Joans Geheimnis dann gelüftet.»So wie sie redet, könnte man glauben, sie wäre im Who's Who erwähnt worden. Wie auch immer. Ich jedenfalls habe herausgefunden, was mit *ihr* los ist.« Der Leser erfährt dann, dass Joan gerne Pelze trägt und sich nach der Pariser Mode kleidet, die sie für erstaunlich wenig Geld bei Ohrbach kauft.

Ebenso wie Ogilvy die Aufmerksamkeit der Leser mehr auf den Mann gelenkt hatte, der das Hemd von Hathaway trug, und weniger auf das Hemd an sich, konzentrierte sich Bernbach mehr auf die Kunden von Ohrbach, nicht auf das Kaufhaus. Das Image vom klugen, anspruchsvollen Kunden unterschied sich wohltuend von dem Slogan von Macy's»It's smart to be thrifty« (Wer clever ist, der spart). Eine andere Anzeige zeigte einen Mann, der eine Frau unter seinem Arm trug. Die Überschrift lautet:»Großzügiges Tauschgeschäft! Bringen Sie einfach Ihre Frau und ein paar Dollar vorbei ... und wir machen eine neue Frau daraus.« Obwohl der Ohrbach-Etat nur ein Dreizehntel so hoch war wie der von Macy's, stand diese Anzeige der Kampagne von

8. Die Philosophen-Könige

Macy's in Sachen Effizienz und Öffentlichkeitswirksamkeit in nichts nach. »Eine gut gemachte und kreative Werbung«, predigte Bernbach seinen Leuten, »kann zehn Mal so viel bewirken wie sonst nur eine.« Bernbach hatte für Grey gearbeitet – eine mittelständischen Werbeagentur mit Sitz in New York –, als ihr von Ohrbach gekündigt wurde. Bernbach hatte sich 1949 zusammen mit Ned Doyle (Kundenbetreuer) und Maxwell Dane (Verwaltung) selbstständig gemacht, nachdem er Ohrbach als ersten Kunden gewonnen hatte. Ogilvys Agentur wurde annähernd zur selben Zeit gegründet. Doyle Dane Bernbach wurde zu einer wahren Kreativitätsschmiede, die Kampagnen entwarf, die nicht aggressiv (»Hard Sell«), sondern diskret (»Soft Sell«) waren. »Vergessen Sie Begrifflichkeiten wie *Hard Sell* und *Soft Sell*«[444], stellte Bernbach, der Präsident und Kreativdirektor seiner Agentur klar. »Das verwirrt nur. *Hard Sell* steht doch nicht dafür, wie eine Anzeige aussieht, oder wie laut sie ihre Botschaft verkündet. Es geht im Endeffekt nur darum, wie viel Umsatz über sie generiert wird. Sorgen Sie einfach dafür, dass der Inhalt Ihrer Anzeige von Substanz ist, dass sie dem Kunden etwas nützt und ihm Informationen bietet, und dann sorgen Sie noch dafür, dass es so noch nie gesagt wurde.«

Die Werbung von Doyle Dane Bernbach schien immer eine Nuance schöner, unterhaltsamer, überraschender und amüsanter zu sein als andere. Die Anzeigenkampagne für Ohrbach hatte das Interesse von Volkswagen geweckt, die knapp 15 Jahre nach Ende des Zweiten Weltkriegs den US-amerikanischen Markt für sich erobern wollten. Nachdem das Kreativteam das Werk in Deutschland besucht hatte, entschied es zu zeigen, wie redlich, einfach, zuverlässig und herzerfrischend anders der preiswerte – und in manchen Augen hässliche – Käfer doch war. Die VW-Werbung war ebenso schnörkellos wie das Auto selbst. Doch der Käfer war der Held, der in immer wieder aufs Neue überraschenden Situationen gezeigt wurde. In einer Anzeige stand über dem Foto eines Käfers die Überschrift »Montagsauto«. Im Text war dann zu lesen, dass der Qualitätsprüfer von VW dieses Fahrzeug nicht freigegeben hatte, weil an der Chromverblendung am Handschuhfach ein winziger Fleck zu sehen war. Die Überschrift »In kleinem Maßstab denken« ließ die Nachfrage nach dem Kleinwagen merklich ansteigen – und das in einer Zeit, in der die Autobauer in Detroit nur an riesige Schlitten dachten.

Bernbach dachte visuell und erschuf seine Werbung nach grafischen Maßstäben. Seine Artdirektoren bevorzugten klare, minimalistische Layouts und moderne serifenlose Schriftsätze. Dieser gestalterisch simple Ansatz funktionierte auch im Fernsehen – man sah, wie sich ein Käfer seinen Weg durch Schneeverwehungen bahnte, während der Sprecher im Hintergrund fragte: »Haben Sie sich auch schon mal gefragt, wie der Typ, der den Schneepflug fährt, zu seinem Schneepflug kommt?«

Bernbach, der in Brooklyn aufgewachsen war, machte es zu einer Tugend, dass er – ganz im Gegensatz zu den meisten Managern in der Werbebranche, die in so noblen Wohnvierteln wie Connecticut oder Manhattan East Side wohnten, noch immer in Brooklyn zu Hause war. Ganz anders als diese ganzen extravaganten Agenturtypen war er für seine ruhige Art und seine leise Stimme bekannt[445], was mitunter dazu führte, dass sich seine Mitarbeiter den Hals verdrehen mussten, um zu hören, was er sagte. Sein Äußeres war nicht wirklich ansprechend oder attraktiv – er war klein geraten, hatte winzige Hände und Füße, dünnes weißes Haar und ein rosafarbenes Gesicht. Er legte großen Wert auf ordentliche Kleidung, trug ausschließlich blaue Button-Down-Hemden, konservative Krawatten und immer einen Anzug.[446]

Bernbachs unscheinbares Äußeres vermittelte einen falschen Eindruck über ihn, sagte Mary Wells Lawrence, die als Texterin für DDB arbeitete, bevor sie ihre eigene Agentur eröffnete. »Er strahlte eine derart übermächtige innere Präsenz aus, dass alles rings um ihn verblasste. Es kam schon vor, dass er den einen oder anderen niedergemäht hat. Er hatte eine recht heftige Art an sich, die viele verunsicherte ... In seiner Glanzzeit hatten viele Angst vor ihm.«

Bernbach wurde zum Idol vieler Kreativer, der Held, der die kreative Revolution der 1960er Jahre anfachte. »Er war der Picasso unserer Branche«[447], sagt Alan Rosenshine, ein Texter, der später Chef von BBDO wurde. »Er hat ein radikales Umdenken in der Werbung bewirkt, weil er mit veralteten Konventionen und Einschränkungen aufgeräumt hat. Durch ihn haben wir noch einmal hinterfragt, wie

8. Die Philosophen-Könige

Werbung eigentlich funktioniert.« Selbst Jude, der in eine Domäne der WASPs (Menschen weißer Hautfarbe, angelsächsischer Herkunft und protestantischer Konfession) eingedrungen war, rekrutierte Bernbach Mitarbeiter, die in anderen Agenturen nicht willkommen waren – Juden, Italiener und Angehörige anderer Minderheiten[448], viele von ihnen aus den Außenbezirken Brooklyn, Queens und der Bronx, sodass seine Agentur Spiegel des urbanen Schmelztiegels wurde.

Seine Philosophie über Werbung verbreitete er über Memos und Vorträge und indem er über Anzeigen sprach, die ihm gefallen hatten; doch er verlor kein Wort über Anzeigen, die ihm missfielen. Für Bernbach musste Werbung etwas Neues, noch nie Dagewesenes sein. »Ich will etwas *Frisches* sehen!«[449] lautete sein konstanter Anspruch. In seinen Augen war die Überzeugung zum Kauf eine Kunst, keine Wissenschaft. Er sagte immer, er sei nicht im Kommunikationsgeschäft, sondern im Überredungsgeschäft tätig, und zitierte zur Verdeutlichung seines Standpunkts Aristoteles, der meinte, dass sich Menschen nicht zu etwas überreden lassen, indem man an ihren Intellekt appelliert, sondern weil etwas ihre Gefühle anspricht und Bedürfnisse weckt.

Bernbach wusste wie kaum ein anderer, wie wichtig der Eindruck ist, den Werbung beim Betrachter hinterlassen soll – und dazu muss er ihr seine Aufmerksamkeit schenken. Mit Formeln komme man seiner Meinung nach hier nicht weiter. »Künstler sind dafür bekannt, Regeln zu brechen; noch nie wurde etwas Unvergängliches mithilfe einer Formel geschaffen.«[450] Werden immer wieder dieselben Dinge wiederholt, langweilt sich der Verbraucher, und die Wirkung von Werbung verpufft. »Achtet kein Verbraucher auf Ihre Werbung, ist der Rest theoretisches Geschwafel.« (Ogilvy stimmte ihm zu: »Niemand kann in einer leeren Kirche Seelen retten.«)

Der Erfolg von Volkswagen zog andere Hersteller an, die ebenfalls frischen Wind in ihrer Werbung spüren wollten – zumeist kleinere Unternehmen mit relativ kleinen Budgets. VW gab in seinen ersten Jahren nach seinem Vorstoß nach Amerika nur 28 Millionen US-Dollar für Werbung aus, während es bei den amerikanischen Autobauern GM, Ford und Chrysler Hunderte Millionen US-Dollar waren. Für den Autoverleih Avis erklärte Doyle Dane Bernbach den Nachteil kurzerhand zur Tugend: »Wir sind nur Nummer zwei, daher bemühen wir uns mehr.« Bernbach probierte einmal abgepacktes Brot einer kleinen Bäckerei in Brooklyn. Sein Kommentar: »Kein Jude wird jemals so ein Brot essen.«[451] Daraus wurde dann eine Anzeige, auf der Porträts von Menschen mit unterschiedlichem ethnischen Hintergrund – Asiaten, Schwarze und Indianer – zu sehen waren. Die Überschrift lautete: »Man muss kein Jude sein, um Levy's zu lieben.« Als Überschrift unter einem atemberaubenden Foto eines Matzebrots von Goodman stand: »Koscher für Passah« – auf Hebräisch. Für die israelische Fluggesellschaft El Al schrieb sich die Überschrift fast von selbst: »Wir heben erst ab, wenn alles koscher ist«.

Die Agentur wurde mit Auszeichnungen für ihre kreative Arbeit förmlich überschüttet, was sie gern sah, da sie ihr zeigten, dass sie auf dem richtigen Weg war – und weitere Kunden anzog. In den 1960er Jahren hatte es die Agentur nicht nötig, für Neukunden eine Präsentation auszuarbeiten, stattdessen wurden interessierten Unternehmen die bisherigen Werbespots der Agentur vorgeführt, und Bernbach erzählte ihnen etwas über die eigene Philosophie.

Der Londoner Werber David Abbott, der für beide Agenturen gearbeitet hatte, verglich einmal Ogilvy mit Bernbach. »Mein erster großer Held war David Ogilvy, als ich meine erste Stelle bei Mather & Crowther antrat. Jedem Mitarbeiter wurde seine Liste mit 40 Anweisungen in die Hand gedrückt, wie Werbung geht. Auch heute noch, also 40 Jahre später, kann ich seine Tipps nicht einfach ignorieren.«[452] Dann erläuterte er, was ihm durch den Kopf ging, als er zum ersten Mal eine von Bernbach gestaltete Anzeige sah: Nämlich dass man Werbung auch anders angehen konnte.

> Ich stimme mit DDBs Philosophie in nahezu allen Punkten überein. In gewisser Hinsicht unterscheidet sie sich gar nicht so sehr von Ogilvys. Sie hat nur eines noch oben drauf gesetzt: Dass Werbung auffallen muss. Sie muss mehr von Herzen kommen, witziger sein, charmanter sein. David hat mich die Grammatik gelehrt. Und Bill hat mir beigebracht, wie man unter Einhaltung der Regeln die Aufmerksamkeit der Verbraucher gewinnt.[453]

8. DIE PHILOSOPHEN-KÖNIGE

Beide Werber waren inspirierende Führungskräfte und begeisterte Verfechter ihrer Sache, fährt Abbott fort, und natürlich Spitzenverkäufer. »Sie waren sich ihrer Sache immer sicher, und gerade in dieser Branche ist so gut wie nichts sicher. So mancher Startschuss für eine Werbekampagne ist im Grunde genommen ein Vertrauensvorschuss seitens des Kunden. Doch bei Bill und Dave war das anders. Ihre Kunden konnten sich sicher sein, dass sie nicht nur tolle Arbeit leisten würden, sondern auch ihre Umsätze steigern würden.«

Auch wenn sowohl Ogilvy als auch Bernbach mit ihrer Werbung den wirtschaftlichen Erfolg ihrer Kunden im Visier hatten, standen die zwei Männer und ihre Agenturen für zwei recht unterschiedliche Philosophien. Bernbach setzte auf Emotionen in seinen Kampagnen: »Gut möglich, dass Sie genau das Richtige über ein Produkt erzählen, aber es hört Ihnen niemand zu. Sie müssen das also so erzählen, dass die Menschen ein Kribbeln im Bauch verspüren. Wenn sie nichts empfinden, passiert auch nichts.« Forschung war in seinen Augen überschätzt. »Fakten sind nicht alles. Am Anfang einer jeden Werbung steht die Überlegung, *was* Sie sagen wollen. Doch nur die Art und Weise, *wie* Sie etwas sagen, führt dazu, dass die Menschen Ihnen zuhören und Ihre Anzeige ansehen. Wenn Sie das *Wie* nicht beherrschen, waren die ganze Arbeit, der ganze Scharfsinn und die Fähigkeiten, die investiert wurden, um herauszufinden, was gesagt werden soll, vergeudete Liebesmühe.«[454] Bernbach zielte mit seiner Werbung mehr auf das Gefühl, weniger auf den Verstand. »Ich warne Sie: Glauben Sie ja nicht, dass Werbung eine Wissenschaft ist.« Vorstellungskraft und Ideenreichtum waren seine Qualitätskriterien: »Regeln sind ein Gefängnis«.

Unternehmen, die ihre Werbung in die Hände von Bernbach legten, nahmen hin, dass er so gut wie keine Kritik an seiner Arbeit duldete. Ein Texter, der einmal für seine Agentur gearbeitet hat, beschrieb, wie es funktionierte: »Seine Vorstellung von dieser Form der Zusammenarbeit mit seinen Kunden lautete: ›Sie backen die Brötchen, ich übernehme die Werbung.‹ Bernbach konnte den Hersteller von Levy's Brot anbrüllen, woraufhin der zurückbrüllte.[455] Dann haben sie sich zusammengesetzt und gemeinsam eine Lösung gefunden.« Diese

Methode klappte jedoch weniger gut bei den Großkunden aus der Lebensmittelbranche, da in diesem Fall die Assistenten der Markenmanager die Kundenbetreuer anbrüllten. Jeremy Bullmore von J. Walter Thompson sagte einmal, die Zielgruppe für die Werbung von Bernbachs Agentur war eigentlich die Agentur selbst.[456]

> Mittelklasse, wohlhabend, vermutlich von der Ostküste, männlich. Sie schrieben mit Witz und Stil das, was ihnen selbst gefiel. Doch als Lever Brothers sie auf dem Höhepunkt ihres Erfolgs beauftragte, Werbung für ein Waschmittel zu machen, fiel ihnen beim besten Willen nichts ein. Sie konnten sich einfach nicht vorstellen, wie es war, als Hausfrau und Mutter mit drei kleinen Kindern zu Hause jeden Cent umdrehen zu müssen und die Flecken aus der Wäsche kriegen zu wollen.

Ogilvy setzte von Anfang an auf Großunternehmen, und als Lockvogel nutzte er seinen Erfolg mit prestigeträchtigen Produkten. Da jeder seiner Kunden seine Prinzipien über Werbung und wie man dabei vorzugehen hat kannte, kannten sie auch seine eiserne Disziplin, was ihnen wiederum ein sicheres Gefühl verlieh. Schließlich war Werbung ein Geschäft, in dem man sich nicht nur auf sein Urteilsvermögen verlassen konnte – dafür stand zu viel auf dem Spiel. Natürlich war Ogilvy klar, welche Rolle Gefühle in der Werbung spielten, aber tief in seinem Inneren war er doch Meinungsforscher und Verfechter der Direktwerbung samt ihren Appellen an den gesunden Menschenverstand des Verbrauchers.

Die Tatsache, dass Ogilvy überwiegend Kunden aus der Lebensmittelbranche hatte, wirkte sich auch auf die Art der Werbung seiner Agentur aus. Damals verließen sich viele seiner Kunden auf eine Forschungsmethode, die als »Day-After-Recall-Test« bekannt wurde. Bei dieser Methode werden die Verbraucher einen Tag nach der Ausstrahlung eines Werbespots von einem Meinungsforschungsinstitut angerufen und gefragt, ob sie diesen Spot gesehen haben. Wenn ja, folgen weitere Fragen zu dem Inhalt. Bei dieser Forschungsmethode wird vor allem das Erinnerungsvermögen des Probanden getestet und auch, ob er in der Lage ist, die rationalen Kaufargumente wiederzugeben. Aus diesem Grund kreierte Ogilvys Agentur Werbespots, die ein Stück aus

8. Die Philosophen-Könige

dem wahren Leben zeigten, Erfahrungsberichte zufriedener Kunden wiedergaben oder Produktdemonstrationen enthielten. Man denke nur an den Spot über Imperial Margarine, in dem den Familienmitgliedern Kronen aufs Haupt gesetzt werden, während sie zu Trompetenklang das Produkt testen. Aufgrund dieses Spots verkaufte sich zwar die Imperial Margarine sehr gut, dem Image der Agentur hat er jedoch mehr geschadet denn genutzt. Obgleich Ogilvys Agentur durchaus in der Lage war, auch andere Werbespots zu produzieren – und es ja auch tat, wie man zum Beispiel an American Express sehen konnte – bestand ein Großteil ihrer sogenannten Lifestyle-Werbung den Day-After-Recall-Test nicht.

Ogilvy bewunderte den Werbespot von Volkswagen und ließ dies Bernbach auch wissen: »Noch nie zuvor in der Geschichte ist es einer Agentur geglückt, einen Werbespot von derart hohem Niveau zu produzieren. Die Leute von Volkswagen sollten dir – auf Lebenszeit – ein Schloss am Rhein zur Verfügung stellen, mit Bediensteten und bis unter die Decke mit Leckereien angefüllt.«[457] Doch persönlich standen sich die beiden nicht nahe. Für Bernbach war Ogilvy eine Mischung aus einem »Schausteller«[458] und einem Handwerker, der sich eine Meinung über die Techniken der Werbung gebildet hatte. Ogilvy dagegen hatte das Gefühl, dass Bernbachs Gefolgsleute einfach nicht kapierten, was er sagen wollte. Es war wohl Ironie des Schicksals, dass die bodenständige Agentur Bernbachs Erfolg mit anspruchsvollen Werbespots für Volkswagen, Avis, Levy's, Goodman's Matze und El Al Airlines hatte, während die angeblich so elitäre Agentur von Ogilvy mit Werbung für Massenprodukte groß wurde.

∼

Ogilvy erkannte rasch, was es bedeutete, Werbung für Massenware zu machen. 1961 schrieb er einem Kollegen: »Offenbar müssen wir uns zwischen irrationalen Genies und sterilen Rationalisten entscheiden.«[459] Drei Jahre später schrieb er Leo Burnett: »Im Jahr 1938 habe ich mich in zwei Schulen für Werbung verliebt. Blöderweise vertrat die eine das genaue Gegenteil der anderen.«[460] Eine davon beschrieb er als elegante und unterhaltsame Schule unter der Leitung von Young & Rubicam, die andere entsprang Lord & Thomas (Claude Hopkins) und Ruthrauff & Ryan (Versandgeschäft) und verließ sich auf Gutscheincoupons zur Messung des Erfolgs. »Die Bewunderung, die ich für beide Schulen empfand, hat mich zerrissen. Andererseits habe ich 16 Jahre lang versucht zu beweisen, dass sich von beiden das Beste kombinieren lässt. Im Moment sieht es ganz danach aus, als bewegte ich mich auf das Ende des Spektrums zu, an dem Unterhaltung geschrieben steht – zumindest, was Fernsehspots anbelangt.« 1964 setzte er diese Ausführung fort und ergänzte, dass mittlerweile Bernbach Young & Rubicam als Leiter der Schule abgelöst hatte, die auf Unterhaltung setzte, und Bates »Hopkins Erbe angetreten hatte.«

Einem Interviewer erzählte Ogilvy einmal, dass manche Agenturen »so sind wie Kirchen, in denen es kein Dogma gibt, wo jeder seine eigenen Gebete verfassen kann. Unsere Agentur dagegen mutet an wie die katholische Kirche.«[461] Die *Times* kommentierte dieses Interview mit diesen Worten: »Für einen Mann, der als größter Regelbrecher der Madison Avenue gilt, ist seine Theologie überraschend orthodox. Gefeiert ob seiner Kühnheit und seines britischen Charmes setzt er auf einfache, überholte Lehrmeinungen.« Zu Beginn seiner Laufbahn galt Ogilvy als Revolutionär, der die Welt der Werbung auf den Kopf stellte. »Ogilvy hat großartige Veränderungen bewirkt«, schrieb *Printer's Ink*. Leo Burnett stimmte dem zu: »Für mich sind Texte von David Ogilvy die wichtigsten unserer Zeit, weil sie beweisen, dass auch eine aggressive Verkaufsstrategie schmackhaft sein kann.« In den Augen vieler war es Ogilvy, der als Erster in der Geschichte der US-amerikanischen Werbung auf eine Mischung aus Verkaufsgeschick und gutem Geschmack setzte.

Die heutige Werbung geht dennoch mehr auf Bernbach zurück als auf Ogilvy. Er war einer der einflussreichsten kreativen Männer seiner Zeit und inspirierte so manchen Leiter erfolgreicher Werbeagenturen wie beispielsweise Jack Tinker, Mary Wells Lawrence, George Lois, Jay Chiat, Jerry Della Femina und Carl Ally. Der zurückhaltende und gewinnende Werbestil, dessen Vorreiter klar Bernbach und seine

8. Die Philosophen-Könige 183

Gefolgschaft und wiederum deren Anhänger waren, etablierte sich in Amerika als vorherrschende Art der Werbung.

∽

Ogilvy versuchte sich mit den Großen seiner Zeit zu messen. Für ihn begann die moderne Werbung mit Rubicam, von dem er sich schon beeinflussen ließ, bevor er seine eigene Agentur gründete. Später sagte er darüber, dass er sich damals nicht qualifiziert genug gefühlt hätte, um sich für eine Stelle bei Young & Rubicam, der Agentur, die er am meisten bewunderte, zu bewerben. Ogilvy interessierte sich für Rubicams Ansichten und schilderte ihm, welche Fortschritte er machte. »Leider war ich nie in Ihrer Agentur tätig, was wohl erklärt, dass ich kaum etwas habe, was mich anleitet. Doch eines weiß ich genau: Ich will eine erstklassige Agentur aufbauen.«[462]

Er ging dem älteren Mann um den Bart und schrieb: »Es ist schon bemerkenswert, dass aus einem der besten Texter Amerikas einer der größten Vorsitzenden und Chefs in der Geschichte der Werbeagenturen geworden ist.« Rubicam erwiderte das Kompliment und nannte Ogilvy einen »Star einer ganzen Werbegeneration in den Vereinigten Staaten.«[463] Einige Jahre nach seiner Pensionierung im Jahr 1944 wollte Rubicam Vorstand von Ogilvys Agentur werden, doch das kam niemals zustande.

Großen Respekt zollte Ogilvy auch Stanley Resor, der an die 50 Jahre lang der Agentur J. Walter Thompson vorstand und sie zur weltweit größten Agentur gemacht hatte. Ogilvy bewunderte die Zielsetzung von Thompson, »zu einer Universität für Werbung« werden zu wollen. Jeremy Bullmore, der Chef von J. Walter Thompson in Großbritannien, erwähnte, dass es in *Thompson Blue Book on Advertising*[464] aus dem Jahr 1906 ausschließlich um die Effizienz von Werbung ginge, und dass ein Großteil davon 50 Jahre später von Ogilvy hätte verfasst worden sein können.

Ogilvy hatte zwei Begegnungen geschäftlicher Art mit dem brillanten Marion Harper aus Oklahoma[465], der ebenso wie er selbst als Handelsreisender tätig gewesen war und Marktforschung studiert hatte. Harper fing zunächst in der Postzentrale von McCann-Erickson an, stieg dann zum Forschungsleiter auf und wurde 1948 schließlich Präsident der Agentur. Für Harper war Werbung nur Teil des Marketingprozesses, weshalb er sich dafür stark machte, dass sich mehrere Agenturen, die ähnliche Dienstleistungen wie Öffentlichkeitsarbeit oder Verkaufsförderung anboten, zu einem Konglomerat zusammenschließen sollten. Somit schlug die Geburtsstunde für die erste Holdinggesellschaft der Werbebranche: The Interpublic Company.

Irgendwann in den 1950er Jahren wollte Harper Ogilvys Agentur kaufen und bot ihm 500 000 US-Dollar dafür an. In Werbekreisen kursiert die Geschichte, dass er Ogilvy davon überzeugen wollte, indem er auf ihren gemeinsamen Hintergrund in der Marktforschung setzte. Er lud ihn ein, sich Werbespots anzusehen, während eine laufende Kamera auf sein Gesicht gerichtet war, um festzuhalten, wann sich seine Pupillen weiteten oder verengten. Angeblich soll Ogilvy dazu gemeint haben: »Schön und gut, aber was tun Sie, wenn ich meine Augen geschlossen halte?«[466] Jahre später rief ihn Harper ein zweites Mal an. Er bat um einen Kredit in Höhe von 400 000 US-Dollar, um Interpublic vor dem drohenden Konkurs zu retten. Dieser war durch das katastrophale Finanzmanagement des Unternehmens verursacht worden, zu dem auch die Anschaffung einer eigenen Flotte gehörte, unter anderem mit einer DC-7, die wie ein Taxi benutzt wurde. Ogilvy lehnte beide Vorschläge ab.

Nach dem durchschlagenden Erfolg von *Geständnisse eines Werbemannes* wurde Ogilvy zum Abendessen ins Weiße Haus eingeladen, das Adelphi College in New York verlieh ihm einen Ehrendoktor, er wurde zum Vorstandsmitglied des Colby College in Maine gewählt und in mehrere Halls of Fame aufgenommen. 1964 wurden bei einer vom *The Gallagher Report*[467] in Auftrag gegebenen Umfrage die Agenturchefs, Werber und Marketingexperten gefragt, wer ihrer Meinung nach zu den besten Agenturleitern des Jahres zählte.

Hier das Resultat:

1. David Ogilvy
2. William Bernbach

3. Norman Strouse (J. Walter Thompson)
4. Robert E. Lusk (Benton & Bowles)
5. Marion Harper

Der Schriftsteller Roald Dahl – zeitweise Freund von Ogilvy und ehemaliger Kollege in der britischen Botschaft – schrieb Ogilvy, dass er die *Geständnisse eines Werbemannes* unterhaltsam gefunden habe, und gab ihm noch folgenden Tipp:

> Das ist der längste Text, den du jemals für einen Kunden verfasst hast.
> Und zugleich der effizienteste.
> Dein Kunde wird durch den Erfolg entlohnt.
> Noch mehr Leute als je zuvor werden sein Produkt haben wollen.
> Doch wer ist eigentlich der Kunde?
> Das weißt du genauso gut wie ich.
> Dein Kunde bist du.[468]

Kapitel 9
Die allein selig machende Kirche

Das Amerika der 1960er Jahre scheint in der Erinnerung ein Paradies für Werbetreibende gewesen zu sein. Die Wirtschaft boomte, und im Weißen Haus verströmte John F. Kennedy Optimismus. Das Fernsehen – das echte erste Kommunikationsmedium für den Massenmarkt – war den Kinderschuhen entwachsen und half Verbrauchern, aus den Zehntausenden von Produkten in den neuen Supermärkten auszuwählen. Die Werbung dieser Zeit sang das Hohelied der Familie an idealisierten, häufig absurden Schauplätzen. Die Mutter – grundsätzlich Hausfrau – putzte und kochte im schicken Kleid auf Stöckelschuhen.

Für Ogilvys junge Agentur waren die 1950er die goldenen Jahre gewesen. »Ganze sieben Jahre lang haben wir jeden Etat bekommen, den wir haben wollten«[469], behauptete Ogilvy. »Wir haben die gesamte Konkurrenz abgehängt. Wir waren unglaublich angesagt.« 1960 war Ogilvy, Benson & Mather die Nummer 28 der Werbeagenturen Amerikas und erwirtschaftete einen Umsatz in Höhe von 30 Millionen US-Dollar – 1950 waren es noch drei Millionen US-Dollar gewesen. Ogilvy war auf dem besten Weg, ein Star zu werden. 1962 war er gemeinsam mit einem Dutzend anderer Agenturchefs unter der Schlagzeile »Die sichtbaren Verführer« auf dem Titelblatt der *Time* abgebildet[470] – wobei »sichtbar« eine Anspielung auf Vance Packards *Die geheimen Verführer*[471] war. In dem Artikel der *Time* hieß es über Ogilvy, er hätte ein »besonderes Talent für niveauvolle und unterhaltsame Werbeanzeigen, die Verbraucher bereitwillig ihre Geldbörse öffnen ließen, was

9. Die allein selig machende Kirche 187

ihn zum begehrtesten Hexenmeister der heutigen Werbeindustrie macht.«

Seiner Beliebtheit und dem Erfolg bei Neukunden zum Trotz waren die meisten Werbeetats der Agentur recht bescheiden. Ogilvy, Benson & Mather – wie sie nach Hewitts Ausscheiden hieß – war das, was man einen »kleinen Laden« nannte. Die Liste der Topagenturen[472] wurde 1960 angeführt von J. Walter Thompson, Batton, Barton, Durstine & Osborn[473], McCann-Erickson, Young & Rubicam und Ted Bates. Wir seien die Lieblinge der Intellektuellen[474], jammerte Ogilvy. »Auf Partys erzählen sie uns, dass wir die einzige Agentur wären, die ihre Intelligenz nicht beleidige. Doch davon können wir uns auch nichts kaufen. Und in den Augen der Konzerne macht es uns nur verdächtig.« Ogilvy ließ des Öfteren die Bemerkung fallen, dass keine Agentur freiwillig klein sei, und setzte auf Wachstum.

Drei Vorfälle, von denen zwei unbeabsichtigte Folgen hatten, brachten einen Wandel der Agentur nach sich und lösten letztlich ihr Wachstum in den 1960er Jahren aus: die internationale Fusion, der Börsengang und, allen voran, die Ankunft der Großunternehmen.

Vier der Unternehmen auf Ogilvys heiß diskutierter Liste seiner Wunschkandidaten waren Konsumgüterhersteller, die Ogilvy als professionell, zivilisiert und gut bei Kasse einstufte.[475] Er hatte die Erfahrung gemacht, dass brillante kreative Arbeit eine bestimmte Sorte Kunden auf den Plan rief, doch ihm war auch klar, dass er nur mit den Großen der Industrie ganz oben mitspielen würde.[476] »Bevor ich Schlüsselpositionen in meiner Agentur besetzte, fragte ich mich grundsätzlich, ob diese Entscheidung General Foods beeindrucken würde. Ich habe so ziemlich alles an General Foods gemessen.«[477]

Diese Überlegungen brachten Ogilvy auf Esty Stowell, der bei Benton & Bowles für den Werbeetat von General Foods zuständig war. »Ich wusste, dass General Foods große Stücke auf Esty hielt. Bevor er bei uns anfing, waren wir ein kleiner Laden, der als eigenwillig und versnobt galt. Esty sorgte dafür, dass wir ernst genommen wurden.«[478] Es dauerte etwa ein Jahr, bis Stowell, der gerne Pfeife rauchte und Abschlüsse von St. Pauls und Harvard in der Tasche hatte, sich überreden ließ, Vorstand der Agentur zu werden.[479] Sein aristokratisches

Gebaren verlieh ihm eine natürliche Autorität und so dauerte es nicht lange, bis er den Vorstandssitz einnehmen sollte.

»Unsere Kreativabteilung ist wirklich gut«, erzählte Ogilvy seinem neuen Partner. »Die leite ich. Du kümmerst dich um alles Weitere. Von Medien oder Marketing habe ich keine Ahnung, und als Manager bin ich ein hoffnungsloser Fall.« Stowell hob die Standards für die Einstellung neuer Mitarbeiter an, warb einige kluge Köpfe von Benton & Bowles, McCann-Erickson, Colgate und Procter & Gamble ab, und ersetzte die »Kontakter« durch ausgebildete Marketingexperten.[480]

»Der charakterstärkste Mann aller Zeiten«, nannte ihn Ogilvy respektvoll, weil Stowell es abgelehnt hatte, den Sohn des Vorsitzenden von General Foods, der sich bei der Agentur beworben hatte, einzustellen. Ogilvy schätzte Stowell als zuverlässigen Partner, doch seine unterkühlte und distanzierte Art kam bei so manchem Kollegen nicht gut an.[481] Doch dieser Eindruck verflüchtigte sich, als ihm ein Werbespot vorgeführt wurde, den er genehmigen sollte. Der Ex-Marine sah sich den Spot an, nahm seine Pfeife aus dem Mund und verkündete sein Urteil: »Mag sein, dass ich mich nun wie ein Korinthenkacker anhöre, aber in meinen Augen ... «

Es war Stowell zu verdanken, dass die großen Konzerne nun sowohl in den Genuss von Ogilvys Charme kamen als auch anspruchsvolles Marketing in Anspruch nehmen konnten. Schon kurz nach Stowells Eintritt in die Agentur überließ General Foods die Werbung für ihre größte Marke Maxwell House Bohnenkaffee seiner neuen Agentur. Dieser Vertrauensvorschuss machte sich für Generals Foods bezahlt, denn der Werbespot lief sechs Jahre im Fernsehen und wurde ein Klassiker.

> Fast die ganzen 60 Sekunden des Spots füllte eine Großaufnahme des Schauglases am Deckel eines Kaffeebereiters das Bild. Die Kamera fokussiert das Schauglas, in dem der Kaffee im Takt der Musik – blibb-blibb-Bl-Bl-BlBB – »sprudelte«.[482]

Dieser Spot bewies, dass die »Boutique-Agentur« durchaus in der Lage war, *Fernseh*-Werbung für die Konsumgüterbranche zu produzieren, die von durchschlagendem Erfolg war. Ogilvys erster Besuch in der

9. DIE ALLEIN SELIG MACHENDE KIRCHE 189

Kaffeerösterei in Hoboken, New Jersey, brachte ihn auf das Thema des Spots. Er war überwältigt von dem köstlichen Aroma des frisch gerösteten Kaffees und fragte sich, ob er auch so gut schmeckte wie er roch. Zu dem Slogan »Schmeckt so gut wie er duftet«[483] gesellte sich »Lecker bis zum letzten Tropfen«, was auf den US-Präsidenten Theodore Roosevelt zurückging, der dies gesagt haben soll, als er im Maxwell House Hotel in Nashville, Tennessee[484], seine erste Tasse dieser speziellen Kaffeemischung genoss.

Der Erfolg dieser Spots wurde durch mehrere Folgeaufträge von General Foods belohnt, unter anderem für das neueste Produkt im Haus: gefriergetrockneter Instantkaffee. Mit dem ersten kreativen Ansatz des Texters war Ogilvy jedoch alles andere als zufrieden, weshalb er ihn mit einem ungewöhnlichen Auftrag zurück zur Arbeit schickte: »Schreiben Sie den Werbetext so, als ob der Pharmakonzern Smith Kline ein neues verschreibungspflichtiges Arzneimittel auf den Markt bringen wolle.«[485] Der Texter wusste genau, was Ogilvy von ihm wollte und entwarf eine symbolische Beschreibung des Gefriertrockenverfahrens, wobei der Schwerpunkt darauf lag, wie sehr sich dieses neue Verfahren vom üblichen Sprühtrockenverfahren unterschied – ein weiterer Riesenerfolg für Ogilvys Agentur. Mitte der 1960er Jahre war General Foods auf dem besten Weg, ihr größter Kunde zu werden.

Doch dann kam 1960 ein neuer Kunde ins Rennen, der nahezu die gesamte Agentur auf den Kopf stellte: Mit einem Schlag wuchs sie auf das Doppelte ihrer ursprünglichen Größe. Ogilvy hatte die Gelegenheit, die sich ihm bei einem Mittagessen des Schottische Rats geboten hatte, bei dem er Max Burns, den Präsidenten von Shell, kennen gelernt hatte, zu nutzen gewusst und ihn sich in den kommenden Jahren zum Freund gemacht.[486] Der Durchbruch kam, als Walter J. Thompson, dessen Beziehung zu Shell an einem Tiefpunkt angelangt war, den Vorschlag eines Honorars anstelle der branchenüblichen Provision von 15 Prozent des Werbeetats als »unmoralisch« ablehnte. Eine lächerliche Begründung, wie Burns fand, schließlich sei es auch nicht unmoralisch, seinem Arzt, Rechtsanwalt oder Buchhalter ein Honorar zu zahlen, während die Abrechnung auf Provision schnell dazu führe, dass die Motive der eigenen Werbeagentur fragwürdig erschienen, wenn sie eine Aufstockung des Etats forderte.[487] »Wir würden es vorziehen, gegen ein Honorar zu arbeiten«[488], ließ Ogilvy Shell wissen. In der Öffentlichkeit argumentierte er, dass das Verhältnis zwischen der Agentur und ihren Kunden am zuträglichsten für beide Parteien wäre, wenn die Einnahmen der Agentur nicht an ihre Fähigkeit gekoppelt wäre, ihren Kunden dazu zu überreden, eine bestimmte Summe für Werbung auszugeben. Privat dagegen war Ogilvy weniger begeistert von dieser Form der Entlohnung. Thompsons Präsident flehte Ogilvy an, sich keinesfalls darauf einzulassen, da dies die Agenturen reihenweise in den Bankrott treiben würde. Keiner seiner Partner stimmte dem neuen Abrechnungsmodell zu.[489] »Unsere Kunden haben uns dazu genötigt«, erzählte Shelby Page, der langjährige Finanzleiter der Agentur. »Der erste Kunde auf Honorarbasis war Sun Oil. Später wollte das Fremdenverkehrsamt die Abrechnung ebenfalls so handhaben. Bei Shell haben wir zugestimmt, weil wir den Etat wollten – nur so konnten wir einen Rabatt gewähren.«

Ogilvy war also der Vorreiter des Honorarsystems und konnte sich der Unterstützung der führenden Marketingexperten sicher sein[490], die ihn für seinen »Schneid« und »Mut« lobten. Für den ehemaligen Marketingleiter von Campbell Soup war es der Durchbruch, da »die Tatsache, dass es sich um eine Agentur Ihrer Größe und Ihres Rufs und um einen Etat wie Shell handelt, dem Fall Gewicht verlieh«. Seine Mitbewerber waren weniger erfreut von der neuen Abrechnungsform, da die Branche auf diese Weise eine Menge Geld verlor, selbst als sich diese Honorarform immer mehr durchsetzte.

Ogilvy hatte gezögert, als Shell eine Testkampagne als Beweis dafür sehen wollte, dass man einer solch kleinen Agentur einen solch großen Etat anvertrauen konnte. »Wir gehen erst miteinander ins Bett, wenn wir verheiratet sind«[491], lautete seine Erklärung. Es war sicherlich kein Schaden, dass Shell Ogilvys Kampagne für Rolls-Royce mochte, während Thompsons Cartoon, in dem sich Autos als Beweis für den Slogan »Autos lieben Shell« vor den Tankstellen von Shell drängelten, bei Shell auf Missfallen stieß.[492] Sobald er den Auftrag in der Tasche hatte, setzte Ogilvy genau auf das Gegenteil. Er schlug eine

9. Die allein selig machende Kirche

seriöse Werbung vor, die Shell als Unternehmen zeigen sollte,»dessen Anderssein auf wissenschaftlichen Erkenntnissen beruht«. Er überredete Shell, seinen angestammten Werbeplatz vor und nach den Nachrichtensendungen eines jeden größeren Fernsehsenders aufzugeben und seinen gesamten Etat stattdessen für Anzeigen in Zeitungen zu verwenden – für ganzseitige, textlastige Anzeigen, vollgepackt mit Fakten über Kraftstoff.

Bekanntmachung: Shell gibt die neun Inhaltsstoffe seines Super-Benzins bekannt und weist nach, wie sie für *Bestleistungen* Ihres Wagens sorgen.

»Ich *lese* grundsätzlich keine Anzeigentexte«[493], meinte Agenturchef Jack Tinker,»aber ich denke, wenn ein Texter so viel über eine bestimmte Kraftstoffsorte zu sagen hat, muss es schon ein ganz besonderes Benzin sein«. Kein einziger Vermarkter aus der Mineralölbranche hatte jemals zuvor mit den Inhaltsstoffen von Kraftstoff geworben und aufgezeigt, welche Vorteile sie dem Autofahrer bieten. Die Zeitungsanzeigen machten den Weg frei für dramatische Produktdemonstrationen im Fernsehen, bei denen Autos gezeigt wurden, die als Beweis dafür, dass man mit einem Tank voll Shell Benzin weiter kommt, papierne Hindernisse umfuhren. Diese Kampagne beendete die Verluste im Kampf um die Marktanteile im Kraftstoffsektor und machte Shell zum Marktführer. Einem Werbeleiter eines anderen Konzerns sang der Werbeleiter von Shell ein Loblied auf die Agentur, betonte die hohe Kreativität, den analytischen Ansatz bei der Lösung von Marketingproblemen und die kontinuierliche Suche nach Fakten – »und den Erfolg dieser Strategie«[494].

Die Aussicht, für den Shell-Etat zuständig zu sein, lockte John »Jock« Elliott von BBDO, der dort die Verantwortung für den großen DuPont-Etat hatte und als aufsteigender Stern am Werbehimmel galt. Ihn an Bord zu holen, war ein geschickter Schachzug. Ebenso wie Stowell war auch Elliott Pfeifenraucher, Ex-Marine und Absolvent von St. Paul's und Harvard. Obwohl er gerne, sehr gerne, für BBDO gearbeitet hatte, faszinierten ihn die Energie und die Tatkraft seiner neuen Arbeitsstätte, wo Memos stets am selben Tag beantwortet wurden.

Elliott pflegte sein schottisches Erbe sogar noch mehr als Ogilvy[495], nannte sein Wochenendhaus »Highland Fling« und erzählte jedem, dass er an Robbie Burns Geburtstag das Licht der Welt erblickt hatte. Er hatte sich im Norden Schottlands ein kleines Bauernhaus gekauft, war Vorsitzender des Schottischen Instituts für Denkmalpflege und Naturschutz in Amerika und führte die Tradition ein, in der Vorweihnachtszeit hinter einem Dudelsackspieler durch die Räumlichkeiten zu schreiten und auch bei jeder größeren Veranstaltung Dudelsackspieler einzuladen. Elliott genoss öffentliche Auftritte, erwies sich bei internen Besprechungen als Vaterfigur und wurde zum allseits bewunderten Sprecher der Agentur.

Mit General Foods und Shell an Bord setzte Ogilvy seine Jagd nach neuen Kunden fort. Jean Clark, die Frau des CEO von American Express, Howard Clark, sorgte dafür, dass er sich 1962 für Ogilvys Agentur interessierte.[496] Sie hatte als Freiwillige für Ogilvy gearbeitet, als dieser eine Kampagne ausarbeitete, in der es darum ging, die Öffentlichkeit in den Bau des Lincoln Center einzubeziehen. Außerdem waren sie in Greenwich Nachbarn gewesen. Auf Drängen seiner Frau rief Clark also Ogilvy an, der meinte, er hätte eher kein Interesse an einem (damals noch so) kleinen Etat.[497] Doch die Clarks blieben am Ball, und so besuchte sie Ogilvy zu Hause für ein zwangloses Gespräch.

»Er war ein echter Charmeur«, erinnert sich Jean Clark. »Wir saßen im Lesezimmer. Er breitete seine ganzen Sachen auf dem Boden aus, legte sich dazu und erläuterte uns, was er alles tun würde. Es blieb einem gar nichts anderes übrig, als sich von ihm und seinen Ideen mitreißen zu lassen« – Ideen für einen Kunden, den er eigentlich gar nicht haben wollte.

Stowell sprach sich gegen dieses winzige Reiseunternehmen mit geringem Potenzial aus. Ogilvy wartete ab, bis Stowell in Urlaub fuhr und akzeptierte dann den Etat in Höhe von 1,8 Millionen US-Dollar des Reisescheckunternehmens, das zuvor Kunde von Benton & Bowles gewesen war. Zunächst hielt Ogilvy es für ein Unternehmen aus der Reisebranche, das gut zu der Fluggesellschaft KLM Royal Dutch, dem Kreuzfahrtveranstalter P. & O. Orient, dem US-amerikanischen Fremdenverkehrsamt, Puerto Rico und dem Britischen Reise-

9. Die allein selig machende Kirche 193

verband passte. Die Agentur brillierte mit zwei berühmten Kampagnen, die Werbegeschichte schrieben: »Verlassen Sie Ihr Haus niemals ohne sie«[498], und eine weitere, die mit bekannten Namen spielte, deren Gesichter jedoch niemand so recht einzuordnen wusste, und fragte: »Wissen Sie, wer ich bin?«. Der Schauspieler Karl Malden trat in den Spots für Reiseschecks so autoritär auf, dass man ihn für den Präsidenten von American Express hielt. Kurze Zeit später schrieb Clark den Anstieg der Umsätze fast gänzlich der Werbung zu.[499] In den 1980er Jahren hatte American Express General Foods von seinem Platz als größter Kunde der Agentur verdrängt und sich zu einer Art Vorzeigeprojekt entwickelt, das andere Neukunden auf den Plan rief.

American Express hatte einen Großteil seines Geschäfts einer Direktwerbung von Ogilvy & Mather zu verdanken, die mit den Worten begann: »Ehrlich gesagt, ist die American Express Card nicht für jedermann gedacht.« Direktwerbung, Ogilvys »erste Liebe«, war ein Überbleibsel aus seinen Tagen als Handelsreisender und der Phase, in der er alles las, was ihm über John Caples in die Finger kam. Schon Anfang der 1960er Jahre hatte er in seiner Agentur eine eigene Abteilung für Direktwerbung eingerichtet, und seine Kunden fanden schnell heraus, dass es sich auszahlte, Direktwerbung in ihre Werbepläne zu integrieren. Im Laufe der Zeit erwarb die Agentur Firmen aus den Bereichen Öffentlichkeitsarbeit und Verkaufsförderung, um ihren Kunden auch diesen Service anbieten zu können und ihre geschäftliche Grundlage über das bloße Werben hinaus zu erweitern.

Ogilvy machte kein Geheimnis daraus, dass Marketing nicht seine Stärke war. Sobald er die neuen Kunden gewonnen hatte, zog er sich aus der kreativen Seite des Geschäfts zurück und übernahm nur gelegentlich ein paar Anzeigen, aber nie Fernsehspots. »Er hatte furchtbare Angst vor jedem Besuch bei General Foods«[500], sagte Bill Phillips, ein ehrgeiziger, bei P&G ausgebildeter Marketing-Profi, der für den Etat von General Foods zuständig war und später einer von Ogilvys Nachfolgern als Agenturleiter wurde. »David graute es vor allem und jedem. Schließlich musste er quasi aus dem Nichts heraus bei den ganz Großen der Branche antreten. Es war, als ob er für Gott persönlich arbeiten müsste.« Ogilvy nannte die Mitarbeiter von Maxwell House die »Brahmanen« von General Foods[501] und war sichtlich erleichtert, als er eines Sonntags in die Agentur kam und mehrere seiner Leute antraf, die an einer Präsentation für ein neues Produkt von Maxwell House feilten. »Zum Glück arbeitet hier jemand!«

Sears Roebuck hatte es mal mit nationaler Werbung probiert – doch mit enttäuschenden Ergebnissen. Sein Vorstand war sich nicht sicher, ob es überhaupt gelingen könne, die Geschichte von Sears richtig zu erzählen. Die Zeitschrift *Life* war jedoch zu dem Schluss gekommen, dass es mehr geben müsste als die regionale Werbung, mit denen das Unternehmens für seine günstige Preise warb, und arrangierte mithilfe des Vorstandsvorsitzenden von Time, Inc. ein Treffen mit Ogilvy. Ihm gelang es, eine Art Probezeit von neunzig Tagen zu vereinbaren, in der seine Agentur ihre Hausaufgaben erledigen würde. Nachdem der Chefwerbetexter David McCall recherchiert hatte, dass Sears mehr Diamanten und auch mehr Nerze[502] verkaufte als jedes andere Einzelhandelsunternehmen entwickelte er an die 30 Anzeigen, die alle um dieses Thema kreisten: »So einfach ist es, einen Nerz bei SEARS zu kaufen ... wäre diese Stola denn etwas zu Weihnachten für Ihre Frau?« Sears erste nationale Werbekampagne begann 1961, und als nachgewiesen wurde, dass sich das Image des Unternehmens verbessert hatte[503] und die Kunden scharenweise zu Sears liefen, wurde der Werbeetat auf 70 Millionen US-Dollar aufgestockt. Ein Großteil von Ogilvys anfänglichem Erfolg hing damals von den oberen Zehntausend ab – den bevorzugten Lesern des *The New Yorker*. Dieses Mal jedoch nicht. Doch die Zeitschrift wollte die Anzeigen nicht abdrucken – schließlich hatte Sears keinen Laden in der Fifth Avenue und anderen teuren Gegenden. Doch zehn Jahre später hatte sich das Blatt gewendet – die Dinge liefen nun schlecht für die Zeitschrift und sie bettelte förmlich darum, Sears als Werbekunden zu gewinnen.

Diese Konzerne luden Ogilvy ein, Vorträge bei ihren Sitzungen zu halten[504] und freuten sich, wenn er sie persönlich aufsuchte. »Jeder Agenturchef, mit dem ich zu tun hatte, hat mir versprochen, sich persönlich um die Dinge zu kümmern, sobald er den Etat bekommen hätte«, erzählt Bill Williams, CEO von Campbell Soup. »Der einzige, der sein Wort gehalten hat, war David Ogilvy.«[505] Doch mit seinen kreativen Einfällen fühlte er sich nicht mehr so sicher wie damals bei Hathaway und Schweppes. »Soweit ich weiß, brauchen wir ein neues Versprechen für Prime«, sagte er zu mir und bezog sich damit auf die Werbebotschaft für ein neues Hundefutter von General Foods. »Ich werde mich am Wochenende darum kümmern.« Der wohl berühmteste Texter der Branche würde sich etwas für meinen Kunden einfallen lassen! Am Montag nach unserem Gespräch kam er in mein Büro und legte ein Blatt Papier auf meinen Schreibtisch. »Ich habe das ganze Wochenende an Ihrem Problem gearbeitet. Mir sind ein paar Dutzend Ideen eingefallen. Doch keine einzige ist wirklich gut – bis auf eine«, meinte er und drehte das Blatt um. Da stand schwarz auf weiß: »The Prime Minister of dog food« (Der Premierminister für Hundefutter). Ich zuckte merklich zusammen und stotterte, dass wir ernsthaft über diesen Vorschlag nachdenken würden.

Für Shell schlug Ogilvy den Slogan vor: »Was ist so superduper am Super Shell?«[506] Jock Elliott fand diesen Vorschlag alles andere als super. Für Mountain Dew, einem Erfrischungsgetränk von Pepsi Cola, das mit einem etwas hinterwäldlerischen Image antrat, wollte Ogilvy ein Plumpsklo mit einer Wandöffnung zeigen, aus der Flaschen der gelben Limonade gereicht werden.[507] Der Texter räumte ein, dass die Idee an sich gut wäre, er aber eher das Bild einer Krankenschwester vor Augen hätte, der man eine Flasche mit ähnlich gelbem Inhalt überreicht. Über einen Spot, der einen Klempner zeigte, der in Tränen ausbrach, weil er aufgrund des flüssigen Rohrreinigers Liquid Drano arbeitslos wurde, regte er sich derart auf, dass er aus dem Vorführraum rannte und auf eine Wand eindrosch.[508] Als die ausgesprochen guten Testergebnisse hereinkamen, schickte er dem Texter eine Notiz: »Du hattest Recht. Ich habe mich getäuscht. Glückwunsch, David.«

Bei Bildkampagnen dagegen lag David genau richtig. Normalerweise schrieb er den ersten Entwurf einer Anzeige[509], und er hat es sicherlich genossen, den Slogan »Schickt mir jemanden, der lesen kann« für den Papierhersteller International Paper zu schreiben. Recherchen zufolge galten die Niederländer als zuverlässig, weshalb er KLM als »Die zuverlässige Fluggesellschaft für die gewissenhaften, pünktlichen Niederländer«[510] vorstellte – ein Slogan, der auch heute noch, nach rund 40 Jahren, nicht ausgedient hat. Obwohl der zugehörige Werbeetat nur ein paar Millionen US-Dollar betrug, lehnte er den wesentlich größeren Auftrag für American Airlines mit den Worten ab: »Was mir hier an Provisionen entgeht, schmeichelt dort meiner Eitelkeit.«

Die Tatsache, dass Ogilvys Agentur in dem Ruf stand, sehr kreativ zu sein, war vor allem auf die Kampagnen für die Reisebranche zurückzuführen, insbesondere die mit dem Slogan »Kommt nach Großbritannien«. Obgleich es nicht Ogilvy war, der die Überschrift »Sei leise, denn du läufst über lange, lange schlafende Könige« über die berühmte Kirche Westminster Abbey, in der traditionell britische Monarchen beigesetzt wurden, konzipiert hatte, trug sie doch unverkennbar seine Handschrift.

Seine oberste Priorität war es, neue Kunden an Land zu ziehen, denn, wie er seine Mitarbeiter beständig erinnerte: »Früher oder später brechen alle Etats weg«. Ein Etat, der kam und wieder ging, war der des Kreuzfahrtveranstalters Cunard Line, die Nummer eins von Ogilvys ursprünglichen Wunschkandidaten. Nach vielen Jahren wechselte der Veranstalter zu Ted Bates. Rosser Reeves schickte seinem Schwager ein paar der von Bates gestalteten Anzeigen als Beweis. Darin hieß es zwar: »Reisen Sie nach Großbritannien – hin mit dem Flugzeug und zurück mit dem Schiff«, doch ansonsten glichen sie Ogilvys Anzeigen aufs Haar. Ogilvy rief daraufhin in Reeves Büro an und sprach mit dessen Sekretärin: »Vielen Dank, dass Sie mir die neue Bates-Kampagne für Canard geschickt haben. Sagen Sie Rosser, dass die Anzeigen genau im richtigen Moment hier eintrafen. Ich redigiere gerade mein neuestes Buch und werde noch ein Kapitel über Plagiate einfügen.«[511]

~

Ende der 1950er Jahre gab es kaum internationale Werbekampagnen, weshalb es auch nur eine Hand voll Agenturen gab, die Erfahrung damit hatten oder daran interessiert waren. Schließlich gab es in den rasch wachsenden Märkten jede Menge für sie zu tun, und der

9. Die allein selig machende Kirche 197

globale Markt war noch klein und unerforscht. Auch in den Vereinigten Staaten gab es kaum internationale Kampagnen, die »Exportwerbung« genannt wurde. Doch in den 1960er Jahren begannen sich die Dinge zu ändern. Britische und amerikanische Agenturen sahen sich jeweils auf der anderen Seite des Atlantiks nach geeigneten Partnern um, um ihren multinationalen Kunden ihre Dienste anbieten zu können. Mather & Crowther fand natürlich in Ogilvy, Benson & Mather in New York einen geeigneten Partner, während OBM sich wenig überraschend für Mather & Crowther in London entschied. Deren US-amerikanischer Ableger hatte die Muttergesellschaft zwar längst in punkto Umsatzzahlen übertroffen[512], doch im Vergleich zu seinen Mitbewerbern war Mathers in Großbritannien eine viel größere Agentur als OBM in Amerika. Wichtiger war jedoch, dass die beiden Brüder durch ihren regelmäßigen Briefkontakt für wechselseitiges Verständnis sorgten, obwohl die wachsende Unabhängigkeit der US-Tochter einen Keil zwischen die beiden Unternehmen trieb.

1960 machte OBM seine ersten Gehversuche außerhalb Amerikas und eröffnete ein Büro in Toronto, um dort für Shell arbeiten zu können. Ogilvy brannte darauf, sich auch in Kanada einen Namen zu machen und wollte deshalb einige Zeit in Toronto verbringen. Zu diesem Zweck brauchte er eine Bleibe in Kanada. Aus Kostengründen bat er seinen kreativen Abgesandten Joel Raphaelson, eine Wohnung in Kanada anzumieten, die groß genug war, sodass er dort übernachten könnte, wann immer er nach Kanada reiste. Er lud die Raphaelsons daraufhin in sein Zuhause nach New York ein, damit sie sich ein Bild von seinen Wünschen und seinem Geschmack machen konnten: Räume mit rechtwinkligen Ecken (keine abgerundeten Ecken oder andere Absonderlichkeiten), keine dunklen Wandfarben, keine Auslegeware. Und das wichtigste überhaupt: Im Treppenhaus durfte es nicht nach Essen riechen.

Als Leiter seiner neuen Außenstelle in Kanada entschied sich Ogilvy für einen ehemaligen Kunden, Andrew Kershaw, der OBM beauftragt hatte, als er noch für den britischen Touristikverband in London gearbeitet hatte. Der etwas kurz geratene, aber dynamische Kershaw, ein gebürtiger Ungar, liebte Opern und Pfeife, hatte im Zweiten

Weltkrieg der britischen Armee gedient und sich so manche britische Angewohnheit angeeignet, bevor er nach Kanada auswanderte und die kanadische Staatsbürgerschaft annahm. Er war bekannt für seine Entschlossenheit und seine unkonventionellen Gedanken, kannte sich bestens mit Marketing aus, war sehr kreativ und gilt als geistiger Urheber des American Express-Slogans »Verlassen Sie Ihr Haus niemals ohne uns«. Wie kein anderer – mit Ausnahme von Ogilvy natürlich – plädierte er für das Direktmarketing, dessen Bedeutung stetig zunahm. In seiner Anfangszeit war Kershaw ein treuer Schüler Ogilvys, doch durch ihre unterschiedlichen Ansätze, das Geschäft zu vergrößern, trennten sich ihre Wege schließlich.

Ein wesentlich wichtigeres Vorhaben war immer wieder Inhalt von Diskussionen: die Fusion der Agenturen in London und in New York. 1963 ging es zum wiederholten Male darum. An einem Herbsttag versammelte sich die gesamte Belegschaft von Mather & Crowther, alles in allem etwa 550 Mitarbeiter, im Londoner Festspielhaus[513], um Ogilvys Rede zu lauschen, in der er für einen Firmenzusammenschluss warb. Francis hatte der möglichen Fusion den Codenamen »Koloss« verliehen, weil sie, wie er es ausdrückte, »die trennende See überbrücken würde«. Als sich die beiden Parteien annäherten, telegrafierte David Hotspurs Worte: »Aus der Nessel Gefahr pflücken wir die Blume Sicherheit« aus Shakespeares *Heinrich IV*, Teil I. Aus Koloss wurde HOTSPUR.

Die Briten hatten keineswegs die Absicht, mit irgendjemandem zu fusionieren, befürchteten aber, dass irgendeine amerikanische Agentur versuchen würde, sie zu kaufen, weshalb sie es für angebracht hielten, ihre Kräfte mit denen von Francis' Bruder zu bündeln. So mancher Mitarbeiter mutmaßte, dass dieser Schritt die Persönlichkeit der Agentur ändern würde. Wäre der Hauptsitz dann in London oder New York? Wer würde das Unternehmen leiten? David hatte zwar betont, dass er sich freuen würde, wenn sein Bruder dieses Amt übernähme, doch die Londoner Mitarbeiter beruhigte diese Mitteilung weniger, da noch immer offen war, wer dann letztlich das Sagen hätte.

Davids Inszenierung im Londoner Festspielhaus war beeindruckend: Er schritt auf die Bühne, zog für jeden sichtbar seinen Blazer

9. Die allein selig machende Kirche 199

aus und zeigte sein erstes Dia:» Wie macht man Werbung, die verkauft?« Anschließend wurden seine potenziellen Partner mit den neuesten Ergebnissen, Trends und Theorien der Branche bombardiert. »Es war das erste Mal, dass ich so eine Präsentation gesehen habe«, meinte einer der Mather & Crowther-Mitarbeiter später.

Es war erstaunlich – ich war absolut sprachlos. David hatte im Detail vorgeführt, was in der Werbung funktioniert und was nicht, und konnte dies anhand zahlreicher Geschichten und Beispiele für gute Werbung eindrucksvoll belegen. Am Ende stellte er die Frage: »Und – funktioniert es?« Dann zeigte er uns Tabellen von den Umsatzsteigerungen seiner Kunden. Was für eine fesselnde Vorstellung!

Offensichtlich dachten noch andere so. Davids Glanzleistung brach den Widerstand gegen die Fusion, und die Gespräche in den Hinterzimmern des Savoy Hotels wurden fortgesetzt.

Inmitten der Verhandlungen starb Francis im Alter von 60 Jahren. Obwohl er zeit seines Lebens starker Raucher (über 30 Jahre lang zwei Päckchen täglich[514]) gewesen und an Lungenkrebs erkrankt war, waren sich seine Kollegen einig, dass er sich ins Grab gesoffen hatte.[515] Je erfolgreicher David wurde, umso gelangweilter und erschöpfter schien sein Bruder. David fuhr nach London, um seinen Bruder ein letztes Mal zu sehen. Einen Monat später lautete Ogilvys Kommentar über eine Sendung von *CBS Reports*[516] zum Thema Rauchen und Werbung: »Ich schaue mir diese Werbespots an. Ich sehe diesen attraktiven jungen Mann, der an seiner Zigarette zieht und den Rauch tief bis in die Lunge inhaliert, und es erschreckt mich sehr zu wissen, dass ich einem Berufsstand angehöre, der solche Missetaten begeht.« Er bestätigte, dass seine US-amerikanische Agentur den Werbeetat für einen Hersteller von Mentholzigaretten (Spud) innehatte, bis die Schlussfolgerungen eines Berichts des Royal College of Physicans[517] von 1962 zu der Entscheidung führten, Aufträge für Zigarettenwerbung abzulehnen, obwohl die Londoner Agentur ihr lukratives Zigarettengeschäft noch einige Jahre behielt.[518]

Francis' Tod beraubte Mather & Crawther ihres Agenturleiters und die potenzielle Fusion der brüderlichen Bande. Die britischen Direktoren waren davon ausgegangen, dass Francis, der ältere Bruder, die Führung der neuen Agentur übernehmen würde, und dass die Londoner Niederlassung aufgrund ihrer Größe und ihres langen Bestehens mehr zu sagen hätte als die amerikanische. David hatte Stil, war charmant und besaß Verkaufserfahrung, doch er verfügte keineswegs über die schwergewichtigen Referenzen, die es brauchte, um ein großes internationales Unternehmen zu führen. Viele vertraten sogar die Ansicht, dass ihm dieser Posten niemals angetragen worden wäre, wenn er nicht Francis' Bruder gewesen wäre.[519] Doch in Wirklichkeit traf das genaue Gegenteil zu. Noch bevor Francis verstorben war, waren einige der jüngeren britischen Direktoren zu dem Schluss gekommen, dass der brennende Wunsch nach Wachstum, verkörpert durch David, nicht das Schlechteste wäre, was der Agentur passieren könnte.

Die Briten hatten Francis verehrt, hielten jedoch trotz seines großen Erfolgs in Amerika weniger starke Stücke auf seinen exzentrischen Bruder und akzeptierten ihn nie wirklich.[520] Es war letztlich Jock Elliott, der sie überzeugte.[521] Er flog nach Großbritannien und zog sich mit den Topmanagern in den Konferenzraum der Agentur zurück. Elliott hielt eine Rede – allem Anschein nach aus dem Stegreif –, doch diesen Eindruck vermittelte er immer, wenn er das Wort ergriff. Seine bis ins kleinste Detail geplante Ansprache, die er mit Würde hielt und die mit humorvollen Geschichten gespickt war, beeindruckte alle Anwesenden. Am Ende dachten alle, nun gut, wenn das der Kerl ist, der in New York die Agentur leitet, macht es uns nichts aus, für ihn zu arbeiten.

Francis' Name taucht nur einmal ganz kurz in Davids Autobiografie auf. Doch als er starb, erkannte David endlich an, was er ihm alles zu verdanken hatte: »Wir Ogilvys leiden alle an einer besonderen Form der Charakterschwäche, was es uns schwierig macht, etwas Nettes über einander zu sagen; wir spielen stattdessen lieber ein kompliziertes Spiel der sarkastischen Verunglimpfung, um unsere gegenseitige Hochachtung geschickt zu tarnen. Doch angesichts seines Todes gestatte ich mir zuzugeben, dass Francis der Held in meinem Leben war und uns über dreißig Jahre lang eine tiefe Freundschaft verband.« Er ging dann noch darauf ein, dass sein Bruder von der gesamten Be-

Das Hauptgebäude von Fettes, Ogilvys Schule in Edinburgh, das im gotischen Stil erbaut wurde, soll das Vorbild für Hogwarts, die Schule für Hexerei und Zauberkunst aus *Harry Potter* sein. (Mit freundlicher Genehmigung von Fettes College)

Die Fleet Street in London zur Zeit der Gründung von Mather & Crowther im Jahr 1852. (David Ogilvy papers, Manuscript Division, The Library of Congress)

(Rechts) Ogilvys älterer Bruder Francis mit seiner Ehefrau, der Schauspielerin Aileen, ihrem Sohn Ian (der später ebenfalls Schauspieler wurde) und ihrer Tochter Kerry Jane, anlässlich einer Hochzeit im Jahr 1950. (Mit freundlicher Genehmigung von Ian Ogilvy)

(Unten) Der 27-jährige Ogilvy kommt 1938 auf dem Zwischendeck stehend in Amerika an. (Mit freundlicher Genehmigung von Ogilvy & Mather und Herta Ogilvy)

(Oben) Gut gelaunt im Kilt präsentiert sich Ogilvy auf einer Party 1948 mit seiner ersten Frau Melinda (links außen) in Lancaster, Pennsylvania. (Mit freundlicher Genehmigung von Warren M. Peter Posey)

in typischer Ogilvy – Tweedanzug, Pfeife und im Hintergrund bekannte Werbeanzeigen, wie die Ankunft des »Schweppes-Manns« in Amerika. (© Erich Hartmann/Magnum Photos)

Der Ruhm des »Mannes im Hemd von Hathaway«, der erstmals 1952 in *The New Yorker* abgebildet war, machte auch vor den Cartoons im selben Magazin nicht Halt. (Hathaway-Cartoon aus *The New Yorker*: © The New Yorker Collection 1952 Carl Rose from cartoonbank.com)

inden Sie den Agenturchef auf diesem Mitarbeiterfoto? (Oben rechts) (Mit freundlicher Genehmigung von Ogilvy & Mather)

Die wohl einprägsamste Überschrift in der Kraftfahrzeugbranche, für Rolls-Royce, 1960.

Die neuen Mitglieder der Advertising Hall of Fame 1976 – die beiden Agenturchefs David Ogilvy und Bill Bernbach neben Victor Elting, Marketingleiter von Quaker Oats. (Mit freundlicher Genehmigung von Ogilvy & Mather und American Advertising Federation)

Château de Touffou, Ogilvys prächtiges Zuhause in Frankreich, das er nach seinem Rücktritt aus dem Geschäftsleben 1973 bezog. Teile des Schlosses stammen aus dem 12. Jahrhundert. (© Nick Evans)

Herta und David Ogilvy waren die letzten 26 Jahre eines Lebens miteinander verheiratet.

Während der Mitarbeiterschulung mit seinem Markenzeichen, den roten Hosenträgern und der improvisierten Krawattennadel (einem Foldback-Klemmer), 1980. (Mit freundlicher Genehmigung von Ogilvy & Mather)

Zum 15. Firmenjubiläum von Ogilvy & Mather (1988). Ogilvys Sohn David Fairfield ist der dritte von links, seine Ehefrau die fünfte von links. Von rechts: der ehemalige Agenturchef Bill Phillips, Ken Roman, Jock Elliott (hinten) und der derzeitige Agenturchef Shelly Lazarus. (Mit freundlicher Genehmigung von Ogilvy & Mather)

In späteren Jahren in seinem Garten in Touffou. (Mit freundlicher Genehmigung von Ogilvy & Mather und Herta Ogilvy)

Gelegentlich kamen ein paar Bläser aus den benachbarten Schlössern und spielten auf dem französischen Jagdhorn cor de chasse.

9. Die allein selig machende Kirche

legschaft bewundert und geschätzt worden war, und dass er »viel bedeutsamer war als mir je klar wurde, möge Gott mir vergeben.«
Francis hatte seinen jüngeren Bruder angebetet. Wann immer David nach London kam, war sein Zimmer voll mit teuren Blumen. Francis hatte schon immer an Davids Erfolg geglaubt. Einmal schrieb er ihm, dass er wünschte, ihr Vater wäre noch am Leben, damit er ihm über Davids Erfolg und über den »amerikanischen Ogilvy« berichten könnte.

Die Verhandlungen der beiden Agenturen schienen kein Ende zu nehmen, doch letztlich kam es im Oktober 1964 doch zum Vertragsschluss und damit zur Gründung von Ogilvy & Mather International Inc.[522] in New York mit David Ogilvy als Vorstandsvorsitzenden und Geschäftsführer und Donald Atkons von Mather & Crowther als stellvertretenden Vorstandsvorsitzenden. Schon 1938 hatte Francis vorhergesagt, dass eines Tages eine britische Agentur amerikanisches Land erobern würde. Sein Bruder hatte die Invasion angeführt, die Fusion sicherte ihre Zukunft. In der Londoner Firmenzeitung stand: »David Ogilvy ist kein Amerikaner, er ist aber auch kein Brite. Zu unserem Glück haben wir es zur Abwechslung mal mit einem Schotten zu tun.«

»Wenn Gott auf einer Seite großer Bataillons steht, was der Fall zu sein scheint«, triumphierte Ogilvy, »ist es der Weisheit letzter Schluss, Teil des großen Bataillons zu sein«. Aufgrund der Fusion zählte Ogilvy & Mather International Inc. nun zur neuntgrößten Werbeagentur weltweit, war die größte in Europa und beschäftigte etwa 1600 Mitarbeiter. Der 50:50-Zusammenschluss wurde der Londoner Agentur als brillante Leistung, als »wahre Allianz von Gleichberechtigten« verkauft.[523]

∽

Nichts hat die Agentur mehr verändert als ihr Börsengang. Nicht, dass sie eine Wahl gehabt hätte oder es viel Widerstand gegeben hätte. Das britische Außenhandelsgesetz schrieb den Börsengang als Voraussetzung für den Verkauf einer britischen Tochtergesellschaft an die neue US-amerikanische Muttergesellschaft zwingend vor.[524] Die erste Werbeagentur, die 1962 an die Börse ging, war Papert, Koenig, Lois, ein kleines, aber rasch wachsendes Startup-Unternehmen. PKL konnte sich die ebenso rasch wachsenden Gehälter seiner kreativen Mitarbeiter nicht mehr leisten[525] und wollte ihnen als Anreiz Aktien der eigenen Firma bieten können. Vier Agenturen zogen nach, ohne dass dies schädliche Auswirkungen gezeigt hätte. Damals gab es noch keine feindlichen Übernahmen, auch nicht bei Unternehmen mit Sachanlagen. Für die Dienstleistungsbranche, wo das Vermögen der Firma jeden Abend das Büro verlässt, waren sie unvorstellbar.

Ogilvy wollte an die Börse.[526] Er fing schon 1964 damit an, Memos zu verschicken, dass die Agentur diesen Schritt nicht zu lange hinausschieben sollte, da der Markt nun reif dafür wäre. Er stellte heraus, dass er zunächst sein ganzes Kapital (6 000 US-Dollar) in die Agentur gesteckt, dann immer wieder Aktien dazugekauft hätte und nun einige davon wieder verkaufen wollte, um wieder flüssig zu sein. »Ich habe alles auf eine Karte gesetzt.«[527] Er gab den Marktwert seiner Anteile mit 1,8 Millionen US-Dollar an (was heute rund 12 Millionen US-Dollar entspräche). Der einzige Nachteil, den der Börsengang in seinen Augen hatte, war die Vorschrift, dass der Gewinn der Agentur und die Gehälter der Führungsriege veröffentlicht werden mussten.[528] Dennoch plädierte er: »Wir sollten uns diese Gelegenheit keinesfalls entgehen lassen.«[529]

Der Gang von Ogilvy & Mather International Inc. an die Londoner und die New Yorker Börse fand 1966 statt[530] – es war das erste Mal, dass eine Werbeagentur an zwei Börsen zugleich vertreten war. Der Umsatz der Agentur lag bei 150 Millionen US-Dollar, was bedeutete, dass er sich in den letzten vier Jahren verdoppelt hatte (und vier Mal so hoch war wie der von PKL). Der Gewinn nach Steuern betrug 1,4 Millionen US-Dollar, während die Einnahmen bei 24 Millionen US-Dollar lagen. Das Konsortium, das den Börsengang abwickelte, bestand aus den Banken First Boston in New York und N. M. Rothschild sowie Kleinwort Benson in London. Ogilvy war nun Vorstand, Generaldirektor und Hauptaktionär; ein Jahr zuvor war er als Vorstandsvorsitzender der amerikanischen Agentur zurückgetreten, da er nur noch als Kreativchef arbeiten wollte.

Im Jahr 1970 schaltete die Agentur eine ganzseitige Anzeige im *Wall Street Journal*, um ihr bislang bestes Ergebnis zu veröffentlichen. Ogilvy erzählte den Analysten, dass er der Hälfte seiner Kunden Honorare in Rechnung stelle, keine Provisionen, und es Honorare einfacher machten, ein Geschäft zu führen.»Ich finde es gut, dass ich zu einem Kunden gehen und ihm sagen kann, dass er seine Werbeausgaben erhöhen sollte, ohne dass mir gleich Eigeninteresse unterstellt wird. Außerdem gefällt es mir, wenn ich einem Kunden sagen kann, dass er seine Werbeausgaben kürzen sollte, ohne dass ich mit Schelte seitens der Aktionäre zu rechnen habe.«

Die positiven finanziellen Auswirkungen des Börsengangs – sprich die sofortige Verfügbarkeit von hohen Summen – traf nicht jedermanns Geschmack. Stowell war davon überzeugt, dass ein professionelles Dienstleistungsunternehmen nicht gleichzeitig den Interessen der Aktionäre und denen der Kunden dienen könnte und kündigte unter Protest. Auf Ogilvys Drängen hin blieb er im Aufsichtsrat und akzeptierte sein Aktienpaket, doch er übernahm keinerlei Verantwortung und sorgte dafür, dass sich andere in seiner Gegenwart nicht wohl fühlten, wenn er nach wie vor Pfeife rauchend feierliche Ankündigungen machte. Sein Konservatismus begann Ogilvy zu verärgern, bis er schließlich seine Kollegen vorschickte, die Stowell um dessen endgültigen Rückzug aus der Agentur bitten sollten.

Der Börsengang wirkte sich kaum darauf aus, wie die Agentur geführt wurde[531], doch sie rief Warren Buffett als Investor der ersten Stunde auf den Plan.»Ich liebe Firmen, die von Tantiemen leben«, gab er als Begründung an (wobei er Provisionen mit Tantiemen gleichsetzte), obwohl Ogilvy doch für die Abrechnung auf Honorarbasis stand. Buffett kam einmal im Jahr nach New York und stellte dem Managementteam eine Menge Fragen. Obwohl ihm gefiel, was er sah, ließ er nicht locker und wollte wissen, weshalb die Agentur ihre Konkurrenz aufkaufte.»Weshalb kaufen Sie nicht einfach die *beste* Werbeagentur? Kaufen Sie Ihre eigenen Aktien.« Nachdem Ogilvy so viele von seinen Aktien abgestoßen hatte, pflegte er Buffett mit diesen

Worten vorzustellen: »Das ist der Kerl, der mehr an Ogilvy & Mather verdient hat als ich selbst«[532].

Nach dem Ausscheiden von Stowell konzentrierten sich die restlichen Direktoren vor allem auf das Wachstum. Als nächsten geschickten Schachzug kauften sie 1971 die andere britische Muttergesellschaft, S. H. Benson, die zwar rote Zahlen schrieb, der jedoch ein wertvolles Gebäude in London gehörte. Da der Pachtbesitz mehr wert war als die Agentur und verkauft werden konnte, gab es die Agentur quasi zum Nulltarif. Zu Benson gehörten noch ein paar andere, nahezu in Vergessenheit geratene Agenturen in südostasiatischen Ländern, die so belanglos schienen, dass sie von Ogilvys Belegschaft herablassend als »Mickey-Mouse-Länder«[533] bezeichnet wurden.

Ogilvy war ein erbitterter Widersacher dieser Übernahme.[534] In seinen Augen hatte das Management im Fall von Benson kläglich versagt, und die Sache mit dem Immobilienbesitz gefiel ihm schon gleich gar nicht. Es war das erste Mal, dass der Vorstand nicht hinter ihm stand, und er war ziemlich sauer deshalb. Er verließ die Besprechung und ging nicht einmal zu seiner eigenen Geburtstagsfeier, die am Abend stattfand, sondern besuchte seine Schwester in Devon. Der Kauf von Benson war nun beschlossene Sache, merkwürdigerweise jedoch ohne das wertvolle Gebäude in London – der Vorstand hatte es dann doch als ein zu großes Abenteuer angesehen.[535] (Rothschild kaufte es später und machte ein Vermögen damit.) Eine Zeit lang wurde darüber nachgedacht, Bensons Agenturen in Südostasien abzustoßen. Stattdessen zeigte Michael Ball, ein charismatischer Australier, der bereits in Australien und Neuseeland Niederlassungen von Ogilvy & Mather erfolgreich aus der Taufe gehoben hatte, erneut, was in ihm steckte und verwandelte sie in florierende, erstklassige Agenturen, die sich später einmal zum größten Agenturnetzwerk im asiatisch-pazifischen Raum mauserten. In den 1970er Jahren bauten noch andere regionale »Barone« das Netzwerk in Europa und Lateinamerika auf.

Die Tatsache, dass das Unternehmen seinen Ursprung im Zusammenschluss von gleichberechtigten Partnern hatte, schuf ein internationales Bewusstsein in der Belegschaft, was ihren multinationalen Kunden zugute kam. Ogilvys Leute ahnten, dass sie einander nicht herumkommandieren konnten – sie saßen im selben Boot und mussten zusammenarbeiten. Internationale Manager kümmerten sich um die Belange der wachsenden Anzahl internationaler Kunden; keine andere Agentur hatte so viele globale Kunden. Obwohl Ogilvy & Mather erst spät durchgestartet hatte, zählte die Agentur bald zu den drei internationalen Topagenturen.

∼

Obwohl es Ogilvy selbst war, der den Stein ins Rollen gebracht und den Wachstumskurs initiiert hatte, war er mit den Folgen alles andere als glücklich. Seine Grundsätze reisten um die ganze Welt, doch ihm war das Reisen verhasst. Außerdem litt er unter einer panischen Flugangst und drückte sich vor einer Flugreise, wo er nur konnte. Anstatt sich rund zwei Stunden ins Flugzeug zu setzen, um nach Houston in die andere Niederlassung von O&M zu kommen, verbrachte er lieber zwei Tage lang im Zug und reiste über Chicago und Dallas an. Meistens blieb er dann auch fünf oder sechs Tage, anstatt dem Büro öfter einen Kurzbesuch abzustatten. Selbst in Indien, wo die überfüllten Bahnhöfe eher Elendsquartieren ähnelten, reiste er mit dem Zug von Delhi nach Chennai (Madras) – ganze 72 Stunden dauerte die Fahrt. In ganz Indien war dies die längste Strecke, die mit dem Zug zurückgelegt werden konnte. Fast alle Direktoren der indischen Agentur begleiteten Ogilvy – der König und seine Gefolgschaft.

Ogilvy wusste, dass seine Flugangst irrational war, konnte sie aber beim besten Willen nicht überwinden und stieg nur in ein Flugzeug, wenn es sich nicht vermeiden ließ. Im Allgemeinen sprach er dem Alkohol nur mäßig zu und trank lediglich zu besonderen Anlässen ein oder zwei Glas Wein, doch im Flugzeug beruhigte er seine flatternden Nerven meist mit mehreren Martinis. Als seine Schiffsreise nach Skandinavien aufgrund der Wetterbedingungen gestrichen wurde, schickte er ein Telex: »Sturm in der Nordsee. Fliege nach Stockholm. Betet für mich.«

Abgesehen von seiner panischen Flugangst war er im Grunde seines Herzens ein Kolonialist, der sich vor allem in den Ländern wohl fühlte, die einmal zum British Empire gezählt hatten, insbesondere Kanada, Indien und Südafrika. Weniger bereitwillig besuchte er die Niederlassungen in Südamerika, und seine Reise nach Japan verhöhnte er als Besuch der »Jauchegrube«. Anlässlich des Eintritts in den russischen Markt witzelte er abfällig: »Was wollen wir denn dort verkaufen? Pelzmützen?«

In New York baute Ogilvy für die US-amerikanische Agentur 1965 ein neues Team auf: mit Jock Elliott als Vorstandsvorsitzenden, Alan Sidnam (ein Topmanager von Benton & Bowles) als Stellvertretenden Vorstandsvorsitzenden und Jim Heekin als Präsidenten. Der überaus fähige und mutige Kundenkontakter Heekin wurde in dieses Amt befördert, nachdem sein Kunde Lever Brothers eine Zeit lang der größte Kunde der Agentur war. Heekin besaß ein ausgeprägtes taktisches Geschick, war äußerst kreativ und verzockte sich dennoch ein paar Mal, insbesondere als er sich auf ein Machtspiel mit Ogilvy einließ, um ihn vom Thron zu stoßen und alleiniger Herrscher der Agentur zu werden. Er verlor den Kampf, wurde entlassen und durch Andrew Kershaw aus Toronto ersetzt.

Nach seiner Eingewöhnungszeit in New York schloss sich Kershaw eng mit Jimmy Benson (nicht verwandt mit S. H. Benson) zusammen, der das Netzwerk in Europa aufbaute. Gemeinsam setzten sie auf weiteren Wachstumskurs, den sie damit begründeten, dass die einzige Möglichkeit, Jahr für Jahr die Gewinne zu steigern, darin bestünde, andere Agenturen aufzukaufen. Für Finanzleiter Page war das nichts anderes als ein Schneeballsystem, das die Illusion eines dynamischen Wachstums erzeugte.[536] Kershaw schlug daraufhin vor, mehrere miteinander konkurrierende Agenturen in einer Dachorganisation zu vereinen, wie es Marion Harper mit der Interpublic Group getan hatte. Aus dieser strategischen Überlegung heraus kam es zum Erwerb von Scali, McCabe, Sloves, einer angesagten kreativen Agentur, der (mit Ausnahme der finanziellen) völlige Unabhängigkeit von Ogilvy & Mather zugesichert wurde. Als sich die Direktoren von O&M im Hotel Dorset trafen, um gemeinsam auf die »Hochzeit« anzustoßen, hob Ed McCabe, der als Bilderstürmer verschriene Kreativdirektor von SMS, sein Glas und entgegnete: »Okay, aber denkt daran:« – und hob mahnend den Zeigefinger – »getrennte Schlafzimmer!«

Ogilvy behagte weder dieses Konzept noch seine Umsetzung. Von Anfang an hatte er deutlich zu verstehen gegeben, dass sein Unternehmen »eine unteilbare Einheit«[537] sein sollte. (Ein Kunde wollte daraufhin wissen: »Unteilbar vor Gott?«) Es ist keine große Überraschung, dass sich Ogilvy nicht mit dem Gedanken anfreunden konnte, dass glaubensabtrünnige Agenturen, die sich eine andere Unternehmensphilosophie auf die Fahne geschrieben hatten, nun in sein heiliges Reich einziehen sollten. Er machte sich über Scali, McCabe, Sloves lustig und nannte sie »Kinder, die im Sandkasten spielen«, ärgerte sich über die Unsummen, die die Führungskräfte von SMS für den Verkauf ihrer Agentur eingestrichen hatten[538] und sprach sich bei Sitzungen des Vorstands und in Memos gegen den Kauf aus: »Es kann nur eine alleinseligmachende Kirche geben«.

Ogilvy vertrat den Standpunkt, dass seine Prinzipien ja erwiesenermaßen funktionieren würden. Schließlich war es gelungen, mit ihrer Hilfe ein solides Fundament für Wachstum zu schaffen. Er fragte sich deshalb, weshalb in aller Welt wir als Belegschaft eines Unternehmens, das die Interessen seiner Kunden als oberste Priorität ansieht, im Namen des Wachstums – einer an sich schon umstrittenen Firmenpolitik – solche Manöver willkommen heißen sollten.

Ogilvy verlor nicht nur die Schlacht, sondern den Krieg – Kershaw und seine Verbündeten fuhren munter fort, andere Agenturen mit andersartigen Philosophien aufzukaufen, was den Graben, der sich zwischen Ogilvy und seinen ehemaligen Gefolgsleuten auftat, tief und tiefer werden ließ. Nun, in den 1970er Jahren, erinnerte Ogilvy & Mather in keiner Weise mehr an den kleinen Laden, um dessen Überleben er sich Sorgen gemacht hatte. Sie hatte sich zu einer der weltweit größten Werbeagenturen gemausert, und in fast allen Ländern fand sich eine Niederlassung, die (natürlich) mit roten Teppichen ausgelegt war. In den Vereinigten Staaten brachte der Aufkauf einer Agentur aus Los Angeles den Mattel-Etat (samt Barbie-Puppe). Hal Riney eröffnete eine O&M Niederlassung in San Francisco, und kreierte schon bald danach ein völlig neues Image für den Weinerzeuger Gallo und dessen Marken wie Bartles and James. Ogilvy bewunderte Rineys Kampagnen, die ihn möglicherweise an seine ersten Erfolge erinnerten. Ogilvy Direct, seine »Geheimwaffe«, entwickelte sich zum größten Direktversandnetzwerk weltweit, das die meisten Auszeichnungen einheimste.

In Ogilvys Augen war alles eine Nummer zu groß geraten. Ogilvy trat die Leitung der Muttergesellschaft Ogilvy & Mather International an Jock Elliott ab, übernahm stattdessen die neu geschaffene Funktion des internationalen Kreativvorstands und widmete sich der Mission, das kreative Niveau in sämtlichen Agenturen weltweit anzuheben. Ogilvys Stimme war nach wie vor gewichtig, doch seine neue Aufgabe befriedigte ihn nicht ganz. Und er stellte fest, dass seine Agentur schon längst keine unteilbare Einheit mehr war.

Bereits Ende der 1950er bis in die 1960er Jahre hatte Ogilvy begonnen, sich aus dem Management herauszuhalten und sich mehr denn je dem Außenauftritt zu widmen – er verfasste Vorträge, gab Interviews und engagierte sich im öffentlichen Leben. Er wurde 1965 Leiter des United Negro College Fund, der Schüler und Studenten mit afroamerikanischem Hintergrund durch Stipendien und Berufspraktika bei der Ausbildung unterstützte, sowie der Bürgervereinigung Citizens Committee, die sich für ein sauberes New York einsetzte, und teilte sich die Lorbeeren für die Resultate des Engagements mit dem Amt für Stadtreinigung. (Ogilvy änderte lediglich ein einziges Wort an Elliotts Rede über das Programm »Wirf keinen Müll weg« – aus »Menschen, die unsere Straßen vermüllen« machte er »Barbaren, die unsere Straßen vermüllen«[539]. Die Schlagzeile in *The New York Times* lautete: »Barbaren vermüllen unsere Straßen.«)

Das Bürgerkomitee des Lincoln Centers, ebenfalls unter Ogilvys Leitung, verkündete (ganz im Stil Ogilvys) voller Stolz, dass mittlerweile 67 Prozent[540] der Amerikaner von dem neuen Kulturzentrum[541] gehört hätten, »ebenso vielen sagten ›die Pyramiden‹ etwas«. Ogilvy überredete die New Yorker Philharmoniker, Werbung für ihre kommende Spielzeit zu machen – ein Novum. In seinem Schreiben an andere Agenturleiter, in dem er um die Unterstützung des Orchesters durch ihre Kunden bat, hieß es: »Bernstein macht Kasse. Bernstein ist der Hit!«[542] Gestützt auf die Ergebnisse einer Studie wies er den US-amerikanischen Verband der Autohändler darauf hin, dass Autohändler in der amerikanischen Bevölkerung unbeliebter waren und als weniger ehrlich galten als Leichenbestatter, Tankwarte und Klempner[543] und riet ihnen, ihren Service zu verbessern (»Eifern Sie den großen Chirurgen nach, die wissen, dass es sich auszahlt, ihre Patienten auch nach dem Eingriff medizinisch zu betreuen.«) und ihre Werbung aufzuwerten (»Ziehen Sie ein für alle Mal einen Schlussstrich unter diese fadenscheinige, heruntergekommene Schnäppchenwerbung, die nur auf den schnellen Dollar abzielt, und werben Sie endlich seriös.«)

Er setzte den US-amerikanischen Zeitschriftenverband darüber in Kenntnis, dass die Madison Avenue aufgrund von Werbespots zum »Symbol geschmacklosen Materialismus«[544] verkommen sei und schlug als Gegenmittel eine schärfere staatliche Regulierung vor. Dem Harvard Business School Club teilte er mit, dass man in der Werbebranche schnell Karriere machen kann.[545] »Das Durchschnittsalter der Stellvertretenden Präsidenten von Ogilvy, Benson & Mather beträgt lediglich 41 Jahre. Fast alle von ihnen bekleiden diese Position seit sie in ihren Dreißigern waren. Unser jüngster Vizepräsident ist gerade mal 31.«

Seine Wahl zum Mitglied der Hall of Fame für Texter[546] im Jahr 1965 nahm Ogilvy mit den Worten an: »Ich hasse Auszeichnungen, außer ich bin derjenige, der sie erhält.« Schon bald nachdem er über Ellerton Jette von Hathaway zum Kurator des Colby College gewählt worden war, unterbreitete er dem Dekan zwölf Vorschläge, wie sich die Verwaltung des Colleges verbessern ließe.[547]

Der Chef der CIA, Allen Dulles, machte sich dafür stark, Ogilvy in Anerkennung seiner Dienste für das OSS während des Zweiten Weltkriegs die US-amerikanische Staatsbürgerschaft zu verleihen. Ogilvy lehnte ab und erklärte dies später damit, dass er nicht vorhabe, für ein öffentliches Amt zu kandidieren, und es demzufolge keinen Grund gäbe, seine Staatsbürgerschaft zu wechseln. Zur gleichen Zeit beschwerte er sich jedoch darüber, dass ihn die britische Regierung ignorierte.

> Die Regierung Ihrer Majestät will vermehrt exportieren, was ein cleveres Marketing erforderlich macht. Und doch verschmäht die Regierung Ihrer Majestät den König aller britischen Werbemänner. Man wirft mir vor, ich sei übergelaufen? Hier in Amerika arbeite ich als Seniorberater für Sears Roebuck, IBM, General Dynamics, J. P. Morgan, Campbell Soup und General Foods. Kein anderer Brite hat jemals eine solch einflussreiche Position in Amerika bekleidet.[548]

Im Jahr 1967 wurde Ogilvy schließlich im Buckingham Palast der britische Verdienstorden (Commander of the British Empire) als Anerkennung für seine Bemühungen, den Export Großbritanniens anzukurbeln, verliehen.[549] Als ihm die Queen den Orden überreichte, erkundigte sie sich nach seinem Job; ihm zufolge war ihr Gesichtsausdruck, nachdem er ihr zur Antwort gegeben hatte, dass er in der Werbung tätig sei, »eine Mischung aus ungläubigem Staunen, blankem Entsetzen und Belustigung«[550].

Nachdem Ogilvy gebeten worden war, die Hauptrolle in einer Broadway-Komödie namens *Roar like a Dove*[551] (Brüllen wie eine Taube) zu spielen, erklärte Ogilvy in der für ihn typischen Unlogik: »Ich habe abgelehnt. Das Stück fiel beim Publikum durch.«[552]

Ogilvy wurde zwei Mal ins Weiße Haus eingeladen, das eine Mal tanzte er drei Stunden lang, verließ die Veranstaltung anschließend und feierte mit Ted Sorensen, Arthur Schlesinger und anderen Beratern des ermordeten Präsidenten Kennedy weiter. »Der schönste Abend meines Lebens.«[553] Der Handelsminister bat ihn, im Namen des Präsidenten eine Präsentation für die offizielle Eröffnung der multilateralen Handelsverhandlungen (»Kennedy-Runde«) im Rahmen des Allgemeinen Zoll- und Handelsabkommens (GATT), die in Genf stattfanden, auszuarbeiten. Die Verhandlungen waren ein voller Erfolg.

Das Magazin *Reader's Digest* zahlte Ogilvy 10 000 US-Dollar für einen ganzseitigen Liebesbrief, »Geständnisse eines Magazinlesers« – im Übrigen tatsächlich das Magazin, das er am meisten bewunderte.

9. Die allein selig machende Kirche 211

Sie wissen, wie sie komplizierte Themen so aufbereiten, dass sie den Leser in ihren Bann ziehen.
Sie sind die Guten der Printindustrie. Sie führen einen Kreuzzug gegen Zigaretten, die Menschen umbringen. Sie führen einen Kreuzzug gegen Plakatwände, die die Welt verunstalten. Sie führen einen Kreuzzug gegen das Boxen, das aus Männern Gemüse macht. Sie führen einen Kreuzzug gegen die Pornografie.
Sie kämpfen für Integration, für die Verständigung zwischen den großen Religionen, für unser Rechtssystem und für die Freiheit des Menschen in jeglicher Hinsicht.

Ogilvy schilderte, dass ihn der Mut des Herausgebers beeindruckte, den geistigen Horizont seiner Leser durch brisante Themen zu erweitern, dass er den Humor der Zeitschrift schätzte und der Meinung war, sie ließe sich bestens lesen, angefangen vom Inhaltsverzeichnis auf der Titelseite bis zu den in klarer Sprache verfassten Artikeln. Der Herausgeber wiederum meinte: »Das war die beste Werbung, die je für *Reader's Digest* geschrieben wurde.«

Ogilvy verbrachte seinen Urlaub gemeinsam mit dem britischen Politiker und Multimillionär Ronald Tree und dessen amerikanischer Frau Marietta Tree, der ersten weiblichen Gesandten der UNO, wahlweise auf Barbados (»Schulter an Schulter mit dem britischen Adel und farbigen Männern von hohem Rang«) oder in Montana (Vögel beobachten, Camping in rund 2 550 Meter Höhe, täglich sechs bis sieben Stunden Wandern – »danach voll fit«).

Doch er konnte Lancaster County nicht vergessen, und schrieb einen Werbetext, in dem er für die Gegend schwärmte: »Fliehen Sie ins 19. Jahrhundert nach Pennsylvania.« Im Jahr 1963 kaufte er gemeinsam mit seiner zweiten Frau Anne eine weitere Farm inmitten dieser »fruchtbaren Amischen«.[554] Anne liebte den Hof und richtete die beiden Gebäude auf dem Grundstück mit Antiquitäten ein, die auf Klauenfüßen standen, und hing Töpfe und Pfannen an die Wand. Die meisten Wochenenden verbrachten sie gemeinsam mit Annes Kindern dort, ganz zwanglos und ohne gesellschaftliche Verpflichtungen beschränkten sie sich auf Gärtnern, Spazierengehen, Reiten und Schlafen. Für Anne bedeutete dies zwar mehr Hausarbeit, aber als Entschädigung stand ihr ein herrliches Pferd zum Reiten zur Verfügung.

Ogilvys erster Bauernhof wurde vom Sohn seines Freundes Ira Stoltfus, einem Bischof der Amischen und einem der »Helden meines Lebens« bewirtschaftet.[555] Sein zweiter Hof mit einem gut 40 Hektar großem Grundstück wurde von Iras Enkelsohn bewirtschaftet, der nach seinem Großvater genannt worden war. Zwischen ihm und dem Werbemann aus New York entwickelte sich eine derart enge Beziehung, dass sich Ira und seine Frau Fannie überlegten, ob sie ihr zweites Kind nicht David Ogilvy Stoltfus nennen wollten.[556] Doch am Ende wollten sie ihm dann doch nicht sowohl seinen Vor- als auch seinen Nachnamen geben und einigten sich darauf, dass er mit zweitem Vornamen David heißen sollte.

Ogilvy kaufte sechs Arbeitspferde und ein Pony, das er Pompey taufte – nach einem römischen Feldherrn, wie er Ira erklärte. Pompey wurde vor eine kleine schwarze Kutsche gespannt, und die beiden Töchter von Anne fuhren damit durch die Gegend. Auf dem Hof gab es noch eine Guernsey-Milchkuh, die Ira von Hand melkte. »Ist es nicht wunderbar, jeden Morgen frische Milch von der eigenen Kuh zu trinken?« schwärmte Ogilvy. Ira beobachtete oft, dass sich die Ogilvys der Länge nach ins Gras fallen ließen, in den Himmel starrten und die Landluft genossen.

Schon bei seinem ersten Aufenthalt in Lancaster County hatte man ihn als Möchtegern-Landwirt belächelt, und auch jetzt war sein Status als Wochenendfarmer offenkundig. So kam es bei einer Feier zu folgendem Dialog zwischen Ogilvy und einem der Dorfbewohner:

»Mr. Ogilvy, soweit ich weiß, haben Sie ein paar Schafe. Wie viele haben Sie denn?«
»Nicht sehr viele. Ich bin ja auch kein so großer Farmer wie Sie.«
»Wie viele Schafe haben Sie denn, Mr. Ogilvy?«
»Nur ein paar. Ich bin ja eigentlich ein Werbemann in New York.«
»Wie viele Schafe haben Sie denn, Mr. Ogilvy?«
»An die 22, schätze ich mal.«
»Oh! Und wie heißen die?«

Als Ogilvy 1968 seinen Hof über ein Inserat verkaufen wollte, verwendete der Werbemann aus New York seinen Markennamen gleich in der Überschrift: »David Ogilvys Farm zu verkaufen«.

∼

Obwohl Ogilvy sich selbst als schlechten Manager skizziert hatte (was seinen Gegenspielern den Wind aus den Segeln nahm) und Stowell in die Agentur gebracht hatte, um sich Unterstützung im Management zu sichern, verfügte er über einen ausgeprägten Sinn für Führungsaufgaben. Im Jahr 1968 schrieb er zu diesem Thema: »Mittlerweile leite ich Ogilvy & Mather seit über 20 Jahren. In dieser Zeit habe ich aus meinen eigenen Fehlern gelernt, von den Ratschlägen meiner Partner profitiert, Wissen aus Büchern erworben und so großen Männern wie Gallup, Raymond Rubicam und Marvin Bower über die Schulter geblickt.«

Seine weiteren Ausführungen in seinem Buch mit dem roten Einband (rot war mittlerweile »die« Farbe für fast alles) sorgten in den auf der ganzen Welt verstreuten Niederlassungen von O&M für das Gefühl, Teil einer »Gemeinschaft« zu sein. Seine »Managementprinzipien«[557] beziehen sich zwar auf Werbeagenturen, doch lassen sie sich gleichermaßen auf jedes andere professionelle Dienstleistungsunternehmen anwenden.

Über Büroklüngeleien: »Feuern Sie unfähige Rädelsführer. Wehren Sie sich gegen den Papierkrieg.«

Über die Arbeitsmoral: »Wenn es den Leuten keinen Spaß macht, werden sie nur selten gute Werbung machen. Trennen Sie sich von jedem Miesepeter, der schlechte Stimmung verbreitet.«

Über professionelle Standards: »Spitzenkräfte sollten weder schlampige Entwürfe noch mittelmäßige kreative Arbeit dulden.«

Über Partnerschaften: »Das Topmanagement sollte in jedem Land wie ein runder Tisch funktionieren: Es muss einen Vorsitzenden geben, der über ausreichende Größe verfügt, um die Rolle des *primus inter pares*, des Ersten unter Gleichen, auszufüllen.«

Und so ging es in seinem Buch immer weiter, über Führungskräfte, Kreative, Manager, Kaufmänner und Forscher.

Den Ausdruck »Unternehmenskultur« hat Ogilvy erst viele Jahre später verwendet, aber genau darauf war sein Wirken ausgelegt. Einem seiner Mitarbeiter, der für unterschiedliche Agenturen tätig war, fiel der Unterschied auf: »Meine Bekannten, die in anderen Agenturen arbeiteten, hatten einen Job. Wir dagegen hatten eine Mission, und das war etwas ganz anderes. An keiner meiner anderen Arbeitsstätten gab es etwas auch nur annähernd Vergleichbares.« Ein Kollege pflichtete ihm bei: »Das ist keine Werbeagentur, sondern ein Club«, und meinte damit nicht, dass manchen Menschen der Zutritt verwehrt blieb (es gab viele Frauen), sondern die Haltung der Mitarbeiter zum Gründer ihres Unternehmens und seinen Prinzipien.

Die Agentur verfügte also nicht nur über ein Image für herausragende kreative Arbeit, sondern auch über eine Persönlichkeit. Ogilvys Vorwort in einer Broschüre über die Rekrutierung neuer Mitarbeiter macht deutlich, welche hohen Maßstäbe er an seine Mitarbeiter anlegte und welchen Stellenwert sie in seinen Augen genossen.

> Wir brauchen Gentlemen mit Ideen im Kopf und Feuer im Bauch. Wenn Sie für Ogilvy & Mather arbeiten, bringen wir Ihnen alles bei, was wir über Werbung wissen. Wir zahlen Ihnen ein ordentliches Gehalt und tun unser Möglichstes für Ihren Erfolg. Vielversprechenden Mitarbeitern bürden wir eine große Verantwortung auf – schneller als Sie meinen. Das Leben in unserer Agentur kann sehr aufregend sein. Ihnen wird garantiert nie langweilig werden. Es ist anstrengend, aber es macht Spaß.

»Laterna Magica« nannte Ogilvy die Dia- und Filmvorführungen, die dem Zweck dienten, eine Wissenssammlung zu schaffen und die Teil der Persönlichkeit der Agentur waren. Laternas Magicas projizierten seine Prinzipien, Forschungsergebnisse und Verkaufszahlen an die Wand und veranschaulichten mit Werbeanzeigen und Werbespots, worum es ihm ging. Seine erste Laterna Magica »Wie macht man Werbung, die verkauft?«, die schon die gesamte Belegschaft in dem Festspielhaus in London beeindruckt hatte, wurde zur Pflichtveranstaltung für alle neuen Mitarbeiter; und es gab noch mehrere Dutzend

9. Die allein selig machende Kirche

solcher Präsentationen, die für die tägliche Arbeit mit Kunden – und für die Kundenakquise – nützlich waren. Der offensichtliche Sinn und Zweck der Laternas Magicas lag auf der Hand: Die Vermittlung von Wissen, doch im Laufe der Zeit erwiesen sie sich auch als verführerisches Werkzeug für das Neugeschäft.

Die Art und Weise, wie Ogilvy seine Grundsätze vermittelte, erinnerte so manchen Katholiken in der Agentur an den Katechismus.[558] Es ist schon ein Widerspruch, dass Ogilvy – ein überzeugter Atheist – so von der Struktur der katholischen Kirche fasziniert war und sich oft ihrer Sprache bediente. So gehörte Reeves zur »apostolischen Nachfolge« Claude Hopkins. Die königsblaue Weste, die Ogilvy zu Staatsanlässen trug, erinnerte an ein Messgewand. Er freute sich wie ein Schneekönig, als er von der Presse zum »Papst der modernen Werbung« gekürt wurde.

Kurze Zeit, nachdem ich 1963 bei Ogilvy als Junior-Kontakter angefangen hatte, wurde ich eines Abends, während ich gemütlich mit Freunden beim Essen saß, zum Telefon gerufen. Der Copy Survisor wollte mich sprechen: »Ich bin gerade beim Graveur und sehe mir die Druckplatten für das Couponinserat an. Es geht um die beiden farbigen Seiten. Sie sitzen zu weit auseinander – dadurch wird der Zwischenraum zwischen den Spalten zu groß. Wir könnten aber beide Platten um drei Millimeter abschleifen, dann wäre das Problem gelöst. Das kostet allerdings 300 Dollar.« Ich stimmte zu, dass sein Vorschlag richtig war, gab aber zu bedenken, dass es sich schließlich nicht um die Hauptkampagne, sondern nur um ein Gutscheininserat handelte, und das nur für einen Testmarkt. Man könne die Änderung doch wohl auch noch zu einem späteren Zeitpunkt durchführen. »Außerdem hat der Kunde den Druck bereits freigegeben«, fügte ich noch hinzu.

Die Antwort ließ nicht lange auf sich warten: »David pflegt zu sagen [Pause], dass es nie zu spät ist, eine Anzeige zu verbessern – auch wenn die Freigabe durch den Kunden bereits erfolgt ist.« »Also gut, dann geben Sie eben die 300 Mäuse aus«, stimmte ich zu. Ebenso wie die Kirche hatte auch die Agentur ihre Prinzipien.

Ein gewisser Teil der Persönlichkeit der Agentur geht auf einen belgischen Friseur zurück[559], den Ogilvy aus den Klauen seines Arbeitgebers und Eigentümer des Friseursalons im Park Lane Hotel in New York befreit hatte[560], der in seinen Augen Wucherpreise verlangte und seine Angestellten ausbeutete. Dem Belgier Emil Vaessen wurde ein Büro freigemacht, in das ein Friseurstuhl, Spiegel und ein Waschtisch gestellt wurden – was er daraus machte, war ihm selbst überlassen. »Unser exklusiver Figaro«, verkündete die Firmenzeitschrift *Flagbearer*. Niemand in der Kommunikationsbranche kommuniziert wie ein Friseur; Ogilvy ließ sich seine Haare grundsätzlich nur von Emil schneiden und fragte immer nach dem »neuesten Klatsch«. Und ja, Emil gibt es heute – 42 Jahre später – immer noch und bietet seine Dienste unseren Mitarbeitern, Kunden, Freunden, und den Rechtsanwälten, die eine Etage höher sitzen, an.

Für so manchen Mitarbeiter von O&M gehörte das Rattazzi's, ein in schummriges Licht getauchtes Restaurant gleich gegenüber des Eingangstür der Agentur in der East 48 Street, das Martinis in Übergröße servierte, einfach dazu. Im Gegensatz zu Leo Burnett, der die Cocktailstunde mit seinen Kollegen genoss, hielt Ogilvy nichts von alkoholgeschwängerter Brüderlichkeit. Als er beschloss, dass die Agentur eine eigene Kantine brauchte, bat er um Namensvorschläge.[561] Zu seinen Lieblingsnamen gehörten »Karl der Große des Ostens« (nach seinem angeblichen Vorfahren), »Zur hungrigen Augenklappe« und »Speichelleckerhalle«, was sich auf sein hochtrabendes Prinzip bezog: »Wir verachten Schleimer, die ihrem Boss in den Hintern kriechen«. Ogilvy verkündete, nunmehr regelmäßig hier essen zu wollen und bat den Rest der Belegschaft, es ihm gleich zu tun. Ein Stammgast des Rattazzi's löste das Dilemma, in dem er aufgrund des in der Kantine geltenden Alkoholverbots steckte, indem er über die Straße ging, seinen Martini hinunterstürzte, auf dem Absatz kehrtmachte und in der Kantine sein Thunfischsandwich bestellte, als wäre nichts gewesen. Ogilvy, ein häufiger Gast der Kantine, schnappte sich üblicherweise ein Tablett, scannte den Raum ab und setzte sich ausnahmslos neben das hübscheste Mädchen. Er war im Rattazzi's eher selten gesehen, außer wenn er einen Kollegen suchte, um geschäftliche Dinge mit ihm zu bereden.

Als es später in der Agentur einen extra Speisesaal für die höheren Angestellten gab, traf man Ogilvy seltener in der Kantine an. Eines

9. Die allein selig machende Kirche 217

Tages, als er den exklusiver ausgestatteten Speisesaal betrat, fiel ihm ein Kollege auf, der allein an einem Tisch saß und seine Post las. »Sandy, wir beide sind Mitglieder in zwei Clubs – dem hier und dem Brooks Club«, rief er ihm quer durch den ganzen Raum zu. »Wir bringen keine Unterlagen dorthin mit, und ich denke nicht, dass Sie es hier tun sollten!«

∽

In seiner zweiten Ehe begann es zu kriseln. Anne war in erster Ehe mit einem Cabot aus Boston verheiratet gewesen, trug ihr hübsches Näschen recht hoch, war sehr eigensinnig und wollte, dass alles nach ihrem Kopf ging. Nun war sie mit jemandem verheiratet, der wollte, dass alles nach *seinem* Kopf ging. Sie versuchte ihr Bestes, doch er war egozentrisch und rücksichtslos. Am Anfang ihrer Ehe hatte sie ein paar Vorlesungen am Barnard College belegt, die sie für ihren Radcliff-Abschluss noch brauchte. Es kam immer wieder vor, dass Ogilvy ihr kurzfristig erzählte, dass sie einen Gast zum Abendessen hätten, woraufhin sie ihm entgegnete: »Heute Abend geht es beim besten Willen nicht. Ich habe morgen früh eine Prüfung, und ich muss rechtzeitig am College sein, und ich muss mich noch vorbereiten, was ich nur nachts machen kann, weil ich tagsüber mit drei kleinen Kindern mehr als genug um die Ohren habe!«[562] Einmal fuhren sie in strömendem Regen am Opernhaus vor, er sprang aus dem Rolls-Royce und rannte die Treppen hinauf, ohne sich um sie zu kümmern. Ogilvy hatte Anne eine Ehe voller Reisen und Freizeit versprochen, und nun kam er jeden Abend mit zwei Aktenkoffern voller Papierkram nach Hause.

Es war allgemein bekannt, dass eine Ehe mit ihm nicht einfach war. Anne fasste ihre gemeinsame Zeit so zusammen: »Wenn er gut drauf ist, kann er unglaublich charmant sein. Wenn er mies drauf ist, ist es mit ihm kaum auszuhalten. Er kennt nur Superlative. Nichts ist so, wie man es erwarten könnte.«[563] Das Ehepaar machte gerne in Frankreich Radtouren, doch eine davon war der Anfang vom Ende ihrer Ehe. Ogilvy entdeckte 1966 ein Schloss und kaufte es mit seinem Geld aus dem Aktienverkauf, ohne mit ihr darüber zu sprechen. »In dem Moment war mir klar, dass ihre Ehe in die Brüche gegangen war«, sagte sein Freund Louis Auchincloss, der David später bei der Scheidung vertrat.

Anne war von Anfang an gegen das Schloss. Irgendwie hatte sie das Gefühl, dass er sich damit ein Denkmal gesetzt hatte – womit sie gar nicht so falsch lag. Sie war viel lieber auf ihrer Farm bei den Amischen, wo sie mit ihrem Pferd ausreiten konnte, oder in ihrem Sommerhaus an der Nordküste von Massachusetts. Außerdem wollte sie – anders als er – nicht das Leben einer Baronin führen. Nach 16 Jahren Ehe ließen sie sich 1973 scheiden. Ogilvy, damals 62, zog sich aus der Agentur nach Frankreich in sein Schloss zurück, um seine Direktoren von dort aus mit Memos zu bombardieren. Er verlieh sich selbst den Spitznamen »Das Heilige Gespenst«.

Kapitel 10
Der König auf seinem Schloss

Wenn Gäste über Nacht blieben, begannen die Tage auf Château de Touffou in der Regel mit fröhlichen Melodien, geblasen auf dem *cor de chasse*, einem in Poitou, diesem als Bauch Frankreichs bezeichneten Landstrich 160 Kilometer südwestlich von Paris, beliebten Jagdhorn. Der Bläser, kaum zu sehen aufgrund der morgendlichen Nebelschwaden, stand mit dem Rücken zum Schloss auf einer Brücke über dem Schlossgraben, der kein Wasser mehr führte, sodass der Schallbecher zu den Gästen zeigte. Zu seinem Repertoire gehörte auch ein Trinklied aus Bachs »Bauernkantate«, das ihm Ogilvy beigebracht hatte.

Nach dem Abendessen fand manchmal noch ein Konzert im Hof unter dem Nachthimmel statt. Mehrere Bläser aus den umliegenden Schlössern standen Angesicht zu Angesicht und bildeten einen Kreis, die Schallbecher nach hinten gerichtet, zu ihren Füßen Kerzenleuchter. Von Sonnenaufgang bis Sonnenuntergang eine einzige Inszenierung.[564]

So war sein Leben, nachdem sich Ogilvy 1973 aus dem Berufsleben in sein Schloss verabschiedet hatte. Wenn Ogilvy & Mather sein Kind gewesen war, so war das Château de Touffou[565] seine Liebe, oder wie sich Ogilvy auszudrücken pflegte: »*Il n'y a que deux châteaux en France.*«[566] Es gibt nur zwei Schlösser in Frankreich: Versailles und Touffou. Manche Gebäude, die zum Schloss gehören, stammen noch aus dem 12. Jahrhundert. Ogilvy gab zu, dass es sich um *folie de grandeur*[567], Größenwahn, handelte. Die Schlösser an der Loire mit ihren knapp 300 Jahren verschmähte er als »Neubauten«.

Weshalb Frankreich? Zum einen wurde Ogilvy nie richtig warm

mit seinen britischen Partnern[568], die seinen Bruder verehrten und in ihm einen Schnösel sahen, den sie kein einziges Mal aufforderten, eine Rede vor der Belegschaft zu halten.[569] Zum anderen liebte Ogilvy Frankreich: die Landschaft, das Essen, den Wein, die Architektur.[570] Er wusste, dass das Klima genau richtig für Gartenarbeit war, und hier war es wohl das erste Mal, dass er sich selbst die Hände schmutzig machte. Er verstand Französisch, da er es als Koch in Paris gelernt hatte (aber er sprach es ungern und nicht sehr oft).[571] Und in Frankreich gab es keine Steuern auf Kapitalerträge. Von der Politik des Landes war er gleichwohl weniger begeistert. Als 1981 Mitterand und der linke Flügel die Wahl gewannen, war sich Ogilvy so gut wie sicher, dass demnächst russische Panzer durch Paris rollen würden.[572] In einem Telegramm an den Schatzmeister der Agentur in New York brachte er seine Ängste auf den Punkt: »Mitterand wird die Reichen aussaugen. Ich bin reich.«

Mit seinen 30 Zimmern zählt Touffou nicht zu den großen Schlössern, ist aber dennoch mehr als nur ein zu groß geratenes Landhaus. Es liegt auf einem Hügel und bietet einen schönen Blick über den Fluss Vienne, einen Seitenfluss der Loire, und die hügelige Landschaft. Da es in der Landschaft weder Strommasten noch moderne Häuser gibt, trübt nichts den Blick, und es ist ein Leichtes sich vorzustellen, man lebe in einem früheren Jahrhundert. Das Schlafzimmer François I[573] erinnert an einen angeblichen Besuch des französischen Königs. Wer sich dem Schloss aus dem kleinen Städtchen Bonnes, das knapp zwei Kilometer unterhalb des Hügels liegt, nähert, sieht als erstes die mit blau-grauem Schiefer gedeckten Türme, dann die apricot-ockerfarbenen Zinnen. Einige der Außenwände, die im Mittelalter vor Überfällen schützen sollten, sind bis zu drei Meter dick. Das Schloss ist von einem Graben umgeben, in dem der Vorbesitzer wilde Bären hielt.

Ogilvy erzählte, er hätte einen Kredit in Höhe von einer halben Million US-Dollar aufgenommen, um das Schloss samt Mobiliar und 150 Morgen Grund kaufen zu können; die Reparaturen und die Modernisierung kosteten ihn weitaus mehr. Das Schloss war nie zur Ruine verkommen: Im Zweiten Weltkrieg waren dort deutsche Soldaten einquartiert worden[574], und auch einen britischen Luftangriff hatte es unbeschädigt überstanden. Doch sowohl am Fundament als auch am Dach war so manches zu reparieren. Die Hälfte der Reparaturkosten übernahm der französische Staat; dafür musste ein Teil des Schlosses als »historisches Denkmal« der Bevölkerung zugänglich gemacht werden. Ogilvy stand an das hohe Renaissance-Fenster gelehnt und zählte die Touristen im Hof.[575] »Ein Franc fünfzig, drei Francs, vier Francs fünfzig. Heute ist ein guter Tag«, lautete sein Kommentar dann, als ob diese Besucher eine wichtige Einnahmequelle für ihn darstellten.

Einer der Hauptgründe, weshalb Ogilvy dem Börsengang zugestimmt hatte, war, dass er Geld für den Kauf von Touffou brauchte.[576] Nur wenige seiner Partner sind der Überzeugung, dass er diesen bedeutsamen, folgenreichen Schritt nur getan hat, weil er in einem repräsentativen Zuhause leben wollte. Fest steht jedoch, dass er sich ein aufwändigeres Heim wünschte, als er sich leisten konnte. Das Schloss ermöglichte es ihm, einen in seinen Augen angemessenen Lebensstil zu führen. »Ogilvy hatte ein überaus stark ausgeprägtes Ego«, meint dazu einer seiner Partner. »Er war ein Mensch mit unglaublichen Kapazitäten. Er war kein Sportler. Musik oder Kunst haben ihm so gut wie nichts gegeben. Doch sein Schloss war ein gigantisches Spielfeld, auf dem er sich nach Herzenslust austoben konnte.«

Der Vorbesitzer des Schlosses war Enguerrand de Vergie, der Chef des Unternehmens, das einen gelben Magenbitter namens Suze herstellt[577], von dessen beruhigender Wirkung auf den gereizten Magen die Franzosen überzeugt sind. Als einer seiner Mitarbeiter solche Summen veruntreute, dass das Unternehmen beinahe Konkurs anmelden musste, war auch der größte Teil des Privatvermögens von Vergie beim Teufel, und ihm blieb nichts anderes übrig, als sein Schloss zu verkaufen. In dem Kaufvertrag wurde ihm aber ein lebenslanges Wohnrecht eingeräumt.

Ogilvy liebte es, Besuchern von der Geschichte des Schlosses zu erzählen: »Diesen Ort gab es schon, als Christoph Kolumbus geboren wurde. Möchten Sie den Kerker sehen?« Fragte jemand im Spaß nach, ob derzeit jemand im Kerker eingesperrt wäre, gab er zu, dass er zwar im Moment leer stünde, dass er aber, wie der Oberhofscharfrichter

KoKo aus der Operette *Der Mikado* eine kurze Liste mit Namen von Personen[578] hätte, »die keiner je vermissen würde« – wie zum Beispiel Artdirektoren, die weiße Schrift auf dunklem Hintergrund verwenden. »Solche Leute sollten jahrelang im Kerker schmoren!«
Außerdem gab es am Schloss einen etwas in die Jahre gekommenen Swimmingpool. Einer seiner respektlosen Kollegen konnte sich die Frage nicht verkneifen: »Ach, und hier übst du also, auf dem Wasser zu laufen, David?« Kurze Pause und dann: »Ich brauche nicht zu üben.«

Monsieur de Vergie, ein guter Jäger, hatte die Schlosswände mit den Geweihen sämtlicher von ihm erlegten Hirsche gefüllt.[579] Anne wohnte zwar nur kurzzeitig im Schloss, begann jedoch sofort damit, die Geweihe abzuhängen und das düstere, schwere Mobiliar auszumisten, bis sie feststellte, dass ihr die Gemäuer zu feucht und kalt waren[580], woraufhin sie auszog und nach Hause fuhr. Ogilvy setzte ihre Arbeit fort, die Räume mit den hohen Decken freundlicher zu gestalten, richtete sie mit britischen und französischen Antiquitäten ein, hängte alte Kupferpfannen an die Küchenwände und stellte einen Aga-Kohleherd auf. Das Schloss wirkte überraschend heimelig und gemütlich.

Der Weinberg lieferte nicht nur gute Geschichten, sondern auch Wein. Als Ogilvy eines Tages mit einem seiner Gäste auf der Terrasse stand, meinte er: »Wir haben doch zum Mittagessen Wein getrunken. Der stammt von dem Weinberg gleich am anderen Flussufer.« Antwort des Gastes: »Transportfähig ist er wohl eher nicht, oder?«[581] Kurze Zeit später wurden die Weinstöcke niedergewalzt.

Mit der Hilfe eines Gartenbauers legte Ogilvy einen englischen Garten an, der seltsamerweise gut zu dieser französischen Kulisse passte. Der Garten war in mehrere »Räume« eingeteilt, die von schnellwachsenden Thujahecken umgeben waren. Da gab es Räume mit lieblich duftenden alten Rosen, goldgelben Pfingstrosen, Lupinen, Rittersporn und, in Gedenken an seine Mutter, Federnelken. Zwei Räume wurden zum Umziehen vor und nach dem Schwimmen genutzt. Aufgrund einer optischen Täuschung sieht man den Pool vom Schloss aus nicht; da der Grund an dieser Stelle abfällt, nimmt man von den Schwimmern lediglich die Köpfe wahr, die auf dem Rasen zu rollen scheinen.

10. Der König auf seinem Schloss

Der Garten, der angeblich zu den fünfundzwanzig schönsten in ganz Frankreich zählt, wird auch in Gartenbüchern erwähnt.[582] Am Ende einer Zitronenbaumallee steht eine Skulptur der griechischen Jagdgöttin Diana mit Pfeil und Bogen. Ogilvy war sehr stolz auf seinen Garten und genoss es, ihn seinen Besuchern zu zeigen. Er kannte die lateinischen Namen Dutzender Pflanzen und Stauden. Eine lebenslange Mitgliedschaft in der Royal Horticultural Society bedeutet nicht zwangsläufig, dass man selbst etwas vom Gartenbau versteht, doch Ogilvy war tatsächlich ein Experte. Bei einem Besuch der Gärten von Wisley lautete sein fachmännischer Kommentar zu den mehrjährigen Pflanzen, die in zwei langen Reihen angeordnet waren: »Die schönste Doppelrabatte, die ich je gesehen habe.« Seine Mutter dagegen zog ihn auf: »Du hast meine Liebe zum Gärtnern geerbt, aber du hast einen ausgesprochen gewöhnlichen Geschmack, was Gärten und Pflanzen anbelangt. Dich interessieren weniger die Blumen, dir geht es nur um die Show.«[583]

Was ist ein Schloss ohne Schlossherrin? Ogilvy trennte sich 1971 von Anne und zog aus ihrem gemeinsamen Zuhause in einem Backsteinhaus in der New Yorker East Side in eine möblierte Wohnung um, um sich dann zwei Jahre später endgültig in Frankreich niederzulassen. Herta Lans de la Touche, eine schlanke, elegante Brünette aus der Nachbarschaft, lernte er kennen, als er 1967 Touffou erwarb. Der Vorbesitzer des Schlosses stellte die beiden einander vor. Nachdem Ogilvy allein und einsam in dem riesigen Schloss lebte, war er einer weiblichen Bekanntschaft gegenüber sehr aufgeschlossen, und sie hatte sich erst kurz zuvor scheiden lassen.[584] Er erzählte einmal, dass er ihr angesehen hätte, dass sie alles andere als glücklich war. Dieses Mal gipfelten seine romantischen Ambitionen in einem von ihr als geschäftsmäßig bezeichneten Schreiben: »Du solltest meine Frau werden, weil ...«, in dem er Punkt für Punkt alles auflistete, was dafür sprach, seinen Antrag anzunehmen. Er erhielt den Zuschlag und die beiden heirateten 1973.

Herta zog mit ihren drei jugendlichen Kindern, ihrem Sohn Guy und den beiden Töchtern Isabelle und Laurence (die Minouche gerufen wurde) in das Schloss. Ogilvy war in seine Stiefkinder vernarrt, vor allem in Minouche, die Jüngste; er neckte sie, und sie stand ihm in nichts nach. Sie hatten eine wunderbare Beziehung. Herta war 25 Jahre jünger als Ogilvy, war ihm aber in fast jeder Hinsicht gewachsen. Auch, was ihre Intelligenz anbelangte, sagte Ogilvy. Einmal machten sie beide einen Intelligenztest, auf den sie in einem Buch stießen. Sein IQ lag bei 96 (»passend für einen Grabengräber«), ihrer bei 136. Dieses Ergebnis hat ihre Beziehung verändert. »Mit einem Mal war sie nicht nur hübsch, sondern auch klug, ich dagegen hässlich und dumm.« Trotz ihrer multikulturellen Wurzeln in Deutschland, den Niederlanden, der Schweiz und Britannien empfand sich Herta als Mexikanerin, da sie in Mexiko zur Welt gekommen war. Sie beschrieb Ogilvy als den amerikanischsten Briten, den sie je kennen gelernt hatte.

Jeder empfand es als großes Glück, dass Ogilvy Herta gefunden hatte. Sie wusste genau, wie sie mit ihm umgehen musste – eine Fähigkeit, die seinen beiden Ex-Frauen gefehlt hatte. »Sie hat sich nichts von David gefallen lassen«, schildert ein Freund. Wenn er während des Essens aufstehen wollte, weil er sich langweilte, wies Herta ihn zurecht, dass er den Raum keinesfalls verlassen könne, solange die anderen noch am Essen wären, und dass er mit so einem Verhalten kein Vorbild für ihre Kinder sei. Wann immer er sich daneben benahm, machte sie ihm klar, was sie wollte: »Komm schon, David. Das kannst du nicht tun. Das solltest du besser so und so machen.«[585]

Herta sagte einmal, das Zusammenleben mit ihm sei, als gerate man von einem Sturm in den nächsten.[586] Sie regte sich nicht auf, aber machte ihre Meinung unmissverständlich deutlich, wusste seine Launen und Forderungen mit einem wissenden Lächeln und ohne Klage zu nehmen, selbst wenn er auf einem Müsli mit Trauben und Nüssen bestand, nachdem sie stundenlang in der Küche gestanden und ein köstliches Mahl zubereitet hatte. Sie löste das Problem mit seinen Auftritten in Restaurants, wo er so ungeduldig, um nicht zu sagen, unhöflich war, indem sie das Essen gleich bei der Tischreservierung bestellte, sodass er nicht mehr darauf warten musste. Sie beherrschte den Umgang mit ihm perfekt, und er gelangte an einen Punkt, an dem ihm dies auch gefiel. Bevor er Herta kannte, war er aus Besprechungen herausgerannt; sie hatte einen beruhigenden Einfluss auf ihn.[587] Touffou wurde ganz nach ihren Vorstellungen geführt. Natürlich wurde sie vom Personal unterstützt, aber für das große Schloss waren es einfach zu wenige Angestellte. Dennoch empfing sie den nicht abreißenden Strom von Besuchern mit Humor – und in vier Sprachen. Sie war wild entschlossen, ihr mittelalterliches Baudenkmal in eine bequeme Familienunterkunft zu verwandeln, seine massige Präsenz abzuschwächen und ihm Charme und Stil zu verleihen. Herta ist Expertin für Stickereien, und sie beherrschte die Kunst, aus zerschlissenen Bettlaken wunderschöne Vorhänge zu zaubern. Leer stehende Zimmer führte sie im Handumdrehen einer neuen Bestimmung zu, und sie ist der Inbegriff einer vollendeten Gastgeberin.

Auch Ogilvy konnte ein aufmerksamer Gastgeber sein.[588] Je nach Interessengebiet der Gäste legte er die passenden Bücher ins Gästezimmer, nicht ohne die Detailversessenheit des Grafs von Wellington als einen Grund seines Erfolgs zu erwähnen. Gäste holte er persönlich vom Bahnhof ab, in abgetragenen Stiefeln und weiten Cordhosen. Wurden die Gäste einmal von jemand anderem abgeholt, zeigte sich Ogilvy bei ihrer Ankunft auf dem Balkon im zweiten Stock des Schlosses, streckte beide Arme aus und ließ ein theatralisches »Willkommen« erschallen.[589]

Und es gab jede Menge Gäste – allein im ersten Jahr waren es 348, die mindestens zwei Nächte blieben.[590] Seine Nichten aus Schottland wollten zwei Wochen bleiben, woraus dann ein Jahr wurde, weil sie unbedingt Französisch lernen wollten. Auch seine amischen Freunde kamen zu Besuch. Zu Tisch wurden Karaffen mit Wasser oder Wein gereicht, und die amischen Männer entschieden sich zumeist für den Wein, »weil es hier so Sitte ist.« Spontan und etwas unüberlegt – aber typisch für ihn – lud Ogilvy sämtliche Agenturmitarbeiter ein, ihn doch zu besuchen, wenn sie schon mal in Frankreich wären. Dutzende von ihnen nahmen diese Einladung an. Viele Gäste luden sich selbst zum Tee ein und ließen sich überreden, über Nacht zu bleiben. Ein junges Paar wollte ursprünglich nur ein Mal übernachten und blieb dann doch fast eine Woche. So manchen seiner Gäste verdonnerte er dazu, ihm bei den Arbeiten am Schlossgraben zur Hand zu gehen[591] – ein dreckige Arbeit –, weil Ogilvy darauf baute, dass dann keiner seinen Aufenthalt freiwillig verlängerte. Das Haus war immer voller Gäste; Ogilvy hatte gerne Menschen um sich.

Unter Hertas Führung wurden die Gäste mit einer eigentlich schon aus der Mode geratenen Zuvorkommenheit behandelt. Die Federbetten wurden aufgeschüttelt, den Übernachtungsgästen wurde das Frühstück – oft selbstgebackene Croissants mit hausgemachter Marmelade und Honig – ans Bett serviert. An warmen Sommertagen saßen die Gäste an langen Holztischen auf der Terrasse und genossen den Blick zum Fluss.[592] Das Abendessen wurde gerne in einem Raum eingenommen, in dem zahlreiche beleuchtete Regale für Ogilvys riesige Sammlung an blauem und weißem Porzellan des Herstellers East India Company aufgestellt waren. Den Kaffee wiederum nahm man in einem großen Wohnzimmer ein, in dem bequem aufgepolsterte Sofas und Stühle, die mit einem robusten weißen Stoff bezogen waren, standen. Natürlich fanden sich in jedem Gästezimmer Vasen mit frischen Blumen.

Der typische Tag für einen Gast sah so aus: eine Besichtigungstour durch den Garten, eine Bootsrundfahrt auf dem Fluss, eine Fahrradtour, Krocket (lange Schläger, weiße Hosen), Spaziergänge durch die Hügel und Wälder, Einkaufen in Poitiers oder auf einem der anderen Märkte in der näheren Umgebung – und vor allem stundenlange Gespräche. Konversation war die beliebteste Sportart auf Touffou. Ein Artdirektor aus der Londoner Agentur, der eine Woche lang blieb, suchte Ogilvy jeden Morgen in dessen Büro auf. Sie redeten bis zum Mittagessen miteinander, stiegen dann in Davids Mercedes und machten sich auf Besichtigungstour, kehrten zurück und führten erneut Gespräche – über Werbung, Firmen und natürlich Leute –, diesmal bis zum Abendessen, und dann wieder bis zum Morgengrauen. Ogilvy strotzte nur so vor Energie und Tatendrang, sodass der jüngere Mann kaum mit ihm mithalten konnte.[593]

Jedermann aus der Gegend kannte Ogilvy inzwischen, er war so etwas wie ein einheimischer Lord geworden. Wenn er mit dem Auto

10. Der König auf seinem Schloss 227

durch die Stadt fuhr, winkte er fast jedem Fußgänger zu. Mit größter Befriedigung wandte er sich einmal an einen Gast und meinte zu ihm: »Das war der Bürgermeister. Er kann mich nicht ausstehen.«[594] Der Vorsteher des Postamtes dagegen schätzte Ogilvy sehr. Mithilfe einer Sekretärin aus dem Pariser Büro führte Ogilvy von Touffou aus einen Schriftverkehr in so hohem Ausmaß, dass sich das Briefvolumen im örtlichen Postamt drastisch erhöhte und der Vorsteher befördert wurde. In seiner Anfangszeit in Touffou fuhr Ogilvy regelmäßig in seine Wohnung in der Rue de Varenne, am linken Seine-Ufer in Paris, in unmittelbarer Nähe des Rodin-Museums (mit Blick auf das *Höllentor* von Rodin). Er drückte sich davor, im Hauptbüro der Agentur aufzukreuzen, da er mit dem Geschäftsführer nicht zurechtkam. Stattdessen arbeitete er lieber an einer anderen Adresse von seinem »spirituellen Zuhause«[595] aus, bei der Direkt-Marketing-Einheit.

Im Winter begleitete Ogilvy seine Frau und gemeinsame Freunde in den Skiurlaub nach Rougement in den Schweizer Alpen, »um den französischen Steuereintreibern zu entkommen, die völlig durchgedreht sind.«[596] Doch was machte ein so unsportlicher Typ wie er in einem Skigebiet? Er las viel. Er schrieb. Er ging spazieren. In kürzester Zeit kannte er jeden. »Er hätte den Urlaub auch auf dem Mond verbringen können«[597], meint Herta, eine begeisterte und die bestangezogenste Skiläuferin. »Er hatte einen Freund, den er sehr bewunderte. Er war in dieser Lebensphase sein bester Freund, Leonard Woods aus der [J. P.] Morgan-Familie. Er ging mit Lenny spazieren. Sie führten stundenlang Gespräche. Sie führten das Leben von Intellektuellen. Beide waren sie in L. L. Bean gekleidet, und sie lasen dieselben Bücher. Sie waren Seelenverwandte.«

Doch Ogilvy bevorzugte immer mehr das Leben in Touffou, wo er den größten Teil des Tages in seinem Studierzimmer verbrachte, einem hellen, großzügig geschnittenen Raum, in dem sich nur ein paar Stühle befanden und ein großer alter Schreibtisch, auf dem nichts als eine große Vase mit einem Blumenstrauß stand. Es gab keine Schreibtischgarnitur, es war einfach ein Platz zum Schreiben. Ein Faxgerät im Nebenraum ersetzte den ratternden Fernschreiber aus alten Tagen. Ogilvy arbeitete jeden Tag und bekämpfte die Welt mit Memos und

Briefen – oft 30 bis 50 am Tag[598] – und einem gelegentlichen Vortrag. Nachdem er im Bett gefrühstückt hatte – das Tablett brachte ihm der Gärtner –, ging Ogilvy spazieren. Dann verschwand er in seinem Büro mit der hohen Decke, in dem wegen der geöffneten Fenster immer ein leichter Durchzug herrschte, der die Gardinen aufblähte. Dort sah er nach, ob über Nacht Faxe angekommen waren. Anschließend setzte er sich an seinen Schreibtisch, zündete seine Pfeife an, nahm einen gespitzten Bleistift aus der silbernen Tiffany-Schale auf seinem Schreibtisch und fing an zu schreiben.»Ohne Pfeife bringe ich nichts Vernünftiges zustande.« Ein paar Stunden später, noch am Vormittag, verließ er das Büro, um eine Tasse Kaffee zu trinken. Dann ging er wieder zurück und sah nach weiteren Faxen. Anschließend gab es Mittagessen, gefolgt von einem kurzen Nickerchen, oder er hörte Musik, las und arbeitete[599] bis gegen 22:00 Uhr. Mitunter ging er mit einer weißen Nachtmütze auf dem Kopf[600], wie sie in Großbritannien zur Zeit Dickens üblich war, ins Bett.

An den Abenden, an denen er nicht arbeitete, sahen er und Herta fern. Viele Werbespots waren ihm ein Dorn im Auge.»Wofür werben sie eigentlich – Tee, Kaffee, das nette Hotelzimmer im Ritz oder das halbnackte Mädchen?«, fragte er rhetorisch.»Die große Mehrheit derer, die heute Werbung machen, mussten noch nie in ihrem Leben etwas verkaufen«, sagte er in einem Interview der *Newsweek*.»Das einzige, was sie sich fragen ist: Ist es witzig? Ist es bezaubernd? Ist es anständig?«

»David schrieb und schrieb und schrieb«[601], meint Herta. Er las alles, was sich in der Agentur abspielte, und bombardierte jeden Mitarbeiter mit Briefen. Er beantwortete jeden Fanbrief, vorausgesetzt, er klang halbwegs intelligent. Er bekam Briefe von Menschen, die in die Werbung gingen, weil er ihnen auf ihre Fragen geantwortet hatte, oder sie einen Vortrag von ihm gesehen hatten.»In den letzten 25 Jahren seines Lebens hat er im Garten gearbeitet, geschrieben und gelesen«, sagt Herta.»Und dann gab es natürlich noch unsere Gäste, aber das war's dann auch schon. Er hat zeit seines Lebens hart gearbeitet. Bei ihm musste alles schriftlich festgehalten werden. Wirklich alles. Bis auf Zahlen. Er war ein Mann der Worte, nicht der Zahlen.«

10. Der König auf seinem Schloss 229

Mit der Ausnahme, dass er sich beständig um sein Geld sorgte[602] und sich beschwerte, wenn der Dollar im Vergleich zum Franc an Wert verlor (vorausgesetzt, er wurde in Dollar bezahlt). »Ich müsste stinkreich sein. Bin ich aber nicht, denn was meine Finanzen anbelangt, habe ich schon immer alles vermasselt.« Louis Auchincloss bat Ogilvy bei einem Besuch auf Touffou, er möge doch aufhören, ständig über das Geld zu klagen. »Du bist gesund wie ein Fisch im Wasser, dir gehört ein traumhaftes Schloss, du hast eine hingebungsvolle Frau, und jedermann sieht zu dir auf. Hör gefälligst auf zu jammern.« Das tat er dann auch ... ganze fünfzehn Minuten lang.

~

Da Ogilvy nun über mehr Freizeit verfügte, konnte er auf Reisen gehen. Er hatte schon immer davon geträumt, die Geburtsstätte seines Vaters in Argentinien zu besuchen, und stimmte deshalb zu, an Bord der *Augustus* zu gehen, einem italienischen Liniendampfer, der in Cannes ablegte. Ein paar Tage darauf schickte er ein Telex mit den Worten: »Die Augustus ist ein Stuss. Bin von Bord gegangen.«[603] Immerhin ließ er sich überreden, einen zweiten Anlauf zu unternehmen – mit dem Flugzeug. Bei seiner Ankunft in Rio de Janeiro wurde ihm ein roter Teppich ausgebreitet. Er fiel auf die Knie und küsste den Boden. Auf der Schaffarm in den Pampas, wo sein Vater das Licht der Welt erblickt hatte, brach er in Tränen aus.

Auf seiner einzigen Reise nach Südostasien nahm er die *Queen Elizabeth 2* nach New York, reiste dann mit dem Zug quer durch Amerika, besuchte anschließend den Geburtsort seiner Frau in Mexiko und fuhr dann mit der *QE2* weiter nach Sydney. »Die meisten Mitreisenden waren reich, über achtzig und zu laut«[604], bemängelte er. »Eine der Damen hatte sage und schreibe 69 Abendkleider im Gepäck.« Er traf sich mit dem Premierminister von Neuseeland, hielt in Australien einen Vortrag vor der Amerikanischen Handelskammer, zu dem mehr Menschen kamen, als dort je zuvor gesehen wurden, schaute bei 27 seiner Kunden vorbei, verbrachte »lange und glückliche« Stunden damit, sich mit den kreativen Leistungen der einzelnen Niederlassungen zu befassen und ertrug sogar dreistündige Cocktailpartys. Auf seiner Reise besuchte er 16 Städte, hielt 46 Vorträge, trat im Fernsehen auf und war auf den Titelseiten einiger Zeitungen abgebildet. Ogilvy blieb nichts anderes übrig, als die Heimreise mit dem Flugzeug anzutreten. Am Tag seiner Abreise brachte ihn der Geschäftsführer der Agentur in Bangkok zum Flughafen, begleitete ihn zum Schalter der Singapore Airlines und fuhr nach Hause. Am nächsten Morgen erhielt er einen Anruf von Ogilvy. Ein Sturm war aufgezogen, woraufhin er nach vorne ins Cockpit gegangen war und den Piloten gefragt hatte, ob sie denn starten würden. Der Pilot versicherte ihm, dass er sich keine Sorgen zu machen brauchte und sie in einer Minute abfliegen würden. »Ohne mich« lautete Ogilvys Antwort, der aus dem Flugzeug stieg und sich wieder zurück ins Hotel bringen ließ.[605]

Ogilvy hatte 1972 begonnen darüber nachzudenken, als Vorsitzender abzutreten, als er dem Vorstand erzählte, dass er es zwar nicht eilig habe, in den Ruhestand zu gehen, aber dennoch 17 Kriterien aufzählte, die sein Nachfolger erfüllen sollte.[606] Der Vorsitzende sollte beispielsweise eine gute Menschenkenntnis besitzen und Reisebereitschaft zeigen. »Der arme Teufel darf keine Angst vor dem Fliegen haben.« Dann fuhr er fort: »Ich habe mal überprüft, ob unser jetziger Vorsitzender [er selbst] diese Kriterien erfüllt. Bei 12 von 17 Vorgaben schneidet er sehr gut ab. Doch keiner von uns erfüllt alle 17!«

Drei Jahre später, mit 63, zog sich Ogilvy endgültig aus dem Arbeitsleben zurück, denn ihm war klar, dass »ich die letzten zwei Jahre als Kapitän nicht mitgespielt habe.«[607] Wenig überraschend schlug er Jock Elliott – »ein Gentleman mit Hirn« – als seinen Nachfolger vor.[608] »Er ist wesentlich gefestigter, als ich es je war. Auch in Sachen Weisheit ist er mir überlegen. Er kann besser als ich mit Menschen umgehen. Ich kann ein arger Griesgram sein, das ist er nicht im Ansatz; er ist der geborene Friedenstifter. Er liegt tief im Wasser, ich dagegen habe immer zu viel Segel aufgezogen.«

Sicherlich war er kein Kapitän mehr, aber dass er nicht mehr »mitgespielt« hätte, lässt sich schwerlich behaupten. Obgleich er in New York von seiner Präsenz einbüßte, da er oft in Frankreich weilte, und er nur noch zu offiziellen Anlässen wie Vorstands- oder Aufsichtsratssitzungen anwesend sein musste, schien Ogilvys Energie in den kommenden 15 Jahren sogar noch zuzunehmen, während er weiterhin das Ruder der Agentur, die er ins Leben gerufen hatte, in der Hand behielt, Interviews gab, hin und wieder eine Anzeige textete (unter anderem für das französische Fremdenverkehrsamt) und weitere Preise und Auszeichnungen entgegennahm.

In seiner Rede anlässlich der Verleihung des Parlin-Award des amerikanischen Werbeverbands vertiefte sich Ogilvy in das Thema Führung. Auf einer Tagung der Whiskey-Brennerei National Destillers gab er kund: »Sie verkaufen keinen Whiskey, Sie verkaufen eine Metapher.«[609] Den Arzneimittelherstellern des Proprietary Association teilte er mit: »Einen guten Texter für Ihre Arzneimittel erkennen Sie an seiner Reaktion, wenn Sie ihm ein Fläschchen mit Ihren Pillen zuwerfen. Wenn er sofort die Rezeptur auf dem Etikett liest, ist er ein Profi. Wenn nicht, können Sie ihn vergessen.«[610] Bei Gesprächsrunden zog er – wie immer – sein Jackett aus, sodass man seine roten Hosenträger sehen konnte, »nicht dass man mich für einen alten Knacker hält.«

Die *The New York Times* bezeichnete seinen Vortrag anlässlich einer Tagung der 4As als »Ogilvys Abschiedsrede«[611] – in seinen Augen eine gelinde Übertreibung. Andererseits war er sich des Neuigkeitswert von Abschieden (»was auch Frank Sinatra nicht entgangen sein dürfte«[612]) bewusst und gab an, darüber nachzudenken, das Wort Abschied künftig in alle seine Reden und Vorträge einzubauen. In einem Dankesbrief an die Madison Avenue würdigte er seine Kollegen aus der Werbebranche als Quelle der Inspiration: »Viele von ihnen sind verrückte Hühner, aber eines sind sie nicht: langweilig!«[613]

Ogilvy machte klar, dass er nicht beabsichtige, sich in den Ruhestand zu verabschieden, sondern dass er lediglich von seinen Aufgaben als Vorstand zurücktrete. »Nun kann ich mich ganz der kreativen Seite widmen, und darin war ich schon immer am besten.« Er ernannte sich selbst zum Kreativchef aller Agenturen weltweit, und stellte einen Ausschuss aus einer Hand voll der besten Kreativdirektoren aus sämtlichen Agenturen zusammen, mit dem er sich zweimal jährlich treffen wollte, um die kreative Arbeit aller Niederlassungen weltweit zu begutachten. Er verfasste Dutzende rot gerahmter Enzyklika über die Einstellung besserer Mitarbeiter, über Typographie, visuelle Klischees, Auszeichnungen, Anzeigen versus redaktionelles Layout, langweilige Fotos, Ausbildung in Direktwerbung, Vermeidung von Stereotypen und erstaunlich viele weitere Themen.

Er setzte seinen Kampf gegen die Firmenpolitik fort, andere Agenturen, die nicht zur »allein selig machenden Kirche« zählten, aufzukaufen, sprach sich gegen das Wachstum um des Wachstums willen aus[614], warnte davor, dass die Kunden dann nicht mehr an erster Stelle stünden, doch es gelang ihm nicht, diesen Zug zum Stoppen zu bringen. »Mir scheint, ich könne gar nicht anders, als anderen unentwegt eine kalte Dusche zu verpassen. Auf meine alten Tage bin ich mehr als versucht, die Institution, die wir aufgebaut haben, zu bewahren und zu verfeinern; ich kann einer Innovation widerstehen, die sie in meinen Augen nur beschmutzt.« Auch gegenüber Jock Elliott verdeutlichte er seinen Standpunkt:

> Wenn wir den endgültigen Zerfall unserer weltweiten Kirche in den Turm von Babel verhindern wollen, ist unsere weitere Missionsarbeit unumgängliche Pflicht. Wir müssen sicherstellen, dass jeder einzelnen Agentur ein Mitglied der allein selig machenden Kirche vorsteht, und *kein Fremder* (keine Kreativchefs). Wir dürfen keinesfalls erneut zulassen, dass Außenstehenden oder Laienbrüdern (die nicht über entsprechende Schulungen zum Mitglied unserer allein selig machenden Kirche geweiht worden sind) die Leitung unserer Agenturen übertragen wird. Ein derartiger Fehler führt unweigerlich zur Spaltung, zur Balkanisierung, zum Abfall vom Glauben und letztendlich zum Zerfall.[615]

Ogilvy war gegen den langfristigen Geschäftsplan der Agentur und kam zu dem Entschluss, dass die Geschäftsführung vor allem Analysten beeindrucken wollte.[616] Er zitierte aus dem Paulusbrief an Timotheus: »Die Liebe zum Geld ist die Wurzel allen Übels.« (Und das von jemandem, dessen Gedanken ein Leben lang um schnöden Mammon kreisten.) Er hielt nichts davon, auf mehreren Hochzeiten zu tanzen und machte sich über den Kauf einer Unternehmensberatung (ein Ein-Frau-Betrieb, »ein Witz«) lustig: »Fortsetzung folgt in unserem

Jahresbericht. Den Analysten wird die Kinnlade nach unten fallen, wenn sie alles über diese verwunderliche und irrelevante Akquisition erfahren.«[617]

Er widersetzte sich auch weiterhin den Plänen der Agentur, ein zweites Netzwerk mit Agenturen wie Scali, McCabe und Sloves aufzubauen[618], die rechtlich gesehen unabhängig von O&M waren, und führte ins Feld, dass eine solche Vorgehensweise schlecht für die Kunden wäre – womit er Recht hatte, denn es verwirrte sie nur. Stattdessen drängte Ogilvy darauf, diese Agenturen wieder abzustoßen und von dem Erlös Aktien zurückzukaufen. »Mein Plan für O&M ist, dass wir die beste Agentur werden, nicht zwangsläufig die größte.« Er grübelte in einem (nicht verschickten) Memo, weshalb er weiterhin Vorstandsmitglied blieb: »Weil ich mich mit der Firma identifiziere. Weil ich das Geld brauche. Und weil ich nützlich für sie bin. Doch wofür setzt mich die Firma ein? Als Symbol für Kreativität und als prominentes Aushängeschild, wenn es etwas zu Feiern gibt. Doch mein Urteil über geschäftliche Dinge wird vom Vorstand regelmäßig ignoriert.«

Nachdem er in Sachen Unternehmensstrategie keine Punkte machen konnte, konzentrierte er sich auf die Mitarbeiter. Auf einem rauschenden internationalen Fest in San Francisco teilte er den rund hundert Führungskräften mit: »Wenn Sie mich fragten, was der eigentliche Sinn und Zweck unserer Agenturen wäre, würde ich sagen, dass es bestimmt nicht der Aktiengewinn für unsere Aktionäre ist, sondern unser Ziel sollte lauten, die Agentur so zu führen, dass unsere Mitarbeiter rundum zufrieden damit sind.«[619] Für ihn war klar, was ein Unternehmen attraktiv für seine Belegschaft macht: Abwesenheit von Machtspielen und Intrigen in der Führungsetage, Stolz darauf, in einer der besten Agenturen zu arbeiten, das Gefühl, dass das oberste Ziel lautet, die Kunden zufriedenzustellen, Erfolg bei der Kundenakquise, die Kündigung von »Mitläufern«, deren Gehaltszahlung eine Beleidigung für alle anderen sei, die sich mächtig ins Zeug legen, die Entlassung von Intriganten, weil sich diese Unsitte meist ausbreite wie ein »Krebsgeschwür«, und Fairness, Integrität und Spaß als oberste Prinzipien für das Management. »Tötet schlechte Stimmung mit guter Laune.«

Ogilvy liebte es, neue Mitarbeiter zu rekrutieren, und verfasste ein ungewöhnliches Stellenangebot:

Ogilvy & Mather International sucht:
TROMPETERSCHWÄNE

Trompeterschwäne seien eine seltene Spezies, »die persönliches Genie mit inspirierenden Führungsqualitäten kombiniere«, hieß es weiter in der Anzeige, die »einen dieser seltenen Vögel« aufforderte, sich persönlich an Ogilvy zu wenden. Dieses Stellenangebot erregte zwar die Aufmerksamkeit der Leser, aber nicht unbedingt die von Bewerbern; anscheinend beantworten nur äußerst wenige Trompeterschwäne Stellenanzeigen. Ogilvy drängte seine Direktoren, mehr »Überflieger« zu rekrutieren, und wies darauf hin, dass er dasselbe Memo bereits vor einem Jahr verschickt hatte – ohne Erfolg. »Ich gebe niemals auf.«

Campbell Soup wollte sich von ihm zu ihrer Markenstrategie beraten lassen. Er machte dem Unternehmen klar, dass es zu wenig Geld in Werbung investiere, dass ihre Produkte verbesserungswürdig seien, und dass ihr rot-weißes Etikett (das durch Andy Warhol zur Ikone wurde) wenig appetitanregend sei – »Ihre Suppendosen sehen ja aus wie Schmieröldosen.«[620] Das Unternehmen änderte die Etiketten für mehrere Produkte, nachdem Verbrauchertests gezeigt hatten, dass Ogilvy mit seiner Einschätzung richtig lag. Außerdem rief es den David-Ogilvy-Award ins Leben, in der Annahme, dass er als Juror objektiv genug sein würde, auch andere Campbell-Agenturen als die eigene auszuzeichnen (womit es richtig lag).

Der zu dieser Zeit führende Talkshowmaster David Susskind[621] interviewte Ogilvy vier Stunden für eine Sendung, die an zwei Samstagabenden ausgestrahlt wurde. Ogilvy sprach davon, welche Vorteile es hätte, Schotte zu sein (es unterschied ihn von vielen seiner Kollegen), redete über seine Erfahrung bei Gallup und über seine Ideenquellen, aber auch über seine finanziellen Verluste und seine permanenten Versagensängste. »Ich hatte immer Angst, ich könne nie wieder so gut sein wie beim letzten Mal.«

Guy Mountfort, einer der britischen Direktoren der Muttergesellschaft, hielt sich an Ogilvys Rat, seine eigentlichen Interessen außerhalb der Werbebranche ernsthaft zu verfolgen. »Wir Werbeleute sind Dutzendware. Ihr Ornithologen dagegen seid seltene Vögel«, schrieb er. Mountfort tat sich mit anderen Naturschützern zusammen, gründete die Umweltstiftung World Wildlife Fund[622] und konnte Ogilvy als Aufsichtsratmitglied gewinnen, der nur im Ausnahmefall eine Sitzung verpasste[623], obwohl es davon recht viele gab. Ogilvy veranstaltete ein zweitägiges Brainstorming in seinem Château, bot die Dienste der Agentur an und sammelte mithilfe einer seiner überzeugendsten, stark textlastigen Anzeige Spenden (»Auferstanden von den Toten«). »Ich habe Hunderte von Anzeigen für Dutzende von Kunden verfasst«, meinte er dazu. »Aber diese hier ist meine Lieblingsanzeige. Je mehr davon gedruckt werden, umso mehr Tiere und natürlich auch Vögel können vor dem Aussterben gerettet werden.«[624] Und schob noch einen Satz aus dem Anzeigentext hinterher: »Einmal ausgestorben heißt für immer ausgestorben.«

Ogilvy stand voll und ganz hinter der guten Sache und war auch von der Stiftung selbst mehr als beeindruckt. Höhepunkt waren die regelmäßigen Tagungen im Buckingham Palast unter dem Vorsitz von Prinz Philip, dem Herzog von Edinburgh, der Ogilvys Ideen öffentlich lobte: »Obwohl er selbst nicht zu den Naturschützern zählt, hat er verstanden, worum es geht, und leistet einen erheblichen Beitrag zur guten Sache.«[625]

Privat dagegen kamen die beiden Männer nicht miteinander aus.[626] Als Ogilvy erfuhr, dass Prinz Philip nette Dinge über ihn gesagt habe, entgegnete er, er hätte das Gefühl gehabt, Prinz Philip halte ihn für einen »Vollidioten«[627]. Ogilvy hatte klare Vorstellungen davon, was WWF tun sollte[628], Prinz Philip teilte diese Auffassung jedoch nicht immer. Der Herzog von Edinburgh stand unvermeidlich im Mittelpunkt der Aufmerksamkeit, sobald er den Raum betrat[629], und Ogilvy beanspruchte diese Rolle für sich. Er hielt den Herzog für einen Rüpel und begann, schlecht über ihn zu reden, was bei den anderen WWF-Aufsichtsratmitgliedern jedoch nicht gut ankam. Aus welchen Gründen auch immer, das Ende vom Lied war, dass Ogilvy vom Aufsichtsrat ausgeschlossen wurde – eine Schande, denn er hatte wirklich gute

Arbeit für die WWF geleistet und sich sehr engagiert.⁶³⁰ Die Tatsache, dass er Prinz Philip verärgert hatte, hat seinen Chancen, in den Ritterstand erhoben zu werden, wohl eher geschadet denn genutzt.

∽

Es ist nicht außergewöhnlich, wenn eine im Ruhestand befindliche Werbeikone ein Buch über ihre berufliche Laufbahn verfasst – und auch Ogilvy begann kurz nach der Niederlegung seines Amtes als Vorstandsvorsitzender mit seiner Biografie. Anders als seine *Geständnisse eines Werbemannes* war *Blood, Brains and Beer*, wie er selbst zugab, »ein Flop« –, sowohl bei der Erstauflage als auch 17 Jahre später, als es unter dem Titel *David Ogilvy: An Autobiography* erneut erschien, und mit Listen seiner besten Freunde, seiner Lieblingsblumen und, ausgerechnet, mit Kochrezepten aufgemotzt worden war.

Seine Partner drängten ihn, *Geständnisse eines Werbemannes* zu aktualisieren, doch Ogilvy war der Überzeugung, dass die Agentur keinen weiteren Bestseller brauchte, sondern ein völlig neues Buch, das zu Geschäftszwecken verwendet werden könnte. *Ogilvy über Werbung*, das 1983 in Amerika und 1984 in Deutschland erschien, enthielt zahlreiche Abbildungen von Werbekampagnen (auf sieben davon waren nackte Frauen abgebildet, was Ogilvys Haltung gegenüber europäischer Werbung verdeutlichen sollte). Außerdem ließ er sich dort anders als in seinen *Geständnissen* über Kampagnen anderer Werbeagenturen aus. Im Prinzip hat es mehr von einem Ratgeber als das vorherige Buch: Wie entsteht Werbung, die verkauft ... wie bekommt man einen Job in der Werbebranche ... wie leitet man eine Werbeagentur ... wie gewinnt man Kunden ... nach welchen Kriterien wählt man seine Werbeagentur ... wie konkurriert man gegen P&G ... wie können Werbung, Direktmarketing, Forschung und Verkaufsförderung noch besser werden?

In einem Kapitel geht es um die sechs Giganten, die Erfinder der modernen Werbung: Albert Lasker, Raymond Rubicam, Bill Bernbach, Leo Burnett, Claude Hopkins und Stanley Resot. »Alle sechs waren Amerikaner. Alle sechs kamen aus einer anderen Branche und erst auf

Umwegen zur Werbung. Mindestens fünf von ihnen waren von der Arbeit besessen und kompromisslose Perfektionisten. Vier von ihnen standen in dem Ruf, begnadete Texter zu sein. Nur drei von ihnen hatten einen Universitätsabschluss.« Anders ausgedrückt, abgesehen von ihrem Geburtsort waren sie wie er. In seinem Buch ereifert sich Ogilvy gegen Plakatwerbung (»Wer *mag* sie schon? Nur diejenigen, die Geld daran verdienen.«), politische Werbung (»Können Sie sich vorstellen, dass Abraham Lincoln eine Werbeagentur anheuert, die einen 30-Sekunden-Spot über Sklaverei produziert?«) und gegen den Day-After-Recall-Test[631] (er zitierte einen Kreativdirektor, der behauptete, er würde hohe Werte erzielen können, wenn er einen Gorilla im Suspensorium zeigen würde).

»Davids Buch«[632], wie man es in der Madison Avenue nannte, galt als »der beste Leitfaden über Werbung, der je geschrieben wurde«. Für John Caples war es »das spannendste und lehrreichste Buch über Werbung, das ich je in meinen Händen hielt« und »ein Muss für jeden ehrgeizigen Werber«. In einem etwas befremdlichen Vergleich nannte *The London Standard* Ogilvy den »Einstein der Werbung«. Unumwunden gab er selbst zu, was für jeden offensichtlich war: »Alle meine Bücher sind schlecht getarnte Werbung für Ogilvy & Mather.«

~

»Als ich bei IBM anfing, dachte ich, Firmenkultur sei so etwas wie Finanzen oder Marketing, das in einem Unternehmen gemanagt wird«, sagt Lou Gerstner, der schon freundschaftlichen Umgang mit Ogilvy pflegte, als Gerstner noch das Kerngeschäft von American Express aufbaute – mit tatkräftiger Unterstützung durch die erfolgreiche Werbung von O&M – und später als CEO von IBM den Wendepunkt des Unternehmens markierte. »Doch als ich dort aufhörte«, fährt er fort, »war mir klar geworden, dass Unternehmenskultur nicht zum Spiel dazugehört, sondern das Spiel *ist*, wenn es darum geht, ein erfolgreiches Unternehmen aufzubauen und auf Erfolgskurs zu halten.«[633] In Gerstners Augen hat Ogilvy eine Institution geschaffen, weil er für eine fantastische Firmenkultur gesorgt und Richtlinien aufgestellt hat, die sich an die aktuelle Umgebung anpassen lassen.»In gewisser Weise sind sie unvergänglich.«

Ogilvy machte Firmenkultur 1985 zu einem offiziellen Thema, und zwar bei einer Rede vor den Direktoren und Topmanagern der Agentur in der Fishmongers Hall[634] in London, als er sagte, er hätte ein Buch zu diesem Thema gelesen und sich gefragt, ob die Agentur denn eine hätte.»Offensichtlich schon. Anscheinend haben wir sogar eine außergewöhnlich *starke* Firmenkultur. *Gut möglich, dass wir uns in erster Linie damit von unseren Konkurrenten unterscheiden.*« Es begänne mit dem Arbeitsklima bei O&M.»So mancher unserer Mitarbeiter bleibt bis zu seiner Rente bei uns. Und wir tun unser Möglichstes, dass sie *glücklich* bei uns sind.«

Wir behandeln unsere Mitarbeiter wie menschliche Wesen. Wir helfen ihnen, wenn sie in Schwierigkeiten stecken – wegen der Arbeit, weil sie krank sind oder Alkoholprobleme haben und so weiter.

Wir fördern unsere Mitarbeiter und holen das Beste aus ihren Begabungen heraus. Wir stecken unglaublich viel Zeit und Geld in ihre Weiterbildung – vermutlich mehr als jeder unserer Konkurrenten.

Unser Managementstil ist einzigartig demokratisch. Wir mögen weder eine hierarchische Bürokratie noch eine starre Hackordnung.

Wir verabscheuen Rücksichtslosigkeit.

Wir mögen freundliche Menschen mit guter Kinderstube. Unsere New Yorker Agentur geht sogar so weit, einen Preis für, wie sie es nennt, »Professionalität gepaart mit Anstand« auszuloben.

Wir schätzen Ehrlichkeit. Ehrlichkeit bei Auseinandersetzungen, Ehrlichkeit im Umgang mit Kunden, Ehrlichkeit im Umgang mit Zulieferern und Ehrlichkeit, wenn es um die Agentur geht.

Wir bewundern Menschen, die hart arbeiten. Und wir bewundern Objektivität und Gründlichkeit.

Oberflächlichkeit dagegen bewundern wir nicht.

Wir verachten Intriganten, Rüpel, Schleimer und Wichtigtuer.

Jeder Mitarbeiter kann bei uns Karriere machen. Wir kennen keine Vorurteile – Religion, Hautfarbe oder Geschlecht sind bei uns bedeutungslos.

Wir verachten Vetternwirtschaft und jede Form der Bevorzugung.

10. Der König auf seinem Schloss

Eine Beförderung ins Topmanagement hängt ebenso von der Persönlichkeit des Kandidaten wie von allen anderen Aspekten ab.

Im letzten Kapitel »EX CATHEDRA« stand so manches »nebenbei Gesagte« – das er, wie jedermann wusste, nicht zum ersten Mal geäußert hatte: »Wir suchen Gentlemen mit Hirn.« und »Schalte niemals eine Anzeige, die du vor deiner Familie verheimlichen würdest.« In seinen Augen war Werbung ein geladener Gast, der über gute Manieren verfügen sollte.

Spaß gehörte zur Firmenkultur. Ogilvy liebte Witze und Wortspiele – sie waren das Salz in seinen Notizen und Memos. Es gab selten Situationen, die er nicht mit Humor nahm. In seinen Augen war eine Werbeagentur ohne Sinn für Humor ebenso wenig vorstellbar wie ein Labor, in dem sich die Wissenschaftler nicht wechselseitig Streiche spielten.

Bill Phillips, einer der Nachfolger Ogilvys als Vorstand der Agentur, fasste die Firmenkultur in dem Mantra zusammen: »Arbeite hart. Genieße dein Leben. Verschwende keine Zeit mit Schlafen.« Das Team, das für den Werbeetat von General Foods zuständig war, arbeitete hart und bis spät in die Nacht, weshalb er einen Konferenztisch durch eine Tischtennisplatte austauschen ließ, die abgedeckt wurde, wenn Klienten zu einer Besprechung kamen. Mehrere Agenturen stellten eine Weihnachtsrevue auf die Beine; der Schriftsteller Salmon Rushdie betätigte sich als Texter für »Die roten Hosenträger 1977«. Das Joggingteam in New York »Die roten Hosenträger« trug weiße T-Shirts, auf die rote Hosenträger aufgedruckt waren. Als die Joggingmannschaft in Südafrika Ogilvy um Textvorschläge für ihre T-Shirts bat, wies er ihr Ansinnen mit den Worten »Ich hasse T-Shirts«[635] zurück. Das Team ließ daraufhin den Brief mit seiner Absage auf ihre T-Shirts drucken.

Ogilvy war fest davon überzeugt, dass es mehr eine Frage des Managementstils denn eine Frage des Geldes ist, seine besten Leute bei der Stange zu halten.

»Es ist unserer Aufmerksamkeit nicht entgangen, dass jeder aus der Führungsriege von Ogilvy texten konnte – und das verdammt gut«[636], sagte der Chef einer Agentur, die von O&M aufgekauft worden war. Als Jock Elliott gefragt wurde, was dort denn anders als bei BBDO sei, für die er immerhin 20 Jahre tätig gewesen war, meinte er: »Wir schreiben nieder, was wir wissen und woran wir glauben.«

Ogilvy war vor allen Dingen ein Texter und in seiner Agentur herrschte eine Schreibkultur. Er habe wie ein Engel geschrieben[637], schwärmte David McCall von ihm. »Selbst seine Aktennotizen waren es wert, aufbewahrt zu werden. Er konnte seine Gedanken selbst während eines Diktats in brillante Prosa fassen. Seine Werbetexte trafen den Kern der Sache.« Ogilvy sah sich selbst als Werbetexter, nicht mehr und nicht weniger. »Wenn ich wirklich ein begnadeter Schriftsteller wäre, wie meine Cousine und liebste Freundin Rebecca West, würde ich wohl als Schriftsteller Karriere machen wollen – und meinen Stift nicht für Rinso und Konsorten schwingen.«[638] Doch er war keiner, und daran änderte sich auch nichts.

Ogilvy verfasste keinen einzigen Werbetext im Büro.[639] »Viel zu viele Unterbrechungen.« Seine Arbeit begann damit, dass er sich jede einzelne Werbeanzeige für Konkurrenzprodukte der letzten 20 Jahre zu Gemüte führte: »Analyse der Vorgänger«. Anschließend machte er sich daran, eine Überschrift zu Papier zu bringen. Wenn er sich dann nicht mehr vor dem eigentlichen Text drücken konnte, nahm er den Stift zur Hand und fing an zu schreiben. Die ersten 20 Entwürfe warf er in der Regel weg. »Wenn gar nichts anderes hilft, trinke ich eine halbe Flasche Rum und höre mir ein Oratorium von Händel an. In den meisten Fällen fällt mir dann eine Idee nach der anderen ein.« Am nächsten Morgen stand er dann sehr früh auf und begann, an seinen Ideen zu feilen. »Ich bin ein schlechter Texter«, meinte er, »aber ein guter Korrekturleser.«

Seine Texte von Ogilvy Korrektur lesen zu lassen, war wie sich unter das Messer eines Chirurgen legen zu müssen, der mit schlafwandlerischer Sicherheit seine Hand auf die schmerzempfindlichste Stelle legte. Man spürte es fast körperlich, wenn Ogilvy seinen Finger auf das falsche Wort, die unpassende Wendung oder den unvollstän-

10. DER KÖNIG AUF SEINEM SCHLOSS 241

digen Gedankengang legte. Völlig fremd dagegen war ihm Stolz auf die eigene Kreativität – ganz im Gegenteil, er konnte sehr selbstkritisch sein. Irgendjemand stieß einmal zufällig auf eine Ausgabe seines Buchs, in das er lauter Kommentare gekritzelt hatte: »Unsinn«, »Blödsinn«, »Quatsch«. Seine wichtigsten Dokumente verschickte er als Rundschreiben mit »der Bitte um Korrektur«.

Ebenso wie sein Bruder schrieb auch David sämtliche Entwürfe mit Bleistift.[640] Nicht mit der Schreibmaschine, nicht mit einem Kugelschreiber, sondern mit einem frisch gespitzten Bleistift. Er habe immer einen Bleistift genommen, bestätigt eine ehemalige Sekretärin, da er niemanden für so gut hielt, gleich mit Füller schreiben zu können. Nachdem eine Schreibkraft seine schwer zu entziffernden handschriftlichen Notizen abgetippt hatte, nahm er es ganz genau damit, es ansprechend zu gestalten, sodass es leicht zu lesen war: doppelter Zeilenabstand, kurze Absätze, Kernbotschaften unterstrichen, Absätze eingerückt (damit sie noch besser ins Auge stachen) und Unterteilung einzelner Abschnitte durch eine Reihe von Sternchen. In einem gelegentlichen Überschwang der Gefühle unterzeichnete er den fein säuberlich abgetippten und nach seinen Vorgaben gestalteten Text mit einem roten Stift. Dringenden Schriftstücken fügte er eine kleine rote Karte hinzu, auf der »SOFORT!« stand – eine Angewohnheit, die er sich von der Washingtoner Agentur abgeguckt hatte.

Alle Entwürfe wurden hingeschmiert, umgeschrieben und wieder hingeschmiert.[641] Ogilvy nahm sich den Entwurf vor, strich die Adjektive und Adverben durch, ließ die Substantive und Verben stehen, um den Text eindeutig – und eingängiger zu machen. Kurze Sätze, kurze Absätze, keine umständlichen Formulierungen. All die perfekten Schriftstücke, die Mitarbeiter aufbewahrten, waren das Ergebnis harter Arbeit. »Wenn man seine Texte las, hatte man das Gefühle, er wäre so eine Art Mozart, und alles wäre in einem Rutsch aus seinem Hirn auf das Papier geflutscht«, meinte ein Texter, der mit Ogilvy zusammengearbeitet hatte. »Von wegen. Ich konnte es kaum fassen, wie schwer es ihm fiel, letztendlich genau den Satz zu formulieren, den er haben wollte.« Oder das perfekte Wort, den passenden Ausdruck. Für die Witwe eines Freundes war Ogilvys Beileidsbekundung die beste von allen: »Er war einmalig.«

Die Forderung Ogilvys an seine Agentur, klare und authentische Texte zu produzieren, galt auch für sämtliche Memos, Berichte und Pläne. »Je besser man textete, umso höher kletterte man bei Ogilvy & Mather die Karriereleiter empor. Dort war man überzeugt, dass Menschen, die etwas im Kopf haben, sich auch gut ausdrücken können. Wirre Menschen verfassen wirre Memos, wirre Briefe und wirre Reden.«[642]

Die Werbebranche hat Schriftstellern schon immer ein regelmäßiges Einkommen gesichert, bis sie mit einem Buch Erfolg hatten. Auch in Ogilvys Agentur verdienten zahlreiche Autoren, die später als Schriftsteller zu Ruhm und Ehren gelangten, eine Zeitlang ihre Brötchen. Ogilvy spielt in den Erinnerungen vieler prominenter Schriftsteller eine wichtige Rolle.

Bevor Salman Rushdie zum Starliteraten aufstieg und wegen seines Buchs *Die satanischen Verse* mit einer Fatwa bedroht wurde, war er als Texter für Ogilvy & Mather in London tätig. Sein Werbespruch für Cremekekse »Naughty but nice«[643] (Unanständig, aber nett), den er für den britischen Verband der Milcherzeuger wählte, stammte aus einem uralten britischen Witz. Für den Riegel aus Luftschokolade von Aero kreierte der Literaturstar die Wortschöpfungen »Irresti-bubble« (aus *irresistible* und *bubble*, also »unwiderstehlich« und »Luftblase«) und »delecti-bubble« aus *delectable* und *bubble*, also »köstlich« und »Luftblase«).

Der in Indien geborene Schriftsteller Indra Sinha arbeitete ebenfalls in der Londoner Agentur. Er hatte sich mit seiner Übersetzung der *Liebeslehren des Kama-Sutra* und seinen Romanen *The Death of Mr. Love* und *Cybergypsies* einen Namen als Schriftsteller gemacht. Er entwarf eine dreiseitige Werbekampagne für das Verpackungsunternehmen Metal Box und trug mit seinem Slogan »Every time you open a can you save a little of your life« (Jedes Mal, wenn du eine Dose öffnest, gewinnst du ein bisschen Leben) dazu bei, die Verbraucher von ihrem schlechten Gewissen zu befreien, wenn sie Dosenware kauften.

Don DeLillo machte Ende der 1950er Jahre eine, wie er es nannte,

10. Der König auf seinem Schloss

»kurze und langweilige« Karriere als Texter bei OBM in New York. In seinem ersten Roman, *Americana*, spielen einige Szenen auf seine Erfahrung in der Werbebranche an.[644] Er schrieb Werbeanzeigen gegen die Verschmutzung der Stadt für New York City, kreierte Bildwerbung für Sears und eine Kampagne für den Internationalen Papierverband, auf der berühmte Schriftsteller unter dem Slogan »Send me a man who reads« (Schickt mir jemanden, der des Lesens kundig ist) abgebildet waren.

Bevor Peter Mayle nach Frankreich ging und *Mein Jahr in der Provence* schrieb, arbeitete er in der Londoner Agentur. Nach sechsmonatiger Korrespondenz mit Ogilvy ging er nach New York, um in den »Salzminen der Handelsanzeigen und Produktbroschüren« zu arbeiten. Bald wurde er zum Juniortexter befördert und war an den Kampagnen für Hathaway Hemden, »Come to Britain« und Steuben Glass beteiligt. Diese Etats waren alle recht klein, aber sie gehörten zu den Lieblingsetats von Ogilvy. Mayle erinnert sich noch an die Präsentation seiner ersten Anzeige für Hathaway, die er Dutzende Mal umgeschrieben hatte.

> Seine Sekretärin sagte mir, ich solle in sein Büro gehen. Es war leer. Verblüfft fragte ich mich, was ich nun tun sollte, als plötzlich eine Stimme aus der Zimmerecke kam: »Ich sitze auf der Toilette. Schieben Sie Ihren Text unter der Tür durch.« David hatte sich also in seine private Toilette zurückgezogen. Ich schob meinen Text durch die Tür durch und wartete ab. Schließlich wurde er zurückgeschoben. Ich sah nur noch rot. »Ab durch die Mitte«, sagte die Stimme noch, und ich tat, wie mir aufgetragen wurde. Zurück im Büro studierte ich die mit rotem Buntstift geschriebenen Anmerkungen, die sich durch meinen ganzen Text zogen, auf den ich solche Mühe verwendet hatte.
>
> David hatte einen Satz durchgestrichen, der mir besonders gut gefallen hatte, und daneben stand: »Quak, quak. Schöngeistige Literatur. Löschen.«[645] Durch den gesamten kurzen Text zogen sich solche beißenden Kommentare.

Edmund Morris, Gewinner des Pulitzer-Preises und der Auszeichnung des US-amerikanischen Buchverbands für *The Rise of Theodore Roose-*

velt war als Texter für den »wenig glamourösen« Etat für Stellenanzeigen von IBM weltweit zuständig.[646] Auf seine Bitte hin, ob er nicht auch an Fernsehspots mitarbeiten könnte, ließ ihn Ogilvy an den Werbespots für Salatdressing von Good Seasons mitarbeiten, doch in der Agentur war er nach wie vor der »Mann für die langen Texte«.

Der Schriftsteller, Illustrator und Cartoonist Bruce McCall schreibt und zeichnet regelmäßig für *The New Yorker*. Manche halten seine Kampagne, mit der Mercedes Benz in Amerika bekannt gemacht werden sollte – und bei der die Spitzentechnologie der Fahrzeuge auf Teststrecken und auf offener Strecke unter Beweis gestellt wurde – für die einflussreichste Autowerbung ihrer Zeit.[647] McCall gibt unumwunden zu, dass er Ogilvys Stil als Texter nachgeeifert hat, der Anzeigen schrieb, »in denen die Kaufargumente aus ihrer Ecke gezogen wurde, um ab dem ersten Wort kräftige Schläge auszuteilen«. Einer der Texte von McCall für das teuerste Modell von Mercedes, den Grand 600, kam mit einer Anmerkung von Ogilvy zurück: »Analphabet!!!«[648], und dass er gegenüber Millionären keinen so salbungsvollen Ton anschlagen solle: »Ich bin selbst Millionär – wie würden Sie denn mit mir reden?« Und damit funktionierte sein gelähmtes zentrales Nervensystem wieder, erinnert sich McCall.

Ian Keown, ein Texter, der an den Kampagnen für das britische Fremdenverkehrsamt, Puerto Rico und die Fluggesellschaft KLM Royal Dutch Airlines mitgewirkt hatte und für KLM vier Reiseberichte verfasst hatte, schreibt mittlerweile Reiseführer. Für eine doppelseitige Anzeige für das Reiseunternehmen British Travel, bei der Wachtposten in einem Einkaufszentrum abgebildet waren, griff Keown auf eine Zeile aus einem Stück von Gilbert & Sullivan zurück: »Tan-tantara, zing boom, zing boom.« Ogilvy bemängelte, es müsse »*Tin*-tantara« heißen.[649] Er hatte Recht.

Die Idee, Ogilvys originelle Memos als Buch zu veröffentlichen, war schon des Öfteren heiß diskutiert worden. Für manche Mitarbeiter von Ogilvy kam es nicht infrage, da ihrer Meinung nach die guten Sachen nicht zur Veröffentlichung geeignet waren, während die zur Veröffentlichung geeigneten Sachen nicht gut waren. Trotz dieser Bedenken wagte man es 1986 anlässlich Ogilvys 75. Geburtstags. Heraus kam ein flottes Buch, das von Joel Raphaelson lektoriert worden war und weit mehr als nur Memos enthielt, nämlich Reden, Auszüge aus dem Handbuch für Aga-Herde und Abhandlungen über Management und Firmenkultur. Raphaelson schlug den Titel *The Unpublished David Ogilvy* vor, was sich darauf bezog, dass in dem Buch vieles stand, was bislang noch nicht veröffentlicht worden war.

Manche Memos bestanden aus lediglich zwei Wörtern, andere gingen über mehrere Seiten – über die Agenturleitung, seine Schwächen, was er bei seinen Stippvisiten in den anderen Büros erledigen wollte, wie man sich gut ausdrückt, was der Leiter der Kreativabteilung können muss, Buchempfehlungen zum Thema Werbung und 37 Fragen an seine Kreativdirektoren, wobei die letzte lautete: »Schlagen Sie Ihre Frau immer noch?« Das Buch wurde privat verlegt und Ogilvy in London zu einem Galaabend anlässlich seines Geburtstags auf einem Boot auf der Themse überreicht. Dann vergingen zwei Wochen nervösen Wartens auf seine Reaktion auf ein Buch, das unter seinem Namen (aber ohne seine Erlaubnis) gedruckt worden war, bis er endlich sein Urteil fällte: »Das schönste Geburtstagsgeschenk, das ich je bekommen habe.« Letztendlich wurde das Buch dann doch von einem Verlag verlegt, von Crown.

Die Londoner Agentur, zu der er eine komplizierte Beziehung hatte, feierte seinen Geburtstag mit einer Werbeanzeige. Die Überschrift lautete: »Eigensinnig, respektlos, kompromisslos, unberechenbar, brillant, frech, querköpfig, provokativ, nervend.« Drei Spalten voller Zitate und Lob umrahmten die zweite Zeile der Schlagzeile: »Zum Glück sind seine Mitarbeiter nach ihm geraten.«

Mittlerweile war Ogilvy Ende 60 und hatte dennoch ein schlechtes Gewissen, weil er offiziell nicht mehr für die Agentur tätig war »und schlimmer noch, weil ich weiß, dass mindestens einer meiner Partner mich für völlig durchgeknallt hält.« Doch dann warf unverhofft der Chef der deutschen Agentur das Handtuch, und ein junger Kundenbetreuer wurde flugs zu dessen Nachfolger bestimmt. Der Vorstand fragte Ogilvy, ob er in der Übergangsphase mit anpacken würde. »Ich habe mich gefühlt wie ein Erzbischof, der wieder Dienst an der Gemeinde leisten darf.« Fast ein ganzes Jahr lang pendelte er zwischen

Touffou und Frankfurt. Jeden Montagmorgen nahm er den Zug nach Paris, fuhr mit der Metro (und seinem Gepäck)[650] quer durch Paris vom Gare de Luxembourg zum Gare du Nord und stieg dort in den Zug nach Deutschland, um das ganze freitags in umgekehrter Reihenfolge zu wiederholen. Er verbrachte den ganzen Tag in Frankfurt, beriet den neuen Geschäftsführer, traf Kunden, sprach mit den Leuten aus der Kreativabteilung und sah sich deren Arbeiten an. Er war rundum zufrieden, und das merkte man seinen Memos deutlich an.

Eine ähnliche Gelegenheit bot sich ihm einige Jahre später, als der Regionalleiter die Agentur verließ. Ogilvy nahm das Angebot, seinen Posten als Vorsitzender für Indien und Südafrika zu übernehmen, ohne Zögern an. Obwohl er an sich nur die geistige Führung übernehmen sollte und keine Beaufsichtigung der Agenturen vor Ort erforderlich war, stürzte sich Ogilvy voller Elan in die neue Aufgabe. Er verbrachte viel Zeit in beiden Ländern, arbeitete bis spät in die Nacht und nahm beinahe täglich das Abendessen im Kreis seiner jungen Agenturmitarbeiter ein. Dem Direktor zufolge wurde die Agentur in Südafrika von Besuch zu Besuch immer besser.[651] Bei seinen zwei längeren Aufenthalten in Indien wurde Ogilvy behandelt wie ein Gott, oder besser gesagt, wie ein Guru.[652] Aber nicht wie so ein Wald-und-Wiesen-Guru, meinte ein indischer Kollege – »sondern wie ein Maja-Guru«[653], der Meister aller Gurus, »der Wissen in sich aufnimmt und es dann mit allen teilt.« Ogilvy blieb nichts anderes übrig, als mit dem Flugzeug nach Indien zu reisen – es gab praktisch keine Alternative –, doch im Land selbst nahm er den Zug. Die Vorstellung, mit dem Auto quer durch Indien zu fahren, jagte ihm eine höllische Angst ein.[654]

Nun durfte Ogilvy eine Reihe von Auszeichnungen für sein Lebenswerk entgegennehmen: seine Wahl in die Advertising Hall of Fame, die Direct Response Hall of Fame und die Junior Achievement's U.S. Business Hall of Fame. Er wurde Treuhänder des American College in Paris und wurde zum Mitglied des französischen Ordens der Künste und Schreiberzunft gewählt. Ogilvy wusste es zu schätzen, dass er der erste lebende Preisträger der von der *Fortune* ausgelobten National Business Hall of Fame[655] war, dem der Preis nicht persönlich übergeben wurde. »Ich bin ja auch der erste, der in Europa lebt und unter panischer Flugangst leidet. Gut möglich, dass der lebende Preisträger nach vier Flügen nicht mehr unter den Lebenden weilt. Er könnte an einer Panikattacke gestorben sein.«[556] Dennoch hatte er das Gefühl, als zählte seine Meinung zu den unterschiedlichsten Angelegenheiten der Agentur – wie zum Beispiel ihr Wachstumskurs – nicht mehr. Er lag mit seinen ehemaligen Schülern in Fehde, die angesichts seines Konservatismus frustriert waren, während er von einer neuen Generation kreativer Leute ausgebremst wurde, die seine Grundregeln verwarfen. Doch Ogilvy konnte sein Baby nicht loslassen. »Ich wurde an die 30 Jahre von dem Gefühl beherrscht, ›L'etat c'est moi, et je suis l'etat.‹«[657] In seinen 70ern war das Gefühl, noch gebraucht zu werden und sinnvolle Arbeit zu leisten, sehr wichtig für ihn, doch es war alles andere als einfach, ihn einzubeziehen, außer bei festlichen Anlässen. »Bitte gebt David etwas zu tun«, flehte Herta. Er reiste noch immer nach London und New York und traf sich dort mit Kunden, die er beeindruckte, aber weniger oft.

Es gab zwei Versuche, sein Äußeres in einem offiziellen Firmenporträt sowie in einer Büste wiederzugeben.[658] Die Ergebnisse waren weniger gelungen. In den 1980ern hatte die Agentur großen Erfolg mit einer Kampagne für American Express, die Fotos von berühmten Sportlern, Politikern und Unterhaltungskünstlern zeigte, die Annie Leibovitz in noch nie abgelichteten Posen fotografiert hatte. Was wäre denn davon zu halten, Leibovitz zu bitten, Fotos von Ogilvy auf seinem Schloss zu machen? Ogilvy fühlte sich seinen Kunden eng verbunden. Ein Foto von ihm würde wohl eher den allgemeinen Geschmack treffen als ein Gemälde.

Ogilvy war einverstanden, und Leibovitz fuhr nach Touffou, ein paar T-Shirts von Ralph Lauren im Gepäck, die er anziehen sollte. »Ich mache mich doch nicht zum Werbeträger«, grummelte er. Als sie ihn fragte, wo er denn am liebsten fotografiert werden wollte, lautete seine Antwort: »In einer Kutsche mit vier Pferden.« Mangels einer geeigneten Kutsche sollte er sich vor die Tür zum Geräteschuppen stellen und die Kleidung, die sie für ihn mitgebracht hatte, tragen. Außerdem bestand sie darauf, dass er den obersten Hosenknopf offen lassen sollte. Die gestellte Szene irritierte ihn gewaltig, und der Kampf zwischen ihnen nahm seinen Lauf. Er dauerte zwei Tage.[659] Er weigerte sich, sich in einem Kilt ablichten zu lassen. Sie weigerte sich, ein Nein zu akzeptieren und reiste unter Tränen ab.[660] »Karsh hat ein fantastisches Foto von Winston Churchill gemacht«, schrieb er, nachdem sie weg war. »Jede Wette, dass die Fotoaufnahmen keine zwei Tage gedauert haben, und dass Karsh nicht mit einem Stylisten aufgetaucht ist, um den alten Mann in ein Modell zu verwandeln.« Als die Abzüge in Frankreich eintrafen, ließ er die Agentur wissen, dass seine Familie der Überzeugung wäre, er würde auf den Bildern alt aussehen. Sämtliche Mitarbeiter der New Yorker Agentur ließen ihn wissen, wie jung, vital und attraktiv er aussähe. Er war 75.

∾

Die Anfangsszene des 38-minütigen Films zeigt einen Mann, der durch ein Feld schreitet und dann innehält und sich zur Kamera wendet. Er trägt eine Strickweste über einem Hemd mit Krawatte. Er spricht darüber, wie sehr er liebliche Landschaften mag, wie sie typisch für den Süden Englands sind, wo er aufwuchs, und die er später in Lancaster County, im Land der Amischen wieder fand, und jetzt hier in Frankreich. »Ich bin David Ogilvy, und das hier ist Schloss Touffou.« Der Film wurde fünf Jahre vor seinem 75. Geburtstag gedreht.

Nach dieser Eröffnungsszene betritt Ogilvy das Schloss und nimmt auf einer Couch im Wohnzimmer Platz. Er eröffnet dem Zuschauer, dass er ihm jetzt seine Lebensgeschichte erzählen wird (»70 Jahre in sieben Minuten«). Die nächste Szene spielt in seinem Arbeitszimmer, wo er seiner Einstellung zur Werbung mithilfe seiner Lieblingsspots und Printanzeigen Nachdruck verleiht. Anschließend begibt er sich in den Garten, und man sieht die wohl bewegendste und auch längste Szene des ganzen Films.

So, da wären wir also. Ich hoffe, Sie machen nicht so viele Fehler, wie mir unterlaufen sind. Ich habe ein paar Mal ziemlichen Mist gebaut, zum Beispiel, als ich den Etat eines kleinen Bürogeräteherstellers, von dem ich noch nie gehört hatte, ablehnte. Das war Xerox.

10. Der König auf seinem Schloss

Ich habe mich immer davor gedrückt, Mitarbeiter, die keine guten Leistungen erbringen, zu feuern. Ich habe mich mehr als einmal in unwichtigen Details verzettelt und damit viel zu viel Zeit kaputt gemacht. Ich habe so manche Große Idee nicht als solche erkannt und sie in den Wind geschlagen. Möge mir Gott verzeihen.

Es war ein Fehler, dass ich mich aus dem kreativen Geschäft zurückgezogen und mich auf das Management verlegt habe. Das bereue ich zutiefst.

Ich habe immer große Angst davor gehabt, dass ich einen Werbeetat verlieren könnte ... Augenblick mal ... In meiner Glanzzeit habe ich fünf Mal so viele Etats abgelehnt wie mir aufgekündigt wurden.

Hier in Touffou ist es mir gelungen, die unangenehmen Seiten des Agenturlebens – wie einen Etat oder, schlimmer noch, einen guten Mitarbeiter zu verlieren – zu vergessen.

Zum Glück habe ich auch die ganze Hektik und den ganzen Stress vergessen. Sechzehn Stunden am Tag, sechs Tage die Woche und dann noch drei volle Aktenkoffer.

Doch die Werbung hat mich auch glücklich gemacht, zum Beispiel als ich miterleben durfte, wie dank unserer Kampagne aus einem armen Puerto Rico ein nicht mehr ganz so armes Land wurde.

Mein Job hat mich nie gelangweilt. Vor allem, weil ich in meinem Berufsleben viele wunderbare Menschen kennen gelernt habe, und so mancher meiner Partner, meiner Kunden und Mitbewerber zählt nun zu meinen Freunden.

Ich möchte, dass man sich an mich erinnert – stellt sich nur die Frage, als was? – doch, als Texter, der einige Große Ideen hatte. Denn darum geht es in der Werbung ja: um Große Ideen.

Für Ogilvy war dieser Film mit dem Titel *The View from Touffou* (Der Blick von Touffou) eine Art letzter Wille und Vermächtnis.[661] Es war beileibe nicht sein letzter Akt, aber an seinem Vermächtnis hat er in den restlichen 18 Jahren seines Lebens nichts geändert.

Als er im Alter von 75 Jahren in einem Interview gefragt wurde, was er letztlich seinen Erfolg verdanke, antwortete Ogilvy:

Zunächst einmal möchte ich behaupten, dass ich der objektivste Mensch aller Zeiten bin. Ich bin sogar mir selbst gegenüber objektiv. Zweitens,

ich arbeite wie ein Verrückter. Sobald ein Auftrag vor mir liegt, mache ich mich mit Elan daran. Außerdem bin ich ein guter Verkäufer. Die Kundenakquise war schon immer mein Ding.
Ich war durchaus originell, aber nicht zu originell – und das war meine Stärke. Ich habe genauso gedacht wie meine Kunden. Ich konnte aber auch so denken wie es Frauen tun. Als ich in New York anfing, hatte ich einen entscheidenden Vorteil: Mein Gag war mein britischer Akzent. Ich hatte immer ein gutes Näschen für gute Gelegenheiten. Auf jeder Besprechung, jeder Dinnerparty, auf jedem Empfang und auf jeder Cocktailparty witterte ich vielversprechende Geschäftskontakte sofort.
Ich kam aus der Forschung zur Werbung, und das war von entscheidendem Vorteil für mich. Und dann gab es noch eine kurze Phase in meinem Leben, die höchstens zehn Jahre andauerte, da war ich fast so etwas wie ein Genie. Das hat im Laufe der Jahre allerdings nachgelassen.[662]

Ebenso wie sein Garten ist auch Ogilvys Leben in unterschiedliche »Räume« eingeteilt. Er ist in England aufgewachsen. Er hat sich als Koch, Handelsvertreter, Forscher, Farmer und Geheimagent verdingt. Er gründete eine Werbeagentur und wurde berühmt damit. Im letzten Raum seines Lebens, in Touffou, durfte er einen Lebensstil führen, der für ihn »nahe am Paradies«[663] war.

Kapitel 11
Großfusionen und Größenwahnsinnige

Jedes Jahr im Februar, um die Zeit des chinesischen Neujahrsfests, ließ die Agentur in Hongkong eine kleine Schriftrolle anfertigen, die das jeweilige Tier des chinesischen Kalenders mit einer Interpretation des aktuellen Jahres darstellte. 1989 war das chinesische Jahr der Schlange. In New York war es das Jahr, für das die Agentur den Umzug ins Worldwide Plaza geplant hatte, einen neuen Wolkenkratzer an der West Side in einem Stadtviertel, das früher *als Hell's Kitchen*, Höllenküche, bekannt war. Der chinesische Künstler vereinte beide Ereignisse in einem Bild, das eine schwarz-goldene, bedrohlich wirkende Schlange zeigt, die sich um das Worldwide Plaza windet. Man könnte fast meinen, er hätte hellseherische Fähigkeiten gehabt.

Bereits in den 1960er Jahren kam es in Amerika zu den ersten Fusionen von Werbeagenturen. Auch Ogilvy & Mather zählte zu den ersten, die einen solchen Schritt wagten. Doch im Vergleich zu dem, was sich in den 1970er Jahren in London abspielte, war das Kinderkram. Dort traten die Brüder Charles und Maurice Saatchi aggressiv am Markt auf und kauften US-amerikanische Agenturen auf, was das Zeug hielt. Zugute kamen ihnen dabei auch noch die überhöht bewerteten Aktienkurse der britischen Börse, das starke britische Pfund Sterling und die fantasievolle Anwendung neuer Finanzinstrumente. Saatchi & Saatchi hatte sich mit den Kampagnen für die Fluggesellschaft British Airways und Margaret Thatcher (»Labour isn't working« – Labour funktioniert nicht) bereits einen Namen als Londons Kreativagentur gemacht. Dem Kaufrausch verfallen machten die Brüder auch vor großen US-amerikanischen Agenturen wie Compton, Dancer Fitzgerald Sampel und Backer & Spielvogel nicht Halt. Einige Eigentümer dieser Agenturen wollten den Kaufpreis bar ausbezahlt haben, was für die Saatchi-Brüder kein Problem darstellte, wie The New York Times schrieb. Der Spitzname der Agentur hieß übrigens »Snatchit and Snatchit« (Schnapp's dir und Schnapp's dir). Maßgeblich verantwortlich für diesen Kaufrausch war aber auch Martin Sorrell, der Finanzleiter der Agentur, der oft »der dritte Saatchi«[664] genannt wurde.

Eine der Fusionen dieser Tage entsprang einfach nur der Taktik zu vermeiden, selbst aufgekauft zu werden. Aus lauter Angst, Ziel dieses Wahns zu werden, schlossen sich drei Agenturen mit Hauptsitz in Amerika – BBDO, Doyle Dane Bernbach und Needham Harper Worldwide – 1986 zu The Omnicom Group zusammen, was als »Urknall«[665] in die Geschichte der Werbung einfloss und der Welt die größte Werbeagentur aller Zeiten bescherte – die genau zwei Wochen lang existierte. Denn dann überredete Maurice Saatchi Bob Jacoby, CEO und Hauptaktionär von Ted Bates, ihm seine Agentur für 507 Millionen US-Dollar zu verkaufen, was Saatchi & Saatchi wieder zur Nummer eins werden ließ. Jacoby steckte 110 Millionen US-Dollar in seine eigene Tasche, was für ihn persönlich ein ausgesprochener Glücksfall war, seine Kunden aber mutmaßen ließ, dass sie ihren Agenturen zu viel zahlten, was wiederum vielerorts zu Honorarkürzungen führte. Damals spottete man in der Werbebranche, dass die Fusionen wohl erst dann ein Ende nähmen, wenn es nur noch eine einzige Agentur gäbe. Daraufhin würden alle Kunden fusionieren, bis es nur noch einen gäbe, der über kurz oder lang seine Agentur feuern würde und die Werbung lieber im eigenen Haus erledigen ließe.

Ogilvy gab einen bissigen Kommentar zu den Ereignissen ab: »Großfusionen sind etwas für Größenwahnsinnige. Sie bringen den Mitarbeitern in den Agenturen rein gar nichts. Ganz im Gegenteil. Sie bringen aber auch ihren Kunden nichts. Es bleibt noch abzuwarten, ob sie den Aktionären etwas bringen. Ich bin strikt dagegen.«[666]

Dann holte Sorrell zu einem neuen Schlag aus – diesmal im Alleingang. Er hatte in eine kleine britische Firma namens Wire & Plastic

11. GROSSFUSIONEN UND GRÖSSENWAHNSINNIGE

Products investiert, der Einkaufstaschen für Supermärkte herstellte. Doch Sorrell, ein kleiner Mann und Workaholic mit einem unglaublichen, fotografischen Gedächtnis, der seinen Abschluss in Harvard gemacht hatte und vor Energie nur so strotzte, hatte kein Interesse an Tragetüten. Die WPP Group, wie sie dann hieß, sollte ihm den finanziellen Hintergrund liefern, um den Aufkauf von Unternehmen zu ermöglichen, die unspektakuläre, aber nichtsdestotrotz profitable Marketingdienste wie die Verkaufsförderung anboten. Unter diesem Namen tätigte er innerhalb kürzester Zeit 15 weitere Unternehmenskäufe.

Doch das war erst der Anfang. 1987 rüttelte WPP die Werbebranche auf beiden Seiten des Atlantiks auf, indem sie der JWT Group, zu der auch J. Walter Thompson, eine weltweit operierende Agentur, die in London, New York und Chicago zu den alten Hasen zählte, 566 Millionen US-Dollar als Kaufpreis anbot. Ein kleiner Fisch machte sich daran, einen großen Hai zu schlucken. Doch JWT war schlecht geführt[667], verlor Kunden, stand finanziell mehr schlecht als recht da und geriet ins Schwanken. Dies war die erste feindliche Übernahme in der Werbebranche. »Werbeagenturen als Investitionsobjekt ... es hat lange gedauert, aber nun ist es soweit«[668], schrieb Richard Morgan in seinem Buch *J. Walter Takeover*.

Zur JWT Group gehörte auch die kleine Kreativagentur Lord, Geller, Frederico, Einstein, die den Etat für den PC von IBM innehatte (und damit zu den profitabelsten Unternehmen der Gruppe zählte). Bei seinem ersten Treffen mit Sorrell wollte Dick Lord seine Agentur wieder zurückkaufen. Die schroffe Antwort Sorrells lautete: »Ich bin Käufer, kein Verkäufer«[669]. Er wies Lord an, die Mitarbeiterbeteiligung von 15 auf 4 Prozent zu kürzen – und ihm eine Liste sämtlicher Angestellten zusammenzustellen, die in den Genuss von Bonuszahlungen kamen. Nach einigen Auseinandersetzungen gleicher Machart ertrug Lord das Gefühl, wie ein Schuldknecht behandelt zu werden[670], nicht mehr, kündigte und gründete eine neue Agentur – mit 43 Mitarbeitern, die ihm folgten, aber ohne IBM. Sorrell behauptete, sie hätten sich verschworen, ihn in den Ruin zu treiben; nach einem Rechtsstreit, der hohe Wellen in der Öffentlichkeit schlug, kam es zu einem Vergleich.

Dieser Vorfall gab einen Vorgeschmack auf den Managementstil von WPP.

~

Gerüchte über eine mögliche Übernahme von Ogilvy & Mather hatten zu einem rasanten Höhenflug ihres Aktienkurses geführt. Eine Gruppe ehemaliger Topmanager von Ted Bates[671], zu der auch Jacoby gehörte, dem nach dem umstrittenen Verkauf der Agentur an Saatchi nichts anderes übrig blieb, als seinen Hut zu nehmen, versuchte in London Geldgeber aufzutreiben, um O&M aufkaufen zu können.

In Anspielung auf die Schlacht von Yorktown 1781 (»Die Briten kommen«), die dem Amerikanischen Unabhängigkeitskrieg ein Ende gesetzt hatte, wurde ein Team aus Anwälten und Finanzexperten unter diesem Namen zusammengestellt, das Verteidigungsszenarios entwickeln sollte. Da der amateurhafte Plan von Bates nie zustand kam, blieb der gesamte Vorfall eine Übung für den Ernstfall.

Ende 1988 verbreiteten sich ähnliche Gerüchte, diesmal wies jedoch alles auf WPP hin, die nach dem Thompson-Coup noch zehn weitere Unternehmen aufgekauft hatte. Sorrell erzählte den Analysten, dass er vorhabe, aus WPP das größte Marketingunternehmen weltweit zu machen, dass der Umsatz von JWT höher als das geplante Soll sei und dass er schon den nächsten Firmenkauf plane. Dabei nannte er potenzielle Kaufkriterien, die nur allzu gut auf The Ogilvy Group zutrafen.[672]

In Finanzkreisen war man jedoch weder von der Anfälligkeit der Agentur überzeugt noch von Sorrells Fähigkeit, einen erfolgreichen Angriff zu starten. »Ogilvys Agentur ist keine leichte Beute«, bemerkte Alan Gottesman von Paine Webber. »Sie weist keine Parallelen mit JWT auf, bei denen das Management so ziemlich alles vermasselt hat. So etwas gibt es bei Ogilvy nicht.«[673] *The Wall Street Journal* schrieb über die Vernarrtheit der Finanzkreise in Sorrell, sie »seien ihm fast schon blind ergeben«. Der Wert von WPP an der Londoner Börse war 60 Mal so hoch wie dessen Umsatz im Jahr 1986. Daraufhin Gottesman: »Selbst wenn es Gott wäre, der mit dem 60-fachen

11. GROSSFUSIONEN UND GRÖSSENWAHNSINNIGE

seines Umsatzes an der Börse gehandelt würde, hätte ich ein Problem damit.«[674]

Wie auch immer, nach Jahren eines beachtlichen Aktienkurses sank auch der Kurs der Ogilvy Group.[675] Ihre Gewinne waren aufgrund der jüngsten Aufkäufe von Unternehmen, die in der Verkaufsförderung und der Marktforschung operierten, eingebrochen, außerdem machte es sich auch hier – wie in zahlreichen anderen Agenturen – bemerkbar, dass die Unternehmen ihre Werbekosten reduzierten. Doch laut Jahresbericht lag der Umsatz bei 838 Millionen US-Dollar, und nach dem Gewinn zu urteilen, war es ein Rekordjahr gewesen. Die Gruppe hatte an die 3500 Kunden weltweit, war noch immer auf Wachstumskurs und verfügte durch seine beherrschende Stellung im Direktmarketing und seine wachsende Präsenz mit anderen gewinnbringenden Dienstleistungen über ein dickes Polster.

Das »Yorktown«-Team hatte sich erneut versammelt. Im Januar 1989 beschloss der Vorstand einen Plan zur Sicherung der Aktionärsrechte, besser bekannt als »Giftpille«[676]. Die Spekulationen hielten den ganzen Winter hindurch an[677], der Aktienkurs durchlitt erhebliche Schwankungen.[678] Dies war keine Übung mehr, sondern alles wies darauf hin, dass jemand versuchte, Ogilvys Agentur zu kaufen. Ich war erst kurze Zeit vorher als Nachfolger von Bill Phillips zum Agenturleiter der Muttergesellschaft ernannt worden und sollte die Verteidigung anführen.

Im März nahm ich auf Drängen mehrerer Berater Sorrells Einladung zum Mittagessen im Sky Club in New York an. Nachdem er zugegeben hatte, dass er einige Aktienpakete meiner Agentur erworben hatte, sprach er über eine denkbare Fusion[679] – er sah vier Möglichkeiten einer solchen – und von der »unaufhaltsamen Logik«, der sie folgen würde. Logik könne da schon im Spiel sein, lautete meine Antwort, aber unaufhaltsam sei das Ganze sicher nicht.

Der 29. April 1989 war ein grauer Tag. Ich war soeben aus London zurückgekehrt, wo ich mich mit Finanzanalysten getroffen hatte, um zwei Gerüchten ein Ende zu bereiten: Zum einen, dass es schlecht um Ogilvys Agentur bestellt sei, und zum anderen, dass sie auf ein Angebot von WPP eingehen wollte.[680] Meine Präsentation schien gut angekommen zu sein. Unter dem Titel »Äpfel und Orangen« hatte ich ins Feld geführt, dass unsere Werbemargen denen der besten Agenturen entsprächen (Äpfel zu Äpfeln), doch dass das riesige Marktforschungsinstitut, das wir erst kürzlich von Unilever aufgekauft hatten (eine Orange, kein Apfel) noch immer lernen musste, auf eigenen Füßen zu stehen. Ich gab ohne Umschweife zu verstehen, dass die Agentur weder für ihre Aktionäre noch für ihre Kunden Vorteile in einer Fusion sehe.

Als Sorrell erfuhr, dass ich mich in London aufhielt, schlug er ein erneutes Treffen vor[681], doch ich winkte ab und rief in New York an, um mir den Rat eines Anwalts von unserer langjährigen Anwaltskanzlei Debevoise & Plimpton einzuholen, der sich auf Fusionen und Übernahmen spezialisiert hatte. »Sie müssen ihn zurückrufen und ihm Ihren Standpunkt verdeutlichen. Sagen Sie ihm, dass Ihre Agentur auf jeden Fall unabhängig bleiben will, und dass der Beschluss des Vorstands so und nicht anders lautet, und dass es Ihr Job sei, diesen auch umzusetzen. Ihre Firmenpolitik lautet, dass Sie nicht verkaufen wollen. Und dass Sie darüber kein Missverständnis aufkommen lassen wollen. Sagen Sie ihm, dass Sie nicht unhöflich erscheinen wollen, aber dass es anders nicht geht.« Ich rief Sorrell zuhause an und verdeutlichte ihm unseren Standpunkt.[682] »Sie sagen das in einem luftleeren Raum«, antwortete er. »Sie sind eine Aktiengesellschaft, Sie schulden die Fusion Ihren Aktionären und auch sich selbst. Unser Angebot ist eine runde und faire Sache.«

Und dann ließ er die Bombe platzen. »Wie aus Agenturkreisen zu verlauten war, und ich rede hier vom Topmanagement, wären viele einer Fusion nicht abgeneigt.« Eine von Sorrells Taktiken besteht darin, sein Ziel aus dem Gleichgewicht zu bringen und damit verwundbarer zu machen.[683] Er spielte auf die Spannungen in unserem New Yorker Managementteam an; außerdem hatten sich auch noch andere Führungskräfte gefragt, was denn so schlecht an einer Fusion wäre. Sorrell bat mich, auf dem Heimflug nach New York in der Concorde neben ihm zu sitzen, damit wir weiter über sein Angebot sprechen könnten. Ich entgegnete förmlich, dass dies bestimmt nicht meine Absicht sei, dass wir das Ganze aber nicht auf die leichte Schulter nehmen würden.

11. GROSSFUSIONEN UND GRÖSSENWAHNSINNIGE

Sorrell ließ sich nicht aus dem Konzept bringen und fuhr fort: »Mein Plan folgt einfachsten Kriterien, wir setzen nicht auf eine starke Fremdfinanzierung.« Dann ließ er eine weitere Bombe platzen. »Wir sind in der Lage, Ihnen 45 US-Dollar pro Aktie anzubieten.« Die Ogilvy-Aktien hatten zwischen 20 und 24 US-Dollar gependelt, und erst nachdem die Gerüchteküche erneut brodelte, war der Kurs in den letzten Monaten auf 27 US-Dollar angestiegen. Zum ersten Mal war ein möglicher Kaufpreis genannt worden. »Meldung empfangen und verstanden«, antwortete ich und hängte auf.

Schon am nächsten Morgen rief mich Sorrell an und tat so, als würde er auf einen Anruf von mir, den es nur in seiner Fantasie gab, zurückrufen. »Ich weiß Ihren Anruf mit der Bitte um Klärung der Fakten durchaus zu schätzen«, eröffnete er das Gespräch. »Ich möchte herausstellen, dass ein Angebot unsererseits an Ihrer Firmenstruktur, wie sie jetzt ist, nichts ändert, außer Ogilvy möchte etwas daran ändern. Kein Mitarbeiter muss gehen, außer Ogilvy sieht das anders. Ich würde mich freuen, eine Rede vor dem Vorstand halten zu dürfen, gemeinsam mit Ihnen. Auch die 45 US-Dollar sind nicht unser letztes Wort, und die Art unseres Angebots ist ebenso Verhandlungssache wie ein Prämiensystem«. Ich winkte ab – diesmal jedoch deutlich behutsamer, schließlich hatte ich eine Verantwortung gegenüber den Aktionären –, und machte ihm klar, dass der Vorstand die Angelegenheit sorgfältig prüfen würde.

~

Im Anschluss an die Besprechung mit den Londoner Finanzanalysten kehrte ich nach New York zurück und fuhr gleich weiter nach Troutbeck, unserem Tagungsort für Besprechungen, ein paar Stunden außerhalb New Yorks gelegen. Dort traf ich mich mit meinen Kollegen aus dem Managementteam, um darüber zu debattieren, ob die Schlüsselfunktionen unserer Agentur mit den richtigen Leuten besetzt waren. Diese Besprechung war schon mehrere Male wegen des hektischen Tagesgeschäfts verschoben worden und wäre diesmal wegen der aufziehenden Gewitterwolken beinahe abgesagt worden.

Doch unsere Geschäfte mussten ja weitergehen, und so fand die Tagung eben statt.

Der »Bear Hug«[684], das Übernahmeangebot ohne Vorwarnung, ging am ersten Nachmittag unserer Mammutsitzung per Fax ein. So ein Bear Hug, wie der Fachbegriff in der Wall Street lautet, ist laut Andrew Ross Sorkin von der *Times* alles andere als ein Liebesbrief.[685] »Diese ach-so-herzlichen und von ungeliebten Freiern verfassten Briefe sind zu einem Teil Emily Post und zu zwei Teilen Machiavelli und der klägliche Versuch, ein feindliches Ansinnen friedvoll abzuschließen. Doch immer schwingt eine Drohung mit: Im Falle einer Zurückweisung droht Krieg!«

Dieses Schreiben kam auf meinem privaten Faxgerät in New York an, keine fünf Minuten später der Anruf aus London, ob es angekommen sei. Sorrell begann, den Druck zu erhöhen. Ich wies meine Sekretärin an, dieses Fax an die Kanzlei Skadden, Arps, Slate, Meagher & Flom, die sich auf Übernahmen und Fusionen spezialisiert hatte und mittlerweile zu unserem Anwaltsteam zählte, und an zwei Anlagebanker – Shearson Lehman, der kürzlich von unserem Kunden American Express aufgekauft worden war, und Smith Barney, ebenfalls ein Kunde von uns – weiterzuleiten (»Sie machen ihr Geld noch auf die altmodische Weise – sie verdienen es.«) Es war unsere Überzeugung, auch selbst die Produkte unserer Kunden zu nutzen, und selbst extreme Umstände wie dieser hier änderten nichts daran. Zu guter Letzt stieß noch S. G. Wartburg aus London zu unserem Bankerteam.

Der Kampf um die Unabhängigkeit hatte begonnen. In einem Schreiben bot uns Sorrell erneut einen Aktienpreis von je 45 US-Dollar an und teilte uns mit, dass WPP und Ogilvy & Mather seiner Meinung nach »natürliche Partner« wären. Anschließend unterbreitete er seinen Vorschlag, wie die Spitzenpositionen nach der Fusion zu besetzen seien, und beschrieb, welche Rolle er dem Gründer zugedacht hätte.

> Nach vollzogener Fusionierung würden wir es sehr begrüßen, wenn David Ogilvy die Position als Vorstandsvorsitzender von The WPP Group bekleiden würde. Es wäre uns eine Ehre, wenn er diesen Vorschlag annehmen würde, was es den Kunden, Mitarbeitern und Aktionären von

The Ogilvy Group und WPP ermöglichen würde, von seiner einzigartigen Erfahrung und Vision zu profitieren. Dieser Schritt wäre das augenscheinlichste Mittel, das kreative Erbe von The Ogilvy Group zu bewahren und den engen Kontakt zu den größten Persönlichkeiten der Industrie aufrecht zu halten.

Wenn es einen Punkt gab, über den sich alle Beteiligten einig waren, dann der: Es bestand nicht die geringste Chance, dass David Ogilvy dieses Angebot annahm. Schließlich war es nichts anderes als ein kluger Schachzug eines Raubtiers, der kaum ernst gemeint gewesen sein dürfte. WPP stand für alles, gegen das Ogilvy öffentlich gewettert hatte: Finanzholdingunternehmen, Agenturen, die eine unterschiedliche Firmenphilosophie vertraten, aber unter einem Namen vereint waren, und ungebremstes Wachstum. In zahlreichen Reden und Interviews hatte er deutlich gemacht, was er von Fusionen und Finanzverwaltern hielt: nichts. Der *Advertising Age* erzählte er, dass der Verkauf seiner Agentur ihn ebenso sehr mitnehmen würde, wie wenn eines seiner Kinder in die Sklaverei verkauft würde[686] und fügte hinzu, dass dies seinen Kunden wohl auch nicht gefallen würde:

> Kunden stehen nicht auf Fusionen. Ganz im Gegenteil, sie hassen sie. Sie wollen nicht, dass ihre Etats verscherbelt werden. Ich kann es ihnen nicht verdenken. Wenn mein Hausarzt mir erzählen würde, dass er seine ganzen Patienten an einen Kollegen verkauft hätte, den ich noch niemals vorher zu Gesicht bekommen hätte, und an den ich mich nun in medizinischen Fragen wenden sollte, würde ich auch keine Freudensprünge machen.

Ogilvy wäre Sorrell im Jahr zuvor um Haaresbreite über den Weg gelaufen.[687] Doch als er in einer Fachzeitschrift sein Foto neben dem von Sorrell sah und den Text las, in dem es hieß, dass sie die einzigen Vertreter aus dem Agentursektor auf dem Weltkongress der Werber seien, zog er seine Zusage zurück. »Ich gehe doch nicht zu derselben Veranstaltung wie dieser Gnom.«[688] Es war nicht das letzte Mal, dass sich Ogilvy in der Öffentlichkeit über Sorrells mangelnde Körpergröße lustig machte.

Ogilvy gab zu, dass er es war, der den Samen gesät und die Agentur somit verwundbar gemacht hatte. »Die schlechteste Entscheidung, die ich als Firmenchef getroffen habe, war an die Börse zu gehen«, schrieb er den Direktoren, als die Gerüchteküche am Brodeln war. »Meine Entschuldigung lautet, dass es damals so etwas wie feindliche Übernahmen schlichtweg noch nicht gegeben hat. Bitte vergebt mir meine Sünde!« Seine Beteuerungen waren jedoch nicht ganz aufrichtig. Schließlich war er damals nicht nur der Hauptbefürworter des Börsengangs gewesen, sondern er wusste nur allzu gut, dass der Börsengang eine *Voraussetzung* für die Fusion mit Mather & Crowther gewesen war. Jahre später, 1976 um genau zu sein, als der Vorstand über einen möglichen Börsengang nachdachte, hatte er ausdrücklich erklärt, gegen dieses Vorhaben zu sein.[689] Doch nun war es zu spät – und viel zu teuer –, um Geschehenes ungeschehen zu machen.

Nachdem der Kampf nun eröffnet war, war es an der Zeit, dass Ogilvy eine Breitseite feuerte. Das Medium unserer Wahl war die *Financial Times*, da wir Investoren auf beiden Seiten des Atlantiks erreichen wollten. Als die Reporter anriefen, war Ogilvy so weit. Seine Haltung hatte er ja schon in seiner Schmähschrift über »Großfusionen und Größenwahnsinnige« klar gemacht, die in *The Times* in London und in unserem Jahresbericht von 1986 nachzulesen war. Nun wiederholte er seine Empfindungen und startete seine Attacke auf Sorrell.

> Meine Kunden wollen mich – er muss sich seine kaufen. Diesem kleinen widerlichen Arschloch geht es nur ums Geld. Er hat kein Interesse an Werbung, für mich ist sie meine große Leidenschaft. Ich habe 40 Jahre meines Lebens damit verbracht, meine Agentur aufzubauen. Bei dem bloßen Gedanken, dass sich dieser Mistkerl mein Baby schnappt, schaudert es mich. Erinnert euch daran, dass Jesus die Geldwechsler aus dem Tempel verjagt hat.[690]

Dieser Text war harter Tobak, doch die Presse druckte ihn mit nur einer Änderung – aus Arschloch wurde Idiot – ungekürzt ab. Ogilvy bestand später darauf, ihn korrekt zu zitieren, da das von ihm gewählte Wort den Sachverhalt besser träfe.

11. GROSSFUSIONEN UND GRÖSSENWAHNSINNIGE   261

Als Gegenattacke auf Sorrells Angriff entschieden wir uns für die eher unübliche Vorgehensweise, das Angebot von WPP zur Veröffentlichung samt unserer Erklärung freizugeben, dass es sich dabei um eine »üble Verkaufsmasche handelt, die in geschäftlicher Hinsicht bar jeder Logik ist«. Außerdem genehmigte ich den Abdruck meines Schreibens an Sorrell, in dem ich ihm vorwarf, dass seine Erklärungen »unrichtig und verlogen«[691] wären und einen völlig falschen Eindruck über die Art unserer Kommunikation vermittelten. Außerdem bereiteten wir Anzeigen vor, in denen es hieß: »Feindselig gegenüber unseren Kunden, feindselig gegenüber unseren Mitarbeitern, feindselig gegenüber allem, wofür wir stehen.«[692] Ogilvy schlug vor, ein Foto von Sorrell neben einem Foto von ihm abzudrucken. Unter Sorrells Foto sollte stehen: »der am meisten verachtete Mann der Madison Avenue«, unter seinem: »der begehrteste Zauberer der amerikanischen Werbewelt«. Doch Werbung war keine Antwort auf nackte Zahlen. Keine dieser Anzeigen wurde je geschaltet.

In den darauffolgenden 18 Tagen verbreitete sich diese Geschichte wie ein Lauffeuer in der Presse, die Spannung stieg, und wir prüften mögliche Abwehrmöglichkeiten[693]: Aktienrückkäufe, »White Knights (weiße Ritter)« und »White Squires (weiße Knappen)«[694], Neufinanzierung, Sanierungspläne, fremdfinanzierte Übernahme. Wir haben nichts unversucht gelassen; gegen Ende unserer Bemühungen rief ich Mike Milken an, den Finanzguru und König der spekulativen Anleihen. Nachdem er sich unsere Bilanzen angesehen hatte, fragte er mich: »Haben Sie auch Vorzugsaktien ausgegeben?« »Schade.« WPP hatte mittlerweile eine so hohe Summe angeboten, in bar, dass wir eigentlich nur die Wahl zwischen Pest und Cholera hatten: Entweder wir akzeptierten sein Angebot oder wir würden von wütenden Aktionären verklagt. »Ihnen droht eine wahre Prozessflut«[695], sagte ein Anwalt voraus. Sorrell bot uns mittlerweile 54 US-Dollar pro Aktie[696]; was einen Kaufpreis von insgesamt 862 Millionen US-Dollar bedeutete, und das für einen Jahresgewinn von 32 Millionen US-Dollar.

Unser nächster Schritt war eine freiwillige Vereinbarung. Bei der Vorbereitung meines Treffens mit Sorrell listete ich 65 mögliche Einwände auf, die ich mit ihm besprechen wollte[697]: »Was würde sich unter WPP ändern?« Sorrell, der ja bekannt dafür war, dass er nicht unbedingt das beste Verhältnis zu den Leuten hatte, die für ihn arbeiteten, zeigte sich bei unserer Besprechung von seiner besten Seite – herzlich und beruhigend. Nichts würde sich ändern, mit Ausnahme der Eigentumsverhältnisse, sicherte er mir zu. WPP würde sein Wissen als Finanzexperte einbringen; ansonsten würde die Agentur geführt werden wie eh und je. Er würde sich nicht einmischen oder Kunden kontaktieren, außer das Topmanagement bäte ihn darum. Ich berichtete dem Vorstand von seinen Versprechungen und berief eine Vorstandssitzung für den 15. Mai – kurz vor unserer Hauptversammlung – ein, damit wir über dieses Angebot diskutieren konnten.

Die Direktoren kamen sichtlich erschöpft wegen des enormen Drucks, unter dem sie standen, und emotional ausgelaugt von der 18-tägigen Schlacht zu der Sitzung.[698] Plötzlich lag ein Gegenangebot auf dem Tisch. Phil Geier, Vorstandsvorsitzender der Interpublic Group (McCann-Erickson und andere Agenturen) hatte sich erkundigt, wie er seinen Teil dazu beitragen könnte, WPP einen Strich durch die Rechnung zu machen. Ich meinte nur, dass er damit ziemlich spät dran sei, erklärte mich aber damit einverstanden, mir sein Angebot einmal anzusehen. Interpublic war nicht unsere erste Wahl für eine Fusion, doch zumindest verstand Geier etwas von dem Geschäft und wäre zweifelsohne besser als WPP. Der Vorstand wollte sich seines Vorschlags morgen annehmen.

Die Sitzung fand im Konferenzraum der Agentur im zehnten Stock eines unscheinbaren, im Stil der 1950er Jahre gehaltenen Gebäudes des Architekten Emory Roth in der 2 East 48 Street statt, das wir schon seit 35 Jahren nutzten. Mittlerweile platzten wir aus allen Nähten, operierten von zehn unterschiedlichen Standorten in und um New York aus und waren kurz davor, endlich alle geschlossen in das neue Bürogebäude Worldwide Plaza umzuziehen. Die Büros in der 48 Street waren ziemlich heruntergekommen, und die Klimaanlage streikte hin und wieder.

11. GROSSFUSIONEN UND GRÖSSENWAHNSINNIGE 263

In dem Raum hatten sich 40 Leute versammelt: fünf Teams aus Bankern und Anwälten, dazu sämtliche Direktoren von The Ogilvy Group und von Ogilvy & Mather Worldwide (OMW), sprich, alles, was Rang und Namen hatte, war erschienen. Die Regionalleiter waren kurzerhand aus London, Frankfurt, Paris, Toronto und Hongkong angereist. Der Agenturleiter für Lateinamerika erholte sich von einem Skiunfall und würde der Sitzung über eine Konferenzschaltung von seinem Zuhause in São Paulo aus folgen.

Ich eröffnete die Sitzung um 14:00 Uhr Ortszeit mit einem Überblick über unsere Lage und dem Gegengebot von Interpublic. Außerdem gab ich bekannt, dass wir gehört hatten, dass unsere Kunden mehr als besorgt seien – die Angelegenheit ging ihnen ziemlich nahe, und die meisten sahen in der Übernahme keinen Vorteil.[699] Trotzdem lief ihre Unterstützung darauf hinaus, dass sie uns mitteilten, sie würden »ihre Position überdenken.«

Dann gab ich das Wort weiter an J. Tomilson Hill vom Finanzdienstleister Shearson. Die Mitarbeiter von Ogilvy hatten noch nie mit einem solchen Typ Mann zu tun gehabt: das Haar mit viel Pomade nach hinten gekämmt, gemusterte Hosenträger. Er sah aus wie Gordon Gecko[700] aus dem Film *Wall Street*. Der Finanzexperte, dem so schnell niemand ein X für ein U vormachen konnte, sprach über das Angebot von Interpublic, das zwar höher war als das von WPP, jedoch durch Aktien finanziert werden würde und keinen Ausgleich für den Fall vorsah, dass Kunden abspringen würden, wenn es zu Interessenkonflikten zwischen den Kunden der beiden Agenturen käme. Er hielt das Schreiben von Geier angewidert mit spitzen Fingern hoch, als hätte er es mit etwas Ekligem zu tun, und lehnte das Angebot als »glatte Themaverfehlung« ab.

Das Aktienangebot von Interpublic, bei dem ein möglicher Wegfall von Kunden erst gar nicht zur Sprache kam, war natürlich nicht so stark wie das Rundum-Sorglos-Paket von WPP, doch da uns Interpublic eine höhere Summe angeboten hatte, konnten wir es nicht ohne Weiteres zu den Akten legen. Stattdessen mussten wir Geier überreden, sein Angebot zurückzuziehen, damit wir Waffenstillstand mit WPP schließen und unsere Geschäfte weiterführen konnten. Die Sitzung musste mehrmals unterbrochen werden, weil wir mit Geier über das Telefon verhandelten. Die Stunden zogen sich, es wurde Pizza bestellt, und alle Anwesenden warteten nur darauf, dass sich Interpublic in das Unvermeidliche fügte.

Irgendwann wandte sich jemand an Ogilvy und fragte ihn, was er denn von dem Angebot hielte, Firmenchef von WPP zu werden. Nur wenige dürften vergessen haben, was dann geschah.

»Soll ich es annehmen?«, wollte Ogilvy von seinen Direktoren wissen. Irgendwie hatte er anklingen lassen, dass er dafür bereit wäre.[701]

Hans Lange, der Chef der deutschen Agentur, machte den Anfang: »Sie waren doch immer gegen Fusionen dieser Größenordnung. Wenn Sie das Angebot annehmen, was soll ich dann meinen jungen Tigern erzählen? Die wollen doch nur Ihren guten Namen! Sie sprechen von Giganten – aber ein solcher Schritt schmälert Ihr Ansehen!«

Peter Warren, ein Veteran aus der Londoner Agentur, der zurück zu Mather & Crowther gegangen und erst kurze Zeit vorher zum Chef von O&M Europe ernannt worden war, pflichtete ihm von ganzem Herzen bei und sagte, dass ein solcher Schritt gegen sämtliche Prinzipien verstoße, die Ogilvy in den ganzen Jahren proklamiert hatte.

Jules Fine, einer der Mitarbeiter der ersten Stunde in der New Yorker Agentur, der für seine Integrität bekannt war, schloss sich ihm in einer für ihn typischen Direktheit an: »Wie können Sie auch nur daran denken, Ihr Geburtsrecht zu verkaufen?«

Ogilvy, der ausgelaugt und erschöpft aussah, sprach im Sitzen zu den Anwesenden. Er begann ruhig und bedächtig:

Er [Sorrell] kennt sich mit Finanzen gut aus. Ich kann das Image von WPP verbessern und dafür sorgen, dass an unserer Philosophie und Kultur festgehalten wird.

Nach dieser kurzen Aufwärmphase warb er um Verständnis:

Ich habe kaum etwas zu tun, aber den Willen, mich nützlich zu machen. Ich will nicht in den Ruhestand gehen und ich brauche einen Job.

Ein paar beiläufige Worte über einen anderen Geschäftsbereich von WPP:

11. GROSSFUSIONEN UND GRÖSSENWAHNSINNIGE

Ich habe JWT schon immer gemocht. Ich habe kaum noch Geld. Ich habe mein ganzes Geld in den Sand gesetzt. Ich besitze ein Schloss und habe eine junge Frau, und ich brauche dringend Geld. Gier. [Pause] Und natürlich spielt auch meine Eitelkeit ein wenig mit.

Und dann das verblüffende Ende seiner Ansprache:

Ihr habt kein Recht, mir in dieser Phase meines Lebens zu erzählen, was gut und was nicht gut für mich ist. Gut möglich, dass ich Sorrell dazu bringe, sich zu ändern.

Wir fühlten uns schrecklich und hatten ein schlechtes Gewissen, erinnert sich Fine. »Es war zum Heulen, aber uns blieb nichts anderes übrig, als ihn zu unterstützen. Schließlich war es seine Firma, er hat sie aufgebaut.«

Kurz nach 22:00 Uhr zog Geier das Angebot von Interpublic zurück.[702] Der Vorstand begab sich erneut in das völlig überheizte Konferenzzimmer, in dem sich leere Pizzakartons stapelten. Ich gab die Entscheidung von Interpublic bekannt, wiederholte das Angebot von WPP, und der Vorstand beschloss einstimmig, es anzunehmen. Gegen 23:30 Uhr, fast zehn Stunden nach Eröffnung der Sitzung, rief ich Sorrell an, der die ganze Zeit in der Nähe gewesen war. Nach nur 20 Minuten legte er mit Bruce Wasserstein, dem aggressiven Investitionsbanker der First Boston, im Schlepptau einen triumphalen Auftritt hin.

~

Am nächsten Tag, es war der 16. Mai, fand die letzte Hauptversammlung von The Ogilvy Group statt. Ich teilte den Aktionären mit, dass unsere Firma gescheitert wäre, sie sich als Aktienbesitzer aber ins Fäustchen lachen könnten. Der Aktienkurs lag letzten Endes bei 54 US-Dollar, das heißt der Aktienwert hatte sich beinahe verdoppelt, seit diese leidige Geschichte ihren Anfang nahm. Auf die Aktionäre von Ogilvy – darunter auch zahlreiche Mitarbeiter – ging ein warmer Geldregen nieder.[703] Die Aktionäre von WPP mussten für diesen

Pyrrhussieg noch jahrelang bezahlen. Anders als bei der enttäuschenden Agentur Walter J. Thompson, der ein unterbewertetes Grundstück im Zentrum von Tokio gehörte (das mit erheblichem Gewinn verkauft wurde), gab es am Management von Ogilvy & Mather nichts zu verbessern, und auch keine unterbewerteten Vermögenswerte. Dieses Mal hatte Sorrell keine schnelle Lösung parat, die er angesichts des erdrückenden Schuldenbergs dringend benötigt hätte.[704]

Am darauffolgenden Tag berief ich eine Besprechung mit 125 Führungskräften der Agentur ein, die im Auditorium des McGraw-Gebäudes, unweit von unserem Standort in New York, stattfand. Ich erklärte den Anwesenden, was passiert war, und stellte ihnen den neuen Firmenchef vor.[705] Da tauchte Ogilvy auf, der schrecklich aussah und sich wohl auch so fühlte. Viele Leute versuchten, ihm einen Kommentar zu entlocken, doch er winkte müde ab. Es war, als ob man sich dem Unfallort nähert, und genau weiß, dass die eigene Familie darin verwickelt ist[706], schilderte ein Beobachter das Geschehen. Ich eröffnete die Sitzung, indem ich die Anwesenden wissen ließ, dass die Anwälte mir nicht gestattet haben, allzu offen über das ganze Drama zu sprechen, zumindest solange nicht, bis die Schlacht endgültig geschlagen war. Ich beschrieb die finanziellen Folgen der Transaktion, ging auf die Versprechungen von WPP in Hinsicht auf unsere »Autonomie« ein und stellte ihnen Sorrell vor, der seine Versprechen erneut bekräftigte. Im Anschluss daran wurde die Diskussionsrunde eröffnet.

Eine Frage an Sorrell lautete, welches Unternehmen als nächstes auf seiner Einkaufsliste stünde. Er hätte seine Ziele erreicht, antwortete er, und dass er keine weiteren Käufe plane. Mitten aus dem Zuschauerraum flüsterte der Gründer hörbar: *Erinnert mich an diesen verdammten Hitler nach dem Einmarsch in die Tschechoslowakei.*

Drei Tage später nahm Ogilvy das Angebot an, Firmenchef von WPP zu werden.[707]

Es war die größte Übernahme in der Geschichte der Werbebranche. Sie bedeutete nicht nur das Ende der Unabhängigkeit von The Ogilvy Group, sondern machte auch deutlich, dass die Ära begonnen hatte, in der Holding-Gesellschaften Werbeagenturen und andere Dienstleister wie verrückt aufkauften. Es dauerte nur ein paar Jahre,

11. GROSSFUSIONEN UND GRÖSSENWAHNSINNIGE

bis jede Menge Werbeagenturen geschluckt worden waren oder fusioniert hatten, um Teil von WPP, Omnicom, Interpublic oder einer anderen großen Holding-Gesellschaft zu werden. Diese Welt hatte Ogilvy weder akzeptiert noch verstanden – das einzige, was er nachvollziehen konnte, war Sorrells Antwort auf seine Frage, weshalb er 800 Millionen US-Dollar bezahlt hätte: »Für den Mann, der als erster den Wert einer Marke erkannt hat, dürfte das wohl eine überflüssige Frage sein.«[708]

Die Ironie an der Geschichte war, dass Jock Elliott bereits in den 1970er Jahren die Frage aufgeworfen hatte, ob eine Fusion mit J. Walter Thompson unter dem Codenamen TOTO (»in toto« – im Ganzen) sinnvoll wäre oder nicht.[709] Die Agenturen hatten zum Teil dieselben Kunden, und auch ein Managementplan war bereits erstellt worden: Elliott wäre für die Dauer von fünf Jahren Firmenchef geworden, um anschließend von dem jüngeren Don Johnston von JWT abgelöst zu werden. Der Vorstand von Thompson votierte mit einem einstimmigen Ja, der von Ogilvy dagegen mit einem ebenso einstimmigen Nein. »Wir waren ein ziemlich arroganter Haufen«, erklärt Elliott. »Wir hielten uns für die beste Agentur.« Ogilvys Leute in New York waren sich nicht darüber im klaren, welch ausgezeichnete Arbeit die Agentur von Thompson in London leistete und verhöhnten JWT als J. Walter Tombstone (englisch für Grabstein). Wenn diese Fusion zustande gekommen wäre, hätte damit die Geburtsstunde der größten Werbeagentur geschlagen – die viel zu groß und zu teuer für WPP gewesen wäre.

Wie nicht anders zu erwarten war, erwies sich die Zeit nach der Übernahme als äußerst schmerzhaft. Der Agentur war etwas nicht Greifbares, aber doch Vorhandenes abhanden gekommen: Stolz und Identität. Viele Mitarbeiter fühlten sich mit einem Mal minderwertig; manche konnten ihre Tränen bei der Hauptversammlung nicht zurückhalten. Sogar die Presse bezog Stellung; die *Advertising Age* wartete mit der Überschrift auf: »Riese kuscht vor Trotteln«. Wie nicht anders zu erwarten war, machte sich auch in der Führungsetage eine Aufbruchsstimmung breit. Jody Powell, der ehemalige Pressesprecher des US-amerikanischen Präsidenten Jimmy Carter, der in Washington unser Büro für Öffentlichkeitsarbeit aufgebaut hatte, reichte wie manch anderer seine sofortige Kündigung ein. Andere wie Peter Warren sowie der für Europa zuständige Bereichsleiter aber auch der weltweite PR-Chef Jonathan Rinehart und Brendan Ryan, der für die großen Etats von American Express und General Foods zuständig war, ließen sich damit noch ein paar Monate Zeit.

Was für Ogilvy ein Ort war, an dem die Mitarbeiter zufrieden und glücklich mit ihrer Arbeit waren, für die sie auch so manches Opfer erbrachten, war für Sorrell nichts anderes als ein erholsamer Country Club. Ihm stecke die Werbung nicht im Blut, sagte Geier einmal über Sorrell. »Was für eine Beamtenseele!« Diese Beschreibung störte Sorrell nicht im Mindesten: »Ich liebe es, Erbsen zu zählen.«[710] Durch den enormen Schuldenberg und die aufkommende Rezession geriet er immer mehr unter Druck, weshalb er schon nach wenigen Tagen seine Zusicherung brach und gegen die »Autonomie-Klausel« verstieß, indem er sich direkt mit Kunden oder Agenturleitern in Verbindung setzte und sich beharrlich weigerte, seine Finanzleute zu Zurückhaltung anzuweisen. Weltweit reichten Ogilvys Topmanager ihre Kündigung ein. Da ich selbst das Gefühl hatte, meine Fähigkeit als Unternehmenschef würde zunehmend unterminiert werden, akzeptierte ich schließlich ein Angebot unseres Kunden American Express als Leiter der Abteilung für Kommunikation.[711] Sorrell stimmte meiner Empfehlung eines Nachfolgers zu und ernannte Graham Phillips, einen erfahrenen Briten mit Durchsetzungsvermögen, der unsere Agenturen in den Niederlanden, Kanada und den Vereinigten Staaten geleitet hatte, zum neuen Firmenchef.

Trotz seiner neuen Aufgabe als »designierter« Chef von WPP (Sorrell war noch immer CEO) hatte die Übernahme Ogilvy traumatisiert.[712] Sein Baby war entführt worden; man hatte ihm den Mittelpunkt seines Lebens weggeschnappt.[713] In seinem üblichen Hang zur Übertreibung schilderte er, dass er sich jeden Abend in den Schlaf weinen würde. Doch eines Tages hatte er sich wieder gefangen.[714] Er machte einen langen Spaziergang, und als er zurückkam, ging es ihm wieder gut. Zeit seines Lebens Pragmatiker, akzeptierte er nun, was geschehen war, und machte sich an die Arbeit für WPP.

Ein paar Wochen nach der Übernahme sollte Ogilvy eine erstmals ausgelobte Auszeichnung von Seagram erhalten, die im Gedenken an Bill Bernbach für Exzellenz in der Werbung vergeben wurde. Edgar Bronfman Jr., Präsident von Seagram und Kunde von Ogilvy & Mather und Doyle Dane Bernbach wollte Ogilvy als Erstem seiner Zunft diesen Preis überreichen. Bei der Abendveranstaltung stellte der ehemalige Cheftexter David McCall, mittlerweile Leiter seiner eigenen Agentur, seinen ehemaligen Chef mit den Worten vor: »Er hat sein ganzes Leben lang immer wieder höhere Standards gesetzt. Berufliche, aber auch persönliche Standards. Sogar Standards für den Spaßfaktor. Bei Ogilvy haben wir uns alle an das alte schottische Sprichwort gehalten: ›Genieße das Leben, denn es ist verdammt kurz‹.«[715] Und dann meinte er noch: »David Ogilvy ist ein Mann mit Persönlichkeit. Auch seine Agentur hat Persönlichkeit. Und er war es, der die Persönlichkeit unserer Branche gestärkt hat.«

Ogilvys Rede machte deutlich, dass er Sorrells Charme, der ihn je nach Bedarf einschalten konnte, irgendwie erlegen war. Er geizte nicht mit Lob für seinen neuen Chef und behauptete, Sorrell sei der klügste Mann aus der Werbebranche, für den er je gearbeitet hätte und versetzte damit seinen ehemaligen Partnern, die eh schon wie geprügelte Hunde im Zuschauerraum saßen, einen weiteren Stoß vor die Brust.[716] In einem späteren Interview ließ er sich darüber aus, dass es in der Werbung vor dummen, langweiligen und unbedeutenden Persönlichkeiten nur so wimmle, und dass Sorrell, Hal Riney (Querdenker und Kreativdirektor von Ogilvys Agentur in San Francisco) und er selbst die einzig rühmlichen Ausnahmen seien – und verunglimpfte damit all seine langjährigen Partner.

Es war wohl das Geld, was das Ende seiner Bewunderung von Esty Stowell bedeutete[717], der er vor Jahren noch mit den folgenden Worten Ausdruck verliehen hatte: »Mit einem Seufzer der Erleichterung übertrug ich ihm die Verantwortung für alle Abteilungen – außer für die Kreativabteilung natürlich. Von diesem Moment an setzte ein Wachstum in bislang unbekannten Dimensionen ein. Ein sehr fähiger Mann!« Und nun beschrieb er diesen Musterknaben an Fleiß, »dem wir den größten Teil unseres damaligen Erfolges zu verdanken haben«, der die Agentur auch für Großkunden annehmbar gemacht hatte und der General Foods als Kunden gewonnen hatte, als jemanden, der *nichts* für die Agentur getan und *keine* neuen Kunden gewonnen hätte.

Was hat Stowell falsch gemacht? Aus Prinzip hatte er beim Börsengang sein Amt als Präsident von Ogilvy niedergelegt, seine Aktien jedoch nicht abgestoßen. Dies erboste Ogilvy, der im Laufe der Jahre fast seine ganzen Anteile verkauft hatte. »Wissen Sie, wie viel Geld er damit gemacht hat?«, wollte er von jedem wissen, der ein offenes Ohr für sein Gejammer hatte. »Er hat seine Aktien behalten und Millionen daran verdient.« (28 Millionen US-Dollar, um genau zu sein.) Weshalb in aller Welt hat Ogilvy nicht genau das Gleiche getan? »Ich hatte viel zu viel Angst, ich könnte alles verlieren.«

Mitten in dem Kampf um die Übernahme hatte ich Ogilvy in seinem Schloss angerufen. Herta nahm den Anruf entgegen und erzählte mir, wie unglücklich er darüber war, was mit seiner Firma passierte. Ich entgegnete, dass ich das auf jeden Fall nachvollziehen könne, aber es wäre doch ein kleiner Trost, dass er diesmal an dem steigenden Aktienkurs kräftig mitverdiene. »Er hat seine ganzen Anteile schon vor zwei Wochen verkauft«, antwortete Herta.

Die Übernahme nahm Ogilvy ziemlich mit. Er hatte sich bereits einsam in Frankreich gefühlt und sich mehr und mehr aus dem Geschäft zurückgezogen. Doch dieses Mal war es anders. Seine Sekretärin in Frankreich, Lorna Wilson, sagte, sie könne mit Sicherheit sagen, dass er in dieser Zeit merklich abgebaut hätte. »Die Agentur war sein ein und alles. Frauen bekommen Kinder, er hat die Agentur ins Leben gerufen. Seinem Gefühl nach war Ogilvy & Mather sein Baby, das er in die Welt gesetzt und groß gezogen hatte. Man hatte es ihm auf brutalste Weise entrissen.«

Trotz seiner überschwänglichen Lobeshymne auf Sorrell anlässlich der Preisverleihung war Ogilvys Verhalten ihm gegenüber mehr als widersprüchlich. Er bewunderte ihn für seinen messerscharfen Verstand und seinen Erfolg, was Finanzen anbelangte, doch er hasste alles, wofür er stand. Sorrell raubte Ogilvy in gewisser Weise den Sinn seines Lebens: seine Agentur. Er befürchtete, dass sich die Firmenkultur ändern würde. Ogilvy & Mather war ein Arbeitgeber gewesen, auf den seine Mitarbeiter stolz waren, stolz auf alles, wofür er gestanden hatte. Doch sein Baby war auf einem Bazar verramscht worden, gekauft von einer Buchhalterseele. Sorrell übte daraufhin Nachsicht mit dem großen alten Mann und gewann letzten Endes mit vielen Aufmerksamkeiten sein Herz – auch durch das fürstliche Gehalt, das er ihm zahlte.

Jeremy Bullmore, der Chef von J. Walter Thompson in London, war begeistert von der Tatsache, dass Ogilvy nun wie er selbst zum Vorstand von WPP zählte, und im Laufe der Zeit verband die beiden eine tiefe Freundschaft. Ogilvy war begeistert davon, dass sie beide einmal Texter gewesen waren. Doch Bullmore musste die Erfahrung machen, dass sein neuer Kumpel nicht mehr der alte war[718], als er Ogilvy bei einer Rede half, bei der er im Grunde nur wiederkäute, was er schon bei anderer Gelegenheit von sich gegeben hatte. Ein langjähriger Mitarbeiter der Agentur, der dabei war, als Ogilvy in seiner Funktion als Vorstand versuchte, das schlechte Ergebnis von WPP schön zu reden, dachte bei sich, wie traurig es doch sei, dass Sorrell ihn für solche Zwecke missbrauchte. Weshalb in aller Welt leitete Ogilvy ein Unternehmen, das er aus tiefstem Herzen verabscheute?[719] *Ich habe nicht die leiseste Ahnung, weshalb Martin Sorrell mir einen Job gibt*, beklagte sich Ogilvy. *Aus Respekt*, wurde ihm mitgeteilt. *Und was habe ich davon?* »200 000 US-Dollar.« *Woher wissen Sie das?* »Das weiß doch jeder.«

Ogilvy war davon überzeugt, dass ihm nichts anderes übrig blieb. Er war noch nie gut im Umgang mit Geld gewesen, wie er freimütig zugab, und seine Ausgaben waren nicht unerheblich. Er wollte, dass Herta sich Touffou auch nach seinem Tod leisten konnte – und dazu brauchte sie viel Geld. Er schluckte die bittere Pille und tat, was seiner Meinung nach getan werden musste, um die hungrigen Wölfe abzuhalten. Manche seiner Zeitgenossen gaben unumwunden zu, dass

Ogilvy ihrer Meinung nach seine Seele verkauft hätte[720] und fragten sich, ob er ernsthaft glaube, dass dies im Interesse des Unternehmens, seiner Belegschaft, Aktionäre und Kunden läge – oder in seinem eigenen. Er schadete seiner Firma und seinen Partnern, ließ sich aber von einem cleveren Mann täuschen, der genau wusste, wie er Ogilvy zu schmeicheln hatte und womit er ihn von sich einnehmen konnte ... mit Geld.

Es dauerte nicht lange, bis offensichtlich wurde, dass Ogilvy mit den Finanzangelegenheiten von WPP überfordert war, weshalb die Finanzexperten nach einem besseren Vorstand riefen. Als er einige Jahre später von seinem Posten zurücktrat, schien er mehr als erleichtert zu sein. »Martin hat mich kein einziges Mal um Rat gefragt und mir nichts erzählt. Es war mir nicht gestattet, JWT nahe zu kommen. Deshalb blieb für mich nur OMW übrig und diese ganzen Tochtergesellschaften – ich war kein einziges Mal dort. Mein Verhältnis mit OMW war widersprüchlich. Ich habe meine eigene Kultur, und Martin eine ganz andere.«

∽

Etwa ein halbes Jahr nach der Übernahme sollte Ogilvy auf dem seit langem geplanten weltweiten Managementtreffen in New York im November 1989 eine Rede halten. Als er sich erhob, spürte er die alles andere als optimistische Stimmung der Zuschauer, deren Wunden noch immer nicht abgeheilt waren. Er begann mit *dem* Witz[721], vermutlich dem einzigen Witz, den er je erzählt hat, und den er bei jeder passenden – und unpassenden – Gelegenheit hervorkramte.

> Ich weiß nicht, ob Sie jemals in Tonga waren. Ich schon.

Das Publikum, 125 Manager der Agentur, lachte, weil es genau wusste, wie der Witz weiterging.

> Tonga ist eine kleine Insel mitten im Pazifik. Meine Frau und ich haben da immer lange Spaziergänge gemacht. Es gibt sogar eine königliche Familie dort. Sie sind hoch gewachsene Menschen dort. Sie sind fast schon Rie-

sen, vor allem die Könige und Königinnen. Der derzeitige König – ebenfalls ein sehr großer Mann – war einmal auf Staatsbesuch in London. Das ist immer ein Riesenspektakel. Was für ein Prunk! Wie es so Tradition ist, fährt die Queen zur Victoria Station, natürlich in der Kutsche. Roter Teppich auf den Bahnsteigen. Sie stellt ihm den Premierminister und das Kabinett vor. Er steigt in den wunderschönen alten Landauer, der von prächtigen Pferden gezogen wird. Die Queen nimmt neben ihm Platz. Sie verlassen den Bahnhof und werden zum Buckingham Palace gebracht, wo sie das Mittagessen einnehmen.

Im Alter von 78 wirkte Ogilvy nicht mehr nur kräftig gebaut, sondern hatte auch an Bauchumfang zugelegt. Zum Lesen musste er eine Brille – mit einer dicken Hornfassung – tragen, und er hörte nicht mehr so gut wie früher. Und trotzdem ging von ihm eine unbändige Energie aus, man sah ihm sein Alter nicht an. Er trug einen Blazer, aber keine Krawatte. Er zog sein zerknittertes Jackett aus, wie er es bei einer Rede schon immer getan hatte, und warf es mit einem kalkulierten Schwung neben sich auf einen Stuhl.

Für die Zuschauer ist das ein großartiges Schaupiel. Die Schweizer Garde mit ihren Brustschilden und Fellmützen. Flaggen. Die Flagge von Tonga weht im Wind. Die Menge winkt ... jubiliert und freut sich. Die Queen sitzt noch immer in der Kutsche, neben ihr der König von Tonga. Sechs Pferde, eine offene Kutsche. Die Kutsche wird von sechs Pferden gezogen. Ich nehme mal an, das sind Windsor Greys, die von Postillions geritten werden.

Als sie auf ihrem Weg in den Buckingham Palace die Menge entlangschreiten, furzt eines der Pferde so laut, dass einem schier das Trommelfell platzt. [Lautes Gelächter.]

Die Queen und der König von Tonga erstarren vor Schreck. [Noch lauteres Gelächter.]

Nachdem der Wind die Duftwolke zum Glück vertrieben hat, meint die Queen zum König von Tonga: »Das tut mir entsetzlich leid.« [Pause.]

Daraufhin der König von Tonga »Kein Grund, sich zu entschuldigen. Ich dachte, es sei eines der Pferde gewesen.«

Tosendes Gelächter, obwohl fast alle Anwesenden diesen Witz öfter als einmal gehört hatten. Der Mann, der einer ganzen Branche Anstand und guten Geschmack beigebracht hatte, hatte es wieder einmal geschafft.

Vermutlich werde ich bei der nächsten Besprechung nicht dabei sein, weshalb es reichlich unpassend ist, wenn ich einfach nur hier rumstehe und Witze erzähle. Ich werde auch keine Ansprache halten. Ich gebe Ihnen wertvolle Tipps zu einigen Themen. Es liegt an Ihnen, was Sie daraus machen. Es dauert auch nicht lange, nur knapp zehn Minuten. Es geht um Menschen.

Ogilvy befingerte die ineinander gesteckten russischen Puppen, die vor ihm am Rednerpult standen, und begann:

Was glauben Sie, sind die wohl wichtigsten Leute in unserer Hackordnung? Ich persönlich kann Rangordnungen nicht ausstehen, aber es wird wohl kein Unternehmen ohne sie geben.

Über dieses Thema hatte er noch nie gesprochen, und so spitzte jedermann die Ohren.

Ich denke, man hält es im Allgemeinen für ein ungeschriebenes Gesetz, dass immer die großen Tiere, die Stars, an der Spitze eines Unternehmens stehen. Doch das stimmt nicht. Ich meine, es gibt solche und solche Firmenchefs. Viele der Chefs aus meiner Zeit hatten nur die Verwaltung im Sinn. Wenn es schon eine Hackordnung gibt, schlage ich Folgendes vor: Besetzt die Firmenspitze mit dem Mann, der gut in der Kundenakquise ist, wenn Sie schon das Glück haben, dass sich einer dieser seltenen Vögel in Ihrer Mannschaft befindet.

Dann fuhr er mit seiner Rangordnung fort: An zweiter Stelle sollten diejenigen stehen, die für internationale Großkunden verantwortlich sind, direkt unter ihnen das »kreative Genie«. Dann die Büroleiter.

Natürlich haben wir ab und zu einen Büroleiter, der auch gut darin ist, neue Kunden an Land zu ziehen.

Verschlagen:

Ich war so jemand.

11. GROSSFUSIONEN UND GRÖSSENWAHNSINNIGE

Natürlich haben wir ab und zu einen Büroleiter, der zugleich ein kreatives Genie ist.

Mit einem Lächeln:

Ich war auch so jemand.

Diese vertraute, selbstbewusste Darstellung seines großen Egos wurde mit Gelächter begrüßt. Ogilvy griff noch andere Themen rund um Mitarbeiter auf und bat seine Zuhörer, weniger Akademiker einzustellen, sondern mehr auf Leute mit einem ungewöhnlichen Lebenslauf zu setzen

wie auf Tabakfarmer in Pennsylvania. Holt euch Mitarbeiter aus fernen Ländern wie Indien. Oder Südafrika. Ich erwähne diese beiden Länder aus persönlichem Interesse, schließlich bin ich Chef dieser beiden Unternehmen, und ich weiß, dass es dort vor bemerkenswerten Menschen nur so wimmelt. Wenn Sie Ihre Kunden besuchen und sich dabei von ein paar Indern und Südafrikanern begleiten lassen, haben Sie schon so gut wie gewonnen. Auf jeden Fall ist das etwas ganz anderes, als wenn Sie da mit so ein paar von diesen verdammten Betriebswirtschaftlern aufkreuzen.

Werfen Sie mal einen Blick in das Innere der Agentur. Keiner ist zu jung dafür, und – das sollte ich noch ganz schnell ergänzen – auch keiner zu alt. Wie ist es nur zu dieser Unsitte gekommen, unsere ganzen älteren Mitarbeiter in den Ruhestand zu schicken – obwohl sie so jung geblieben sind – und sie durch Grünschnäbel zu ersetzen?

Schnappen Sie sich jeden neuen vielversprechenden Mitarbeiter und sorgen Sie dafür, dass er meine Bücher liest. Verdammt noch mal! [Brüllendes Gelächter.]

[Hält seine Bücher hoch, eines nach dem anderen.] *Geständnisse eines Werbemannes – von David Ogilvy! Ogilvy über Werbung – von David Ogilvy! The Unpublished David Ogilvy!*

Ich schreibe noch immer Bücher, und sie werden auf der ganzen Welt gelesen – nur nicht von den Mitarbeitern von Ogilvy & Mather! Sie enthalten wertvolle, unbezahlbare Informationen. Wer sie liest, verliert ein wenig von seiner Unerfahrenheit und Ignoranz.

Als nächstes sprach er über die Unternehmenskultur »Sie unterscheidet uns mehr als alles andere von anderen Agenturen.« Über einen menschlichen Umgang miteinander. Und dann noch sein Geständnis, weshalb es so viele Vorteile hat, wenn die Menschen in der Arbeit glücklich sind.

Wenn Sie eine freundliche, menschliche und sympathische Agentur leiten, brauchen Sie Ihren Leuten keine so hohen Gehälter zu zahlen. Außerdem kommen die besten Leute dann auf Sie zu – und auch die besten Kunden. Und auch Sie selbst werden eine glückliche Phase Ihres Lebens erleben.

Außerdem warb er für Gehaltskürzungen anstelle von Kündigungen.

Ich denke, das Grausamste, was man Menschen – und hier muss ich traurigerweise sagen, insbesondere Männern – antun kann, ist, sie hinauszuwerfen, sie in eine Lage zu versetzen, in der sie nicht arbeiten können. Tun Sie Ihr Menschenmöglichstes, um Ihren Kollegen diese Hölle der Untätigkeit zu ersparen. [Pause.]

Das war's. Ich weiß nicht, worüber ich sonst noch reden könnte.

Sämtliche 125 Manager aus Dutzenden unterschiedlicher Länder erhoben sich und applaudierten. Ein großartiger Auftritt eines alten Hasen, erinnert sich ein Agenturveteran heute an seine damaligen Gedanken. Jeder kam bedrückt zu der Veranstaltung, und es gelang ihm, sie alle wieder aufzurichten.

Es war nicht sein letzter Vortrag. Und auch nicht das letzte Mal, dass er den Witz mit dem König von Tonga erzählt hat.

Schon bald stellte sich heraus, dass sich WPP übernommen hatte. Der Aktienkurs fiel in den kommenden vier Jahren ins Bodenlose, und die Kredite mussten neu verhandelt werden. WPP gelang es dennoch, neu durchzustarten und sich wieder auf den Erwerb von Firmen zu stürzen, dieses Mal Young & Rubicam sowie Grey Advertising, Dutzende von Marketingunternehmen und »neue Medien«-Firmen. So

11. Grossfusionen und Grössenwahnsinnige

viel dazu, dass der Kauf von Ogilvy & Mather das Ende der Expansion bedeutete.

Im Herbst 1991 war Ogilvy zu Gast auf einer Feier anlässlich des 15-jährigen Bestehens der Chicagoer Agentur. Dort war es schon seit jeher üblich, die größten Pannen zu ehren. Diese Auszeichnungen wurden »Hankies«, nach Hank Bernhard, dem Gründer der Agentur, genannt. Bei diesem Betriebsjubiläum erhielt Ogilvy seinen ersten »Großen Hanky«. Wofür? Für den Börsengang. Seine Dankesrede bestand aus lediglich drei Wörtern: »Niemand ist vollkommen.«

Kapitel 12
Eine Krankheit namens Unterhaltung

Die kreative Revolution – wie sie genannt wurde – fegte in den 1960er Jahren zum ersten Mal über die Werbebranche hinweg. Texter und Artdirektoren wurden plötzlich als *Kreative* bezeichnet. Gar nicht selten verwendete man *kreativ* als Synonym für *unterhaltsam*. Ogilvy ließ das kalt. Diese neumodischen Verfahren, die zu keinerlei messbaren Umsatzsteigerungen führten, stießen ihn ab. »In unserer Branche grassiert eine Krankheit namens Unterhaltung«, lamentierte er mit zunehmender Häufigkeit in Interviews und Reden.

Diese Krankheit verbreitete sich – in den Augen Ogilvys – durch unterschiedliche Auszeichnungen, die sich die Werbeleute gegenseitig verliehen. Es sei schon schlimm genug, dass vorzugsweise komödiantische Erzeugnisse und effekthascherische Fernsehproduktionstechniken mit Preisen überhäuft wurden. Ogilvy hatte den angesagten langhaarigen »Kreativen« von Anfang an misstraut. Abendveranstaltungen, bei denen man sich wechselseitig auszeichnete und selbst gratulierte, bestätigten nur seinen Verdacht, dass nun die Irren das Sagen im Irrenhaus hatten.

Sein erster Schritt, nämlich seinen Mitarbeitern zu verbieten, sich an solchen Wettbewerben zu beteiligen, löste eine kleinere Meuterei aus.[722] Schließlich bedeutete jede Auszeichnung Prestige und erhöhte den Wert des Preisträgers auf dem Stellenmarkt. Nicht anders als bei den Oscar-Verleihungen zählte auch hier allein schon die Nominierung. 1970 holte Ogilvy dann zum Gegenschlag aus und lobte seinerseits eine Auszeichnung aus – für *Ergebnisse*. Der David-

12. Eine Krankheit namens Unterhaltung

Ogilvy-Award[723] wurde für diejenige Kampagne von Ogilvy & Mather verliehen, die nachweislich entweder den Umsatz des Werbekunden gesteigert oder dessen Image gestärkt hatte. Der Gewinner erhielt eine rote Plakette und 10 000 US-Dollar.[724] »Wenn ihr, meine lieben Kollegen, diesen Preis gewinnen wollt«, ermahnte er seine Truppen, »sorgt dafür, dass die Kassen klingeln.« *Lasst die Kassen klingeln* wurde sofort ins firmeninterne Lexikon aufgenommen.

Die geistigen Väter der Kampagne für Tijuana Smalls, ein Zigarillo von General Cigar, waren die glücklichen ersten Gewinner dieser Auszeichnung. Der Zigarillo schlug wie eine Bombe auf dem Markt ein, was sich nachweislich auf die Werbung zurückführen ließ. Doch das Produkt selbst war nicht halb so gut wie die Kampagne. Die Raucher beließen es beim Ausprobieren; ein Jahr später wurde der Zigarillo ohne Aufheben wieder vom Markt genommen, das Produkt hatte es also nicht geschafft, die Kampagne sehr wohl. Der Preis rückte die Agentur ins Rampenlicht, sorgte für Anerkennung ihrer besten Kampagnen und beeindruckte Kunden. So mancher Mitarbeiter hatte schwer daran zu knabbern, dass »seine« Kampagne nicht ausgezeichnet, ja noch nicht einmal nominiert worden war. Trotzdem gaben sich die Kreativen nicht mit dieser internen Auszeichnung zufrieden, denn was sie wollten, war die Anerkennung ihrer Berufskollegen. Sie wollten, dass man sich in der Branche über ihre Arbeit unterhielt. Schließlich lenkte Ogilvy ein und bedeutete seinen Mitarbeitern, dass sie mitmachen dürften, »solange ihr gewinnt« – und gab ihnen den Rat, die Juroren abzuwerben.

Die Agentur – und auch Ogilvys Ruf – gründete sich auf beeindruckende kreative Arbeit. Schon in den 1970er Jahren hatte er befürchtet, dass das Pendel in die falsche Richtung ausschlägt und die Werbung der Agentur immer langweiliger, wenngleich effizient, wird. »Wir kreieren nicht genug bemerkenswerte Kampagnen, um neue Kunden an Land zu ziehen oder auch nur, um unsere jetzigen Kunden zu beeindrucken«, schrieb er den Direktoren bereits 1974. Für ihn war dies das dringlichste Problem der Agentur, und er nahm es zum Anlass, eine Serie von Memos unter dem Titel »FLUCHT AUS LANGWEILSHAUSEN« zu verfassen. Außerdem legte er seinen Leuten nahe, es so kreativen Unternehmen wie *The New Yorker* und Bell Labs nachzutun.

Ogilvy kam zu dem Schluss, dass die Agentur zu viele Kampagnen entwickelte, die zwar in strategischer Sicht gut, aber nicht brillant seien. Als Gegenmaßnahme lobte er erneut eine interne Auszeichnung aus, diesmal für »Vorzeigewerbung«[725]. Der erstmalig vergebene Preis ging an die Agentur in Bangkok, die eine beeindruckende Kampagne für ein lokales Bier auf die Beine gestellt hatte; in dem Werbespot hieß es, dass Singha Bier genauso landestypisch sei wie thailändisches Essen oder thailändische Folklore. Niemand wusste so recht, was man sich unter einer »Vorzeigewerbung« vorzustellen hatte, und dieser Preis war auch nie so begehrt wie der andere, aber er erfüllte nichtsdestotrotz seinen Zweck: Die kreativen Leistungen entsprachen wieder den hohen Anforderungen, was auch daran lag, dass diese Auszeichnung neue Mitarbeiter anzog.

Die Ereignisse gaben Ogilvys skeptischer Grundhaltung gegenüber kreativen Auszeichnungen Recht. 1969 zeigte ein Werbespot Chormädchen aufgereiht wie Perlen an Schnüren, die ihre Beine hoch in die Luft warfen – eine Parodie eines Musicals aus den 1930er Jahren von Busby Berkely. Diese Werbung für ein Erkältungsmittel wurde mit Preisen nur so überschüttet. Ein Kreativberater schwärmte in höchsten Tönen von dem Spot und bezeichnete ihn nicht nur als den besten Spot des Jahres, sondern als den besten Spot aller Zeiten. Trotz der breiten Zustimmung brachen die Umsatzzahlen ein, und die Agentur wurde gefeuert. Ein kluger Werbetexter, der Erfahrung mit Werbung für pharmazeutische Produkte hatte, hatte dies vorausgesehen: »Der Kunde ist krank, ihm geht es schlecht. In so einem Zustand ist einem nicht nach Tanzen oder Singen. Man will einfach nur, dass es einem besser geht. Das Mittel muss *Heilung* versprechen.«

Einige Jahre später schilderten die Autoren von *Advertising in America*, dass Alka-Seltzer den gleichen Fehler begangen hatte mit seinem bemerkenswerten und mehrfach ausgezeichneten Spot »I can't

12. Eine Krankheit namens Unterhaltung 281

believe I ate the whole thing«, in dem ein älterer Mann auf der Bettkante sitzend gezeigt wird, der sich offensichtlich überfressen hat.[726] »Je öfter der Spot gezeigt wurde, umso besser verkaufte sich das Konkurrenzprodukt Pepto-Bismol. Wir lachten uns kaputt über den alten Jammerer, aber wenn wir selbst einmal Magenprobleme hatten, dachten wir ›Alka-Seltzer hält das für einen Witz und nimmt meine Beschwerden nicht ernst. Ich will etwas Seriöses, was mir auch wirklich hilft.‹«

Keine Frage, Ogilvy liebte es, darauf herumzureiten, dass er mit seiner Analyse der als Clios (nach *Clio*, der Muse der Geschichtsschreibung in der griechischen Mythologie) bezeichneten prestigeträchtigen Auszeichnungen den Nagel auf den Kopf getroffen hatte. »Agenturen, die vier Mal mit einem Clio ausgezeichnet wurden, verloren die Werbeetats«, berichtete Ogilvy genüsslich. »Noch ein Clio-Gewinner aus dem Rennen. Ein weiterer verlor die Hälfte seines Etats an eine andere Agentur. Ein Kunde weigerte sich, einen siegreichen Spot im Fernsehen zu senden. Von 81 Werbespots, die in den vergangenen Jahren mit dem Clio ausgezeichnet worden waren, sind 36 der dazugehörenden Agenturen aus dem Geschäft oder haben ihren Etat verloren.«

Trotz dieser dramatischen Folgen (oder Ogilvys Tiraden) ist und bleibt der Clio ein begehrter Preis. 2007 buhlten 19 000 Anmeldungen aus 62 Ländern um die Gunst der 110 Juroren. Der Unterhaltungsfaktor wurde zu einer immer wichtigen Zutat von Werbung, was vor allem für aufwändige und teure Spots für Bier und Erfrischungsgetränke galt, die zur besten Zeit – bei der Übertragung von Endspielen wie dem Super Bowl der amerikanischen National Football League – ausgestrahlt wurden. Kolumnisten und Zuschauer kommentierten am sogenannten »Hochheiligen Tag der Werbung« interessiert die »besten« Werbespots.

1990 – die Flucht aus Langweilshausen war offensichtlich geglückt – warnte Ogilvy auf 19 Seiten davor, »sich im Bad der ›Kreativität‹ zu suhlen.« Er riet jedermann, auf die Forschung zu setzen, sich seinen Laternae Magicae zuzuwenden und besser nicht irgendwelchen Auszeichnungen hinterherzujagen. Außerdem zitierte er seinen Bruder Francis: »Diejenigen, die ihre Ohren verschließen, laufen weiterhin Gefahr, auf dem schlüpfrigen Boden irrelevanter Brillanz auszurutschen.« Eine indische Texterin aus dem Büro in Neu Delhi schrieb ihm: »KLARHEIT ist wesentlich wichtiger als KREATIVITÄT.« Ogilvy schnurrte förmlich vor Wohlbehagen: »Ich küsste sie auf beide Wangen.«

~

1991, als der Präsident des US-amerikanischen Werbefachverbands ANA (Association of National Advertisers) Dewitt Helm Ogilvy bat, eine Rede auf der ANA-Versammlung zu halten, gab es kaum jemanden, der nicht wusste, wofür Ogilvy stand. Helm faxte ihm die Einladung zu. »Eine meiner guten Ideen«, erinnert er sich. »Ich teilte ihm mit, dass Charles Kuralt oder Barbara Walters ihn und Mary Wells Lawrence [Präsident von Wells Rich Greene] interviewen sollten. Ein Staatsmann und eine Staatsfrau.«

»Unter vier Bedingungen«, antwortete Ogilvy. »Ich bin mir sicher, dass Sie sie nicht erfüllen können.«

»Geben Sie mir eine Chance«, lautete Helms Kommentar.

Ich möchte keinesfalls von jemandem interviewt werden, der keine Ahnung von Werbung hat.

Weshalb sollte ich etwas von der Aufmerksamkeit abgeben wollen?

Ich will alleine im Rampenlicht stehen, ohne diese Lawrence.

Der Titel meines Vortrags lautet:

»Wir verkaufen. Oder es setzt was.« Und sagen Sie mir jetzt bloß nicht, »Oder es setzt was« sei kein vollständiger Satz.

»Kein Problem«, antwortete Helm. »Und wie lautet Ihre vierte Bedingung?«

»Mist, die habe ich jetzt vergessen.« Dann fragte Ogilvy Helm: »Sind die Kunden verrückt geworden? Wer gibt denn so einen Quatsch frei, der sich Werbung schimpft?«

Ogilvy reiste mit dem Zug nach New York und Chicago und beklagte sich darüber, dass er zu alt sei, um noch mit einem so schweren Koffer durch die Gegend zu fahren. Ein schlimmer Husten gab ihm den Rest. Als ehemaliger Agenturleiter war auch ich zu dieser Veranstaltung eingeladen. Ogilvy war in seinem Hotelzimmer, lag auf dem Bett und faselte vor sich hin.

»Beim Geldanlegen habe ich kläglich versagt. J.P. Morgan hat mir allein auf einem Konto 23 Prozent Verlust beschert. Ich habe gerade mein Testament verfasst. Ich habe keine Ahnung, wie viel Geld mein Sohn besitzt. Wie viel soll ich ihm hinterlassen? Ich weiß es nicht. Herta braucht viel Geld, damit sie auf dem Schloss wohnen bleiben kann. Zuerst hat sie es ja nicht gemocht, aber nun liebt sie es.«

Dann rappelte er sich auf und traf sich mit zwei weiteren ehemaligen Agenturleitern, Jock Elliott und Bill Phillips, verdrückte ein gewaltiges Mittagessen und hatte sich bis zum Abendessen wieder erholt. Der Husten war abgeklungen, und er war der erste an der Cocktailbar. Am nächsten Morgen brach er bestens gelaunt auf zu dem Interview mit Joanne Lipman, der klugen Kolumnistin von *The Wallstreet Journal*, die regelmäßig über Werbung schrieb. Sie saßen im Freien, ließen sich die Sonne ins Gesicht scheinen und sprachen über alles, worüber er noch am selben Nachmittag seine Rede halten wollte. Ogilvy war mittlerweile 80, und er war noch direkter und schonungsloser im Umgang mit seiner Zielgruppe geworden. Er sagte zu Lipman:

> Es gibt viel mehr schlechte Werbung als je zuvor. Sie ist überheblich, undurchsichtig, und sie verkauft nichts. Die Kunden sind aber zum Teil mit daran schuld, denn irgendwelche jungen Idioten, die in ihren Unternehmen sitzen, haben die Honorare für ihre Werbeagentur dermaßen zusammengestrichen, dass sich die Agenturen keine guten Führungskräfte mehr leisten können. Das ist sehr dumm von ihnen.[727]

Lipman war begeistert von dem Mann, den sie »den legendären Werber und Vater der modernen Werbung« nannte. Diese sonst so skeptische Reporterin beendete das Interview mit leuchtenden Augen. »Der Traum eines jeden Reporters. Was will man mehr vom Leben?«

Zeit für Ogilvys Rede. Nach einer Einleitung von Ross Love von Procter & Gamble, dem Chef der ANA, stand er auf, zog seinen Blazer aus, ließ ihn gekonnt auf den Stuhl neben ihm fallen und setzte sich an den niedrigen Kaffeehaustisch, der extra für ihn bereitgestellt worden war. Bevor er mit seinem Kreuzzug für Werbung, die verkauft, begann, zeigte er sich wie gewohnt von seiner extravaganten Seite: »Wenn Sie gestern schon Jim Jordan gehört haben, können Sie jetzt nach Hause gehen. Jim hat genau das Gleiche gesagt, was ich jetzt sagen wollte, aber er hat sich besser ausgedrückt.«

Jordans Agentur, Jordan, Case, McGrawth war bekannt für ihre aggressive Verkaufstaktik, die sie schnörkellos und in einem Stil verpackte, der von manchen als altmodisch angesehen wurde. Jordan hatte mit seiner Haltung nicht hinter dem Berg gehalten. »Werbeagenturen haben 1991 ihr Gespür, wie die Prioritäten zu setzen sind, ebenso in den Sand gesetzt, wie jedes andere mir bekannte Unternehmen auch. Die Agenturleiter haben das Gefühl, sie kriegen mehr Aufträge, wenn ihre Arbeit als chic gilt, als der letzte Schrei, als lustig oder unterhaltsam, und sie vergessen dabei ganz, dass dies eher der Fall ist, wenn die Werbung viel *verkauft*.«[728] Er bat das Publikum eindringlich, sich wieder auf die Grundlagen von Werbung zu besinnen und Marken aufzubauen – und stieß damit in das gleiche Horn wie Ogilvy.

»Ich kann nichts anderes sagen, als dass Jims Rede die beste war, die ich je zum Thema Werbung gehört habe«[729], verkündete Ogilvy und machte sich Jordan damit für den Rest seines Lebens zum Freund und beeindruckte alle Anwesenden damit. Nun konnte er sich sicher sein, dass sein Kreuzzug um die Welt gehen würde. Er informierte das Publikum über seinen Schlachtruf – »Wir verkaufen. Oder es setzt was.« – und dass er nicht einfach auf den Zug aufzuspringen und das tun werde, was gerade angesagt sei.

> Nieder mit der Werbung, die vergisst, dem Verbraucher einen Nutzen zu versprechen. Nieder mit kreativer Angeberei. Die Hälfte der Menschheit kapiert sie eh nicht.
>
> Wenn Sie Ihr Werbebudget für die Unterhaltung Ihrer Kunden ausgeben, sind Sie ein großer Narr. Hausfrauen wechseln nicht ihr Waschmittel, bloß weil der Hersteller am Abend zuvor im Fernsehen einen Witz erzählt hat. Sie kaufen das Waschmittel, weil es ihnen einen Nutzen verspricht. Wenn es mir gelänge, diese Irren davon abzuhalten, ständig irgendwelchen Auszeichnungen hinterherzujagen, könnte ich als glücklicher Mann meine Augen für immer schließen.

12. Eine Krankheit namens Unterhaltung

Texter und Artdirektoren waren nicht sein einziges Ziel. Er warnte Werbeleiter davor, was passieren würde, wenn sie weiterhin auf »angesagter« Werbung bestehen würden.

Wenn wir nicht bald Herr dieser Epidemie werden, kann sie die Werbung für immer auslöschen, denn die Berichte von BehaviourScan[730] werden die Firmenchefs davon überzeugen, dass sich Werbung in keiner Weise auf das Kaufverhalten der Konsumenten auswirkt.

Sobald er mit seiner Rede fertig war, sorgte Ogilvy mit einer auffordernden Geste für stehende Ovationen.

∽

Einige der Kreativen stimmten mit Ogilvy überein, insbesondere die Preisrichter, die sich stundenlang mit der Art von Werbung auseinandergesetzt hatten, über die er so hergezogen war. Andere dagegen waren ziemlich erbost. »Was für ein ausgemachter Blödsinn!«[731], rief einer. »Wir sollen uns von jemandem kritisieren lassen, der auf einem Schloss namens Tofu [sic] lebt?« Der Haupteinwand lautete jedoch, dass die 80-jährige Werbeikone schon zu lange aus dem Geschäft sei, um den Geschmack der breiten Masse zu kennen und eine solch vernichtende Kritik vom Stapel zu lassen, und dass sich das Geschäft verändert habe, seit er ihm den Rücken gekehrt hatte. Die meisten empfanden für den alten Mann großen Respekt, stimmten aber nicht mit ihm überein.

Ein Freund und Mitarbeiter der Agentur machte Ogilvy darauf aufmerksam, dass es an der Zeit wäre, mit dem Schimpfen aufzuhören.[732] »Niemand, der seine fünf Sinne noch zusammen hat, kann abstreiten, dass du mit deiner Kritik ins Schwarze triffst, aber was du neulich von dir gegeben hast, hinterlässt einen schalen Beigeschmack. Wenn du so weitermachst, läufst du Gefahr, dass man dich als unleidlichen Miesepeter brandmarkt, dessen Worte ohne Belang sind.« Was die Agentur brauchte, war ein »Prediger oder Prophet, der die Gebote des Verkaufs zum Leben erwecke. Wir brauchen keinen David, der mit Steinen um sich wirft, sondern einen Moses, der die Steintafel zückt.«

Ogilvy konnte nachvollziehen, dass er sich wie ein zänkisches Weib aufgeführt hatte und gelobte Besserung. Aber er konnte einfach nicht anders. »Ich fürchte, ich bin mittlerweile zu alt, um mich zu ändern. Meine negative Art, die Dinge zu sehen, entspringt meiner Frustration.«

Vor den jährlich stattfindenden Cannes-Festspielen, der größten Ansammlung von Leuten aus der Werbebranche, bei der die prestigeträchtigsten Preise verliehen wurden, druckte das französische Magazin *Figaro* ein Zitat von Ogilvy, in dem er sich darüber ausließ, wie Auszeichnungen das Geschäft verderben.[733] Als die Pariser Agentur 1991 den Grand Prix für einen Werbespot gewann, in dem eine Frau mit einem Löwen um eine Flasche Perrier kämpfte, überraschte seine Reaktion jeden: Er war aufgeregter als jeder andere. Er räumte zwar ein, dass der Gewinner gegen sämtliche seiner Richtlinien verstoßen hätte, bezeichnete den Spot nichtsdestotrotz als »einen der besten, den wir je produziert haben – eine einfache, aber überzeugende Idee.« Sein ultimatives Prinzip.

Ogilvy behauptete, dass sich seine Kritiker in einem Punkt täuschen würden – und zwar hinsichtlich seiner Überzeugung, der Sinn von Werbung sei der Verkauf von Produkten, was ausnahmslos zu langweiliger Werbung führen würde. »Jede einzelne Anzeige, die ich jemals geschrieben habe, hat den Umsatz gefördert – und keine einzige war langweilig oder doof. Ganz im Gegenteil, schließlich wurde ich als kreativer Superstar bezeichnet. (Lautes Gelächter meiner Schwestern in England.)«[734]

Später im selben Jahr, bei der Verleihung des Bill Bernbach Award for Excellence in Advertising, räumte Ogilvy ein, dass Bernbach häufig missverstanden wurde. »Bill war der Guru der Möchtegern-Kreativen. Diese Blender haben ihn vergöttert, aber er konnte sie nicht ausstehen.«[735]

Im Juni des nächsten Jahres lud Ogilvy über ein Dutzend der Kreativleiter und Kundenberater aus den Agenturen weltweit zu sich auf sein Schloss ein. Dort ließ er sie wissen, dass sie die Jagd nach Auszeichnungen einstellen und sich wieder auf das Naheliegende besinnen sollten. Sein Vortrag über seine Werbephilosophie dauerte ganze

12. Eine Krankheit namens Unterhaltung

fünf Stunden. Es war eine tolle Konferenz, meinte einer der Kreativdirektoren, wenngleich die Veranstaltung weniger mit einer Konferenz zu tun gehabt hätte als viel mehr mit der Huldigung »des einzigen verbliebenen Mannes mit kreativem Gewicht« in der Werbung. Ogilvy fasste das Scheitern seiner Gegenrevolution in einem Satz zusammen: »Der Kreativleiter aus New York verließ das rauschende Fest auf Touffou nach dem Mittagessen – und machte sich auf zu den Festspielen in Cannes.«[736]

∽

Ogilvy war mehr als ein zänkisches Weib. Da sich die Werbung in Richtungen ausdehnte, die er missbilligte, machte er sich daran, seine Philosophie auf zwei Bereiche auszudehnen, die er als Felsen in der Brandung wahrnahm: Forschung und Direktmarketing. Dabei machte er sich selbst die Hände jedoch nicht schmutzig, indem er Fragebogen konzipierte wie in seinen Tagen bei Gallup, oder Werbeschreiben verfasste. Er beschränkte sich auf seine Rolle als Prediger beziehungsweise Prophet.

Bereits Anfang der 1960er Jahre hatte er eine Abteilung für Direktmailing eingerichtet, also lange Zeit, bevor andere Werbeagenturen das Potenzial dieser Werbestrategie erkannten. O&M Direct wuchs zur größten Direktmarketingagentur heran – und heimste die meisten Preise ein, weil sie so viel für ihre Kunden tat. Als Pate verlieh Ogilvy ihr Glaubhaftigkeit. Als er es sich angewöhnte, zu den Besprechungen aufzutauchen, zogen andere Topmanager nach.[737] Er hielt sich weder mit beißender Kritik zurück: »Wer hat denn diese Präsentation erstellt? Ich schlafe gleich ein«, noch geizte er mit aufmunternden Worten. Ogilvy bezeichnete sein Büro in Paris, das er sich bei der Direktmarketingagentur, nicht bei der Hauptagentur eingerichtet hatte, als »mein geistiges Zuhause.«

In einem seiner Memos erwähnte Ogilvy beiläufig: »Im Direktmarketing wird verkauft, oder es setzt was. Was nichts anderes heißen soll, als dass der Erfolg Ihrer Arbeit gemessen werden kann.«[738] O&M Direct erkannte die Bedeutung dieses Satzes auf einen Blick und machte ihn flugs zu ihrem Motto. »Wir verkaufen. Oder es setzt was.«[739] Schon kurze Zeit später wurde dieser Spruch zum ultimativen Schlachtruf Ogilvys. Da er persönlich nicht anwesend sein konnte, als er 1986 in die Direct Marketing Hall of Fame aufgenommen werden sollte (da er sich in Indien aufhielt), schickte er stattdessen ein Video, in dem er die Werbebranche in »allgemeine Werber« und Direktvermarkter aufteilte[740], und Letzteren vorhersagte, dass sie es wären, die das Erbe der Welt anträten.

> Ihr Leute vom Direktvertrieb wisst genau, welche Art von Werbung funktioniert und welche nicht. Ihr könnt das ja bis auf die Kommastelle genau ausrechnen. In der Hinsicht habt ihr den allgemeinen Werbern viel voraus, denn sie wissen das nicht.
>
> Ihr dagegen wisst, dass der Werbeblock außerhalb der Hauptsendezeit mehr Umsatz generiert als der zur Hauptsendezeit.
>
> Und ihr wisst, dass im Printbereich ein langer Text wirkungsvoller ist als ein kurzer.
>
> Ihr wisst auch, dass Überschrift und Text mit Informationen über das Produkt und seinen Nutzen besser verkaufen als niedliche Überschriften und poetische Textblöcke.
>
> Ihr könnt das bis auf die Kommastelle genau ausrechnen.
>
> Für die Markenwerber und ihre Agenturen gibt es kaum sichere Erkenntnisse, denn sie können die Resultate ihrer Arbeit nicht messen. Sie huldigen dem Altar der Kreativität, was nichts anderes als Originalität bedeutet – das wohl gefährlichste Wort im Lexikon der Werbung.
>
> Sie führen ins Feld, dass ein 30-Sekunden-Spot kosteneffizienter sei als ein zweiminütiger Spot. Ihr wisst, dass sie sich irren.

Und so ging es weiter mit dem Vergleich von Wissen und Meinung.

> Weshalb bewahrt ihr sie nicht vor solchen Torheiten?

Ogilvys Lösung dieses Problems lautete, die abgespaltene Abteilung für Direktmarketing in die Hauptagentur zu integrieren. Außerdem bestand er darauf, dass *jeder* ein Praktikum im Direktmarketing leisten müsse, bevor er sich der kreativen allgemeinen Werbung widmen dürfte. (Mehrere Jahre später wurden die Werbeabteilungen und das Direktmarketing in New York unter einer Unternehmensleitung zu-

12. Eine Krankheit namens Unterhaltung

sammengefasst, doch es wurde nicht beobachtet, dass die Werbetexter Schlange standen, um noch einen Praktikumsplatz zu ergattern.)

Ogilvy erzählte seinen Zuhörern, dass ihn Dartnell in der Kunst der Direktwerbung und Korrespondenz unterwiesen hätte, und dass Erstere seine »erste Liebe« wurde. In seinen Augen verdankte seine Agentur ihren Auftrieb in den Anfangsjahren der Tatsache, dass er persönlich gefasste Werbebriefe an potenzielle Neukunden verschickt hatte, »seine Geheimwaffe«.

> An die 40 Jahre lang war ich die Stimme der Wüste und habe versucht, meine Kollegen und Mitwerber davon zu überzeugen, Direktmailing ernst zu nehmen. Erst jetzt kommt meine erste Liebe zu ihrem Recht. Sie sieht goldenen Zeiten entgegen.

Wie konnte dieses Versprechen goldener Zeiten nicht Wirkung auf diejenigen zeigen, die in einem Bereich[741] tätig waren, der als »below-the-line« (unter der Linie – Bezeichnung rührt von dem Bild der Wasserlinie eines Schiffes her) verunglimpft wurde. Ogilvy hatte sich als Prophet erwiesen. Im Laufe der Jahrzehnte setzte sich Direktwerbung auch in der Fernsehreklame, in Zeitungen und letztlich auch im digitalen Marketing und dem Internet durch und entwickelte sich zu dem Werbemedium mit dem rasantesten Wachstum.

Ogilvy hatte sich wieder und wieder darum bemüht, allen Textern die Bibel des Direktvertriebs, *Tested Advertising Methods* von John Caples, ans Herz zu legen. In seinem Vorwort zur vierten Auflage zitierte er seine Lieblingserkenntnis von Caples: »Ich habe selbst erlebt, dass eine Anzeige den 19 ½-fachen Umsatz einer anderen erwirtschaftet hat.« Er sagte, dass eine frühere Ausgabe dieses Buchs ihn fast alles gelehrt hatte, was er über das Verfassen von Werbeanzeigen wüsste. Und das sei *wortwörtlich* zu verstehen. »Die Erfahrung hat mir mehr als einmal gezeigt, dass alle Faktoren, die im Direktmarketing funktionieren, genauso gut in der restlichen Werbung funktionieren.«

Als Caples 1990 verstarb, sollte Ogilvy die Grabrede halten. Im Taxi auf dem Weg zur Beerdigung sagte er, dass er sich kaum Gedanken darüber gemacht hätte, was er nun sagen würde. Doch Jahre der Bewunderung taten ihr übriges. Nachdem er Caples als den nettesten Mann, den er je kennen gelernt hatte, gewürdigt hatte, bezeichnete er ihn als schlichtweg den Besten, weshalb er selbst auch keinerlei Hemmung gehabt hätte, von ihm abzukupfern. »Was spricht dagegen, sich beim Besten seines Fachs zu bedienen?«[742]

∾

»Woher wollen Sie das wissen?«[743], lautete die ultimative Frage Ogilvys. Die Diskussion über eine Anzeige lief in den meisten Fällen so oder so ähnlich ab:

Ogilvy: Weshalb steht der Produktname nicht in der Überschrift?
Texter: Wenn wir ihn nicht nennen, wird der Text von mehr Lesern gelesen.
Ogilvy: Woher wollen Sie das wissen?

Der Texter konnte das ja gar nicht wissen. Deshalb griff Ogilvy auf die zweite Säule seiner Philosophie zurück: Forschung. Seine Erfahrungen bei Gallup haben bei dem Mann, der für seinen neugierigen Geist bekannt war, nachhaltigen Eindruck hinterlassen. Die Tatsache, dass er als Forscher tätig war, bevor er zum berühmtesten Werber der Welt aufstieg, hat er sein Leben lang nicht vergessen.

Ogilvys Versuch, der praktischen Werbung mehr Professionalität zu verleihen, begann mit Forschung und den mit ihrer Hilfe gewonnenen Erkenntnissen, für das er wie gewohnt ein einprägsames Bild hatte: »Wir suchen nicht anders nach Erkenntnissen als Schweine nach Trüffeln.« Forschung war unabdingbarer Teil seiner Philosophie: »Erst schauen, dann springen.« In diesem Satz steckten zwei seiner Gedanken – damit wollte er zum Ausdruck bringen, dass man erst gründlich forschen sollte, bevor man sich an den gewagten Sprung inmitten die Kreativität macht. Für Ogilvy war Forschung eine weitere geheime Zutat, der er den Erfolg seiner Agentur zu verdanken hatte.

Auch die Marktforscher litten nicht anders als die Direktwerber an einem mangelnden Selbstbewusstsein.[744] Sie hatten das Gefühl, dass ihre Arbeit – nicht selten ausschlaggebend für den weiteren Verlauf des Projekts – nicht anerkannt wurde. Alle wurden gepriesen, außer

12. Eine Krankheit namens Unterhaltung   291

ihnen. 1994 lobte die Advertising Research Foundation – eine Stiftung zur Anerkennung der Forschung in der Werbewelt – die David Ogilvy Research Awards[745] für »den effizienten Einsatz von Forschung zur Entwicklung erfolgreicher Werbung.« aus. Dies war als eine Art Wiedergutmachung und Anerkennung Ogilvys gedacht, der nicht abließ, das Loblied auf die Forschung zu singen. Ogilvy bestand auf dieser Vorgabe: »Ich werde diese Auszeichnung nur dann verleihen, wenn der Umsatz einen Höhenflug hingelegt hat.«

Ogilvy beabsichtigte zwar nicht, zur ersten Preisverleihung zu fliegen, wollte die Gelegenheit für einen weiteren Angriff auf die Auszeichnungen von Kreativität aber nicht ungenutzt verstreichen lassen und schickte deshalb ein Video.

> Wie Ihnen bekannt sein dürfte, finden sich heutzutage in den kreativen Abteilungen und Agenturen überwiegend Experten für Fernsehwerbung. Ihr vorrangiges Ziel lautet, einen Preis bei den Festspielen zu gewinnen. Sie scheren sich keinen Deut darum, ob ihre Spots den Umsatz steigern – vorausgesetzt, sie sind unterhaltsam und werden mit einer Auszeichnung belohnt. Diese kreativen Unterhaltungskünstler haben der Werbebranche großen Schaden zugefügt.[746]

Danach sprach er über eines seiner Lieblingsprojekte und sagte, dass viele Kunden viel Geld in langfristige Forschung und Entwicklung investierten, Werbeagenturen jedoch nichts Vergleichbares täten. Ogilvy meinte damit keineswegs die Auswertung einzelner Kampagnen, sondern er bezog sich auf die Grundlagenforschung, wie sie zum Beispiel die berühmten Bell Labs für die das Telekommunikationsunternehmen AT&T durchgeführt hatte.

> Wie können wir der Forschung im Kreativbereich zu neuem Leben verhelfen? Ich hoffe sehr, dass mein Preis dazu beiträgt, aber das wird nicht genügen. Doch ich hätte da noch eine Idee. Vor sechs Jahren überzeugte ich meine Partner, The Ogilvy Center for Research & Development – eine Forschungsstätte – ins Leben zu rufen. Dort konzentrierte man sich auf die Grundlagenforschung, die nicht auf bestimmte Marken beschränkt war. Am Anfang lief es recht gut, doch wegen der Wirtschaftskrise mussten wir das Projekt einstellen. Weshalb überlegt ihr

euch nicht, wie ihr das Center wieder auf die Beine stellt? Und dieses Mal solltet ihr die Forschung auf kreative Fragenstellungen begrenzen. Macht euch klar, dass ihr für eine solche Aufgabe Psychiater einstellen müsst, die mit den kreativen Irren umgehen können. Außerdem solltet ihr euch mit Knüppel bewaffnen, damit sie auch wirklich das tun, was ihr von ihnen erwartet. [747]

Bei dem Ogilvy Center handelte es sich eigentlich um ein Ein-Mann-Institut in San Francisco. Alex Biel, ein anerkannter Forscher, der für mehrere Agenturen, unter anderem auch für O&M tätig gewesen war, hatte sich 1984 selbstständig gemacht. Biel hatte wissenschaftlich untersucht, weshalb Werbung funktioniert: physiologische Reaktionen (wie beispielsweise veränderte Hirnströme), die Korrelation zwischen Werbung, die dem Verbraucher gefällt, und ihrer Fähigkeit, ihn zum Kauf des beworbenen Produkts zu bewegen. Und er hatte untersucht, ob sich Werbung für den Unternehmer lohnt.[748] Die Bedeutung dieser Studien zeigte sich daran, dass selbst Young & Rubicam wissenschaftliche Erkenntnisse des Ogilvy Centers zitierte. Anfang der 1990er Jahre gehörte das Center der hochverschuldeten Muttergesellschaft WPP, und da es keinen merklichen Gewinn erwirtschaftete, wurde es geschlossen.

Ganz anders die ARF Ogilvy Research Awards. Zehn Jahre später sponserte Microsoft die Veröffentlichung eines Buchs über die in Ogilvys Namen verliehenen Auszeichnungen: *Learning from Winners: How the ARF David Ogilvy Award Winners Use Market Research to Create Advertising Success*, in dem es darum geht, wie die Ogilvy-Award-Preisträger mithilfe von Marktforschungsergebnissen erfolgreiche Werbekampagnen kreieren.

In den 1950er und 1960er Jahren hatten mehrere Wissenschaftler – darunter der berühmte Anthropologe und Soziologe Lloyd Warner sowie der Psychologe, Freudianer und geistiger Vater der »Motivationsforschung« Ernest Dichter noch eine weitere, sanftere Seite der Werbung entdeckt und erforscht.[749] Biel zufolge erfüllten die Kampagnen von Burnett, Bernbach und Ogilvy genau das, was Warner und Dichter durch ihre Tiefeninterviews herausfanden: »Sie trafen mit ihrer Werbung mitten ins Herz, da sie erkannt hatten, dass die Verbraucher Marken keineswegs aus rationalen Gründen kaufen.«[750]

Biel bewunderte Ogilvy für dessen persönliche Beziehung zur Forschung und für sein Interesse an dem gleichnamigen Center, war jedoch mehr als erstaunt über die Diskrepanz zwischen Ogilvys Lieblingskindern der Forschung wie dem »Testen der Versprechen«[751] und den Kampagnen, die er dann entwarf. Beim »Testen der Versprechen« wurden die Verbraucher gebeten, einfache Aussagen über die Vorteile eines bestimmten Produkts nach Wichtigkeit zu bewerten. Die entsprechende Kampagne sollte sich dann vernünftigerweise um das wichtigste Verspechen drehen. Doch Ogilvy tat genau das eben nicht. »Seine Kampagnen setzten der Persönlichkeit der Marke ein Denkmal«, erklärt Biel. »Doch wenn man David reden hörte, hätte man glauben können, dass Funktionalität die Triebfeder von Werbung wäre.«

Auf die Frage, weshalb Mütter mehr Geld für die Kinderkleidung aus Woll-/Baumwollgemisch von Viyella, einer britischen Luxusmarke und langjährigem Kunden der Agentur, ausgeben sollten, wenn sie doch ebenso gut auch die ebenso warme, aber wesentlich preisgünstigere Kleidung aus Polyacryl von DuPont kaufen könnten, antwortete Ogilvy: »Aus zwei Gründen. Erstens, Schafswolle. Frauen lieben nun mal Schafswolle. Zweitens, aus Prestigegründen.« Und das von dem strikten Befürworters der Maxime, man müsse an den Verstand des Verbrauchers appellieren und nicht an dessen Gefühle.

Doch mit der Forschung fing nun mal alles an. Ogilvy wusste, welche Rolle das Unterbewusstsein für den kreativen Prozess spielte, und war davon überzeugt, dass die Mehrzahl der Geschäftsleute zu sehr auf Rationalität setzte, wenn sie neue Ideen brauchten, und dass »es nichts gefährlicheres gibt als ein unwissendes Unterbewusstsein.« Ergo brauche man Fakten. Wenn er selbst an einer Anzeige arbeitete, stürzte er sich kopfüber in die Forschung, machte dann einen langen Spaziergang in der freien Natur oder gönnte sich ein Glas Wein, um eine »Verbindung« mit seinem Unterbewusstsein herzustellen.

Vor allem aber brauchte Ogilvy eines: *Erkenntnisse*. Ogilvy erinnert sich, Sir Hugh Rigby, den Chirurgen von König George V, einmal gefragt zu haben, was denn einen großen Chirurgen ausmache.⁷⁵² »In punkto handwerkliches Geschick gibt es keine großen Unterschiede. Was einen großen Chirurgen von anderen unterscheidet, ist, dass er mehr *weiß* als sie«, lautete dessen Antwort, die Ogilvy geschickt in eine Lektion für die Werbebranche ummünzte. Dazu schilderte er ein Gespräch mit einem Texter, der ihm einmal erzählt hatte, dass er noch kein einziges Buch über Werbung gelesen hätte, da er sich lieber auf seine Intuition verlasse. »Nehmen wir einmal an«, erwiderte Ogilvy, »Ihre Gallenblase müsste noch heute Abend entfernt werden. Wer soll die Operation durchführen? Der Chirurg, der Anatomie studiert hat und genau weiß, wo sich Ihre Gallenblase befindet, oder der Chirurg, der sich dabei ganz auf seine Intuition verlässt?«

Als die Agentur 1986 das Forschungsinstitut Research International von Unilever erwarb, ging Ogilvy mit Biel zu der Hauptversammlung und war fasziniert. Nachdem er dem Vortrag eines Experten über Forschung in der Werbung gelauscht hatte, flüsterte er Biel im Zuschauerraum hörbar zu: »Sie müssen alles herausfinden, was dieser Mann über Werbung weiß.«

Im Anschluss an die Übernahme durch WPP machte sich Ogilvy an seine neue Aufgabe als »designierter« Firmenchef. Seine Hauptaufgabe war es, bei Feierlichkeiten Reden zu halten und das Unternehmen zu repräsentieren – die Zügel hielt Sorrell weiterhin in der Hand. Ogilvy leitete Vorstandssitzungen und vertrat WPP vor den Investoren. Was für eine schlechte Besetzung dieser Rolle. Darin war er noch nie gut gewesen. Aber zumindest hatte er eine Aufgabe.

Sorrell war das Gesicht von WPP. Trotz seiner Fähigkeiten als Finanzexperte hatte er sich dieses Mal tief hineingeritten.⁷⁵³ »WPP schottet sich ab«⁷⁵⁴, titelte *The New York Times* 1991 und spielte darauf an, dass das Unternehmen kurz vor dem finanziellen Aus stünde und man sogar mit dem Rauswurf von Sorrell rechnen könne. *The Economist* schrieb von einem »demütigenden Jahr« für Sorrell und WPP. Die

12. Eine Krankheit namens Unterhaltung

Aktionäre waren aufgrund des anhaltenden Exodus von Topmanagern, vor allem von O&M, und des auf ein Fünf-Jahres-Tief gefallenen Aktienkurses beunruhigt. JWT sei darauf angewiesen, dass WPP den Gürtel so eng wie möglich schnalle, schrieb *Advertising Age*,»doch Sorrells Ruf als Finanzgenie begann in dem Moment zu wanken, als er Ogilvy Group kaufte.« Sorrell gab im Nachhinein zu, dass er viel zu viel dafür bezahlt hatte. Jock Elliott widersprach:»Sie haben schlichtweg zu viel Geld aufgenommen – so weit ich weiß, war es der gesamte Kaufpreis, den sie über einen Kredit finanziert haben. Doch in den 1980er Jahren machte man das schon aus steuerlichen Gründen so.«

Als Vorstandsvorsitzender gehörte es zu Ogilvys Pflichten, den Jahresbericht abzuzeichnen.[755] 1991 hatte er den enormen Gewinneinbruch schwarz auf weiß vor Augen, worüber er schriftlich anmerkte, dass es vermutlich noch schlimmer gekommen wäre, wenn die Belegschaft nicht so ausgezeichnete Arbeit geleistet hätte.»Wir sind unseren Leuten zu Dankbarkeit verpflichtet. Ich bewundere sie für ihren Mut.« Doch in der Öffentlichkeit hielt er treu zu Sorrell, weshalb er der *Adweek* in einem Interview sagte:»In Zeiten wie diesen suchen wir natürlich nach einem Sündenbock, und wir haben ihn in Martin gefunden. Doch es ist gut für uns alle, wenn wir jemanden haben, der sich so gut mit Finanzen auskennt wie er.« Er wusste, dass Sorrell einen Fehler gemacht hatte, stimmte aber nicht in das allgemeine Wehklagen ein, ihn deshalb rauszuwerfen.

Ich will nicht, dass er seinen Hut nehmen muss. Ich komme allmählich mit ihm klar. Am Anfang war es schrecklich. Er hat wohl gedacht, er kriegt so einen alten Knacker vorgesetzt, der keine Schwierigkeiten macht. Ich habe ihm klargemacht, dass auch ein alter Knacker Ärger machen kann. Ich ging mit ihm und zwei anderen Direktoren in ein Hotelzimmer, das wir den ganzen Tag nicht einmal verließen. Er ist ein merkwürdiger Kauz. Erweckte den Eindruck, dass er nicht zuhören würde. Sechs Monate später hatte er unsere gesamten Forderungen erfüllt. Wir haben ihm gesagt, dass wir auf ordnungsgemäßen Vorstandssitzungen bestehen; und jetzt haben wir ehrlich gesagt zu viel davon! Jeden Monat eine. Wir wollten, dass er einen Ausschuss ins Leben ruft, um die Höhe der Gehälter festzulegen. Ich bin völlig baff, was er unseren Leuten zahlt.[756]

WPP setzte in den 1980er Jahren darauf, seinen Schuldenberg abzutragen, indem er zum einen die Gehälter kürzte und zum anderen Personal abbaute. Sorrell gab zu, dass »eine hochverschuldete Agentur schnell in den zweifelhaften Ruf kommt, ihre Honorare nicht für großartige Werbung zu verwenden, sondern um ihre Bankschulden zu tilgen.« WPP stand mit diesem Problem nicht alleine da. Die Adweek schrieb dazu:

> Anfang der 1980er Jahre waren die Werbeagenturen mehr oder weniger gleich gestellt. Sie verdienten ihre Brötchen auf dieselbe Art und Weise, und sie hatten zwei Eigenschaften gemeinsam: Sie waren praktisch schuldenfrei und verfügten über einen beeindruckenden Cashflow. Doch dann kamen diese Finanzgenies (Martin Sorrell ist ein klassisches Beispiel dafür) auf die Idee, den Cashflow für eine Expansion zu nutzen.

Ogilvys Rolle als Chef von WPP entsprach seinen Erwartungen ganz und gar nicht. Im Prinzip war ich so etwas wie schmückendes Beiwerk, sagte er, »um nicht zu sagen, dass es absurd war.«[757] Er beklagte sich über sein bescheidenes Gehalt, seinen minimalen Einfluss auf WPP und auch auf Ogilvy & Mather und fühlte sich als Chef eines schwer angeschlagenen Unternehmens nicht wohl.[758]

WPP musste 1992 ein zweites Mal mit seinen Banken über eine Umschuldung verhandeln, um den drohenden Konkurs abzuwenden. »WPP lässt wieder die Almosenschale herumgehen«[759], berichtete die britische Presse und mokierte sich über seine »Unverfrorenheit«. Letztendlich genehmigten die Aktionäre im August einen Rettungsplan und überschrieben den Banken fast die Hälfte des hoch verschuldeten Unternehmens. Ogilvy war bei der Besprechung anwesend, in der die Banker seine Ablösung als Vorstand forderten.[760] Da er auf einem Ohr so gut wie nichts hörte, hielt er seine Hand über das andere und täuschte völlige Taubheit vor: »Vorsitzender? Habe ich da Vorsitzender gehört?«[761] Doch er stimmte dann doch zu, zurückzutreten und als Ehrenpräsident und Berater für WPP tätig zu sein.[762] Nach der Besprechung stand er auf und schüttelte allen Bankern die Hand; alle anderen Direktoren standen einfach nur da. »Das hat Klasse«, meinte einer der Teilnehmer.

12. Eine Krankheit namens Unterhaltung   297

Auch wenn sich Ogilvy über die herablassende Haltung der Banker ärgerte, gab er im privaten Rahmen zu, dass der Wandel nötig gewesen sei. Er hatte dem Vorstand immer wieder zu verstehen gegeben, dass WPP als Holding-Gesellschaft von einem Finanzexperten geleitet werden müsste. »Ich verstehe rein gar nichts von Finanzen.« Er wollte partout Mitglied des Vorstand bleiben, obwohl ihm Freunde vorwarfen, er sei eitel und raffgierig. Entweder das oder wieder als Kreativleiter bei Ogilvy & Mather anfangen. »Wenn ich ganz aus dem Geschäft draußen bin, werde ich an Kummer sterben. Ich habe kaum andere Interessen.«[763] Er fragte sich, ob ein Mann von 81 Jahren in der Werbung zu irgendetwas nutze sei, »oder ist es *ipso facto*, dass man mit 81 zum alten Eisen zählt? Da draußen gibt es so manchen, der überzeugt davon ist, man sollte den alten Knacker um Himmels Willen los werden. Mir blieb nichts anderes übrig, als ihnen unverblümt die Meinung zu geigen. Ich möchte noch so vieles tun, aber die Zeit wird knapp.«

Seine Zeit als Chef von WPP, von Anfang an eine Fehlbesetzung, war also vorüber. Doch auch als Werber saß er aufgrund seines Unwillens zu reisen – und wegen seines Alters – immer häufiger auf der Ersatzbank, obwohl er sich noch immer stark für das Texten interessierte. Schließlich wandte er seine Aufmerksamkeit wieder Ogilvy & Mather zu. »Es ist so schön, wieder etwas Altvertrautes um mich zu haben – und wieder zu 100 Prozent bei OMW zu sein.« Er stürzte sich in die Arbeit, regte sich darüber auf, dass »irgend so ein Blödmann aus dem New Yorker Büro[764] sieben Worte zu der in meinem Namen verliehenen Auszeichnung hinzugefügt hatte: »... wenn der Umsatz einen Höhenflug hingelegt hat, *und die Kampagne herausragend konzipiert worden war*.« Daraufhin habe er die Einreichungen für 1992 durchgesehen, doch es sei ihm nicht möglich gewesen, etwas zu finden, was auf ein »herausragendes Konzept« hindeutete.

Es war wohl eher Wunschdenken, dass Ogilvy glaubte, er könne in der Werbebranche Amerikas mitmischen, obgleich er den größten Teil des Jahres in Frankreich verbrachte. Er fand keinen Zugang zur amerikanischen Popkultur; die Distanz und auch sein Alter erschwerten es ihm, mit den jüngsten Entwicklungen in der Werbung mitzuhalten.

Bereits 1968 hatte er begonnen, seine Philosophie über kreatives Arbeiten zu Papier zu bringen – zunächst auf 19 Seiten.[765] »Nur wenige meiner Prinzipien spiegeln meine persönliche Meinung wider«, hieß es dogmatisch in der Einleitung. »Die meisten von ihnen beruhen auf Fakten.« Da er mit Printwerbung groß heraus gekommen war, brauchte Ogilvy längere Zeit, um das Fernsehen als Werbemedium schätzen zu lernen und zu begreifen, dass Musik bewusst eingesetzt werden kann, um Gefühle auszulösen. In seinen Augen ließ sich durch Musik nichts verkaufen: »Können Sie sich vorstellen, dass Sie zu Sears in den Laden gehen, und dann kommt ein Verkäufer auf Sie zu und fängt an zu singen?«[766] Sobald sich jemand, den er an sich respektierte, für Musik als verkaufsförderndes Mittel aussprach, stand er einfach auf und ging.[767]

In den 1960er und 1970er Jahren verrissen viele der »Kreativagenturen« Werbung von Ogilvy & Mather als zu nüchtern und zu brav. Sie räumten zwar ein, dass Ogilvys Verkündigungen Kunden anzögen, wandten zugleich aber ein, dass seine »Regeln« die Kreativität einschnürten. Mary Wells Lawrence, Mitgründerin von Wells Rich Greene, bezeichnete ihn als einen der ganz Großen, mit dem sie vieles gemein hätte, wies zugleich aber daraufhin, dass er den Wandel der US-amerikanischen Kultur in den 1960er und 1970er Jahren nie wirklich verstanden hätte.

Auch in der britischen Werbung hatte ein ähnliches Umdenken eingesetzt.[768] Etwa ab Mitte der 1950er Jahre fing London an, sich komplett zu ändern. Pop-Art und Rockbands wie die Rolling Stones eroberten die Szene. Mary Quant – die Erfinderin des Minirocks – und der Kosmetikkonzern Vidal Sassoon machten Mode für junge Leute erschwinglich. Diese Zeit des Umbruchs war zugleich auch die Zeit der Bilder, sodass Fotografen und Artdirektoren den Ton angaben. Ogilvy konnte perfekt mit Sprache umgehen, sagt der Londoner Kreativdirektor Don Artlett über ihn, aber sein »visueller Wortschatz« war begrenzt. »Im Grunde erstreckte er sich darauf, wie man den Text lesbar, oder besser gesagt, noch lesbarer gestaltet.« Obwohl Ogilvy mehrere Icons entworfen hatte, hat er nie verstanden, welche Rolle Bilder und Ausstattung als Kommunikationsmittel spielen.

Der gesellschaftliche Wandel machte natürlich nicht vor den Anforderungen in Bezug auf die Kreativität einer Agentur halt. In den 1980er und 1990er Jahren war es hier soweit, doch da nahm Ogilvy kaum noch eine leitende Funktion in seiner Agentur wahr. Manche der besten Arbeiten stammten aus den Büros, die in geografischer Hinsicht außer seiner Reichweite waren – aus dem pazifisch-asiatischen Raum, aus London und aus Hal Rineys Agentur in San Francisco – paradoxerweise bewunderte er ihre Leistungen.

Als Scali, McCabe und Sloves 1978 dem Verkauf ihrer Agentur an Ogilvy & Mather zustimmten, hatten sie große Anstrengungen unternommen, um allen Beteiligten klar zu machen, dass keiner von O&M auch nur einen Fuß auf ihr Betriebsgelände setzen durfte. »Es lag an David, wir wollen ihn nicht bei uns sehen«[769], schildert Ed McCabe, Mitgründer und Kreativdirektor der Agentur. »Wenn ihn irgendjemand in unserer Agentur gesehen hätte, wäre unser Ruf als Kreativagentur wohl dahin gewesen.« Als McCabe Ogilvy schließlich persönlich treffen sollte, stellte er sich jemanden wie Bill Bernbach vor, unterkühlt und unnahbar. Doch wie er feststellen musste, empfand er Ogilvy als »charmant, witzig, unterhaltsam, intelligent und erdverbunden.«

McCabe, ein typischer Vertreter der kreativen Gemeinschaft, hielt Ogilvy nicht für den besten Texter aller Zeiten. »Doch in den meisten anderen Kategorien war er ein absolutes Genie.«

Als Redner war Ogilvy noch immer sehr gefragt, obwohl er begonnen hatte, seine alten Reden – wie die vor der ausgezeichneten europäischen Wirtschaftsschule INSEAD 1992, in der er schilderte, wie man in der Werbebranche Erfolg haben könne – neu aufzulegen.[770] Er übernahm den Absatz über »meine Flausen im Kopf«[771] aus seiner Rede vor der ANA, die er 1993 in London gehalten hatte. Im Buch der Zitate aus der *Unternehmenswelt (The Executive's Book of Quotations* von 1993) wurde ihm der Löwenanteil für seine Anzeigen eingeräumt.

Unter anderem fand sich auch ein Lied, das er einem unbekannten Milchbauern zuschrieb:

Carnation milk is the best in the land.
Here I sit with a can in my hand.
No tits to pull, no hay to pitch.
Just punch a hole in the son-of-a-bitch.[772]

(Die Milch von Carnation ist die beste im Land.
Eine Büchse davon halt ich grad' in der Hand.
Keine Zitze zu melken, kein Heu einzustreu'n.
Du musst nur ein Loch in das Dingens hau'n.)

In der Zwischenzeit entpuppte sich das Schicksal der beiden großen Holding-Gesellschaften als zwei sich kreuzende Flugbahnen – eine stieg weiter nach oben, die andere stürzte ab. Saatchi & Saatchi, der Pionier der Übernahmen (mit ihrem damaligen Finanzleiter Martin Sorrell) hatte sich zur größten Konglomerat der Werbebranche entwickelt und stand kurz vor ihrem Zusammenbruch. Nachdem sie 37 Unternehmen aufgekauft hatten – viele davon für viel zu viel Geld – und sich mit einem weiteren Kaufangebot an die prestigeträchtige Midland Bank übernommen hatten, verloren ihre Aktien 98 Prozent ihres ursprünglichen Wertes. Wütende Aktionäre setzten 1994 den Rauswurf von Maurice Saatchi durch.[773] Gemeinsam mit seinem Bruder Charles, der ebenfalls zurücktrat, gründeten sie die New Saatchi Agency.

WPP dagegen erholte sich zusehends. 1996 verzeichnete WPP den besten Aktienkurs aller Werbeagenturen, obwohl er noch ein gutes Stück unter dem damaligen Rekordwert lag. Der *Londoner Daily Telegraph* bezeichnete Sorrell als den »Architekten, der das Haus fast zum Einsturz gebracht hatte, es dann aber wieder neu aufbaute.« Der Kauf von Ogilvys Agentur hatte »ihn reich und die Aktionäre arm gemacht.« Doch die Kehrtwende stand auf solidem Boden, und die Analysten spekulierten schon darauf, wann Sorrell das nächste Unternehmen aufkaufen würde.[774]

∽

12. Eine Krankheit namens Unterhaltung   301

Trotz seiner Vorträge und seiner Funktion in Indien ging es in den 1990er Jahren mit Ogilvy fast nur bergab. In dem Maß, wie sich WPP erholte, begann er abzubauen. Seiner Stimmung tat dies zwar keinen Abbruch, aber er sah schrecklich aus. Er wirkte sehr zerbrechlich, obwohl er an Gewicht zugelegt hatte. Mitunter befiel ihn ein Tremor, der seinen Kopf unkontrolliert schütteln ließ, was auf andere wirkte, als würde er ständig »Nein« sagen. »Ich kann nicht anders. Es ist, als ob jemand anders die Kontrolle darüber hat.« Sein einst so beeindruckendes Gedächtnis ließ immer mehr nach, was sich auch daran zeigte, dass er sich keine Namen mehr merken konnte. Er rettete sich aus solchen Situationen, indem er sich nach dem »Ungarn« erkundigte oder »dem großen schwermütigen Mann mit dem Bart« oder dem »Barbier« (Letzteres bezog sich auf einen Artdirektor, der gerne Poloshirts trug, was ihn an einen Friseur erinnerte). Einem Kollegen, der ihm zufällig im Stanhope Hotel in New York über den Weg lief, fiel auf, dass sowohl er als auch Herta einen Daiquiri vor sich stehen hatten. Ogilvy stürzte seinen in einem Zug hinunter, spülte dann mit Hertas halbem Cocktail nach und bestellte sich gleich noch einen. Das war nicht der Ogilvy, wie man ihn kannte.[775]

Er spürte selbst, dass seine Kräfte mehr und mehr nachließen. »Ich weiß so gut wie nichts – außer über Senilität«[776], schrieb er einem Kollegen, »doch davon verstehe ich jede Menge.« Als die Vorstandssitzung 1994 auf Schloss Touffou stattfand, schien Ogilvy in guter Form zu sein. Er erzählte seinen Gästen zwar fast nur Dinge, die sie bereits kannten, verlieh seinen Erzählungen aber durchaus neuen Esprit. Anscheinend war er geistig auf der Höhe, doch er wusste genau, dass seine Glanzzeit vorüber war und sein Verstand nicht mehr so scharf wie früher. »Ich fühle mich so alt wie ich bin, nicht nur, was meinen Körper anbelangt, sondern auch in Bezug auf meinen Verstand«[777], schrieb er einem ehemaligen Kollegen. »Ich setze mich nicht mehr ans Steuer und kann mich nicht an den Namen der Frauen erinnern, die beim Mittagessen neben mir sitzen.«

Er arbeitete noch immer gerne im Garten, selbst in der warmen Jahreszeit (»höllisch heiß«[778]) und hielt sich nicht das Gießverbot während der Dürreperiode, sondern wartete einfach, bis der Gärtner nach

Hause gegangen war, um seine 200 neu gesetzten Pflanzen zu gießen. Er genoss die Gesellschaft seiner Stiefkinder, Enkelkinder und der Kinder seiner Freunde, wälzte sich beim Spielen mit ihnen auf dem Boden herum oder behandelte sie wie kleine Erwachsene. Er vergötterte seinen Stiefenkel, sein erstes Enkelkind: »meine Lebensfreude, auch wenn er nicht mein leiblicher Enkelsohn ist. Er glaubt, ich hieße ›Hallo‹. Er hat mich komplett um den kleinen Finger gewickelt. Ich tue, was er mir sagt.«

Noch immer war Geld seine größte Sorge. »Das Problem ist meine Armut«[779], schrieb Ogilvy einem ehemaligen Mitarbeiter von O&M und übertrieb wie immer schamlos. »OMW zahlt mir 300000 US-Dollar im Jahr. Ich muss meinen ganzen Mut zusammenkratzen und mehr verlangen. Für die Agentur bliebe das bezahlbar, denn schließlich besitze ich nicht das ewige Leben, aber ich fürchte, dass Martin ein Veto einlegt.« Letzten Endes traute er es sich dann doch, Sorrell um eine Aufstockung seiner Pensionsbezüge zu bitten[780], nicht ohne ihm unter die Nase zu reiben, dass er es war, der die Agentur aus dem Nichts geschaffen, sie zur drittgrößten Agentur Amerikas gemacht und 29 seiner Kunden auf sein Betreiben hin gewonnen hätte (»vermutlich ist das der Weltrekord für einen Mann allein«).

Erst 1995 hatte er sich mit der Realität abgefunden. »Ich bin jetzt RAUS aus dem Geschäft, bin im Ruhestand. Das ist nicht leicht für mich, nach 46 Jahren.«[781] Er fragte alle Gäste nach allen möglichen Leuten und wollte immer wissen, wie es denn in New York so läuft. »Nachbohren, nachbohren, nachbohren«, beschrieb es jemand. An seinem 84. Geburtstag im Juni, der er auf Touffou im Kreise seiner Familie, Kinder, Enkelkinder und einer Hand voll ehemaliger Kollegen feierte, beäugte er die Ankunft einer Geburtstagstorte misstrauisch: »Wenn irgendjemand nun dieses schreckliche Lied anstimmt, gehe ich.«[782]

Zu seinem Geburtstag ein Jahr später schenkte ihm die Agentur ein 20-minütiges Video, in dem die ehemaligen und derzeitigen Topmanager zahlreicher Agenturen – von denen er so manchen noch nie in seinem Leben gesehen hatte – schilderten, was er für die Branche bedeutete. Dieses Band mit dem bezeichnenden Titel *Advertising on*

12. Eine Krankheit namens Unterhaltung

Ogilvy[783] wurde auch auf einem Galadinner im Smithsonian – einer US-amerikanischen Forschungs- und Bildungseinrichtung – vorgeführt, wo er in Abwesenheit mit einem Preis des Center of Advertising History geehrt wurde. Daraufhin schickte er ein Telex, in dem er schrieb, dass ihm die Szene am besten gefallen hätte, in der der Erzähler von ihm als dem berühmtesten Werber aller Zeiten spricht. »Wenn das stimmt – und ich zweifle keine Sekunde daran – werde ich jetzt das Geheimnis lüften, weshalb ich die berühmteste Werbeikone bin: Ich habe die Älteren und Besseren meiner Zunft schlichtweg überlebt.«

∾

Ogilvy war aufgefallen, dass die Agentur in den ersten Jahren nach ihrer Gründung von »fünf Freunden in Folge«[784] gemanagt worden war. Dann riss diese Kette ab. Nachdem ihm drei Jahre lang in sämtliche seiner Aufgaben und Entscheidungen hineingeredet worden war[785], und er unter enormen Druck stand, an allen Ecken und Enden zu sparen, warf Graham Phillips schließlich entnervt das Handtuch, als ihm – seines Zeichens CEO – untersagt wurde, einem Direktor eine bereits budgetierte Gehaltserhöhung zu bewilligen. So viel zu der zugesicherten »Autonomie« innerhalb eines genehmigten Kostenrahmens.

Zum ersten Mal in der Geschichte der Agentur löste ein *Externer* den scheidenden CEO ab. 1992 hatte Sorrell Charlotte Beers von Tatham-Laird, einer mittelgroßen Agentur, abgeworben. Die charismatische und wortgewandte Beers, die zugleich dem US-amerikanischen Werbeverband, den 4As, vorstand, stand in dem Ruf, perfekt in der Kundenakquise zu sein. Ogilvy sprach sieben Stunden lang mit ihr, konnte nichts an ihr und ihren Überzeugungen aussetzen und war begeistert.[786] »Sie ist die beste Chefin, seit ich diesen Job hingeworfen habe«[787], schrieb er und tat damit leichthin auch seine vier Nachfolger und Freunde ab. Beers hatte jedoch keine Erfahrung mit einem internationalen Unternehmen wie Ogilvy & Mather. Weitaus schlimmer wog jedoch, dass Sorrell mit ihr gegen Ogilvys eisernes Prinzip verstoßen hatte, »sicherzustellen, dass jedem Büro ein Mitglied der allein seligmachenden Kirche vorsteht, und kein Fremder.«

Die Flitterwochen dauerten nicht lange an. Beers beantwortete Ogilvys Memos nicht.[788] Sie ignorierte seinen ausdrücklichen Widerspruch, von ihrem Vorhaben abzusehen, und stellte das Erscheinen des *Viewpoint* ein, der Agenturzeitung, in der jeder Mitarbeiter seine Meinung zu allen möglichen Dingen frei sagen konnte. Ohne ein Wort der Erklärung strich sie seinen Slogan »Wir verkaufen. Oder es setzt was.«[789] Er bat sie, dafür zu sorgen, dass ihre Leute nicht mehr ständig von der »neuen Agentur« Ogilvy & Mather sprachen und sich in abfälliger Weise über die »alte« äußerten.[790] Dennoch schrieb er einem ehemaligen Kollegen: »Wenn eine Agentur einen externen CEO einstellt, ist es kein Wunder, wenn sich die Firmenkultur und fast alles andere auch gewaltig ändern. Diese Änderungen sind allerdings ein schwerer Brocken. Ich bin noch immer von den Laternae Magicae überzeugt, doch das neue Management zeigt keinerlei Interesse an solchen Dingen. Unsere alte Agentur hat sich schneller verändert als ich dachte.«[791] Dann ging sein Wehklagen in einen direkten Angriff Beers über. »Ihre Version der Markenpflege hat uns in den vergangenen zwei Jahren nicht einen neuen Etat verschafft[792] ... sie hat alles aufgegeben, was ich für wichtig und wertvoll für Ogilvy & Mather hielt.«[793] Beers warf ihren Job nach vier Jahren hin.

Mit Shelly Lazarus – ihrer Nachfolgerin – traf Sorrell die bessere Wahl.[794] Sie war schon seit 25 Jahren bei der Agentur (eine weitere »Freundin«) und hatte unter anderem mit dem Etat von American Express gezeigt, was in ihr steckte. Außerdem hatte sie das Center für Direktmarketing in New York geleitet und war 1996 maßgeblich daran beteiligt gewesen, den Werbeetat von IBM in Höhe von 500 Millionen US-Dollar – die höchste Summe, die jemals an eine Agentur vergeben worden war – an Land zu ziehen. Sie war unter Ogilvys Firmenkultur groß geworden, und kannte seinen Platz genau.

Bevor Lazarus ihre neue Stelle antrat, traf sie die kluge Entscheidung, drei Tage mit Ogilvy auf dessen Schloss zu verbringen. Er sprach nicht über die kreative Arbeit. Er verlor auch kein Wort über die Kunden. Sein einziger Rat lautete, sie möge auf die *Mitarbeiter* ach-

12. Eine Krankheit namens Unterhaltung

ten, denn ganz gleich wie viel Zeit sie damit verbringe, sich Sorgen um sie zu machen, ihnen die Gelegenheit gäbe, ihr Talent unter Beweis zu stellen oder sie für gelungene Arbeit zu belohnen, es wäre nie genug.

Einige Jahre zuvor, als die Agentur ein Teil des Werbeetats von American Express verloren hatte und Lazarus erst kurze Zeit vorher die Agentur in New York als neue Chefin übernommen hatte, rief Ogilvy sie zuhause an und fragte sie, wie es ihr denn ginge. Sie beantwortete seine Frage mit einer vollständigen finanziellen Analyse, wies daraufhin, wie viele Stellen eventuell abgebaut werden müssten und dass man sie teilweise versetzen könnte. Ogilvy ließ sie reden. Als sie mit ihrem Monolog zu Ende war, kam er auf seine ursprüngliche Frage zurück. »Schön. Aber eigentlich interessiert mich das nicht. Ich habe Sie angerufen, weil ich wissen wollte, wie es Ihnen geht. Kunden kommen, Kunden gehen, dann kommen sie wieder zurück oder wir kriegen einen neuen. Im Grunde spielt das keine Rolle. Das einzige, was wirklich zählt und was bestimmt, wer wir als Firma sind, ist Ihre Einstellung zu Ihrer Arbeit. Wenn sie Sie langweilt oder Sie sie als lästige Pflicht ansehen, hat das verheerende Auswirkungen auf die Agentur. Wenn nichts weiter passiert ist, als dass American Express zum Teil weggebrochen ist, werden wir das auch überleben.«[795] American Express kam mehrere Jahre später zur Agentur zurück.

1997 wurde Ogilvys Autobiografie *Blood, Brains and Beer* neu aufgelegt, neu war vor allem das Vorwort unter dem Titel: »*David Ogilvy: An Autobiography*«. Es verkaufte sich auch nicht wesentlich besser als die Erstauflage, enthielt jedoch einen Kommentar über das Verkaufen. »Ich rühre noch immer die Trommel für Werbung, die verkauft, und ich werde nicht müde, all diejenigen abzukanzeln, die der Meinung sind, Werbung sei Unterhaltung. Mein letzter Gedanke wird sein, dass Werbekunden Resultate sehen wollen, und möglicherweise lautet der letzte Gedanke der Werbebranche, dass dem nicht so ist.«

In den Anfangsjahren der Agentur fanden die Jahresversammlungen der Belegschaft im Auditorium des New Yorker Museums für moderne Kunst statt. Das 50-jährige Firmenjubiläum wurde 1998 ebenfalls dort gefeiert – mit einer Galaparty in dem Skulpturengarten für an die 1500 Mitarbeiter, ehemalige Mitarbeiter und Freunde. Lazarus erschien in einem flammendroten Kleid und stellte Herta Ogilvy vor – dem Gründer machte sein Alter zu schaffen, und er fühlte sich der Anreise nicht mehr gewachsen. In über hundert Ogilvy-Agenturen weltweit wurde gefeiert. Die Zeitschrift *Advertising Age* druckte eine 28-seitige Sonderbeilage mit Beiträgen zur Firmengeschichte, Nostalgischem, Werbeklassikern und Kundenstimmen.

Lazarus versuchte, Ogilvy in ihre Arbeit einzubeziehen, aber er verharrte in der Vergangenheit und wollte partout nicht einsehen, dass sich die Welt weiter gedreht hatte. Er verhielt sich seinem Alter entsprechend, vergaß Namen und wiederholte sich ständig. Er gab zu, dass er irgendwie durch den Wind sei, sein Gedächtnis ihm im Stich ließ und dass er schnell ermüdete. Er war deprimiert und litt an einem frühen Stadium von Alzheimer. Die feuchten Gemächer in Touffou waren alles andere als gut für seine chronische Bronchitis, und obendrein schaffte er es nicht, mit dem Rauchen aufzuhören. Herta gab die Wohnung in Paris auf; sie konnte ihn nicht mehr für längere Zeit allein auf Touffou lassen.

∽

Ein langes Leben hatte Ogilvy, der gerne gegen »die Verschwörung gegen alte Männer« wetterte, schon immer fasziniert. Er sammelte Berichte über Menschen, die noch in ihren 80ern und 90ern aktiv am (Arbeits-)Leben teilnahmen wie zum Beispiel Konrad Adenauer: »Er war 87, als er von seinem Posten als Kanzler der Bundesrepublik Deutschland zurücktrat. Schreiben Sie sich das hinter die Ohren!« Oder John D. Rockefeller, der Gründer von Standard Oil, der der reichste Mann der Welt wurde und das gesegnete Alter von 96 Jahren erreichte. »Wäre er mit 60 in Ruhestand gegangen, hätte kein Mensch je von ihm gehört.« Oder seine Kundin Helena Rubinstein, die bis zu ihrem 90. Lebensjahr gearbeitet hatte: »Selbst als sie tot war, hatte sie noch immer die Zügel in der Hand, in all ihren Firmen weltweit.«

Für Ogilvy bedeutete ein langes Leben nur eines: Es war möglich, länger zu *arbeiten*. »Wer bis 85 oder länger arbeitet, macht zwei Karrieren, eine nach der anderen. Die erste dauert in der Regel 40 Jahre, dann ist man etwa 65, und kann dann die zweite Karriere starten, die an die 20 Jahre dauert. Sie haben also Ihre Konkurrenz überlebt und können mehr erreichen. Und wenn Sie sich schließlich mit 85 in den Ruhestand verabschieden, kennt sie jedes kleine Kind.« Er sprach davon, wie er sich als 17-Jähriger für einen Job in der Londoner Werbeszene beworben hatte. »Zum Glück wurde ich nicht eingestellt. Sonst hätte ich nie die zwei wesentlichen Dinge meines Lebens gelernt: Dass man exorbitante Standards haben muss, dass man immer versuchen sollte, die Dinge besser zu machen, als es andere vor einem schon getan haben oder auch tun werden; und zweitens, dass ich mich zu Tode rackern werde. Ach was, nicht zu Tode, zu Leben!«

Als sein Verstand immer mehr nachließ, sah er sich zwei Filme wieder und wieder an. Einer davon war *Der einzige Zeuge*, in dem ein kleiner amischer Junge aus Lancaster County Zeuge eines Mordes wird. Die mystischen Szenen über den Bau einer Scheune ließen wohl seine Erinnerung an seine Zeit in Lancaster wach werden. Nicht ganz klar ist allerdings, was ihn an dem erbaulichen Musical *Die Trapp-Familie* faszinierte, das in Amerika unter dem Namen *Sound of Music* mit der Musik von Rodgers und den Texten von Hammerstein bekannt wurde. Julie Andrews spielt eine Novizin und späteres Kindermädchen für die Familie von Trapp im Salzburg Ende der 1930er Jahre. Es war genau das Musical, bei dem sein Bruder die Aufführung vorzeitig verlassen und etwas von »Kinder und Nonnen« gegrummelt hatte. Lag es an der wunderbaren Musik? Der österreichischen Landschaft? Mit Sicherheit auch an der Anti-Nazi-Nebenhandlung. Vielleicht gefiel ihm Julie Andrews. Die katholische Kirche hat ihn ja schon immer fasziniert.

Sein Sohn flog fast wöchentlich aus den Staaten nach Frankreich, um bei ihm zu sein. Ihre Beziehung hatte die unterschiedlichsten Phasen durchlaufen: von einer schwierigen, als sich Ogilvy von Fairfields Mutter scheiden ließ und ihn im Alter von 16 Jahren zum Scheidungskind machte, bis zu einer engen, als sie sich Jahre später aussprachen und versöhnten.

Bereits 1997 hatte Alzheimer seinen Geist besiegt. Er erkannte nur noch eine Hand voll Menschen. Sein Asthma, das sich durch das lebenslange Rauchen immer mehr verschlechtert hatte, hatte sich zu einem Emphysem entwickelt, und er wurde mit Sauerstoff behandelt. Er verbrachte den größten Teil des Tages im Bett oder auf einer Chaiselongue, und mutete an wie ein gestrandetes Wesen – das nicht so recht wusste, wer er war oder wo er sich befand. Er erweckte einen zufriedenen Eindruck, und seine Familie verbrachte viele Stunden mit ihm, aber er hatte den Mittelpunkt seines Lebens verloren. »Wir Frauen traten in sein Leben, aber sein Leben war die Agentur«, sagte Herta verständnisvoll. Er war 86 Jahre alt.

Kapitel 13
Die Klette der Einmaligkeit

David Ogilvy starb am 21. Juli 1999. Eine Gnade, sagte Herta. Gegen Ende seines Lebens bekam er kaum noch Luft. Zwar war ihm aufgrund des Emphysems, an dem er litt, das Rauchen strikt untersagt worden, doch sobald Herta den Raum verließ, steckte er sich heimlich eine Zigarette an. Alzheimer hatte seinen Verstand völlig umnebelt. Er war 88 Jahre alt geworden.

Die Nachricht von seinem Tode verbreitete sich wie ein Lauffeuer auf der ganzen Welt. In Amerika, dem Land, in dem seine Karriere begann, hieß es in den Schlagzeilen: »TRENDSETTER DER WERBUNG« und »VATER DER DISKRETEN VERKAUFSTAKTIK«. In seinem Heimatland, wo er weniger bekannt war, krönten ihn die britischen Zeitungen nichtsdestotrotz zum »MR. WERBUNG«. Für die Schotten war er der »PATE DER WERBUNG«. Selbst in Brasilien, ein Land, das er nie bereist hatte, war er »DER LETZTE PIONIER«. In Indien, wo man ihn zutiefst verehrte, war – wen wundert's? – vom »WERBEGURU« die Rede. Frankreich, seiner Wahlheimat, sandte dem »VATER MODERNER WERBUNG« ein letztes »LEBEWOHL«.

»Er wird wohl der letzte Werber sein, dessen Tod es auf die Titelseite der *New York Times* schafft«, witzelte Agenturchef Jerry Della Femina. »Das war's, Leute. Alle anderen werden höchstens auf der letzten Seite erwähnt.«

Burnetts Agentur schaltete eine ganzseitige Anzeige in den einschlägigen Branchenzeitschriften.

David Ogilvy 1911 –
Große Marken sind unvergänglich.
Leo Burnett

Das Begräbnis auf Touffou war ergreifend. Der Sarg, eingehüllt in Ogilvys Mackenzie-Tartan, wurde auf Schultern junger, kräftiger Familienangehöriger in den Garten getragen. Den Sargträgern folgten zwei Dudelsackspieler, die das Klagelied »Dark Isle« bliesen. Der Sarg wurde unter dem Trompetenbaum abgestellt, einem der Lieblingsplätze von Ogilvy.

Das Wetter war fantastisch. Ganze Felder mit Sonnenblumen, die in voller Blüte standen, hoben die Schönheit Touffous noch hervor.

Ogilvy hatte schon Jahre vor seinem Tod verfügt, wie er sich sein Begräbnis vorstellte: keine Tränen, keine schwarze Trauerkleidung, keine Traurigkeit, kein Pomp, keine Umstände – und auf keinen Fall irgendein religiöser Schnickschnack. Als zwei seiner Freunde auf ihrem Weg zu dem Begräbnis ein an auffälliger Stelle platziertes, knapp einen Meter hohes rustikales Kreuz aus Baumästen sahen, witzelte einer: »Und wie passt das zu seinen Anweisungen?« »Na ja, man kann seine Meinung ja auch ändern«, entgegnete der andere. »Und wann hat er seine Meinung geändert?« »Heute Morgen«, erwiderte Herta. Offenbar hatte sie, die 26 Jahre lang alles auf seine Weise getan hatte, beschlossen, das Begräbnis auf ihre Weise abzuhalten.

Ein Pfarrer aus dem Dorf, assistiert von einem Priester, hielt den ökumenischen Gottesdienst ab. Die Trauergemeinde war eine bunte Mischung aus nahen Verwandten, Freunden und lokalen Berühmtheiten – den Bürgermeistern von Bonnes und Sauvigny, dem Vorsteher des Postamts, Handwerkern und Gärtnern, die alle dunkle sackartige Kleidung trugen. Lami, der erste Gärtner auf Schloss Touffou, weinte bitterlich und versuchte erst gar nicht, seine Tränen zu verbergen. Im Anschluss an den Gottesdienst wurde der Sarg erneut auf Schultern aus dem Garten getragen, und die Dudelsackspieler spielten dazu fröhliche Melodien. Ogilvys Wunsch entsprechend wurde sein Leichnam verbrannt und seine Asche auf Touffou bestattet. Seiner Sekretärin hatte er einmal gesagt, das Beste wäre, seine Asche in eine

13. Die Klette der Einmaligkeit 311

Pappschachtel zu geben und zu vergraben. Sie erzählte mir, dass er unpompös und umweltfreundlich begraben werden wollte, um eins mit Mutter Natur werden zu können.

∽

Wie relevant ist Ogilvys Philosophie über Kreativität in der Werbung heute noch? Wäre er noch am Leben, wäre es für ihn sicherlich nicht einfach, seine Philosophie an eine jüngere Zuhörerschaft anzupassen oder auch an Produkte, die er nicht verstehen würde – was vor allem für technische Produkte gilt. Vor mancher Werbekampagne würde er wohl wegen ihres Erfindungsgeistes, eine Botschaft zu vermitteln, seinen Hut ziehen. Doch die meisten würde er bestimmt in der gewohnten Weise kritisieren: als hemmungslos, undurchsichtig, Geldverschwendung oder Themaverfehlung, weil sie den Zweck der Werbung nicht erfüllt, nämlich ein Produkt, eine Dienstleistung oder eine Idee zu verkaufen.

Vor allem die moderne Technik würde ihn vor Rätsel stellen. Ogilvy verzichtete sogar auf eine Schreibmaschine, ja, er wollte nicht einmal einen Kugelschreiber – nichts als frisch gespitzte Bleistifte. In den Anfangsjahren der Agentur, als Fernseher noch keine Massenware, sondern Luxusartikel waren, wurden die Mitarbeiter über ein Memo darüber informiert, wann der von ihnen produzierte Werbespot ausgestrahlt wurde. An dem Tag, als der erste Dove-Spot gesendet werden sollte, stürmte Ogilvy in die Medienabteilung und schimpfte, dass er sein Fernsehgerät einfach nicht zum Laufen bringe. Ein Mitarbeiter ging mit ihm in sein Büro, drehte den Knopf von Kanal 1 (auf dem kein Sender eingespeist war) auf Kanal 2 (CBS), und schon war ein Bild zu sehen. »Das ist schon eine feine Sache, wenn man einen Fernsehexperten in der Agentur hat«, meinte ein dankbarer Ogilvy zu ihm.

Er war ein Mann der Printmedien, und anders als Bill Bernbach, konnte er sich mit dem Fernsehen nie so recht anfreunden. Obwohl er sich als geistiger Vater der Kampagne für The Pepperidge Farm empfand – schließlich war ihm die Idee mit der Pferdekutsche im Traum gekommen –, gab er zu, dass er keinen einzigen guten Fernsehspot verfasst hatte. Eine Zeit lang hatte er eine Filmschneidemaschine in seinem Büro stehen: reine Show. Er sah nur äußerst selten fern. »Mir ist zu Ohren gekommen, dass manche unserer Kreativen, die Fernsehspots produzieren, zuhause kein eigenes Fernsehgerät haben«, schrieb er in einem Memo. »Angeblich haben sie in ihrer Wohnung keinen geeigneten Platz dafür. Ich hatte damit nie ein Problem. Bei mir steht der Fernseher im Weinkeller.« Auch der Trend hin zu visuellen, posterähnlichen Anzeigen in den Zeitungen und Zeitschriften, entging ihm. In seiner Welt waren Artdirektoren keineswegs gleichwertig mit Werbetextern.

Viele Kreative tun Ogilvy mit der Begründung ab, seine Philosophie sei heutzutage – eigentlich seit Jahrzehnten – nicht mehr relevant, und kritisieren ihn für das hartnäckige Festhalten an seinen, wie sie es nennen, »Regeln« (die Verwendung dieses Worts hat er ziemlich schnell wieder eingestellt). Ein Kreativdirektor, der zu Besuch auf dem Schloss weilte, schilderte mir den Alptraum, den er dort gehabt hätte: Plötzlich tauchte eine in einem Kilt gewandete Gestalt auf, die mit einem knochigen Finger auf ihn deutete. »DU!«, schrie sie ihn an. »Du hast den ganzen Text in weißer Schrift auf schwarzem Hintergrund drucken lassen!« Merkwürdig ist nur, dass die Regel, niemals Text in weißer Schrift auf schwarzem Hintergrund zu setzen, doch auch heute noch unvermindert Sinn ergibt, vorausgesetzt, man hat ernsthaftes Interesse daran, dass der Text auch gelesen werden kann. Seine besten kreativen Leute verstanden seine Prinzipien als Kann-Bestimmung, die meistens, aber nicht immer funktioniert, – und eben nicht als starre Vorschrift, an die es sich auf Biegen und Brechen zu halten galt.

Obwohl er – und auch Bernbach – als Rebellen und Pioniere ihrer Zeit galten, führte Ogilvy die kreative Revolution der 1960er und 1970er Jahre beileibe nicht an. Wenn sich überhaupt sagen lässt, dass er in irgendeiner Weise daran beteiligt war, dann nur insofern, als dass er versucht hat, die Flut von Werbung einzudämmen, die noch visueller, noch emotionaler, noch witziger war und fast nur noch auf den Unterhaltungsfaktor setzte. Da er sich nur recht langsam an Neues gewöhnte, entging ihm der Wandel in der US-amerikanischen

13. Die Klette der Einmaligkeit

Kultur – zumindest teilweise –, und er tat sich schwer damit, die Kommunikation daran anzupassen.

Was also ist Ogilvys Vermächtnis?

Er produzierte ein halbes Dutzend Werbekampagnen – die zu seiner Zeit als revolutionär galten – und bereicherte die US-amerikanische Werbewelt um hohes Qualitätsdenken und guten Geschmack. *Always give your product a first-class ticket through life.* (*Ein Produkt verdient es, erste Klasse zu reisen.*) Doch es steht schon geraume Zeit fest, dass Bill Bernbach größeren Einfluss auf die heutigen Maßstäbe für gute Werbung hatte. Bernbach hatte mehr Anhänger, insbesondere unter Textern und Artdirektoren, als Ogilvy.

Doch Ogilvys Vermächtnis umfasst weitaus mehr als ein paar Werbeanzeigen oder Fernsehspots. »Denken Sie doch mal an die Granitköpfe am Mount Rushmore«, schrieb Jeremy Bullmore. »Auch hier bewundern wir doch mehr ihre Größe – und weniger die Details.«

Sein nachhaltigstes Vermächtnis war sicherlich sein Konzept des Markenimage. Eine Diskussion über Marketing ohne darauf einzugehen ist heute schlichtweg undenkbar. Selbst in der Politik hat dieses Konzept Einzug gehalten. Ogilvy war nicht der geistige Urheber des Markenimage, aber bereits 1955 begann er, sich in seinen Vorträgen und Artikeln dafür einzusetzen. *Werbung muss ihren Teil zu dem komplexen Symbol, sprich dem Markenimage, beitragen.*

Dank Ogilvy hatte die Werbebranche an Professionalität gewonnen. Dass die Advertising Research Foundation noch heute jährlich eine Auszeichnung in seinem Namen verleiht, bestätigt Ogilvys Überzeugung, dass Marktforschung die Grundlage aller Werbung sein muss. Er verlangte von seinen Leuten in der Agentur, einen Wissenspool aufzubauen. *Wir suchen nicht anders nach Erkenntnissen als Schweine nach Trüffeln.* Ihm ist es zu verdanken, dass die Werbebranche, nicht anders als Ärzte oder Rechtsanwälte, ihre Leistungen auf Honorarbasis abrechnet und nicht wie bis dato eine Provision auf die Werbeausgaben ihrer Kunden erhält.

Mit seinem Faible für Direktmarketing samt der Möglichkeit, ihre Ergebnisse zu messen, war er seiner Zeit weit voraus. *Wir verkaufen. Oder es setzt was.* Er war es, der diese Disziplin in der Werbebranche durchgesetzt hat und als »allgemeiner« Werber in die Direct Marketing Hall of Fame aufgenommen wurde.

Während seiner gesamten Karriere hat er sich unermüdlich dafür stark gemacht, sich immer den Sinn von Werbung vor Augen zu halten – das Produkt, die Dienstleistung oder die Idee eines Werbekunden zu verkaufen – und weniger den Auszeichnungen und der Anerkennung für kreativen Erfindergeist hinterherzujagen. *Lasst die Kasse klingeln.* Die Associated Press hält seinen Kampf für Werbung, die von der Intelligenz der Verbraucher ausgeht, für sein größtes Vermächtnis. *Eine Kundin ist nicht schwachsinnig. Sie ist deine Ehefrau. Schreibe niemals eine Anzeige, die du vor deiner Familie verheimlichen würdest. Deine Frau würdest du doch auch niemals anlügen. Dann verhalte dich meiner Frau gegenüber genauso.* Ogilvys Kreuzzug gegen Plakatwerbung, die seiner Meinung nach nur die Landschaft verschandelte, war ein weiterer Appell an das Gewissen seiner Berufsgenossen. Er war ein Verbraucherschützer, noch ehe es diesen Begriff überhaupt gab.

Ogilvy legte Wert auf gute Manieren, in der Branche, beim Umgang mit den Kunden und auch den Mitarbeitern, die er oft als Partner bezeichnete. *Ich bewundere Menschen mit guten Umgangsformen, die ihre Mitmenschen menschlich behandeln.* Mit solchen Aussagen verführte er zahlreiche Frauen und Männer, Karriere in der Werbung zu machen.

Er schuf die Grundlage für eine globale Marke. Sein ursprüngliches Produktversprechen für Dove – *ein Viertel Feuchtigkeitscreme lässt Ihre Haut jünger aussehen* – war so überzeugend, dass es nicht nur für Seife, sondern auch für andere Körperpflegeprodukte verwendet wurde und Dove weltweit zur Nummer eins dieser Branche machte.

Ogilvy & Mather ist sein größtes und augenscheinlichstes Vermächtnis. Ogilvy war nicht nur ein kreatives Genie, sondern auch eine herausragende Führungspersönlichkeit. Er stellte Managementprinzipien auf, die sich ohne Weiteres auf andere Branchen übertragen lassen. Kernstück seiner beruflichen Laufbahn war der Aufbau einer internationalen Agentur, in der er seine Wertvorstellungen so tief verankerte, dass die Agentur – anders als zahlreiche andere Unternehmen, die ebenfalls von einer charismatischen Persönlichkeit gegründet wurden – auch nach seinem Eintritt in den Ruhestand noch weiter wuchs, eine feindliche Übernahme überstand und auch heute noch unter seinem Namen hohes Ansehen genießt.

Als das neue Jahrtausend näher rückte, machte sich die Fachpresse eifrigst daran, Listen zu erstellen. *Advertising Age* wählte die 100 »Top«-Werbekampagnen des 20. Jahrhunderts. Ogilvy & Mather waren mit drei Kampagnen vertreten: »Gut bis auf den letzten Tropfen« für Maxwell House, »Kennen Sie mich?« für American Express und Ogilvys »Der Mann im Hemd von Hathaway«. Doyle Dane Bernbach war acht Mal vertreten, unter anderem mit der zur Nummer eins des Fachblatts gekürten Kampagne für Volkswagen. (Unter den 100 besten waren auch einige Kampagnen, die ihren Zweck verfehlt hatten, nichtsdestotrotz aber unterhaltsam waren wie der lügende Verkäufer von Isuzu oder Bert und Harry Piel für Piels Bier.) Bill Bernbach wurde zum einflussreichsten Werber der Werbegeschichte gekürt, Ogilvy erreichte in dieser Kategorie Platz vier, (erstaunlicherweise) nach Marion Harper und Leo Burnett.

In James Twitchells *20 Ads that Shook the World* (Anzeigen, die die Welt erschütterten) ist unter der Überschrift »The Hathaway Man: David Ogilvy und der erstmalige Aufbau einer Marke« die Rede von der Hathaway-Anzeige als einer derjenigen, die ihren Teil dazu beigetragen haben, wie wir Informationen über die Welt um uns herum aufnehmen. *Adweek* fragte Werber und Studenten, welche Person – tot oder lebendig – sie dazu bewogen hatte, über eine Karriere in der Werbebranche nachzudenken. Ogilvy wurde von beiden Gruppen am häufigsten genannt. Der Verleger von *Forbes* schrieb, dass Ogilvy »meine Stimme als das größte Werbegenie des 20. Jahrhunderts erhält.«

Geständnisse eines Werbemannes wurde 2004 in Großbritannien neu aufgelegt, ein Jahr später auch in Amerika – 42 Jahre nach seiner Ersterscheinung. Selbst der Rebell Jerry Della Femina nannte es »den ultimativen Ratgeber in Sachen Werbung.« Della Femina, der fast so oft zitiert wird wie Ogilvy, erinnert sich noch gut daran, wie Ogilvy gegen die jungen Wilden der Branche wetterte, und sich ereiferte, dass

nun die Irren das Sagen im Irrenhaus hatten.»Sein Vortrag war so brillant und durchdacht, dass ich als erster aufstand und Beifall klatschte. Dann erst wurde mir klar, dass er über mich gesprochen hatte.«
Der Ökonom Milton Friedman machte sich einmal Gedanken darüber, ob seine Ideen in der Praxis bestehen oder scheitern würden. Läge man diesen Maßstab für Ogilvys Ideen an, wäre er gescheitert, was die Fernsehwerbung anbelangt. Auch die neuesten Trends im Printbereich hatte er nicht verstanden. Doch er ist der eindeutige Sieger im Direktmarketing, dem geistigen Vater des Internets. Er überzeugt bei allgemeingültigen Ideen: Markenimage, Verbraucherforschung, Respekt gegenüber dem Verbraucher, Vergütung in der Werbebranche, globale Marken, Unternehmenskultur – und Werbung, die verkauft.

~

Wird Werbung, wie sie Ogilvy kennt, auch im digitalen Zeitalter Bestand haben? Durch andere Informations- und Unterhaltungsquellen wie Kabel- und Satellitenfernsehen schwindet ihr Einfluss auf die Zielgruppen zunehmend. Digitale Aufzeichnungsgeräte ermöglichen es den Verbrauchern, Sendungen ihrer Wahl zu jedem beliebigen Zeitpunkt anzusehen und Werbeblöcke zu überspringen. CNN vermittelt die neuesten Nachrichten rund um die Uhr. Und dann sind da noch Blogs, iPods, SMS und Online-Videospiele.

Es fällt nicht weiter schwer sich vorzustellen, dass Online-Werbung eines Tages das weltweit vorherrschende Werbemedium sein wird. Denken Sie nur einmal an China, das 2008 mit seinen 253 Millionen Internet-Nutzern an Amerika vorbeizog. Und das sind gerade mal 19 Prozent der Bevölkerung! Doch nicht nur die Nutzung des Internets verzeichnet weltweit ein enormes Wachstum – selbst die Entwicklungsländer holen auf –, sondern auch die Online-Werbung, allein in China liegt die Wachstumsrate bei 60 bis 70 Prozent.

Es wäre jedoch unklug, aufgrund solcher Zahlen den Mund zu voll zu nehmen. Jedes Mal, wenn ein neues Werbemedium auftaucht, bedeutet dies mehr oder weniger schnell das Aus für ein anderes, althergebrachtes. Mit dem Zeitalter des Fernsehens kam das Ende der

13. Die Klette der Einmaligkeit

Rundfunkwerbung. Gut, Rundfunk gibt es noch immer, aber er hat sich gewandelt. Mittlerweile gibt es wesentlich mehr Rundfunksender mit noch mehr Programmen, und wer hätte je gedacht, dass wir eines Tages Gebühren für Satellitenrundfunk zahlen müssten? Der Kleinanzeigenmarkt, einst eine bedeutende Einnahmequelle für Zeitungen, ist fast vollständig an das Internet gegangen, und Tageszeitungen großer US-amerikanischer Städte fusionieren entweder oder schließen. Andererseits verzeichnen Tageszeitungen von Kleinstädten und Fachzeitschriften ein Wachstum.

Die Werbeagenturen haben eine hübsche Stange Geld verloren, als ihre Vergütung von der Provisionsbasis auf die Stundenbasis umgestellt wurde, was zu einem Teil Ogilvy zu verdanken war. Fragt sich, wie leidenschaftlich er sich dafür eingesetzt hätte, wenn er die Konsequenzen vorausgesehen hätte. Kostenbewusste Kunden weisen ihre Einkaufsabteilungen nun an, die an ihre Zulieferer bezahlten Preise zu analysieren; und häufig finden sich Werbeagenturen ganz oben auf der Liste ihrer Sparmaßnahmen. Gleichzeitig versuchen Aktiengesellschaften oder Holdingunternehmen, den Ansprüchen ihrer Aktionäre zu genügen und auf die Kostenbremse zu steigen, was für die Agenturen wiederum bedeutet, dass bei Gehältern und Büromieten der Rotstift angesetzt wird.

Immer mehr Arbeit ruht auf den Schultern von immer weniger Werbern, die ihr Äußerstes geben müssen. Ihre elektronischen Posteingänge quellen über und sie haben ihre BlackBerries immer griffbereit. Bei der jüngeren Generation der Anwälte und Banker, aber auch Ärzte, ist es auch nicht anders, die Werbebranche ist beileibe kein Einzelfall. Alle Branchen sind von Schnelllebigkeit und Hektik gekennzeichnet, ganz wie es der Futurologe Alvin Toffler in den 1970ern in seinem Buch *Der Zukunftsschock* vorausgesagt hat. Wie in allen anderen Branchen vollzieht sich auch in der Werbebranche ein Wandel. Wer jetzt in der Werbung tätig ist, erlebt die wohl aufregendste Zeit mit. Die Technik schafft nicht nur neue Möglichkeiten, den Verbraucher anzusprechen – sondern bietet auch neue Methoden, ihren Erfolg zu messen.

Was produziert die Werbebranche? Richtig: *Ideen*. Und Ideen gedeihen am besten in Agenturen, in denen Kreative sich mit anderen Kreativen austauschen können und nicht mehr nur an einem einzigen Produkt arbeiten, sondern an einer ganzen Palette von Produkten. Agenturen wird es immer geben.

Vieles von dem wäre neu für Ogilvy, doch er wäre begeistert davon, wie viele der Disziplinen, die ein Wachstum verzeichnen, messbare Resultate produzieren, wie zum Beispiel das Direktmarketing. Und natürlich wären die Werbekunden, die durch das falsche Ende des Teleskops blicken und sich nur Gedanken darüber machen, in welcher Höhe sich ihre Werbeausgaben bewegen müssen, nicht vor seinem Spott sicher, sich besser damit auseinanderzusetzen, wie sie in Große Ideen investieren können.

Mitte der 1990er Jahre entfernte sich WPP Schritt für Schritt vom drohenden Abgrund des Konkurses. »Eine Nahtoderfahrung«, meinte Martin Sorrell, der nicht nur die Forderungen nach seinem Kopf überlebte, wie *The Economist* schrieb, sondern »es sogar für sich schaffte, ein mächtiges Paket aus Bonus- und sonstigen Zahlungen für die Rettung eines Unternehmens herauszuschlagen, das er beinahe auf dem Gewissen gehabt hätte«. Und er mischte schon wieder kräftig mit in dem Geschäft von Akquisitionen und kaufte Young & Rubicam für 4,7 Milliarden US-Dollar – die größte Übernahme in der Geschichte der Werbebranche. Durch den Erwerb großer US-amerikanischer Agenturen – J. Walter Thompson, Ogilvy & Mather, Young & Rubicam und seiner neuesten Errungenschaft Grey Global – nötigte er seiner Umwelt – mitunter zähneknirschend – Achtung dafür ab, dass es ihm gelungen war, die größte Marketinggruppe weltweit zu schaffen.

Bereits in den 1930er Jahren grübelte Harold Ross, der Herausgeber von *The New Yorker* darüber nach, wie sich Kreativität und Disziplin in kreativen Unternehmen unter einen Hut bringen lassen, ein Thema, das die *Financial Times* Jahrzehnte später erneut aufgriff. »Ich brauche einen Mann, der inmitten meiner Mitarbeiter an seinem Schreibtisch sitzt und die Agentur wie ein Büro organisiert, Abläufe koordiniert

13. Die Klette der Einmaligkeit

und immer weiß, wo meine Leute stecken.« Was Ogilvy brauchte, folgerte die *Financial Times*, war ein »verhasster kleiner Vollidiot«. Im Jahr der Jahrtausendwende stand Martin Sorrell auf der britischen Liste der Titel- und Rangverleihungen und wurde von Elisabeth II. zum Ritter geschlagen – eine Auszeichnung, die Ogilvy zeit seines Lebens versagt geblieben worden war, die er aber unbedingt hätte haben wollen. Nicht in den Adelsstand erhoben worden zu sein, war eines von zwei Dingen in seinem Leben, die er bedauerte. Das andere war der Börsengang seiner Agentur.

Weshalb er nicht zum Ritter geschlagen wurde, ist nicht genau bekannt. Gut möglich, dass es an seinem schwierigen Verhältnis zu Prinz Philip lag, als Ogilvy noch für den World Wildlife Fund tätig war. Möglicherweise lag es aber auch an seiner Tätigkeit als Spion, die durchaus als Sicherheitsrisiko für Großbritannien eingestuft wurde. Andererseits wurde sein ehemaliger Vorgesetzter bei BSC später »Sir William« Stephenson. Vielleicht hat er nur dem Anspruch nicht genügt, britischen Wohlfahrtseinrichtungen unter die Arme zu greifen, um als möglicher Kandidat infrage zu kommen (Ogilvy unterstützte zahlreiche US-amerikanische gemeinnützige Organisationen). Offenbar hat seine Werbung für britische Produkte in den Vereinigten Staaten – Guiness, Schweppes, Rolls-Royce – nicht ausgereicht. Und auch nicht seine Kampagne »Come to Britain«, die Millionen von Amerikanern über den großen Teich nach Großbritannien brachte. Ogilvy musste sich mit der zweithöchsten Auszeichnung, dem britischen Verdienstorden (Commander of the British Empire) begnügen. Da er nicht zum Ritter geschlagen worden war, durfte er sich nicht »Sir David« nennen, für ihn eine Enttäuschung, die bis an sein Lebensende anhalten sollte. Andererseits war er schon mehr als befriedigt, als er in der Britischen Botschaft in Wien seinen Rang spielen lassen konnte, indem er den Beamten auf die Information, die Ausstellung eines Ersatzpasses würde vier Tage dauern, wissen ließ: »Ich bin im Besitz des Titels Commander of the British Empire.« Zwei Stunden später hatte er seinen Pass.

Jock Elliott, Ogilvys Freund und Nachfolger als Vorstand, »mein tiefer Kiel«, starb 2005. Jock genoss den Respekt seiner Stammkunden und wurde allgemein wegen der einzigartigen Qualität seiner Vorträge, seiner Arbeit für den öffentlichen Dienst und aufgrund seiner Sammlung von über 3000 Büchern über Weihnachten – darunter viele Erstausgaben wie *A Christmas Carol* (Die Weihnachtsgeschichte) von Charles Dickens bewundert. Ed Ney, der ehemalige Chef von Young & Rubicam bezeichnete Elliott als den »offiziellen Hofdichter Großbritanniens«, der nach Ogilvy in die Advertising Hall of Fame aufgenommen wurde.

Einer von Ogilvys Lieblingen, Hal Riney, der unwirsche Werber, der die Agentur in San Francisco aufgebaut hatte, starb 2008. Riney hatte hervorragende Kampagnen für E. & J. Gallo und seine Weinkühler Bartles & James entworfen, die Wiederwahl von Ronald Reagan durch seine optimistische Kampagne »It's morning again in America« (»Und wieder bricht ein neuer Morgen in Amerika an«) unterstützte und den Autobauer Saturn auf den Markt gebracht. Ogilvys Dogmen galten für ihn nicht, was Ogilvy selbst damit begründete, dass sie überflüssig wären, wenn es lauter kreative Genies wie Riney gäbe. Auf die Frage, weshalb ein solch unabhängiger Kauz wie er bei einer so großen Agentur wie Ogilvy & Mather angefangen hätte, gab er zur Antwort: »Ich denke, es lag an dem ganzen Hochglanzpapier.« Was er damit meinte, waren die tiefgehenden Abhandlungen über jeden Aspekt der Werbebranche, die Rückschlüsse auf eine erstklassige Firmenkultur zuließen, zu der er voller Stolz gehörte.

2007 wurde in Amerika die Serie *Mad Men* (Verrückte Männer) ausgestrahlt, die in den 1960er Jahren – in Ogilvys erfolgreichsten Jahren, in denen er die Nase entsprechend hoch trug – spielt und von einer fiktiven Werbeagentur namens Sterling Cooper handelt. Das leicht übertriebene Porträt der Kette rauchenden, um die Wette saufenden Frauenhelden aus der Madison Avenue stieß auf großes Echo bei den Zuschauern. Diese Serie inspirierte Designer, beeinflusste die Schaufensterauslagen, provozierte eine satirische Parodie auf *Advertising Age* und wurde schließlich nach Großbritannien exportiert, wo BBC Four eine begleitende Sondersendung mit dem Titel *David Ogilvy: Original Mad Man* ausstrahlte, um die Zuschauer über die Gepflogenheiten dieser Epoche aufzuklären. Er hätte diesen Titel gehasst und die Aufmerksamkeit genossen.

In dem Jahr seines Todes beschloss seine Agentur, seine Unterschrift

zu ihrem Logo[796] zu machen und den Namen Ogilvy & Mather Worldwide zu behalten. *Ogilvy, die Marke.*

∾

Ogilvy wurde nicht müde zu betonen, dass sich wirklich große Werbung im Bewusstsein der Verbraucher verankert und so außergewöhnlich ist, dass sie im Gedächtnis der Zielgruppe hängen bleibt wie eine Klette an den Hosenbeinen. Eine solche Klette kann in der Printwerbung ein visuelles Signal sein wie die Augenklappe des Hathaway-Mannes, die eine aristokratische Aura vermittelt und auf eine gute Geschichte schließen lässt. Oder auch eine Wortschöpfung wie *diffident* (zusammengesetzt aus *different* (anders) und *confident* (vertrauensvoll)), die in der Bentley-Werbung vorkam und die Käufer eines Bentley beschrieb, die einen weniger auffallenden Wagen als den großen Bruder Rolls-Royce haben wollten. Oder auch das romantische Bild in einem Werbespot wie den Auslieferer auf der Pferdekutsche, der die Brote von Pepperidge Farm ausfährt.

Ogilvy selbst war eine Klette der Einmaligkeit – besser gesagt, viele Kletten –, ein selbsternannter Schotte, der Schottland nicht leiden mochte und kaum Zeit in diesem Land verbracht hat; ein Brite, der sich in der Londoner Agentur am wenigsten zuhause fühlte; ein Engländer,

der die US-amerikanische Werbebranche unter seinen Bedingungen eroberte, der es im Vereinigten Königreich jedoch nie in dem Maß zu Ruhm und Anerkennung gebracht hatte, wie er es in seinen Augen verdient gehabt hätte; ein Heimatloser, der nach Frankreich zog, weil er das Land, nicht jedoch die Franzosen, liebte. Für Herta war Ogilvy der »amerikanischste aller Briten« und zugleich der »britischste aller Amerikaner.« David Ogilvy war ein Mann voller Widersprüche. Er war elitär, liebte es, die Namen bedeutender Persönlichkeiten, die er persönlich kannte, beiläufig fallen zu lassen, und führte in seiner Agentur die Regeln der Leistungsgesellschaft ein. Seinen Mitmenschen gegenüber hegte er keine Vorurteile, doch was die Werbung anbelangte, ließ er nur seine Theorie gelten. Er war überzeugter Atheist und doch von der Struktur der katholischen Kirche fasziniert. Insbesondere Papst Johannes Paul II. hatte es ihm angetan. Er spickte seine Memos mit Ausdrücken aus der Kirchensprache oder Bibelzitaten und ließ sich als »Papst der modernen Werbung« feiern.

Was seinen Geschmack und seine Überzeugung betraf, war er eher konservativ, doch seine Kleidung war extravagant und auffallend, sein Verhalten exzentrisch und seine Ideen radikal. *Korrigiere deine Ziele nach oben. Gehe neue Wege. Messe dich mit Unsterblichen.* Sein guter Geschmack war legendär, er hatte ausgezeichnete Manieren und doch führte er sich in Restaurants oft auf wie ein verwöhntes Kleinkind und liebte es Witze über Furze zu erzählen.

Ogilvy predigte über die Wichtigkeit von Freundlichkeit und »sanften Umgangsformen«, nahm jedoch kein Blatt vor den Mund, wenn er sich über die Persönlichkeit oder das äußere Erscheinungsbild eines Mitmenschen ausließ: »eine Seele wie Uriah Heep – der betrügerische Rechtsanwalt aus Charles Dickens *David Copperfield* – im Körper eines Pavians.« Er war eine Führungspersönlichkeit, dem seine Leute Loyalität entgegenbrachten, was er zu schätzen wusste, doch er selbst war in seinen Gefühlen für seine Führungskräfte wankelmütig, was darin gipfelte, dass er einen neuen Mitarbeiter als den einzigen ihm würdigen Nachfolger bezeichnete.

Ogilvy war der Überzeugung, Verbraucher mithilfe von rationalen Verkaufsargumenten zum Kauf zu überreden, doch die Hathaway-

Kampagne entsprang allein seiner Intuition. Er war sich der Macht von Gefühlen durchaus bewusst, und riet einem Texter, der an einer Kampagne für Flanellhemden schrieb, einmal, an die »Vornehmtuerei« von Müttern zu appellieren. Er förderte die Ernsthaftigkeit seiner Branche, liebte es jedoch Witze zu erzählen und war der felsenfesten Überzeugung, dass kreative Unternehmen am besten funktionieren, wenn ihre Mitarbeiter Spaß an der Arbeit haben.

Obgleich er sich ständig Sorgen um Geld machte, zahlte er sich nur ein bescheidenes Gehalt, zwang seine Partner, Anteile an der Agentur zu erwerben und richtete einen Pensionsfonds aus Gewinnanteilen ein, als seine Agentur noch in den Kinderschuhen steckte und er sich noch keine goldene Nase an ihr verdient hatte. Er war ein großzügiger Vorgesetzter, der seine Leute gruppenweise in das beste Restaurant Manhattans einlud, ihnen dann jedoch keinen Drink vor dem Essen gestattete.

Er war sein ganzes Leben ein starker Raucher, lehnte einen Werbeetat für Zigaretten jedoch ab, als die mit dem Rauchen verbundenen Gesundheitsrisiken öffentlich bekannt wurden, was ihn aber nicht daran hinderte, selbst weiter zu rauchen, obwohl sein Bruder an Lungenkrebs gestorben war.

13 Jahre vor seinem Tod verfasste Ogilvy ein Memo mit der Überschrift »Mein Tod.« Er verfügte darin, dass ein Gedenkgottesdienst nur unter bestimmten Umständen zulässig sei:

> Ich möchte, dass eine solche Zeremonie nur dann stattfindet, wenn sie wie folgt musikalisch begleitet wird, was die Sache aber recht teuer macht:
> Mendelssohns Halleluja, gesungen von einem professionellen Chor, gespielt von einem großen Orchester
> Rule Britannia von Thomas Augustine Arne, alle drei Strophen
> Die Anwesenden sollen den Refrain eines fröhlichen Tanzliedes singen, während sie das Auditorium verlassen.

Zwei Monate nach seinem Tod fand ein ausgelassener Gedenkgottesdienst in der Avery-Fisher-Halle des Lincoln Centers statt. Die Musik entsprach seinen Wünschen, wurde von einem großen Orchester samt Chor gespielt. Zum Abschluss wurde das schottische Tanzlied »Bramble Bush« aufgespielt. Unter den Anwesenden waren seine Familie, Kunden, Wirtschaftsgrößen, aktuelle und ehemalige Mitarbeiter von Ogilvy & Mather (von denen so mancher die letzten 20 oder 30 Jahre nicht mehr bei O&M beschäftigt war) und zahlreiche Freunde. Freundschaften sind wichtiger als Ereignisse, schrieb Ogilvy später einmal. »Deshalb habe ich eine Bestandsliste meiner Freunde erstellt« – und zählte mehrere Hunderte auf. Er teilte sein Leben in mehrere Räume auf: »20 unterschiedliche Räume, vier Länder, sieben Jobs.« In jedem dieser Räume gab es Freunde, und manche blieben, auch wenn er selbst umzog.

Vor dem Gedenkgottesdienst trafen sich die Direktoren von O&M zum Mittagessen und überboten sich gegenseitig mit Anekdoten über Ogilvy. Hans Lange, der langjährige Geschäftsführer der deutschen Agentur, erzählte die wohl typischste aller Geschichten über ihn: Als Ogilvy gebeten wurde, eine Zeit lang in Frankfurt zu arbeiten, stimmte er freudig zu. Er erhielt ein Büro neben Langes. Nach ein paar Tagen fiel Lange auf, dass die Zigarren, die er in einer Kiste hinter seinem Schreibtisch aufbewahrte, immer weniger wurden, weshalb er einen Zettel hineinlegte: »David, wenn Sie eine Zigarre möchten, brauchen Sie nur einen Ton zu sagen.« Am nächsten Tag öffnete er die Kiste und stellte fest, dass seine Nachricht durch eine andere ersetzt worden war: »Hans, ich war es nicht.«

Manche waren der Ansicht, dass Ogilvy auch außerhalb der Werbebranche Großes hätte bewirken können. Seine Schwestern sahen auf ihn herab, weil er für die Industrie und den Handel tätig war – während sie selbst als Künstlerinnen arbeiteten. In ihrer Anwesenheit fühlte er sich oft wie ein Klinkenputzer. Auf die Frage, weshalb er sich für eine Karriere in der Werbung entschieden hatte, wo er doch so gut wie alles aus seinem Leben hätte machen können, antwortete er: »Sie täuschen sich. Die Werbung ist das einzige, worin ich richtig gut war.«

Als sich sein Erfolg mit der Agentur allmählich herumsprach,

13. Die Klette der Einmaligkeit

fragte man ihn nach dem Geheimnis seines Erfolges. Drei Dinge: »Ich habe sehr hart gearbeitet. Ich habe ein bisschen Talent. Und ich hatte verdammtes Glück.«

Ein Reporter fragte Ogilvy einmal, was denn später auf seinem Grabstein stehen sollte. Daraufhin zitierte er Drydens Übersetzung von Horaz:

> Happy the man, and happy he alone.
> He, who can call today his own:
> He who, secure within, can say,
> Tomorrow do your worst, for I have lived today.
>
> (Glücklich der Mensch, glücklich er allein,
> der das Heute ganz besitzen kann.
> Der in sich ruhend sagen kann:
> Das Morgen, sei es noch so schlimm,
> ich habe heut' gelebt.)

Doch dann änderte er seine Meinung und griff auf ein geflügeltes schottisches Wort zurück: »Genieße das Leben, denn es ist verdammt kurz.«

Es lässt sich sicherlich trefflich darüber streiten, wie es Ogilvy damit hielt, und ob er glücklich mit seinem Leben war, doch alle, die ihn gekannt haben, werden einem amerikanischen Freund zustimmten, der Ogilvy noch aus seiner Zeit in Oxford kannte: »Für einen Einwanderer hat er es ganz schön weit gebracht.«

Nachwort

(Noch mehr) Unveröffentlichtes von David Ogilvy

Zu seinem 75. Geburtstag, 1986, erhielt Ogilvy ein privat verlegtes Buch mit dem Titel *The Unpublished David Ogilvy* – mit zahlreichen bislang unveröffentlichten Memos, Briefen, Vorträgen und Artikeln, die aus den Akten seiner Partner stammten. Für ihn war es das schönste Geburtstagsgeschenk, das er je bekommen hatte.

Die Recherchen zu dieser Biografie förderten noch weitere unveröffentlichte Beispiele (mit einer Ausnahme) seines einzigartigen Stils zutage, dazu ein paar wenig bekannte Fakten über ihn, historische Analogien und einige passende, wenngleich unbewiesene Anspielungen von überraschendem Format. Alles garniert mit viel Charme und der für ihn typischen Unverschämtheit.

Memo an einen TV-Producer der Agentur[797]

17. Dezember 1953
Mein ganzes Leben lang faszinierten mich Affen.
Allen voran die Schimpansen.
Es gefällt mir, ihren täglichen Teegesellschaften im Londoner Zoo beizuwohnen. Es ist eine förmliche Angelegenheit. Die Schimpansen legen eine beeindruckende Etikette an den Tag, nur ab und zu setzt sich einer der Chefs einen mit Kohl gefüllten Teller verkehrt herum auf den Kopf. Genau das gefällt mir.
Ich frage mich, ob wir nicht einen Spot mit Schimpansen drehen könnten. Sie rauchen Zigaretten. Sie lieben Brot und Margarine.

Commander Edward Whitehead war Vorstandsvorsitzender von Schweppes U.S.A. und zugleich Modell für die Schweppes-Werbung – wofür er nach den geltenden Tarifregelungen eine Gage erhalten musste. Am 18. Juni 1954 schickte ihm Ogilvy zwei Schreiben[798]:

Lieber Dr. Jekyll,

in einem gesonderten Schreiben wandte ich mich an Mr. Hyde, den Vorstandsvorsitzenden von Schweppes U.S.A., dem ich eine Kopie der Freigabeerklärung für die Bild- und Tonaufnahmen beifügte.

Ich wende mich nun wegen Ihrer Gage an Sie.

Wenn Sie 25 US-Dollar pro Stunde für Fotoaufnahmen und 15 US-Dollar pro Stunde für Tonaufnahmen erhalten, würde Ihre Gesamtgage für Ihre Tätigkeit anlässlich Ihres letzten Besuchs in den Vereinigten Staaten 1567,50 US-Dollar betragen.

Überhaupt ist die Frage nach Ihrer Gage eine heikle Angelegenheit, die in meiner Agentur immer wieder Gesprächsstoff bietet.

Dr. Hyde,

ich muss Ihnen als offizieller Vorstandsvorsitzender von Schweppes U.S.A. von einer Sache berichten, die Ihre unverzügliche Aufmerksamkeit fordert, da sie sich anderenfalls zu einer Gefahr für Ihr Unternehmen entwickeln kann.

Unser Schweppes-Modell, ein doppelköpfiger Kerl namens Whitehead (oder Jekyll), hat sich geweigert, die Freigabeerklärung zu unterzeichnen. Stattdessen fordert er die Vorlage sämtlicher Werbeanzeigen mit ihm als Modell zur Freigabe, bevor diese in Druck gehen.

So eine Situation haben wir noch nie gehabt, aber – wie ich zugeben muss – so ein Modell auch nicht. Noch nie in meiner langjährigen Erfahrung in der Werbebranche habe ich es erlebt, dass eine Agentur sich die Aufnahmen von ihrem Modell freigeben lässt; das hat sich nicht einmal Baron George Wrangel, der durch seine Modelltätigkeit für Hathaway Berühmtheit erlangt hat, getraut.

Bitte versuchen Sie Ihr Möglichstes und überzeugen Sie das Modell davon, die beigefügte Erklärung zu unterzeichnen und auf weitergehende, wie oben aufgeführte Forderungen zu verzichten, die ein unüberwindbares Hindernis für die Freigabe und den Druck guter Werbung für Schweppes darstellen.

Brief an einen Redakteur von The New Yorker

18. August 1955

Wir wollen die erste Agentur sein, die Limericks zu Werbezwecken verwendet. Ich bin mir noch unschlüssig, welcher (jetzige oder künftige) unserer Kunden von dieser Idee profitieren wird, aber nehmen wir – der Einfachheit halber – einmal an, es handele sich um Schweppes.

Wie Sie und ich wissen, sind die meisten guten Limericks ein bisschen anzüglich. Was ich nun von Ihnen wissen möchte, ist: Wie puritanisch und sittenstreng ist *The New Yorker* in diesem Fall?

In Ihrem Blatt finden sich des Öfteren Cartoons, die man auch pornographisch nennen könnte, doch niemand regt sich darüber auf, weil sie so witzig sind – und weil Ihre Leser durch die Bank erwachsen sind.

Gilt dieser Standard ebenso für Werbung?

Ich möchte keinesfalls um der Pornografie willen pornografisch werben.

Mir gefällt die Werbung von Spring Cotton Mills[799] mit dem Frühlingsmädchen überhaupt nicht: Sie ist in meinen Augen einfach nur schmutzig, ohne witzig zu sein.

Anbei erhalten Sie eine Sammlung mit zehn Limericks – allesamt Klassiker. Und sie geben Ihnen eine klare Vorstellung darüber, wie weit wir mit unseren Kampagnen gehen würden.

Drei dieser Limericks mit der Bitte um Prüfung[800]

I sat next to the Duchess at tea,
It was just as I feared it would be
Her rumblings abdominal
Were simply phenomenal,
And everyone thought it was me!

(Neben 'ner Dame bei Tische ich saß,
und dachte bei mir: »Was für'n Aas«,

Ihres Leibes Gestöhne
Mit Wonne sie frönte,
worauf jeder meint, ich wär das!)

There was a young lady from Madras,
Who had a magnificent ass;
Not rounded and pink,
As you probably think
It was grey, had long ears and ate grass.

(Ein Fräulein, das aß reichlich Sushi
und kraulte derweil ihre Muschi.
Schon bald ward aus Schnurren
ein gieriges Gurren,
doch vom Fisch gab sie nichts ab, die Tussi!)

There once was a spinsterish lass
Who constructed her panties of brass
When I asked: »Do they chafe?«
She said: »No, but I'm safe«
Against pinches, und pins in the grass.

(S' war einst eine Jungfer, ne alte,
die am liebsten sich Messing umschnallte.
Als ich frug: »Tut das weh?«
Meinte sie nur: »Ach nee,
nur im Winter, da zieht's durch die Spalte.«)

∼

Memo an die Belegschaft[801]

15. Dezember 1958 (und fast jedes Jahr um diese Zeit erneut verschickt)
   Weihnachtskarten
   Ich schreibe diesen Gruß für alle Mitarbeiter, die erst seit letztem Weihnachten für Ogilvy, Benson & Mather arbeiten.
   Ich möchte Ihnen mitteilen, dass wir die Tradition, uns gegenseitig Weihnachtskarten zu schicken, eingestellt haben.

Das Ganze wurde nämlich ziemlich absurd. Wir sind an die 200 Leute hier. Wenn jeder jedem eine Karte schickt, sind das insgesamt 40 000 Stück – was uns mal eben 10 000 US-Dollar kostet.

Wir haben weder die Zeit noch die Mittel für eine Aktion solchen Ausmaßes. In diesem Sinne wünschen wir uns alle ein »Frohes Fest« – von Angesicht zu Angesicht, nicht per Post.

∽

Brief an Randolph Churchill, England[802]

25. Juli 1961

Vielen Dank für Ihr Telegramm. Der Koch hat es mir während eines Krocketspiels auf einem silbernen Tablett serviert.

∽

Brief an David Burpee, Präsident des Samengroßhändlers W. Atlee Burpee Seed Company[803]

1. Juli 1971

Meine Werbeagentur Ogilvy & Mather ist genau der richtige Kandidat für Ihre Werbung.

Sollten wir demnächst zusammenarbeiten, würde ich mich sehr glücklich preisen, da ich selbst ein leidenschaftlicher Gärtner bin. Außerdem bin ich seit 39 Jahren – also fast mein ganzes Leben lang – Mitglied in der Royal Horticultural Society.

Meine Frau und ich sind erst kürzlich von einer Reise nach Großbritannien zurückgekehrt, in deren Verlauf wir mehrere Gärten besichtigt haben. Die alten Rosen in Sissinghurst und in den Gärten von Savill sind zu prächtig, als dass sie sich mit Worten beschreiben ließen.

Wir verbringen den Sommer gerne in Frankreich, wo wir über 95 verschiedene Rosen gepflanzt haben – insgesamt sind es rund 700 Pflanzen. Unser diesjähriger Star ist die Kletterrose Mermaid – sechs davon ranken an einer Steinwand aus dem 15. Jahrhundert hoch und sind übervoll mit Blüten.

Ich hoffe sehr, Sie kommen einmal auf einen Besuch bei uns vorbei – ganz gleich, ob Sie Ogilvy & Mather engagieren.

Ogilvy & Mather erhielt den Werbeetat von Burpee. Ogilvy besuchte David Burpee und schrieb ihm am 7. Juni 1972 erneut, um die Angewohnheit der Firma zu kommentieren, die einzelnen Katalogseiten mit Produkten vollzustopfen:

Helena Rubinstein war 17 Jahre lang meine Kundin, im Alter von 77 bis 93 Jahren. Sie hat mir keine Ruhe gelassen und mich wieder und wieder beschworen, in jeder Anzeige für mehrere Produkte zu werben. Ich habe ihr immer wieder erklärt, dass das nicht ginge.

Doch eines Tages meinte ich zu ihr: »Madam, mir ist eingefallen, wie wir das machen können.«

Und da war sie: die Anzeige, die für zwölf unterschiedliche Gesichtscremes warb. Sie hatte durchschlagenden Erfolg, weshalb wir sie jahrelang wieder und wieder schalteten. Ich werde sie Ihnen bei unserem nächsten Treffen zeigen. Sie haben ja so Recht!

Hier in meinem Garten ranken sich die Kletterrosen die mittelalterlichen Steinwände hoch und die Lupinen stehen in voller Blüte. Der Gärtner ist soeben damit fertig geworden, 5 000 einjährige Pflanzen aus dem Frühbeet in die Beete zu versetzen.

Den Tag auf Fordhook [Farms] habe ich sehr genossen.

P. S.: Sie waren 57 Jahre Chef Ihrer Firma. Das ist bestimmt rekordverdächtig. Es geht mir nicht mehr aus dem Sinn.

Aus einem Memo an die Direktoren[804]

21. Dezember 1971

Die Stimme des Meisters

Sie dürften eine Kopie meiner Laternae Magicae in Ihren Akten haben. Nun können Sie sich die zugehörigen Dias kaufen und dazu eine Tonkassette (in Stereo), um mir bei der Vorstellung der einzelnen Dias zuhören zu können.

Denken Sie mal darüber nach, wie nützlich es gewesen wäre, wenn Moses aufgenommen hätte, wie er die zehn Gebote empfangen und die Tafel den Berg hinuntergetragen hatte.

∽

Memo an die Direktoren[805]

27. Juli 1972
Wann immer einer von Churchills Kabinettsmitgliedern während des Ersten Weltkriegs böse auf ihn war, ließ Churchill sie etwa in diesem Stil Folgendes wissen:
»Wir befinden uns auf der Bühne der Geschichte. Sparen wir uns doch unseren Missmut für den gemeinen Feind auf.«
Was ist davon zu halten, diesen Spruch in leicht abgewandelter Form auf uns anzuwenden?

∽

Memo an die Direktoren[806]

17. Januar 1973
Nebenbeschäftigungen
Wir sind für Nebenbeschäftigungen, insbesondere für unsere Texter.
Ein zweiter Job erweitert ihren geistigen Horizont.
Er fördert ihr Verantwortungsbewusstsein.
Er verbessert ihr Einkommen – was uns keinen Cent kostet.

Ich habe diesen Winkelzug von Dr. Gallup gelernt. Er hat uns miserabel bezahlt, aber uns ermutigt, uns einen zweiten Job zu suchen.
Rosser Reeves hatte viele Nebenjobs. Und ich auch. Es gab mal eine Zeit, da habe ich in meinem Zweitjob mehr – viel mehr – verdient als in der Agentur. Und jede Menge dazugelernt.
Jeder, der gegen eine Nebenbeschäftigung ist, ist ein Haarspalter.
Dafür gelten jedoch zwei Regeln: Unsere Leute dürfen nicht an Etats unserer Konkurrenz oder für andere Agenturen arbeiten, und sie dür-

fen sich während der offiziellen Bürostunden nicht dabei erwischen lassen.

∽

Aus einem Memo an einen Agenturleiter von O&M[807]

30. März 1975
Gerard B. Lambert, der Erfinder von Listerine, strukturierte Gillette bereits 1932 um.
Im Zuge dieser Maßnahmen beschloss er, die Agentur zu wechseln. Er suchte JWT auf, war aber dermaßen schockiert von der Opulenz ihrer Büroräume, dass er beschloss, sie nicht zu beauftragen.
Jahre später hat er mir erzählt: »Sollten Sie vorhaben, einmal eine Agentur zu gründen, lassen Sie sich ja nicht in diesen protzigen Gebäuden nieder, wo alle anderen Agenturen schon vertreten sind. Mieten Sie stattdessen ein altes Lagerhaus. Finger weg von Antiquitäten und dicken Teppichen. Kaufen Sie sich Tapeziertische. Ihre Agentur muss aussehen wie ein Zeitungsverlag. Damit werden Sie Ihre künftigen Kunden beeindrucken. Sorgen Sie dafür, dass es dort nach harter Arbeit aussieht – stecken Sie Ihre Provisionen in den Service, und nicht in protziges Getue.«
Immer wieder habe ich versucht, Shelby [Page, Finanzleiter] davon zu überzeugen, es aber nicht geschafft. Interessant, dass Sie damit auch nicht durchgekommen sind.
Was Sie noch tun könnten, damit sich Ihre Agentur von anderen unterscheidet, ist aufs Land zu ziehen, zum Beispiel in die Nähe einer Kleinstadt wie Princeton. Gut, es gibt ein paar Dinge, die dagegen sprechen, aber so richtig überzeugt haben mich diese Einwände noch nie. Ich bereue es zutiefst, dass ich einen Umzug dorthin nicht veranlasst habe.
In meinem nächsten Leben werde ich Diktator.

∽

Aus einem Memo an die Direktoren[808]

20. August 1975

Alleskönner kosten weniger

Sei dreißig Jahren sind Agenturen mehr oder weniger identisch aufgebaut. Der enorme Anstieg der Lohnkosten und Büromieten zwingt uns vermutlich dazu, bald auf eine andere Bürostruktur zurückzugreifen – bei der auch ganz oben der Rotstift angesetzt wird.

Als ich noch im Hotel Majestic arbeitete, hatte jeder Koch sein Fachgebiet, und die Küche war in einzelne Aufgabenbereiche eingeteilt – Saucen, Fisch, Gemüse, Süßspeisen und so weiter. Jeder Aufgabenbereich war wiederum in drei Kategorien unterteilt.

Diese klassische Aufteilung sorgte für eine gute Küche, war aber irre arbeitsintensiv. Möglich war das ganze nur, weil die Köche wenig verdienten.

Heutzutage verdienen französische Köche ganz gut, was der Grund dafür ist, dass sich kaum ein Hotel oder Restaurant die klassische Aufteilung mehr leisten kann. Die hoch spezialisierten Aufgabenbereiche gehören der Vergangenheit an.

Aus Experten wurden Alleskönner. Und ihre Brigaden kleiner und kleiner.

Als ich bei Ogilvy & Mather in New York anfing, gab es dort auch nur Fachleute, und die Agentur war in einzelne Aufgabenbereiche samt ihren Experten aufgeteilt: Texter, Kontakter, Mediengestalter, Meinungsforscher und so weiter. Und auch hier gab es in jeder Abteilung mindestens drei weitere Kategorien.

Auch hier fielen zahlreiche Arbeitsstunden an. Ich frage mich, wie lange sich die Agenturen diese klassische Arbeitsaufteilung noch leisten können. Müssen sich die Fachleute zu Alleskönnern wandeln, damit die Zahl der Angestellten verringert werden kann? Wird ein einziger Mann alles erledigen, also texten, Kunden kontakten, die Mediengestaltung übernehmen und Meinungsforschung betreiben? Kleinere Agenturen funktionieren nach diesem Prinzip.

In meiner Anfangszeit habe ich die Planung und die Kundenpflege übernommen, die Meinungsforschung beaufsichtigt und getextet.

Für den kleinen Hathaway-Etat, den wir ein paar Jahre später bekamen, hat die New Yorker Agentur drei Kundenkontakter und drei Texter abgestellt. Damit haben wir viel Geld kaputt gemacht. Erst als wir diesen Etat in die Hände eines Mannes legten, verdienten wir daran.

∽

Memo an die Direktoren[809]

6. Oktober 1975

Als Firmenchef von Seras Roebuck hat Charlie Kellstadt Ogilvy & Mather beauftragt. Ich habe eng mit ihm zusammengearbeitet und ihn zutiefst bewundert. Letzte Woche ist er im Alter von 78 Jahren verstorben.

Er hat mir einmal gesagt: »Als erstes muss man sich um seine Kunden kümmern. Dann um seine Mitarbeiter. Als drittes um seine Aktionäre. Doch wenn Sie im Hinblick auf die ersten zwei Kreise gute Arbeit geleistet haben, brauchen sich die Aktionäre keine Sorgen zu machen.«

Dieses Prinzip lässt sich durchweg auf OMI anwenden. Auch Marvin Bower[810] lag mir damit ständig in den Ohren.

∽

Schreiben an die Geschäftsführer von McKinsey[811]

25. Februar 1978

Wie mir zu Ohren kam, haben Sie meine Managementprinzipien an Ihre Partner geschickt. Damit dürfte sich der Kreis geschlossen haben, denn ich habe sie verfasst, nachdem ich Marvins Buch *Die Kunst zu führen* gelesen hatte. Er war im Übrigen so nett, meine Rohfassung zu korrigieren.

Lang lebe McKinsey.

∽

Memo an die Direktoren[812]

10. November 1975

Beförderungen

Wenn Sie sich mit dem Problem herumschlagen, dass Sie nicht genau wissen, wen Sie nun für eine Beförderung vorschlagen sollen, tröstet es Sie vielleicht zu wissen, dass dies auch für Ludwig XIV, den uneingeschränkten Herrscher, keine einfache Aufgabe war.

»*Toutes les fois que je donne une place vacante, je fais cent m'econtents et une ingrate.*«

Was sich so übersetzen ließe: »Jedes Mal, wenn ich jemanden befördere, mache ich hundert Menschen unglücklich und einen undankbar.«

Memo an die Direktoren[813]

5. Mai 1978

Präsentationen

Auf meiner jüngsten Tour hat man mir unzählige Fallbeispiele gezeigt. Ich frage mich immer, ob sie Neukunden ebenso langweilen wie mich.

Wie auch immer, unsere Vortragenden machen noch immer dieselben bekannten Fehler:

1. Ein Dia ist vollgestopft mit Wörtern – und gleichzeitig erzählen sie dasselbe, benutzen aber ganz andere Worte dafür. Diese Unart stiftet bloß Verwirrung.

2. Der Vortrag wird auf Fachchinesisch gehalten. (Dazu habe ich mich schon einmal geäußert.)

3. Die Überschrift des letzten Dias lautet immer: Ergebnisse. Hierzu wird unweigerlich behauptet, dass unsere Kampagne den Umsatz des Unternehmens gesteigert hat. Wer dieses Dia schon des Öfteren gesehen hat, wird an der Aufrichtigkeit zweifeln. Und der potenzielle Neukunde zieht den Schluss: »Wenn diese Witzbolde schlichtweg übersehen, dass auch die Unternehmen selbst zu ihrem Umsatz beitragen, mag ich sie nicht als Werbeagentur haben.«

In unserem Fünf-Jahres-Plan hieß es, dass wir unsere Kontakter besser schulen als unsere Kreativen. Hm.

∽

Memo an die Direktoren, als er als Leiter der deutschen Agentur einsprang[814]

31. März 1979
»Springer«
Wer schon einmal das Werk von Daimler Benz besucht hat, dem ist bestimmt aufgefallen, dass öfter zwei oder drei junge Männer einfach nur herumstehen und nichts tun; manchmal gehen sie dann nach draußen, um eine zu rauchen.

Diese Männer werden als »Springer« bezeichnet. Ihre Aufgabe ist, den Mann am Fließband zu ersetzen, der krank geworden ist oder zur Toilette muss. Ein Springer muss alle möglichen Tätigkeiten beherrschen.

In den letzten sieben Monaten war ich selbst ein Springer, habe Dieter am Fließband ersetzt und jede Lücke gefüllt.

Keine schlechte Arbeit für jemanden wie mich – und Sie, werter Leser, wenn Sie selbst einmal nicht mehr am Fließband stehen.

∽

Memo an die Kreativdirektoren[815]

1. Juli 1979
Gehören Sie zu den Besten?
1. Kreieren Sie die bemerkenswerteste Werbung des Landes?
2. Wird dies innerhalb und außerhalb der Agentur so gesehen?
3. Können Sie potenziellen Neukunden mindestens vier Kampagnen zeigen, die sie begeistern?
4. Haben Sie es sich abgewöhnt, Werbung zu überladen?
5. Haben Sie es sich abgewöhnt, mit üblen Verkaufsmaschen zu arbeiten?
6. Beginnen alle Ihre Kampagnen mit einem Blickfang?

7. Haben Sie es sich abgewöhnt, Erwachsenen etwas mithilfe von Comicfiguren verkaufen zu wollen?
8. Zeigen Sie jedem Neuankömmling in Ihrer Abteilung mindestens sechs Laternae Magicae?
9. Haben Sie diese Laternae Magicae in andere Sprachen übersetzen lassen, falls jemand kein Englisch versteht?
10. Wiederholen Sie den Markennamen in Ihren Kampagnen mehrmals?
11. Haben Sie es sich abgewöhnt, Prominente zu Werbezwecken zu missbrauchen?
12. Haben Sie eine Liste mit den besten Kreativen aus anderen Agenturen, damit Sie sie sofort abwerben können, sobald Sie über die erforderlichen Mittel verfügen?
13. Werden alle Kampagnen wie abgesprochen positioniert?
14. Versprechen sie einen Vorteil – der getestet wurde?
15. Kommt dieses Versprechen mindestens zweimal in jedem Spot vor?
16. Hatten Sie in den vergangenen sechs Monaten mindestens drei Große Ideen?
17. Machen Sie das Produkt zum Helden Ihrer Werbung?
18. Werden Ihnen dieses Jahr mehr Auszeichnungen verliehen als anderen Agenturen?
19. Bieten Sie Problemlösungen, setzen Sie Humor ein, greifen Sie auf relevante Charaktere zurück, schildern Sie Geschichten aus dem wahren Leben?
20. Verzichten Sie auf Werbung für einen bestimmten Lebensstil?
21. Sind Ihre Leute glücklich, wenn sie bis spät in die Nacht oder am Wochenende arbeiten?
22. Sind Sie gut darin, Ihren Kampagnen einen neuen Anstrich zu verleihen?
23. Zeigen Sie das Produkt im Gebrauch?
24. Enthält Ihre Referenzfilmrolle Spots, die einen unwiderstehlichen Charme entfalten?
25. Zeigen Sie am Ende des Spots die Verpackung?
26. Haben Sie damit aufgehört, Klischees zu zeigen – wie Sonnenuntergänge und glückliche Familien zu Tisch? Bietet Ihr Spot optische Überraschungen?
27. Machen die Abbildungen in Ihrer Printwerbung neugierig auf den Text?

28. Gehen Sie von der Anzeigengestaltung zur redaktionellen Gestaltung über?
29. Arbeiten Sie manchmal mit visualisierten Kontrasten?
30. Enthalten Ihre Schlagzeilen grundsätzlich den Markennamen – und das Versprechen?
31. Sind Ihre Abbildungen Fotografien?
32. Haben Sie sich den beidseitigen Flattersatz abgewöhnt?
33. Haben Sie es sich abgewöhnt, eine Textzeile mit mehr als 40 Zeichen zu überfrachten?
34. Haben Sie es sich abgewöhnt, einen Schriftgrad kleiner als 10 Punkt oder größer als 12 Punkt zu verwenden?
35. Kleben Sie Werbung in Zeitschriften oder Zeitungen ein, bevor Sie die Freigabe erteilen?
36. Haben Sie es sich abgewöhnt, Ihren Text serifenlos zu setzen?
37. Haben Sie aufgehört, Ihre Frau zu schlagen?

Wenn Sie all diese Fragen mit JA beantwortet haben, sind Sie der beste Kreativdirektor dieser Welt.

∽

Memo an die Co-Autoren von Writing That Works[816]

24. September 1979
Gut formuliert
Sollten Sie noch auf der Suche nach Beispielen für einen schlechten Schreibstil sein, bitte schön (abgesehen davon leisten diese Männer gute Arbeit):
Insbesondere das Verhalten der Verbraucher und ihre Nutzungsgewohnheiten wurden im Rahmen der Einführung der Marken und der Positionierung des Produktes analysiert.
Acht Substantive in einem Satz! Und dann fährt er fort:
Die Produktpositionierung entspringt der detaillierten Beurteilung der aktuellen Werbung, wie sie für beworbene Kaffeemarken eingesetzt wird.
Der Hinweis, dass er Abkürzungen wie MDM, TDM, SOV, MMDM anstelle von Zahlen verwendet, erübrigt sich ja wohl. Wenn man weiß, wofür diese Abkürzungen stehen, ist es ja auch kein Problem. Ich kenne sie jedenfalls nicht.

Nur Gott allein weiß, was man in so einem Fall tun kann.

P. S.: Trotz der grauenhaften Formulierungen war General Food dankbar für diesen Bericht.

26. März 1980[817]
Englisch
In der Rohfassung einer neuen Laterna Magica zum Thema Vertriebsförderung stolperte ich über den Begriff WERBEVEHIKEL.

Später sprach der Autor immer wieder über den ERLÖSER.

Who do you suppose the Redeemer is? Jesus Christ, you suppose?

Not at all. The Redeemer is a person who redeems coupons at the supermarket.

Behold the Redeemer in his Delivery Vehicle.

(Wer glauben Sie, ist der Erlöser? Jesus Christus?

Ganz und gar nicht. Mit Erlöser meinte er den *Einlöser* – die im Supermarkt Coupons einlöst.

Siehe da, der Erlöser im Werbevehikel.)

∽

Aus einem Memo an den Aufsichtsrat[818]

28. Februar 1980
Wie Sie meinem Briefkopf [Kreativrat] entnehmen können, habe ich von Finanzen nicht die leiseste Ahnung.

Ich habe jedoch soeben eine Biografie über den Kanadier Lord (Roy) Thomson zu Ende gelesen, der im Alter von etwa 60 Jahren nach Großbritannien ging und dort ein Vermögen gemacht hat.

Wie hat er das gemacht? Er hat sich jeden Penny geliehen, dessen er habhaft werden konnte, und von dem ganzen geliehenen Geld hat er Zeitungsverlage gekauft. Die hat er dann besser gemanagt als die Vorbesitzer und sich so eine goldene Nase verdient.

Ein Klassiker unter all den Möglichkeiten, reich zu werden. Andererseits haben sich auch schon viele, die sich auf dieses Spiel eingelassen haben, die Finger verbrannt. Eine gefährliche Sache!

Sollen wir mit dem Geld unserer Aktionäre ein solches Risiko eingehen? Immerhin könnten wir damit furchtbar reich werden.

Ich selbst habe es nicht so mit dem Kaufen und Verkaufen. Und ich bin kein Spieler wie Roy Thomson, weshalb ich weder steinreich noch pleite bin.

Wie auch immer, Sie als Finanzexperten, die mehr von Finanzen verstehen als ich, sollten in Ihren Angeboten den Schwerpunkt vielleicht etwas mehr auf mögliche Gewinne legen und weniger auf bereits erzielte, da es sonst ein Leichtes ist, Ihr Angebot zu überbieten.

P. S.: Ich hoffe, Sie lassen die Finger von Akquisitionen. Mal von dem finanziellen Aspekt abgesehen, steht ein Wachstum, das darauf fußt, auf ziemlich wackligen Beinen. Gute Agenturen stehen nicht zum Verkauf.

Memo an ein Vorstandsmitglied von O&M[819]

11. Oktober 1981

»Den Freund, der dein, und dessen Wahl erprobt,
Mit eh'rnen Haken klammr' ihn an dein Herz.«

Shakespeare

Dies sollte das Motto in Bezug auf alle unsere Topmanager sein.

Je mehr Haken, umso besser. Wenn ein kostbarer Mann nur einem Mitglied des Topmanagements treu ergeben ist, und dieses Mitglied uns verlässt, muss auch sein Ergebener seinen Hut nehmen.

Ich tue mein Bestes, um unsere besten Kreativen mit ehernen Haken an unser Herz zu fesseln.

Memo an die Direktoren als Reaktion auf seine Pauschaleinladung an alle Mitarbeiter von O&M, ihn jederzeit in seinem Schloss besuchen zu können[820]

18. September 1985

Eine zunehmende Belästigung

Ein Besuch von Touffou ist unter den 9000 Mitarbeitern unserer 201 Agenturen weltweit angesagt.

Zu angesagt für meinen Geschmack.

Vor zwei Tagen habe ich es gewagt, NEIN zu sagen, als ein Team mit vier Kreativen aus New York, die zu Aufnahmen in Paris gewesen waren, sich selbst auf Schloss Touffou einlud.

Diese Besucher können ganz schön lästig sein. Wir müssen sie unterhalten, auch wenn wir selbst Wichtigeres zu tun hätten. Sie wissen nämlich nicht, worüber sie sich – alleine auf sich gestellt – unterhalten sollten.

Wenn wir unsere französischen Nachbarn zum Abendessen einladen, ist es nicht einfach, die Assistenten der Kontakter zu integrieren, die kein Wort französisch verstehen.

Meine Frau und Gastgeberin ist am Ende ihrer Kräfte.

Kochen, Waschen, Planen.

Ich wünschte, ich könnte die Nachfrage dämpfen, ohne gleich herzlos zu klingen. Über entsprechende Vorschläge würde ich mich sehr freuen.

Schreiben an den Teilnehmer eines Schulungsprogramms[821]

22. September 1977

Ich fragte einmal den Chirurgen von König George, was einen großen Chirurgen auszeichnet. Seine Antwort lautete: »Ein großer Chirurg weiß mehr als seine Berufskollegen.«

Das Gleiche gilt auch für Werber; der gute Werber versteht mehr von Werbung.

Es besteht anscheinend kein Zweifel daran, dass Ogilvy & Mather mehr über Werbung weiß als andere Agenturen. Wir tun unser Bestes, um unser Wissen an all die Frauen und Männer, die für uns arbeiten, weiterzugeben. Aus diesem Grund bieten wir solche Schulungen an, an denen Sie schon in Kürze teilnehmen werden.

Aus diesem Grund gibt es unsere Laternae Magicae – geballtes Wissen zu verschiedenen Themen.

Doch unser vermutlich wertvollstes Gut sind unsere WERTE – die für ein Gefühl von Zusammengehörigkeit sorgen, und zwar weltweit. Dazu zählen:

Ehrlichkeit – unseren Kunden und uns gegenüber
Gründlichkeit – im Gegensatz zur Oberflächlichkeit
Professionalität – in allem, was wir tun; hohe Maßstäbe
Menschlichkeit – und gute Manieren
Guter Charakter hat Priorität – beim Besetzen höherer Positionen
Stolz auf O&M – gepaart mit unablässiger Unzufriedenheit mit unseren Unzulänglichkeiten

Mehr zu diesem Thema finden Sie in meinen Managementprinzipien.

Danksagung

David Ogilvy und ich haben noch eine weitere Gemeinsamkeit, die über die in diesem Buch beschriebenen Ereignisse hinausgeht – wir beide haben unseren Schreibstil mithilfe von Joel Raphaelson verbessert. Irgendjemand sagte einmal, Joels Korrekturen an den Büchern von Ogilvy seien »typischer für David als David es je war.« Joel und ich haben gemeinsam an Werbekampagnen, Druckwerken von Ogilvy & Mather und einem Buch über das Schreiben gearbeitet. Bei dem vorliegenden Werk brachten Joel (und seine Frau Marikay) ihr tiefes Wissen über die Anfänge der Agentur, aber auch über den Menschen Ogilvy ein und analysierten jedes einzelne meiner Wörter – nicht zu vergessen ihre durchdachten redaktionellen Hinweise. Ich kann mich glücklich preisen, erneut mit ihm arbeiten zu dürfen.

Doch bevor Joel ins Spiel kam, hob (oder senkte) meine Frau den Daumen. Sie lebte (und liebte) mein Leben bei O&M und hat mich bei meiner Arbeit und Schreiberei unterstützt und mich ermutigt. Zu diesem Buch hat sie mit ihrem Wissen über Marktforschung beigetragen und mit Engelsgeduld endlosen Anekdoten über Ogilvy gelauscht, viel zu viele Rohfassungen des Manuskripts mit Worten zerrissen. Ich habe ihr viel mehr zu verdanken, als dies in Schriftstellerfamilien so üblich ist. Auch unser gemeinsamer Sohn Neil hat mehrere Fassungen entscheidend durch seine schriftstellerische Begabung – eine Seltenheit bei Anwälten – und sein Lektorat verbessert.

Jeder Schriftsteller sollte einen George Fabian an seiner Seite haben. Mein Kumpel und ehemaliger Kunde George hat mir in doppelter Hinsicht geholfen: zum einen mit unermüdlichen Anfeuerungen, weiter zu machen, und zum anderen mit seinem besonderen Blick als informierter Branchenfremder.

Sue Buck ist beim Korrigieren der Druckfahnen noch so Manches aufgefallen.

Doch auch vielen anderen Menschen schulde ich Dank.

Peter DeLuca war der Stein des Anstoßes, der dieses Projekt nach einer siebenjährigen Pause wieder zum Laufen gebracht hat, weil er mich 2004 aufgefordert hat, mich mit ihm in The University Club in New York über Ogilvy zu unterhalten.

Tony Reid hat in Sachen Stammbaumforschung wahre Wunder bewirkt und ist Ogilvys schottischen Wurzeln auf den Grund gegangen. Jane Campbell Garratt hat in ihrer Publikation *Now & Then*, die sich an ehemalige Mitarbeiter von O&M in Großbritannien wendet, für dieses Werk geworben – und stieß dabei auf eine Goldmine an Agenturgeschichte und -geschichten.

Von Clive Aldred, Jimmy Benson, Archie Pitcher und Peter Warren erfuhr ich alles über Ogilvys Bruder Francis und die Geschichte der Agentur in Großbritannien. John Treneman hat mir auch in dieser Hinsicht weitergeholfen und noch mehr, weil er mir bei meinen Nachforschungen in Ogilvys Geburtsort Surrey behilflich war. Vicky Surman und Francois Tiger haben mir tatkräftigst in London und Paris unter die Arme gegriffen.

Ich hatte das große Glück, mit Alexia Lindsay, der Archivarin in Fettes, zusammenzuarbeiten – kurz bevor sie verstarb. Sie und viele andere, die in irgendeiner Weise mit Fettes zu tun hatten – wie Dawn Beaumont, Paul Cheetham, die ehemaligen Rektoren Cameron Cochrane, Adrian Hall, Robert Philip, George Preston und die ehemaligen Zöglinge Michael Dawson, David Johnston und Simon Cameron – haben mir viel Wissenswertes über dieses Internat erzählt. Ich war kurz davor, mich anzumelden.

Judith Curthoys, Archivarin des Oxford-Colleges Christ Church erläuterte mir die Gebräuche und Aufzeichnungen dieser überragenden Einrichtung. Ich hatte auch hier Glück und stieß auf Ronald Hilton, einen Mitstudenten Ogilvys aus ihrer gemeinsamen Collegezeit in

Oxford, der mir kurz vor seinem Tode noch berichtet hat, was es hieß, Kommilitone von Ogilvy zu sein.

Gerry Leszt interviewte Ogilvy, bevor dieser erstmals in das Land der Amischen zog. Er war eine einzigartige Wissensquelle für mich. Mick Ranck stellte mich den Mitgliedern des Hamilton Club und den Rotariern in Lancaster, Pennsylvania, vor, erzählte mir Anekdoten und überließ mir Fotos. Joan Lorenz, Historikerin der Gemeinde Salisbury, fügte mit ihren absolut sorgfältig recherchiertem Geschichtswissen noch weitere Puzzlestücke hinzu – und stöberte seine zweite Farm auf. Ann Slaymaker O'Reilly kannte Ogilvy aus seiner Zeit in Lancaster und plauderte für mich aus dem Nähkästchen.

Bill Stevenson und Tom Mahl, beides Experten für Spionage und Schriftsteller, klärten mich über die undurchsichtige Struktur des britischen und anderer Geheimdienste auf.

Über hundert Leute, die Ogilvy kannten oder für ihn tätig waren, ließen sich bereitwilligst stundenlang von mir interviewen. Sie alle stehen in den Quellangaben. Ogilvy hatte so viel über sein Leben und seine Karriere und die »Flausen in seinem Kopf« gesagt und geschrieben, dass ich mir kaum vorstellen konnte, noch mehr über ihn zu erfahren. Doch sie haben dieses Kunststück geschafft. Ich hoffe, dass ich ihre Kommentare bis auf das letzte Komma wiedergegeben habe.

Neben den Interviews, die von Betty Hunt fehlerfrei abgetippt wurden, hat sich die US-amerikanische Nationalbibliothek als wahre Fundgrube für neues Material über Ogilvy entpuppt. Viermal verbrachte ich zwei ganze Tage dort und war jedes Mal erstaunt, wie schnell die Angestellten mir im Leseraum eine ihrer 87 Kisten, randvoll mit allen möglichen Druckwerken über Ogilvy, in die Hand drückten. Bonnie Coles vom Kopierservice war einzigartig im Aufspüren wichtiger Fotografien.

Mehrere Forscher haben mich bei den Recherchen in Büchereien, die ich nicht selbst aufsuchen konnte, heldenhaft ersetzt. Stacey Erdman beschaffte mir alles Wissenswerte aus der Rosser-Reeves-Sammlung der Historischen Gesellschaft von Wisconsin. Lynn Eaton stieß bei ihrer Suche nach Informationen in den Papieren über David McCall und Jock Elliott in der Sondersammlung der Bücherei in Dukes

John W. Hartman Center für Sales, Advertising and Marketing History auf Gold. Wendy Shay verdanke ich wichtige Dokumente über Bart Cummings aus dem Smithsonian Center for Advertising History.

Marsha Appel weiß alles, was man über die Welt der Werbung wissen muss, und ist die Seele der Bücherei des US-amerikanischen Werbeverbands. Jane Reed und ihre Kolleginnen und Kollegen von The University Club in New York fanden Bücher – und Antworten. Leo Burnett und Ogilvy hatten keinen Hehl aus ihrer gegenseitigen Bewunderung gemacht, zu der auch eine umfangreiche Sammlung über ihren Helden zählte, und Carol Halamma und Cap Adams öffneten mir die Tür zu der Leo Burnett Company. Eleanor Mascheroni von Ogilvy & Mather stellte mir wichtige Aufnahmen zur Verfügung (und erteilte mir die erforderliche Genehmigung zu ihrer Verwendung).

Vielen Dank allen, die mir so bereitwillig ihre persönlichen Unterlagen über David Ogilvy zum Durchforsten zur Verfügung gestellt haben: Tony Adams, Lee Bartlett, Bill Binzen, Nick Evans, Richard Fowler, Ann Iverson, Bill Phillips, Graham Phillips, Joel Raphaelson, John Straiton und viele mehr.

Jock Elliott und George Lindsay waren nicht nur Partner von Ogilvy, sondern auch seine Freunde. Ihre Witwen ließen die Vergangenheit lebendig werden, ermutigten mich, nannten mir die Namen von Leuten, die mir noch mehr über David erzählen konnten und bauten mir die Brücke zu seiner Familie (wie es auch O&M-Chef Shelly Lazarus tat).

Ogilvys langjährige Kollegen Bill Phillips – seit mehr als 25 Jahren mein Chef und Tennispartner – und die kluge und bis zur Schmerzgrenze ehrliche Jules Fine lieferten die wohl aufschlussreichsten Kommentare.

Niemand verstand Ogilvy so gut wie seine Frau Herta, die mich für zwei Tage auf Touffou einlud und mir sehr ausführlich ihre Sicht der Dinge schilderte.

Julian Bach, seines Zeichens Herausgeber und Literaturagent, hat mich bei meinen ersten zwei Büchern tatkräftig unterstützt und auch an dieses hier geglaubt. Als er in den Ruhestand ging, wurde er meisterhaft von Jim Levine als meinem Agenten ersetzt und von Palgrave

Macmillan unterstützt. Meine Lektorin Airié Stuart war von Anfang an begeistert von der Idee, ist für Titel und Umschlaggestaltung der amerikanischen Originalausgabe verantwortlich und bestärkte mich darin, eine Geschichte zu erzählen, anstatt nur mit Fakten aufzuwarten. Ihre gut gelaunte Assistentin Marie Ostby hat alles am Laufen gehalten und dabei nie die Uhr aus den Augen gelassen.

Davids Foto auf dem Umschlag der amerikanischen Originalausgabe hätte es ohne die Bemühungen meiner ehemaligen Kollegen Steve Harty und Parry Merkley nicht gegeben. Schließlich war es Parry, der Annie Liebovitz mit den Aufnahmen für American Express beauftragte, was ihren Besuch auf dem Schloss erforderlich machte, wo dieses Foto entstand.

David P. Crane ließ sich 1963 nicht von meinen dürftigen Referenzen abschrecken und stellte mich bei Ogilvy, Benson & Mather ein – und veränderte damit mein Leben.

Literatur und Quellen

Recherchen und Interviews des Autors

Ogilvy war ein kreativer Texter und Schreiber, dessen Einfallsreichtum den Leser oft erstaunt zurückließ. Er schrieb Bücher, verfasste Memos, Briefe, Notizen, Reden und Präsentationen. Als er sich nach Frankreich zurückzog, vermachte er seine Aufzeichnungen mit über 30 000 Schriftstücken, die zum überwiegenden Teil von ihm selbst stammten, der US-amerikanischen Nationalbibliothek. Doch auch im Ruhestand konnte er es nicht lassen und schrieb weiter und weiter, ganze 25 Jahre lang. Ich habe mich in der Bibliothek durch alle 87 Kisten gewühlt, über 2 000 Schriftstücke aus meiner eigenen Sammlung auf ihre Eignung für dieses Buch überprüft und mich mit so ziemlich jedem Buch, Film und jeder Aufzeichnung befasst, die in irgendeiner Weise mit Ogilvy und seinem Leben zu tun hatte.

Damit nicht genug. Ich suchte Orte auf, die für sein Leben bedeutsam waren – wie Surrey, wo er das Licht der Welt erblickte, seine Schule Fettes in Edinburgh, das Christ Church College in Oxford, Lancaster County in Pennsylvania, wo er zwei Farmen besaß, und natürlich sein Zuhause in New York und Frankreich.

Neues über ihn erfuhr ich vor allem aus über hundert stundenlangen Interviews, aus Dutzenden Telefonaten, Briefen und E-Mails.

Unveröffentlichte Materialien

Bibliotheken und Archive

American Association of Advertising Agencies, New York

Archives Center, National Museum of American History, Smithsonian Institution, Washington DC – *Barton S. Cummings papers*
British Library Newspaper Library, London
British Library, Science and Reference Division, London
Churchill Museum and Cabinet War Rooms, London
Federal Bureau of Investigation, Washington DC
John W. Hartman Center for Sales, Advertising, and Marketing History, Duke University., Durham NC – *Dave McCall papers, Jock and Elly Elliott papers*
History of Advertising Trust Archive, London
Imperial War Museum, London
International Spy Museum, Washington DC
Leo Burnett Company, Chicago IL – *Burnett-Ogilvy files*
Manuscript Division, Library of Congress, Washington DC – *David Ogilvy papers*
Museum of TV and Radio, New York
The National Archives, Public Record Office, London
National Library of Scotland, Edinburgh
The Roper Center for Public Opinion Research
Wisconsin State Historical Society, Madison WI – *Rosser Reeves papers*
The University Club, New York

Manuskripte und Unterlagen

Alan Northcote Sidnam: Autobiography, 2001
Bartlett, Lee: Interview mit David Ogilvy, 30.10.1991
Irish, Judson H.: *How to make $50,000 a Year in Advertising*, circa 1957
Jacobsen, Kenneth (Interview): *David Ogilvy's Last Crusade*, 2000
Mayer, Martin: *The Story of Ted Bates & Company*, 1965
Ogilvy, David: *My Creative Principles*, 1968
Ogilvy, David: *My Life*, Dezember 1986
Ogilvy, David: *Principles of Management*, 1968
Ogilvy & Mather: *Corporae Culture*, 24.06.1985
Ogilvy & Mather: *Flagbearer* (verschiedene)
Ogilvy & Mather: *How to Create Advertising That Sells*, 1964 – 198?
Ogilvy & Mather: *Viewpoint* (verschiedene)

Piggott, Stanley: *Mr. David Ogilvy*, 1986
Raphaelson, Joel: *A Gallup Through Our First 139 Years (1850–1989)*
Raphaelson, Joel: *David Ogilvy's Biography*, 1994
Viewpoint: Reva Korda interviews David Ogilvy, November 1976

Vom Autor geführte Interviews

Fettes: Michael Dawson
Christ Church, Oxford: Ronald Hilton, Marfot Wilkie
Gallup: Alex Gallup, George Gallup Jr.
British Security Coordination: William Stevenson
Lancaster County: Annie Fisher, Gerry Lestz, John und Michael Ranck
Ogilvy & Mather U.S.: Alex Biel, Bill und Gaile Binzen, Paul Biklen, Doug Bomeisler, Sue Buck, Julian Clopet, Helen DeKay, Fran Devereux, Jules Fine, Charlie Fredericks, Gene Grayson, Chuck Guariglia, Steve Hayden, Jim Heekin, Judson Irish, Abe Jones, Ian Keown, Reva Korda, Shelly Lazarus, Jane Maas, Peter Mayle, Bruce McCall, Jerry McGee, Edmund Morris, Shelby Page, Bill Phillips, Graham Phillips, Jerry Pickholz, Gary Press, Vel Richey-Rankin, Joel und Marikay Raphaelson, Elaine Reiss, Brendan Ryan, Nancy Schutz, Dick Seclow, Gloria Sidnam, ted Shaw, Bruce Stauderman, Lee Thuna, Mike Turner, Emil Vaessen, Jack Walter, Ellie Watrous, Bill Weed, Bill Whitney
Ogilvy & Mather U.K.: Clive Aldred, Don Arlett, Bernard Barnett, Jimmy Benson, Drayton Bird, Nick Evans, Richard Fowler, John Nettleton, Archie Pitcher, Harry Ried, Sir Anthony Tennant, John und Jill Treneman, Sheila Trevellyan, Mike Walsh, Peter und Susan Warren, John Williams
Ogilvy & Mather International: Michael Ball (Australien), Luis Bassat (Spanien), Neil French (Singapur), Tony Houghton (Kanada), Ranjan Kapur (Indien), Barry Owen (Singapur), Robyn Putter und Bob Rightford (Südafrika), John Straiton (Kanada), François und Simone Tiger (Frankreich), Roger Winter (Thailand), Lorna Wilson (Paris)
Kunden und Mitbewerber: Tony Adams (Campbell), Phil Carroll (Shell), Jean Clark (Witwe des American-Express-Chairman Howard Clark), Edgar Cullman (Culbro), Louis Gerstner (American Express, IBM), Louis den Hartog und Dr. J. F. A. de Soet (KLM), Jack Keenan (General Foods),

Bob Lauterborn (International Paper), Harold Burson (Burson-Marsteller), Charles de Haes, David Mitchell, Mac Stewart (McKinsey)
Werbung und Medien: David Abbott und Michael Baulk (Abbott Mead Vickers), Cap Adams (Leo Burnett), Lee Bartlett (Cole & Weber), Jeremy Bullmore (J. Walter Thompson), Walter Cronkite (CBS), Burtch Drake (4As), Winston Fletcher (ASBOF), Lou Harris (Louis Harris Associates), Leo Kelmenson (Kenyon & Eckhardt), Gene Kummel (Interpublic), Bob Kuperman (Doyle Dane Bernbach), Dick Lord (Richard Lord Agency), Martin Mayer (Autor), Ed McCabe (Scali McCabe Sloves), Ed Ney (Young & Rubicam), Fred Papert (Papert Koenig Lois), Keith und Rose-Lee Reinhard (DDB), Randy Rothenberg (*Advertising Age*), Frank Stanton (CBS)
Freunde und Familie: Louis Auchincloss, Louis Begley, Elly Elliott, Mary Lindsay, Herta Ogilvy

Veröffentlichte Bücher, Publikationen, Aufnahmen

David Ogilvy

Caples, John: *Tested Advertising Methods,* Prentice Hall 1997 (Vorwort von David Ogilvy)

Hopkins, Claude: *Scientific Advertising,* Moore Publishing 1952 (Einleitung von David Ogilvy; letzte deutsche Ausgabe: *Wissenschaftliches Werben,* Verl. Ges. Beobachter 1972)

Lautman, Kay Partney/Goldstein, Henry: *Dear Friend,* Fund Raising Institute 1990 (Vorwort von David Ogilvy)

Ogilvy, David: *Blood, Brains and Beer,* Atheneum 1978

Ogilvy, David: *Confessions of an Advertising Man,* Atheneum 1963; Scribner 1988, 2002 (letzte deutsche Ausgabe: *Geständnisse eines Werbemannes,* Econ 2000)

Ogilvy, David: *David Ogilvy: An Autobiography,* John Wiley & Sons 1997

Ogilvy, David: *Ogilvy on Advertising,* Crown Publishers 1983 (deutsche Ausgabe: *Ogilvy über Werbung,* Econ 1984)

Ogilvy, David: *The Unpublished David Ogilvy,* Ogilvy & Mather 1986; Crown 1986 (deutsche Ausgabe: *Was mir wichtig ist. Provokative Ansichten eines Werbemannes,* Econ 1988)

Ogilvy & Mather: *Quotations of David Ogilvy,* London

Familie

Around & About Horsley, The Horsley Countryside Preservations Society, Spring 2007
Bowley, Pam: *A Century of Change*, Horse & Tree Publications 2003
Bowley, Pam: *Old West Horsley*, Horse & Tree Publications 2000
Bowley, Pam: *The Story of West Horsley Manor*, St. Mary's Church P.C.C. 1993
East Horsley, The Horsley Countryside Preservation Society 2006
Glendinning, Victoria: *Rebecca West: a Life*, Alfred A. Knopf, Inc. 1987 (letzte deutsche Ausgabe: *Rebecca West. Ein Leben*, Goldmann 1995)
Leyburn, James G.: *The Scotch-Irish*, The University of North Carolina Press 1962
Shaw, Christina Byam: *Pigeon Holes of Memory*, Constable, London 1988
West, Rebecca: *The Fountain Overflows*, Penguin Books 1956

Studenten

Christ Church Oxford, Pitkin Pictorials 1991
Fisher, Clive: *Cyril Connelly*, St. Martin's Press 1996
Fleming, Ian: *You Only Live Twice*, Jonathan Cape Ltd 1964, Penguin Books 2003 (letzte deutsche Ausgabe: *007 James Bond. Du lebst nur zweimal*, Scherz 1981)
Fothergill, John: *Confessions of an Innkeeper*, Chatto & Windus, London 1938
George: An Early Autobiography of Emlyn Williams, Random House 1961
Lindsay, Cheetham, Clarke, Hughes, Rose: *William Fettes*, Fettes College 1995
MacDonald, H. F.: *A Hundred Years of Fettes*, T. and A. Constable Ltd. 1970
Meyers, Jeffrey: *Orwell, Wintry Conscience of a Generation*, W. W. Norton Co. 2000
Philp, Roger: *A Keen Wind Blows: The Story of Fettes*, James & James Pub. Ltd. 1929
Priest, John: *Illustrated History of Oxford*, Oxford Univ. Press 1993
Preston, George: *The Fettes List 1870–1992*, Fettes College 1993

Verkäufer

James, Tim: *Aga: The Story of a Kitchen Classic*, Absolute Press 2002

Forscher

Gallup, George H.: *A Guide to Public Opinion Polls,* Princeton University Press 1944
Gallup, George H.: *Increasing Profits with Audience Research,* ARI 1941
Ohmer, Susan: *George Gallup in Hollywood,* Columbia University Press 2006
Pettit, Raymond: *Learning from Winners,* Taylor & Francis Group 2008

Hintergründe

British Security Coordination, Fromm International 1999
Brown, Anthony Cave: *»C«: The Secret Life of Sir Stewart Menzies,* Macmillan 1987
Day, Barry: *The Letters of Noël Coward,* Knopf 2007
Deacon, Richard: *A History of the British Secret Service,* Taplinger Publishing 1969
Hyde, H. Montgomery: *Room 3603,* Farrar, Straus and Company 1962
Hyde, H. Montgomery: *The Quiet Canadian,* H. Hamilton, London 1962
Lycett, Andrew: *Ian Fleming: The Man Behind James Bond,* Atlanta: Turner Pub. 1995
Mahl, Thomas E.: *Desperate Deception,* Brassey's 1998
Pearson, John: *The Life of Ian Fleming,* McGraw-Hill Book Company 1966
Secret Intelligence Agent: H. Montgomery Hyde, Constable London 1982
Stafford, David: *Camp X,* Lester & Orpen Dennys Ltd, Toronto 1986
Stevenson, William: *A Man Called Intrepid,* The Lyons Press 1976
Stevenson, William: *Spymistress: The Life of Vera Atkins,* Arcade Publishing 2007

Ortschaften

Armstrong, Fisher, Klimeski, Lestz: *Amish Perspectives,* York 1998
Lestz, Gerald S.: *To Lancaster with Love,* Brookshire Publications 1992
Lorenz, Joan M.: *A History of Salisbury Township,* 2002

bezüglich Ogilvy & Mather

Ball, Michael J.: *David Ogilvy as I knew him*, www.dnaml.com 2008
Carlson, D. Bret: *Debevoise & Plimpton: The Autobiography of a Law Firm*, 1991
Eicoff, Alvin: *Or Your Money Back*, Crown Publishers, Inc. 1982
Hennessy, Charles: *Nobody Else is Perfect*, W. H. Allen, London 1980
Korda, Reva: *Having it All*, Signet 1992
Maas, Jane: *Adventures of an Advertising Woman*, St. Martin's Press 1986
Meynell, Francis: *My Lives: Francis Meynell*, The Bodley Head Ltd. 1971
Piggott, Stanley: *OBM: 125 Years*, Ogilvy Benson & Mather 1975
Reynolds, Barbara: *Dorothy L. Sayers: Her Life and Soul*, St. Martin's Press 1993
Roman, Kenneth/Maas, Jane: *How to Advertise*, St. Martin's Press 1976
Roman, Kenneth/Raphaelson, Joel: *Writing That Works*, Harper & Row 1981
Straiton, John S.: *Of Women and Advertising*, McClelland and Stewart 1984
Sayers, Dorothy L.: *Murder Must Advertise*, HarperCollins 1933

Werbung

50 Years of TV Advertising – Advertising Age Special Collectors Edition, Spring 1995
Ad: An inside view of Advertising, Bachman & Turner 1973
Advertising of Today UK, Quaritch
Adweek 20th anniversary issue, 09.11.1998
American Advertising – 1800–1900
Backer, Bill: *The Care and Feeding of Ideas*, Times Book Divison, Random House
Cumings, Bart: *The Benevolent Dictators* Crain Books 1984
Fletcher, Winston: *Powers of Persuasion: The Inside Story of British Advertising*, Oxford University Press 2008
Fox, Stephen: *The Mirror Makers* William Morrow and Co., Inc. 1984
Glatzer, Robert: *The New Advertising*, The Citadel Press NY
Goldman, Kevin: *Conflicting Accounts: Saatchi & Saatchi*, Touchstone 1997
Goodrum, Charles/Dalrymple, Helen: *Advertising in America*, Harry N. Abrams 1990
Higgins, Denis: *The Art of Writing Advertising*, NTC Business 1995

Johnson, Myron: *American Advertising 1800–1900*, Chandler Press 1975
Lorin, Philippe: *5 Giants of Advertising*, Assouline 2001
Marchand, Roland: *Advertising the American Dream*, University of California Press 1984
Mayer, Martin: *Madison Avenue U.S.A.*, Pocket Books 1958
Mayer, Martin: *Whatever Happened to Madison Avenue?*, Little Brown 1991
Morgan, Richard: *J. Walter Takeover*, Business One Irwin 1991
Packard, Vance: *The Hidden Persuaders*, D. McKay Co. 1957
Reeves, Rosser: *Reality in Advertising*, Alfred A. Knopf 1961
Rudolph, Harlod J.: *Attention and Interest factors in Advertising*, Printer's Ink Bookshelf
Tungate, Mark: *Adland: A Global History of Advertising*, Kogan Page Limited 2007
Twitchell, James B.: *Adcult USA*, Columbia University Press 1996
Twitchell, James B.: *Twenty Ads That Shook the World*, Crown Publishers 2000
Watkins, Julian L.: *The 100 Greatest Advertisements 1852–1959*, Dover Publications
Young, James Webb: *Diary of an Ad Man*, Advertising Publications Chicago 1944

Wettbewerber

100 Leo's: Wit and Wisdom from Leo Burbnett, NTC Business Books 1995
Bill Bernbach said, DDB Needham Worldwide
Johnston, Russ: *Marion Harper, An Unauthorized Biography*, Crain Books 1982
Kufrin, Joan: *Leo Burnett: Star Reacher*, Leo Burnett Company 1995
Lawrence, Mary Wells *A Big Life (in advertising)*, Alfred A. Knopf 2002
Leo, Leo Burnett Company Inc. 1971
Levenson, Bob: *Bill Bernbach's Book*, Villard Books 1987
Madame: Helena Rubinstein, Weidenfeld and Nicolson 1971
Morgan, Richard: *J. Walter Takeover*, Business One Irwin 1991
Papone, Aldo: *The Power of the Obvious*, Palo Alto Press 1995
Whitehead, Tommy: *The Beard and I*, David McKay Company 1965

Diverses

Brontë, Lydia: *The Longevity Factor,* HarperCollins 1993
DeLillo, Don: *Americana,* Houghton Mifflin 1971
Edersheim, Elizabeth H. *McKinsey's Marvin Bower,* John Wiley & Sons, Inc. 2004
Gordon, Ruth: *Myself Among Others,* Dell 1971
Halberstam, David: *The Fifties,* Random House 1993
Hoyt, Edwin P.: *The Supersalesmen,* World Publishing Co. 1962
Lambert, Gerard B.: *All out of Step,* Doubleday & Co., Inc. 1956
Pereire, Anita/van Zuylen, Gabrielle: *Gardens of France,* Harmony Books 1983
Updegraff, Robert: *Obvious Adams,* Executive Development Press, Inc. 1916
van West, Carroll/Tennessee Historical Society: *The Tennessee Encyclopedia of History and Culture,* Thomas nelson Inc. 1998
Wasserstein, Bruce: *Big Deal,* Warner Books 1998
Wolfe, Tom: *The Pump House Gang,* Farrar Straus Giroux 1968

Video- und Audioaufnahmen

4As: John Crichton interviewt David Ogilvy
Advertising on Ogilvy, 1996
Burnett, Leo: *When to Take My Name Off the Door,* 1967
David Ogilvy bei Ogilvy & Mather Worldwide Meeting, Oktober 1989
David Ogilvy: Original Mad Man, BBC Four, 29.03.2008
David Susskind interviewt David Ogilvy, 1985
Dr. George Gallup, 1979
HRH Prince Philip, Duke of Edinburgh (World Wildlife Fund), 19.11.2006
Interview mit Frank McGee, David Ogilvy Project, 1963
Ogilvy, David: *David Ogilvy on Creativity,* 18.09.1992
Ogilvy, David: *The Art of Persuasion,* 18.09.1992
Ogilvy, David: *The Importance of Direct Marketing,* 19.09.1992
Ogilvy, David: *The View from Touffou,* 1981
Roman, Kenneth und Sorrell, Martin bei Ogilvy & Mather US officers meeting

Anmerkungen

1. David Ogilvy zu Richard Thomas, 10.06.1968
2. *Printers' Ink*, 1985
3. Unbekannte Zeitschrift, 1958
4. *Fortune*, April 1965
5. »Further confessions«, *Viewpoint*, Januar/Februar 1989
6. »The literate wizard«, *Time*, 12.10.1962
7. Ed Ney zu Kenneth Roman, 22.10.1999
8. Bruce McCall, *7 Days*, NY, 14.06.1989
9. *The Pump House Gang*, S. 57
10. David Ogilvy Direktoren von Ogilvy & Mather International, 24.01.1983
11. *Advertising Age*, 18.10.1982
12. David Ogilvy zu Direktoren von Ogilvy & Mather International, 21.10.1982
13. Interview mit Ellie Watrous, 05.04.2006
14. *Printers' Ink*, 1961
15. Interview mit Peter Warren, 25.05.1999
16. Interview mit Margot Wilkie, 12.03.2006
17. Interview mit Jane Maas, 11.04.2006
18. Interview mit Lee Thuna, 08.12.2006
19. Interview mit Doug Bomeisler, 30.06.2006
20. Bill Phillips zu Kenneth Roman
21. *Printers' Ink*, 1957
22. Interview mit Archie Pitcher, 23.05.2006
23. Dorothy Sarnoff zu Kenneth Roman, ohne Datum
24. Interview mit Elly Elliott, 18.04.2006

25 Interview mit Elly Elliott, 18.04.2006
26 *Printers' Ink*, 1961
27 Interview mit Sue Buch, 17.07.2006
28 Interview mit Mike Turnier, 15.06.2006
29 Interview mit Mary Lindsay, 26.09.2006
30 Interview mit Drayton Bird, 02.05.2006
31 Interview mit Fran Devereux, 05.03.2008
32 Interview mit Bruce McCall, 08.10.2006
33 Interview mit Marikay Raphaelson, 08.05.1997
34 David Ogilvy zu Kenneth Roman, 25.01.1993
35 Interview mit Elly Elliott, 18.04.2006
36 Interview mit Fran Devereux, 05.03.2008
37 Interview mit Peter warren, 25.05.2006
38 David McCall, Hartman Center, McCall Box 1
39 Interview mit Bruce Stauderman, 26.06.2008
40 Interview mit Bruce McCall, 14.07.2006
41 Interview mit Walter Cronkite, 24.04.2006
42 Interview mit Bill Phillips, 29.05.1997
43 *An Autobiography*, S. 139
44 David Ogilvy zu einem Mitarbeiter, 03.11.1954, Library of Congress, Box 1
45 Außerdem war Ogilvy über seinen Urururgroßvater angeblich mit der Kaiserin Eugénie von Frankreich, der wunderschönen und eleganten Ehefrau Napoléons III., verwandt (David Ogilvy zu Joel Raphaelson, 12.09.1985).
46 *Flagbearer* O&M NY, 1964
47 General Register Office, Guildford, Albury, County of Surrey
48 *A Century of Change*
49 *Kelly's Directory*, 1911
50 Wix-Hill-Urkunde: Jane Lewis, Surrey County Council, zu Kenneth Roman, 14.03.2007
51 *An Autobiography*, S. 1
52 *Madison Avenue*, 1958
53 Winston Fletcher zu David Ogilvy, 22.05.1978
54 *An Autobiography*, S. 5
55 Pam Bouley zu Kenneth Roman, Oktober 2006
56 Stanley Pigott zu Kenneth Roman, 21.05.1993

57 *An Autobiography*, S. 2
58 Interview mit Mike Turner, 15.06.2006
59 David Ogilvy zu Winston Fletcher, 22.02.1995
60 Peter Warren zu Kenneth Roman, ohne Datum
61 *Printers' Ink*, 1953
62 Interview mit Mary Lindsay, 26.09.2006
63 30.11.1962 – Library of Congress, Papiere von David Ogilvy
64 David Ogilvy zu Richard B. Ogilvie, 10.03.1967
65 David Ogilvy zu Richard B. Ogilvie, 10.03.1967
66 David Airlie zu Kenneth Roman, 09.01.2007
67 Interview mit David Airlie, 05.10.2006
68 Tony Reid zu Kenneth Roman, 01.11.2006
69 Registrar General for Scotland, Census Year 1861
70 Tony Reid zu Kenneth Roman, 01.11.2006
71 *An Autobiography*, S. 16
72 *An Autobiography*, S. 17
73 Interview mit Emil Vaessen, 18.05.2006
74 *David Ogilvy as I knew him*
75 *A Century of Change*, S. 6
76 *The Benevolent Dictators*, S. 101
77 Interview mit David Ogilvy zu seinem 75. Geburtstag 1986
78 *Pigeon Holes of Memory*, S. 19
79 David Ogilvy zu W. A. Stevenson Mackenzie, 18.04.1960, Library of Congress
80 www.highlanderweb.co.uk/clearance.htm
81 *Rebecca West: A Life*, S. 9
82 *Madison Avenue*, 12/58
83 Tony Reid zu Kenneth Roman, 08.03.2007
84 Interview mit Lorna Wilson, 28.10.2007
85 Interview mit Herta Ogilvy, 30.09.2007
86 General Register Office, Marriage Certificate, 20.06.1900
87 *Madison Avenue*, 1958
88 Interview mit Joel Raphaelson zu David Ogilvys 75. Geburtstag 1986
89 Guildford Registration District (Vol. 2a 90)
90 Interview mit Mike Walsh, 25.05.2006
91 *Madison Avenue*, 1958

Anmerkungen

92 Tony Reid zu Kenneth Roman, 13.03.2007
93 David Ogilvy zu Kenneth Roman, 25.01.1993
94 Interview mit Jules Fine, 14.05.1997
95 Interview mit Bill Whitney, 29.09.2008
96 David Ogilvy zu Mairi Ann Macleod, 05.07.1960
97 Interview mit Emil Vaessen, 18.05.2006
98 David McCall, Hartman Center, McCall papers, Box 1
99 Interview mit Clive Aldred, 25.05.2006
100 Interview mit Doug Bomeisler, 30.06.2006
101 Interview mit Bill Weed, 13.12. 2006
102 Interview mit Bill Weed, 13.12. 2006
103 Interview mit Bill Weed, 13.12. 2006
104 Interview mit Bill Weed, 13.12. 2006
105 Interview mit Louis Begley, 03.05.2006
106 Interview mit Mike Walsh, 25.05.2006
107 Interview mit Auchincloss, 05.10.2006
108 Interview mit Emil Vaessen, 18.05.2006
109 Mary Huyck zu Kenneth Roman, 06.07.2006
110 David Ogilvy zu Sue Brown, 11.05.1959, Library of Congress
111 Jeffrey Meyers in *Booknotes*, 11.03.2001
112 Interview mit Gayle Binzen, 09.10.2006
113 Dieses Internat gibt es heutzutage nicht mehr.
114 George Orwell: *Wintry Conscience of a Generation*, S. 20
115 *An Autobiography*, S. 12
116 *An Autobiography*, S. 12
117 *An Autobiography*, S. 13
118 Interview mit David Ogilvy zu seinem 75. Geburtstag 1986
119 You Only Live Twice, S. 102
120 Interview mit Ian Keown, 12.07.2006
121 Interview mit Ian Keown, 12.07.2006
122 David Johnston zu Kenneth Roman, 19.07.2006
123 *An Autobiography*, S. 19
124 David Ogilvy zu S. Knox Cunningham, 22.08.1955, Library of Congress
125 *A Hundred Years of Fettes*
126 *An Autobiography*, S. 20

127 David Ogilvy zu Rosser Reeves, 13.03.(Jahreszahl unbekannt), Rosser Reeves papers, Reeves Box 1, Folder 3
128 David Ogilvy zu A. H. Ashcroft, 07.10.1959
129 David Ogilvy zu Winston Fletcher, 14.05.1978
130 Cameron Cochrane zu Kenneth Roman, 04.09.2007
131 George Preston zu Kenneth Roman, 09.09.2007
132 Cameron Cochrane zu Kenneth Roman, 04.09.2007
133 *Unpublished David Ogilvy*, S. 95
134 David Ogilvy beim Gründungsjubiläum am 05.10.1974, HL Jock Elliott files
135 David Ogilvys Rede in Fettes am 05.10.1974, Hartman Center, Jock Elliott papers
136 David Ogilvy zu Cameron Cochrane, 04.12.1984
137 *A Keen Wind Blows*
138 David Ogilvy zu H. Glynne Newman, 19.04.1955, Library of Congress
139 Schulleiter von Fettes, 06.11.1929
140 David Ogilvy zu A. H. Ashcraft, 07.10.1959
141 *An Autobiography*, S. 34
142 Hilary Spurling in *New York Times Book Review*, 29.07.2007
143 *Christ Church Guide to Colleg and Cathedral*, S. 5
144 *The Illustrated History of Oxford University*
145 Judith Curthoys zu Kenneth Roman, 31.10.2006
146 Ronald Hilton zu Kenneth Roman, 28.11.2006
147 Ronald Hilton zu Kenneth Roman, 03.07.2006
148 Ronald Hilton zu Kenneth Roman, undatiert
149 Interview mit Margot Wilkie, 12.03.2006
150 Interview mit Harold Burson, 09.05.2006
151 Interview mit Margot Wilkie, 12.03.2006
152 David Ogilvy zu Mairi Ann Macleod, 05.07.1060
153 Interview mit Herta Ogilvy, 29.09.2007
154 Ronald Hilton zu Kenneth Roman, 03.07.2006
155 Interview mit Margot Wilkie, 12.03.2006 und 02.07.2008
156 *Printers' Ink*, 1961
157 *Confessions of an Innkeeper*, S. 83
158 *Printers' Ink*, 1961
159 *Madison Avenue*, 1958

160 Interview mit Herta Ogilvy, 29.09.2007
161 Interview mit Fran McGee, 1963
162 François Tiger zu Kenneth Roman, 03.04.2007
163 *New York Times*, 01.12.2006
164 Ronald Hilton zu Kenneth Roman, 11.09.2006
165 François Tiger zu Kenneth Roman, 19.06.2007
166 *An Autobiography*, S. 41
167 *Printers' Ink*, 1961
168 *An Autobiography*, S. 46
169 *Printers' Ink*, 1961
170 Interview mit Herta Ogilvy, 29.09.2007
171 *An Autobiography*, S. 45
172 Interview mit John Nettleton, 19.09.2006, *Printers' Ink* 1961
173 Dawn Road zu Kenneth Roman, 27.09.2007
174 Interview mit Jimmy Benson, 23.05.2006
175 Richard Bicknell in *Marketing* UK, undatiert
176 *AGA: The Story of a Kitchen Classic*
177 Frank McGee profile, 1963
178 *Madison Avenue*, 1958
179 *An Autobiography*, S. 50
180 Interview mit David Ogilvy zu seinem 75. Geburtstag 1986
181 *Theory and Praxis of Selling the Aga Cooker*, 1935, Library of Congress
182 Stanley Pigott, 1989
183 Interview mit Vel Richey-Rankin, 17.11.2006
184 *David Ogilvy as I Knew Him*
185 Pierre LaForêt in einem undefinierten, undatierten französischen Magazin
186 David Ogilvy zu einem Freund, der gefeuert wurde, 28.11.2006
187 Interview mit Bill Phillips, 21.05.1997
188 *An Autobiography*, S 55
189 *Now and Then*, Ogilvy & Mather, Loondon, Sommer 2008
190 Der erste US-amerikanische Anzeigenmakler Volney Palmer wurde 1841 in Philadelphia gegründet. Palmer prägte 1850 den Begriff der »Werbeagentur«.
191 Die Agenten wurden von den Verlagen, nicht von den Werbetreibenden bezahlt – was den Beginn des Provisionssystems markiert.

192 *Ogilvy, Benson & Mather 125 Years*, S. 12
193 *Ogilvy, Benson & Mather 125 Years*, S. 12
194 *Ogilvy, Benson & Mather 125 Years*, S. 18
195 Interview mit Jimmy Benson, 23.05.2006
196 *Ogilvy, Benson & Mather 125 Years*, S. 32
197 *Now and Then*, Winter 2005
198 *Ogilvy, Benson & Mather 125 Years*, S. 37
199 *Ogilvy, Benson & Mather 125 Years*, S. 37
200 Mather & Crowther management paper, undatiert, Library of Congress, Box 32
201 Ian Ogilvy spielte in mehr als 60 britischen Fernsehsendungen und Filmen mit, unter anderem auch in *Ein Gentlemen mit Heiligenschein*, weswegen er in die engere Auswahl für die Rolle des James Bond kam.
202 Don Arlett zu Kenneth Roman, 28.02.2007
203 Interview mit Peter Warren, 25.05.2006
204 Interview mit Clive Aldred, 25.05.2006
205 Interview mit Clive Aldred, 25.05.2006
206 Interview mit Clive Aldred, 25.05.2006
207 Interview mit Clive Aldred, 25.05.2006
208 Interview mit Gale Binzon, 09.10.2006
209 Interview mit Archie Pitcher, 23.05.2006
210 Interview mit John Straiton, 07.06.2006
211 Interview mit Clive Aldred, 25.05.2006
212 *The Advertising World*, Lodon, undatiert
213 *How to Make $ 50,000 a Year in Advertising*
214 Interview mit Anthony Tennant, 27.11.2006
215 *The Advertising World*, London, undatiert
216 Interview mit Jill Treneman, 28.10.2006
217 Interview mit Jimmy Benson, 23.05.2006
218 Interview mit Peter Warren, 25.05.2006
219 Interview mit Archie Pitcher, 25.05.2006
220 Interview mit John Nettleton, 19.09.2006
221 Interview mit Jimmy Benson, 23.05.2006
222 *Synopsis*, Ogilvy & Mather, Loondon 1964
223 Interview mit Anthony Tennant, 27.11.2006
224 Peter Warren zu Kenneth Roman, undatiert

225 Interview mit Archie Pitcher, 23.05.2006
226 Dawn Roads to Kenneth Roman, 24.09.2007
227 *Ogilvy on Advertising*, S. 25
228 Interview mit Margot Wilkie, 12.03.2006
229 David Ogilvy zu den Direktoren, 07.05.1974
230 Interview mit Archie Pitcher, 23.05.2006
231 Ihre handschriftlichen Notizen wurden von Schreibkräften abgetippt.
232 *New York*, 02.06.1978
233 Mary Huyck zu Kenneth Roman, 14.10.2006
234 Benevolent Dictators, S. 101
235 David McCall, Frank McGee profil, 1963
236 *Benevolent Dictators*, S. 102
237 *Benevolent Dictators*, S. 102
238 Stanley Pigott Nachruf von David Ogilvy, 1989
239 *Vanity Fair*, Februar 2001
240 *Myself Among Others*
241 Caples schrieb: »Ich selbst habe erlebt, dass ein einziger Werbebrief in der Tat nicht doppelt so viel Umsatz erzeugte, und auch nicht den dreifachen, sondern exakt 19 ½ so viel wie ein anderer Werbebrief – für ein und dasselbe Produkt«. (*Tested Advertising Methods*, S. 4)
242 *Journal of Advertising History*, undatiert
243 *My Lives*
244 *Journal of Advertising History*, undatiert
245 Ascribe Newire, 29.06.2006
246 *Printers' Ink*, 1961
247 Joel Raphaelson in einem Interview zu David Ogilvys 75. Geburtstag 1986
248 Gallup Videband, 1979
249 David Ogilvy zu Joel Raphaelson, 24.10.1986
250 Gallup Videoband, 1979
251 *Printers' Ink*
252 Interview mit Alec und George Gallup Jr., 21.02.2007
253 David Ogilvy zu Ogilvy & Mather General Foods Group, 05.03.1974
254 Interview mit Gallup, 21.02.2007
255 *All Out of Step*, S. 98

256 Gallup Videoband, 1979
257 Interview mit Gallup, 28.11.2006
258 Interview mit Margot Wilkie, 12.03.2006
259 *David Ogilvy: Original Mad Man*, 29.03.2008
260 *An Autobiography*, S. 77
261 David Ogilvy zu Kenneth Roman, 25.01.1993
262 *British Security Coordination*, S. IX
263 *Room 3603*, S. X
264 *The Life of Ian Fleming*, S. 98f.
265 *The Life of Ian Fleming*, S. 98
266 *A History of the British Secret Service*
267 *Desperate Deception*, S. 1
268 *A History of the British Secret Service*, S. 328
269 *Camp X*, S. 15
270 *A History of the British Secret Service*, S. 329
271 *The Letters of Noel Coward*, S. 402f.
272 *Room 3603*, S. 195
273 Francis Ogivy zu Gordon Boggon, 03.02.1946, Library of Congress, Box 32
274 Interview mit Herta Ogilvy, 29.09.2007
275 *Desperate Deception*
276 *Secret Intelligence Agent*, S. 57f.
277 Ian Ogilvy zu Kenneth Roman, 15.07.2008
278 Interview mit james Benson, 23.05.2006
279 Interview mit Bill Stevenson, 12.12.2006; Interview mit Nick Evans, 25.10.2006
280 Joel Raphaelson Nachruf von David Ogilvy, 1989
281 David Ogilvy zu *Flagbearer*, 09.02.1963
282 *An Autobiography*, S. 82
283 Interview mit Herta Ogilvy, 29.09.2007
284 *Room 3603*, S. 198
285 Richard Spence zu Kenneth Roman, 02.01.2007
286 *The Benevolent Dictators*, S. 102
287 Peter Hochstein zu Kenneth Roman, 10.06.2008
288 *Camp X*, S. XIX
289 David Ogilvy zu Roald Dahl, 05.11.1962

ANMERKUNGEN 369

290 Bill Stevenson zu Kenneth Roman, 12.09.2008
291 David Ogilvy zu Gardner Cowles, 03.05.1962
292 David Ogilvy zu Alan Watson, 14.12.1951, Library of Congress, Box 38
293 Interview mit Herta Ogilvy, 29.09.2007; Interview mit Bill Stevenson, 12.12.2006
294 David Ogily zu Roald Dahl, 27.07.1964, Library of Congress, Box 38
295 British Security Coordination, S. XIV
296 *The Irregulars*, S. 196
297 *An Autobiography*, S. 94
298 *The Benevolent Dictators*, S. 102
299 *To Lancaster with Love*
300 Interview mit Annie Fisher, 15.02.2007
301 Deed 166 David W. Denlinger zu David Ogilvy
302 Interview mit Gerry Lestz, 06.01.2007
303 David Ogilvy zu John S. Hewitt, 07.05.1972, Rosser Reeves papers, RR Box 9, Folder 2
304 Interview mit Annie Fisher, 15.02.2007
305 David Ogilvy zu H. Connell, 27.09.1954, Library of Congress, Box 38
306 David Ogilvy zu Ronald Hooker, 06.03.1962, Library of Congress, Box 38
307 David Ogilvy zu Cecil Preston, 21.12.1953, Library of Congress, Box 38
308 Interview mit John Ranck, 09.01.2007
309 Ann Slaymaker O'Reilly zu Kenneth Roman, 04.01.2007
310 *Madison Avenue*, Dezember 1957
311 *An Autobiography*, S. 115
312 David Ogilvy zu Mather & Crowther, 07.09.1938, Library of Congress, Box 32
313 David Ogilvy zu Francis Ogilvy, 18.07.1945, Library of Congress, Box 31
314 David Ogilvy zu Anderson Hewitt, 30.10.1945
315 David Ogilvy zu Joel Raphaelson, 28.10.1986
316 Francis Ogilvy zu David Ogilvy, 25.10.1946, Library of Congress, Box 31
317 Mather & Crowther Board Minutes, 1946, Library of Congress, Box 32
318 Francis Ogilvy zu Mather & Crowther Board, 29.04.1946, Library of Congress, Box 32
319 David Ogilvy zu Rosser Reeves, 22.07.1947, Rosser Reeves papers, RR Box 1, Folder 2

320 David Ogilvy zu Fred (Nachname unbekannt), 25.02.1947, Library of Congress, Box 32
321 David Ogilvy zu Rosser Reeves, 22.07.1947
322 Deed 25914 David Ogilvy zu Harvey L. Heller
323 Mather & Crowther meeting minutes, 22.09.1947, Library of Congress, Box 32
324 David Ogilvy zu Francis Ogilvy, 06.05.1947, Library of Congress, Box 32
325 Mather & Crowther meeting report, 14.01.1947, Library of Congress, Box 32
326 Mather & Crowther meeting report, 14.01.1947, Library of Congress, Box 32
327 Interview mit Charlie Fredericks, 26.04.2006
328 The Nielson Researcher, Rosser Reeves papers, RR Box 1, Folder 1, 1947
329 Interview mit Paul Biklen, 15.06.2006
330 Mather & Crowther meeting report, 14.01.1947, Library of Congress, Box 32
331 David Ogilvy zu Francis Ogilvy, 09.09.1947, Library of Congress, Box 31
332 Interview mit Louis Auchincloss, 05.10.2006
333 *Printers' Ink*, 1961
334 *Viewpoint*, Januar/Februar 1989
335 Interview mit Helen DeKay, 09.10.2006; Joel Raphaelson zu Kenneth Roman, 04.11.2007
336 David Ogilvy zu Anderson Hewitt, Library of Congress, Box 38
337 Prime target list, 12.05.1957, Library of Congress, Box 38
338 Was dem heutigen Wert von etwa 3 Millionen US-Dollar entspricht.
339 David Ogilvy zu Mather & Crowther, London, 04.08.1948
340 David Ogilvy zu John Crichton, undatiert
341 David Ogilvy zu Joel Raphaelson, 02.09.1982
342 Interview mit Shelby Page, 04.05.2006
343 *Viewpoint*, Januar/Februar 1989
344 Interview mit Shelby Page, 04.05.2006
345 David McCall, 1988
346 David McCall, 1988
347 Interview mit Mike Turner, 01.03.2006

Anmerkungen 371

348 Interview mit Shelby Page, 04.05.2006
349 *Wall Street Journal*, 15.03.2008
350 Interview mit Reva Korda, 29.04.1998
351 Es gab eine Phase in den 1950er Jahren, als Ogilvys Anzeigen und die redaktionellen Beiträge seiner Cousine Rebecca West und deren Sohn Anthony West alle Seiten des *The New Yorker* abdeckten.
352 In einem Nachruf hieß es, Baton als Schriftsetzerin zu bezeichnen, wäre als ob man Chippendale einen Schreiner nennen würde.
353 Mit dieser Überschrift ist Ogilvy im *Oxford Book of Quotations* (Oxford-Wörterbuch der Zitate) vertreten.
354 *Original Mad Man*, 2008
355 David Ogilvy zu Dr. F. Llewelyn Smith, 15.03.1962, Library of Congress, Box 39
356 David Ogilvy zu Rollo Waterhouse, 14.04.1959, Library of Congress
357 Interview mit Shelby Page, 04.05.2006
358 *The Benevolent Dictators*, S. 103
359 *Printers' Ink*, 1961
360 David McCall in *Viewpoint*
361 Joel Pahpaelson zu Kenneth Roman, 2008
362 Interview mit Jules Fine, 14.05.2007
363 »A Program of Reform«, 24.11.1954, Library of Congress, Box 78
364 David Ogilvy zu Association of National Advertisers, 1954
365 »The Image and the Brand«, David Ogilvy zu 4As, 14.10.1955, Library of Congress, Box 78
366 *New York Times Magazine*, 10.04.2005, S. 20
367 *Madison Avenue*, 1958
368 *The Hidden Persuaders*, S. 47f.
369 David Ogilvy, 1957, Library of Congress, Box 41
370 *An Autobiography*, S. 117
371 *McKinsey's Marvin Bower*, S. 213
372 *The Unpublished David Ogilvy*, S. 99
373 Interview mit Mac Stewart, 14.04.2006
374 *Adweek*, 23.11.1092
375 *Welcome to Ogilvy & Mather*, 1960
376 Winter Shanck zu Kenneth Roman, 11.09.2007
377 David Ogilvy zu Mitarbeitern, Library of Congress, Box 40

378 »Honor among thieves«, David McCall, undatiert
379 Daily Close-Up, *NY Post*, 21.01.1960
380 David Ogilvy zu Jock Elliott, 04.11.1975, Hartman Center
381 David Ogilvy zu Direktoren von Ogilvy & Methers International, 04.10.1980, Hartman center
382 *The Unpublished David Ogilvy*, S. 25
383 David Ogilvy zu Ogilvy & Mather General Foods Group, 05.03.1975
384 Interview mit Paul Biklen, 15.06.2006
385 David Ogilvy zu Mitarbeitern, 19.07.1955
386 Ogilvy & Mather, Alumni Flagbearer, Frühjahr 1989
387 *Confessions*, S. 50
388 Confessions, S. 45
389 Interview mit Julian Clopet, 20.10.2006
390 *How to Make $50,000 a Year*, Kapitel 8
391 David Ogilvy zu R. A. Bevan, 27.08.1956, Library of Congress, Box 39; Interview mit Gerry Leszt, 06.01.2007
392 David Ogilvy zur Donegal-Society, 23.06.1956, Library of Congress
393 David Ogilvy zu R. A. Bevan, 03.12.1953, Library of Congress, Box 38
394 Dort blieb die Agentur bis 1989.
395 *The New York Times*, 07.09.1958
396 Joy S. Wilkie zu Kenneth Roman; Interview mit Louis Begley, 03.05.2006
397 Interview mit Bill Phillips, 13.11.2006
398 Interview mit Louis Begley, 03.05.2006
399 Interview mit Elly Elliott, 18.04.2006
400 Interview mit Walter Cronkite, 24.04.2006
401 Interview mit Walter Cronkite, 24.04.2006
402 Interview mit Bill Phillips, 29.05.1997
403 David Ogilvy zu John Rhodes, 28.05.1954, Library of Congress, Box 41
404 David Ogilvy zu Sue Brown, 19.06.1962
405 Pasch, 01.11.1963, Library of Congress, Box 82
406 Interview mit Jane Maas, 11.04.2006
407 David Ogilvy zu Bob Pasch, 01.11.1963, Library of Congress, Box 82
408 *The Supersalesman*
409 Raymond Rubicam zu David Ogilvy, 04.11.1963, Library of Congress, Box 82

410 Raymond Rubicam zu David Ogilvy, 10.10.1963, Library of Congress, Box 82
411 Leo Burnett zu David Ogilvy, Leo Burnett papers
412 Rosser Reeves zu David Ogilvy, 06.08.1963, Rosser Reeves papers, RR Box 9, Folder 6
413 Benjamin Sonnenberg zu David Ogilvy, 13.06.1963, Library of Congress, Box 82
414 Rebecca West zu David Ogilvy, 30.11.1963, Library of Congress, Box 82
415 Charlie Brower zu David Ogilvy, 18.10.1963, Library of Congress, Box 82
416 Interview mit Jane Maas, 11.04.2006
417 Interview mit Jules Fine, 14.05.1997
418 *Confessions*, S. 97
419 David Ogilvy zu Kenneth Roman, 23.04.1993
420 David Ogilvy zu Direktoren von Ogilvy & Mather International, 23.02.1980
421 Plato, Buch VII in *The Republic*
422 »The Man from Iron City«, *New Yorker*, 27.09.1969
423 *Reality in Advertising*, S. 46
424 Interview mit Gene Grayson, 06.06.2006
425 David Ogilvy zu Rosser Reeves, 18.04.1960, Library of Congress, Box 39
426 David Ogilvy zu Rudi (Nachname unbekannt), 22.05.1962, Library of Congress, Box 39
427 David Ogilvy zu S. H. Britt, 01.02.1960, Rosser Reeves papers RR, Box 7, Folder 4
428 Interview mit Jeremy Bullmore, 24.05.2006
429 Interview mit Gene Grayson, 06.06.2006
430 Testimonial Tape von David Ogilvy, Advertising hall of Fame, 1993
431 Interview mit Dick Lord, 16.05.2006
432 »Cancer by the Carton«, *Reader's Digest*, 1952
433 Interview mit Jack Keenan, 21.05.2006
434 Interview mit Alex Biel, 02.08.2006
435 Interview mit Jack Keenan, 21.05.2006
436 Leo Burnett zu Mitarbeitern, 21.01.1967, Leo Burnett papers
437 Leo Burnett zu Mitarbeitern, 27.10.1955, Leo Burnett papers; David Ogilvy zu Executives von Hewitt, Ogilvy, Benson & Mather, 25.09.1950
438 David Ogilvy zu R. A. Bevan, 16.04.1954, Library of Congress

439 Gary Press zu Kenneth Roman, 21.12.2006
440 Gary Press zu Kenneth Roman, 21.12.2006
441 David Ogilvy, »The Leo Burnett I Knew«, 21.10.1991
442 David Ogilvy zu Leo Burnett, 27.07.1964
443 *The New Advertising*
444 Doyle Dane Bernbach zu 4As, 14.05.1980
445 Interview mit Ed McCabe, 26.05.2006
446 Interview mit Bob Kuperman, 03.05.2006
447 *Agency*, Frühjahr 1992
448 Interview mit Dick Lord, 16.05.2006
449 Interview mit Bob Kuperman, 03.05.2006; Interview mit Dick Lord, 16.05.2006
450 Interview mit Reinhard, 13.11.2006
451 Interview mit Martin Mayer, 13.01.2007
452 Interview mit David Abbott, 22.05.2006
453 Interview mit David Abbott, 22.05.2006
454 Doyle Dane Bernbach zu 4As, 14.05.1980
455 Interview mit Bob Kuperman, 03.05.2006
456 Interview mit Jeremy Bullmore, 24.05.2006
457 David Ogilvy zu Bill Bernbach, 06.05.1963, Library of Congress, Box 38
458 Interview mit Bob Kuperman, 03.05.2006
459 David Ogilvy zu Esty Stowell, 12.05.1961
460 David Ogilvy zu Leo Burnett, 27.07.1964
461 *Time*, 01.11.1963, S. 98
462 David Ogilvy zu Raymond Rubicam, 01.04.1954
463 Raymond Rubicam zu David Ogilvy, 16.04.1954, Library of Congress
464 Interview mit Jeremy Bullmore, 24.05.2006
465 David Ogilvy zu Kenneth Roman, 26.01.1983
466 Interview mit Fred Papert, 26.04.2006
467 David Ogilvy zu Bob Pasch, 25.02.1964, Library of Congress, Box 83
468 Roald Dahl zu David Ogilvy, Michaelmas Day 1963, Library of Congress, Box 82
469 *The Benevolent Dictators*, S. 104
470 »The Visible Persuader«, *Time*, 12.10.1962
471 Der Journalist und Sozialkritiker Packard enthüllte die vorgebliche Manipulation der Verbraucher durch Ernest Dichter, Burleigh Gardner und andere Experten für »Motivationsforschung«.

472 David Ogilvy zu Rosser Reeves, 06.05.1963, Rosser Reeves papers RR, Box 9, Folder 6
473 Der Komiker Jack Benny witzelte, dass der Agenturname nach einem Baumstamm klingt, der die Treppe hinunterpoltert.
474 David Ogilvy zu Gustavo Agrait, 15.05.1958
475 David Ogilvy zu Ogilvy & Mather General Foods Group, 05.05.1974
476 Interview mit Bill Phillips, 29.05.1997
477 David Ogilvy zu General Foods Account Group, 05.05.1974
478 *The Benevolent Dictators*, S. 106
479 David Ogilvy zu R. A. Bevan, 27.12.1956
480 David Ogilvy zu Hugh Cullman, 12.11.1958, Library of Congress, Box 57
481 *How to Make $50,000 a Year*, S. 5
482 Unter dem Tisch befand sich ein Gummiball, der zusammengedrückt wurde, um den Kaffee in die Kanne sprudeln zu lassen.
483 Interview mit Bill Phillips, 29.05.1997
484 *The Tennessee Encyclopedia of History and Culture*
485 Interview mit Gene Grayson, 06.06.2006
486 David Ogilvy zu Max Burns, 07.09.1954, Library of Congress, Box 41
487 David Ogilvy zu Ogilvy & Mather General Foods Group, 05.03.1974
488 Antwort auf eine Shell-Frage, Library of Congress, Box 61
489 Interview mit Shelby Page, 04.05.2006
490 David Ogilvy zu den Fize-Präsidenten von Ogilvy & Mather, 01.02.1961, Library of Congress
491 Interview mit Jules Fine, 15.05.1997
492 David Ogilvy zu Charlotte Beers, 26.07.1994
493 *How to Make $50,000 a Year*, S. 56
494 David Ogilvy zu Bob Pasch, 15.08.1963, Library of Congress, Box 63
495 Jock Elliott in *Reader's Digest*, 15.04.1986
496 David Ogilvy zu Esty Stowell, 15.02.1962, Library of Congress, Box 43
497 Interview mit Jean Clark, 12.09.2006
498 »Verlassen Sie Ihr Haus niemals ohne«, der Slogan für die Kreditkarte, ließ sich bestens für das Reise- (»ohne uns«) und das Reisescheckgeschäft (»ohne sie«) variieren.
499 David Ogilvy zu Elliott Detchon, 28.05.1964
500 Interview mit Bill Phillips, 29.05.1997
501 Interview mit Bill Phillips, 29.05.1997

502 *Flagbearer*, Herbst 1988
503 George Fanning zu Kenneth Roman, 29.09.2008
504 Interview mit Brendan Ryan, 09.11.2006
505 *The Care and Feeding of Ideas*
506 Joel Raphaelson zu Kenneth Roman, 04.11.2007
507 Interview mit Bruce Stauderman, 26.08.2006
508 Interview mit Gene Grayson, 06.06.2006
509 Interview mit Ted Shaw, 16.04.2007; Interview mit Sue Buck, 01.08.2006
510 Louis den Hertog zu Kenneth Roman, 08.12.2006
511 Dick Seclow zu Kenneth Roman, 14.01.2008
512 Interview mit Jimmy Benson, 23.05.2006
513 Interview mit Peter Warren, 25.05.2006
514 David Ogilvy zu Fay Stender, 31.08.1964
515 David Ogilvy zu Raymond Rubicam, 30.04.1964, Library of Congress, Box 41
516 »Cigarettes: A Collision of Interests«, 15.04.1964, Library of Congress, Box 41
517 »Smoking and Health«, 1962
518 Jahre später stellte die US-amerikanische Agentur diese Firmenpolitik wieder ein und nahm einen Werbeetat für Zigaretten an. Als Begründung gab sie an, dass die Bevölkerung hinreichend über die Gefahren des Rauchens aufgeklärt und die Richtlinie durch das abweichende Verhalten der anderen nationalen Agenturen bereits unwirksam geworden sei.
519 Interview mit Anthony Tennant, 27.11.2006
520 Interview mit Bill Phillips, 29.05.1997
521 Interview mit Clive Aldred, 25.05.2006
522 *The Wall Street Journal*, 19.11.1964
523 Interview mit John Treneman, 28.10.2006
524 Debevoise & Plimpton, S. 148
525 Interview mit Fred Papert, 26.04.2006
526 David Ogilvy zu Esty Stowell, 07.01.1964, Library of Congress, Box 85
527 David Ogilvy zu Direktoren, 18.02.1963
528 David Ogilvy zu Shelby Page, 23.07.1962, Library of Congress, Box 85
529 David Ogilvy zu Stowell, Page, Atkins, 22.06.1964, Library of Congress, Box 85

530 *NY Herald Tribune*, 25.03.1966
531 Interview mit Shelby Page, 04.05.2006
532 Warren Buffet zu Kenneth Roman, 06.04.2005
533 Interview mit Shelby Page, 04.05.2006
534 Interview mit Bill Phillips, 29.05.1997
535 Michael Ball zu Kenneth Roman, 18.05.2008
536 Interview mit Shelby Page, 04.05.2006
537 David Ogilvy zu Ogilvy Group Board, 24.10.1985
538 Die Firmengründer erhielten jeweils 3 Millionen US-Dollar (was 2008 einem Wert von nahezu 11 Millionen US-Dollar entspricht).
539 *Flagbearer*, 15.09.1999
540 David Ogilvys Bericht an das Lincoln Center, August 1960
541 Judith Johnson zu Kenneth Roman, 23.10.2006
542 Richard Wandel zu Kenneth Roman, 01.12.2006
543 David Ogilvy zur National Automobile Dealers Association, 03.02.1965, Library of Congress, Box 78
544 *The New York Times*, 18.09.1963
545 David Ogilvy zu Harvard Business School Club, 26.01.1965, Library of Congress, Box 78
546 Advertising Age, 29.04.1965
547 David Ogilvy zu Robert E. L. Strider, 08.07.1963
548 David Ogilvy zu Kathleen Graham, 25.05.1965, Library of Congress, Box 56
549 C. B. E. Birthday Honours List, 11.07.1967
550 The View from Touffou
551 IBDB Internet Broadway Database
552 Die Uraufführung war am 21.05.1964 und bereits am 06.06.1964 wurde das Stück wieder abgesetzt.
553 Harry Bauder zu Bob Pasch, 20.02.1964, Library of Congress, Box 84
554 Joan Lorentz zu Kenneth Roman, 24.01.2008
555 Ira und Fannie Stoltfus zu Kenneth Roman, undatiert
556 Joan Lorentz zu Kenneth Roman, 24.01.2008
557 Interview mit Jules Fine, 14.05.1997
558 Interview mit Chuck Guariglia, 25.04.2006
559 *Flagbearer*, 03.09.1966
560 Interview mit Emil Vaessen, 18.05.2006

561 *How to Make $50,000 a Year*, S. 257
562 Interview mit Ellie Elliott, 18.04.2006
563 *Original Mad Man*, 2008
564 *Advertising Age*, 03.05.1971; Interview mit Phil Carroll, 28.07.2006
565 Tous Fou (Tu-fu ausgesprochen) bedeutet »Jedermann ist verrückt«, was aber nichts mit dem Schlossnamen zu tun hat, sondern eine Verballhornung seiner früheren Namen ist.
566 Interview mit Louis Auchincloss, 05.10.2006
567 »A Weekend with David Ogilvy«, Tony Houghton, undatiert
568 Interview mit Bill Phillips, 29.05.1997
569 Interview mit Bruce Stauderman, 26.08.2006
570 *Viewpoint*, September/Oktober 1986; Interview mit Herta Ogilvy, 29.09.2007
571 Interview mit François Tiger, 07.11.2006
572 Interview mit François Tiger, 07.11.2006
573 »Fortified Paradise«, Carolyn Harrison, undatiert
574 »Fortified Paradise«, undatiert
575 Interview mit Tony Houghton, 09.01.2007
576 David Ogilvy zum Rat von Ham House, 20.06.1988
577 Interview mit Louis Begley, 03.05.2006
578 »David Ogilvy at 74«, Viewpoint, September/Oktober 1986
579 Interview mit Louis Begley, 03.05.2006
580 Interview mit Louis Begley, 03.05.2006; Jean Clark, 12.09.2006
581 *Flagbearer*, 15.09.1999
582 *Gardens of France*, S. 25
583 *An Autobiography*, S. 8
584 Interview mit Herta Ogilvy, 29.09.2007
585 Interview mit Bill Phillips, 13.11.2006
586 Bob Noble zu Kenneth Roman, November 2000
587 Interview mit Bill Phillips, 13.11.2006
588 Interview mit Drayton Bird, 02.05.2006
589 Interview mit Phil Carroll, 28.07.2006
590 Interview mit Herta Ogilvy, 29.09.2007
591 Alex Biel zu David Fairfield Ogilvy, 16.08.1999
592 Interview mit Lee Bartlett, 13.12.2006
593 Interview mit Nick Evans, 25.10.2006

594 Interview mit Drayton Bird, 02.05.2006
595 *David Ogilvy's Last Crusade*
596 Entkommen hieß sechs Monate und einen Tag außerhalb Frankreichs zu verbringen.
597 Interview mit Herta Ogilvy, 29.09.2007
598 Interview mit Lorna Wilson, 28.10.2007
599 Interview mit Herta Ogilvy, 29.09.2007
600 Interview mit Bruce Stauderman, 26.08.2006
601 Interview mit Herta Ogilvy, 29.09.2007
602 Interview mit Louis Auchincloss, 05.10.2006
603 *Flagbearer*, 15.03.2005
604 David Ogilvy zu Mitarbeitern, 01.04.1978
605 Roger Winter am 27.09.2006
606 David Ogilvy zu den Direktoren von Ogilvy & Mather International, 08.02.1973
607 David Ogilvy zu Angus Ross und Jimmy Benson, 14.02.1975
608 *Advertising Age*, 10.03.1975
609 David Ogilvy zur National Distillers Convention, 10.04.1972; Library of Congress, Box 78
610 David Ogilvy bei der Proprietary Association, 12.05.1970; Library of Congress, Box 78
611 *The New York Times*, 20.05.1974
612 *Flagbearer*, 21.05.1974
613 David Ogilvy zu 4As, 18.05.1974
614 David Ogilvy zu Kenneth Roman, 24.10.1982
615 David Ogilvy zu Jock Elliott, 09.01.1980
616 David Ogilvy zu Direktoren von Ogilvy & Mather International, 06.04.1978
617 David Ogilvy zu Jock Elliott, 17.12.1975
618 David Ogilvy zu Jock Elliott und Bill Phillips
619 David Ogilvys Notizen für eine Rede, 04.04.1984
620 David Ogilvy zur Campbell Soup Company, 11.12.1979
621 *Open End*, WNTA-TV NY, 1985
622 »David Ogilvy at 75«, *Viewpoint*, September/Oktober 1986
623 Interview mit David Mitchell, 09.05.2006
624 David Ogilvy zu Bill Phillips, 10.07.1979

625 Interview mit Prinz Philip, 19.11.1998
626 Interview mit Mac Stewart, 14.04.2006
627 Interview mit Charles de Haes, 03.06.2005
628 Interview mit Archie Pitcher, 23.05.2006
629 Harold Burson zu Kenneth Roman, 27.04.2005
630 Interview mit Charles de Haes, 03.06.2005
631 Bei dieser Methode werden die Verbraucher einen Tag nach der Ausstrahlung eines Werbespots von einem Meinungsforschungsinstitut angerufen und gefragt, ob sie diesen Spot gesehen haben. Wenn ja, folgen weitere Fragen zu dem Inhalt des Spots.
632 »On Madison Avenue«, *New York*, 22.08.1983
633 Interview mit Lou Gerstner, 28.07.2006
634 David Ogilvy zu Ogilvy Group Directors, 24.06.1985
635 Interview mit Robyn Putter, 14.02.2007
636 Interview mit Lee Bartlett, 13.12.2006
637 Dave McCall in *Viewpoint*, März/April 1990
638 David Ogilvy zu C. B. Larrabee, 25.01.1954; Library of Congress
639 David Ogilvy zu Ray Calt, 19.04.1955; Library of Congress
640 Interview mit Sheila Trevellyn, 26.05.2006; Interview mit Lorna Wilson, 28.10.2007
641 Interview mit Ian Keown, 12.07.2006
642 David Ogilvy, 07.09.1982
643 Interview mit Winston Fletcher, 26.10.2006
644 *Americana*, S. 84f. und 270–275
645 Interview mit Peter Mayle, undatiert
646 Interview mit Edmund Morris, 09.07.2006
647 Joel Raphaelson zu Kenneth Roman, 2008
648 Interview mit Bruce McCall, 14.07.2006
649 Interview mit Ian Keaown, 12.07.2006
650 Interview mit François Tiger, 07.11.2006
651 Bob Rightford zu Kenneth Roman, 06.07.2006
652 Interview mit Graham Philips, 23.07.2006
653 Mani Ayer zu Kenneth Roman, 24.07.2008
654 Mani Ayer zu Kenneth Roman, 24.07.2008
655 »Four Living Leaders«, *Fortune*, 26.03.1979
656 David Ogilvy zu Bill Phillips, 21.03.1979

657 David Ogilvy zu Bill Phillips, 12.03.1970; David Ogilvy zu George Lindsay, 05.07.1978
658 David Ogilvy zu John Treneman, 05.10.1984
659 David Ogilvy zu Kenneth Roman, 08.07.1988; Interview mit Herta Ogilvy, 29.09.2007
660 David Ogilvy zu Bill Phillips, 28.07.1988
661 Bob Neuman zu Kenneth Roman, 1981
662 »David Ogilvy at 75«, *Viewpoint*, September/Oktober 1986
663 »Fortified Paradise«, undefiniertes Magazin
664 »Buying American«, *New York*, 10.08.1987
665 *Advertising Age*, 22.04.1996
666 *Viewpoint*, September/Oktober 1986
667 *Advertising Age*, 29.06.1987 und 15.08.1988
668 J. Walter Takeover
669 Interview mit Dick Lord, 16.05.2006
670 Interview mit Dick Lord, 16.05.2006
671 *Advertising Age*, 17.08.1987
672 *Chicago Tribune*, 17.04.1989; *London Times*, 17.04.1989
673 *Fortune*, 05.06.1989, S. 131f.
674 *The Wall Street Journal*, 20.03.1987
675 *Fortune*, 06.10.1985, S. 220f.
676 Zeit ihrer Geschichte war es in der Spionage üblich, den Geheimagenten eine Giftpille mitzugeben, um sich im Fall ihrer Festnahme einer »peinlichen Befragung« entziehen zu können. In der Wall Street dienen sie dem Zweck, eine feindliche Übernahme für den Käufer so teuer wie möglich zu machen, indem den Aktionären im Falle eines Firmenaufkaufs das Recht gewährt wird, weitere Aktien zu erwerben.
677 *The New York Times*, 11.01.1989; *Chicago Tribune*, 11.01.1989
678 Kenneth Roman zu Atkins, Brown, Rinehart, 04.10.1989
679 Kenneth Roman zum Executive Committee von The Ogilvy Group, 10.02.1989
680 *London Times*, 01.05.1989
681 Martin Sorrell zu Kenneth Roman, 25.04.1989
682 Notizen von Kenneth Roman, 1989
683 »Is Sorrell bashing clients?«, *The Wall Street Journal*, 10.10.2006
684 Martin Sorrell zu Kenneth Roman, 04.05.1989

685 *The New York Times*, 05.02.2008
686 *Advertising Age*, 08.05.1989
687 *Advertising Age*, 05.05.1988
688 David Ogilvy zu The Ogilvy Group, 17.01.1989
689 David Ogilvy zu Kenneth Roman, 18.01.1989
690 David Ogilvy zu Jonathan Rinehart, 05.01.1989
691 Kenneth Roman zu Martin Sorrell, 30.04.1989
692 Joel Raphaelson zu Bill Phillips, 01.05.1989
693 Shearson Lehman, Smith Barney zu The Ogilvy Group, 15.05.1989
694 Ein Unternehmen oder eine Privatperson, die bereit ist einem anderen Unternehmen mit einer Investition zu helfen, wird als weißer Ritter bezeichnet. Ähnlich verhält es sich mit dem weißen Knappen, außer dass in diesem Fall eine Minderheitsbeteiligung ausreicht, und der Knappe keinerlei Interesse an einer Übernahme hat.
695 David Ogilvy zu Kenneth Roman, 09.05.1989
696 Martin Sorrell zu Kenneth Roman, 05.05.1989
697 Kenneth Roman zu Direktoren und Presseleuten von The Ogilvy Group, 08.05.1989
698 Kenneth Roman zu The Ogilvy Group, 12.05.1989
699 Mike Perry zu Kenneth Roman, 27.04.1989
700 *The New York Times*, 04.04.1993
701 David Ogilvy zu Kenneth Roman, 01.05.1989; 07.05.1989
702 Phil Geier zu Kenneth Roman, 15.05.1989
703 Kenneth Roman zu Shareholdern der Ogilvy Group, 16.05.1989
704 *Adweek*, 18.11.1991
705 Kenneth Roman und Martin Sorrell beim Ogilvy & Mather officers' meeting, 29.05.1989
706 Interview mit Randy Rothenberg, 23.10.2006
707 David Ogilvy zu Martin Sorrell, 19.05.1989
708 Martin Sorrell in *Viewpoint*, August 1989
709 Joack Elliott zu Kenneth Roman, 13.01.1999
710 »The Rise and Fall of the Ad Man«, BBC Four, 02.06.2008
711 Kenneth Roman zu Funktionären von Ogilvy & Mather, 23.10.1989
712 Interview mit Lorna Wilson, 28.10.2007
713 Interview mit Jerry McGee, 05.06.2006; Interview mit Lorna Wilson, 28.10.2007

714 *David Ogilvy: Original Mad Man*
715 »Tribute to David Ogilvy«, Dave McCall, 26.09.1989
716 Jock Elliott zu David Ogilvy, 15.08.1989
717 David Ogilvy zu Kenneth Roman, 22.07.1993
718 Interview mit Jeremy Bullmore, 24.05.2006
719 Marvin Sloves zu Kenneth Roman, Juli 1991
720 Interview mit Julian Clopet, 20.10.2006; Interview mit Peter Warren, 02.10.2006
721 Meeting von Ogilvy & Mather Worldwide, Oktober 1989
722 David Ogilvy zu Mitarbeitern, 26.01.1970
723 David Ogilvy beim Mitarbeitertreffen von Ogilvy & Mather, 14.12.1970
724 Was 2008 rund 50.000 US-Dollar entspräche.
725 David Ogilvy zu Kreativdirektoren von Ogilvy & Mather, 25.12.1979
726 *Advertising in America*, S. 9
727 *The Wall Street Journal*, 29.10.1991
728 »Brand Burning«, Jim Jordan, 28.10.1991
729 David Ogilvy zu Association of National Agencies, 28.10.1991
730 Ein Dienstleistungsunternehmen, das das Kaufverhalten der Verbraucher misst.
731 Chicago Advertising & Media, 15.12.1991
732 David Ogilvy zu Lee Bartlett, 08.11.1991
733 Daniel Sicouri zu Kenneth Roman, 27.09.2007
734 Joel Raphaelson zu Kenneth Roman, 10.01.2002
735 *Adweek*, 05.10.1992
736 David Ogilvy zu Graham Phillips, 19.06.1992
737 Interview mit Jerry Pickholz, 17.05.2006
738 Interview mit Jerry Pickholz, 17.05.2006
739 Jerry Pickholz zu Kenneth Roman, 03.07.2006
740 David Ogilvy zu Direct Marketing Hall of Fame, 1986
741 Nichtwerbende Funktionen wie Verkaufsförderung oder Öffentlichkeitsarbeit.
742 Jerry Pickholz zu Kenneth Roman, Juni 1990
743 Joel Raphaelson, *Admap* UK, Oktober 1999
744 Interview mit Tony Adams, 10.11.2005
745 Interview mit Tony Adams, 10.11.2005; *Advertising Age*, 19.02.1996
746 David Ogilvy zu Advertising research Foundation, 09.04.1994

747 Interview mit Alex Biel, 02.08.2006; »Life in the Twilight Zone«, 30.05.1989
748 »Converting Image Into Equity«, Alex Biel, 16.06.1991
749 Interview mit Alex Biel, 02.08.2006
750 Interview mit Alex Biel, 02.08.2006
751 Interview mit Alex Biel, 02.08.2006
752 David Ogilvy zu Jock Elliott, 29.01.1975
753 *The Economist*, 19.10.1991, S. 80–85
754 *New York Times*, 31.10.1991
755 WPP Group Annual report, 1991
756 David Ogilvy zu Kenneth Roman, 16.05.1992
757 *Advertising Age*, 20.07.1992
758 David Ogilvy zu Graham Phillips, 23.07.1992
759 *Independent*, London, 12.03.1993
760 *The Wall Street Journal*, 09.07.1992
761 Chris Simpson zu Kenneth Roman, 14.05.1992
762 *The Wall Street Journal*, 07.08.1992
763 David Ogilvy zu Kenneth Roman, 16.05.1992
764 David Ogilvy zu Nigel (Nachname unbekannt), 06.05.1993
765 »My creative Principles«, David Ogilvy, 1968
766 Interview mit Keith Reinhard, 13.11.2006
767 Interview mit Vel Richey-Rankin, 17.11.2006
768 Don Arlett zu Kenneth Roman, 27.02.2008
769 Ed McCabe zu Kenneth Roman, 2008
770 David Ogilvy zu INSEAD, Viewpoint, Januar/Februar 1994
771 »15 Bees in my Bonnet«, 14.07.1993
772 *Confessions*, S. 112
773 »Master of Illusions«, The New Yorker, 15.05.1995
774 *The Wall Street Journal*, Mai/Juni 1998
775 Bill Phillips zu Kenneth Roman, 28.03.1995
776 Joel Raphaelson zu Kenneth Roman, September 1992
777 David Ogilvy zu Kenneth Roman, 18.01.1994
778 David Ogilvy zu Kenneth Roman, 16.05.1992
779 David Ogilvy zu Graham Phillips, 19.07.1993
780 David Ogilvy zu Martin Sorrell, 20.07.1995
781 David Ogilvy zu Graham Phillips, 01.03.1995

782 Joel Raphaelson zu Kenneth Roman, Juni 1995
783 Anmerkung der Übersetzerin: In Anspielung an den englischen Titel seines Buchs *Ogilvy on Advertising* (deutsch: *Ogilvy über Werbung*)
784 David Ogilvy zu Graham, Phillips, 01.03.1995
785 Interview mit Graham Phillips, 23.07.2006
786 David Ogilvy zu Lee Bartlett, 07.05.1992
787 David Ogilvy zu Kenneth Roman, 16.05.1992
788 Interview mit Herta Ogilvy, 29.09.2007
789 David Ogilvy zu Graham Phillips, 09.01.1994; David Ogilvy zu Kenneth Roman, 01.07.1994
790 David Ogilvy zu Charlotte Beers, 02.06.1994
791 David Ogilvy zu Kenneth Roman, 01.07.1994
792 David Ogilvy zu Graham Phillips, 09.01.1994
793 David Ogilvy zu Kenneth Roman, 09.05.1995
794 *The Wall Street Journal*, 09.09.1996
795 Interview mit Shelly Lazarus, 16.11.2006
796 »Ogilvy«-Logo mit freundlicher Genehmigung von Ogilvy & Mather
797 an Howard Connell, 17.12.1953, Library of Congress
798 an Commander Whitehead, 18.06.1954, Library of Congress, Box 61
799 Anmerkung der Übersetzerin: Bei dieser Anzeige ist ein junges Mädchen abgebildet, in dessen Rock der Wind fährt, sodass ihre Beine und Unterwäsche zu sehen sind. Die Überschrift lautet: »Schützen Sie sich«.
800 an Howard Baldwin, 18.08.1955, Library of Congress
801 an Mitarbeiter, 15.12.1958, Library of Congress
802 an Randolph Churchill, 25.07.1961, Library of Congress
803 an David Burpee, 07.06.1972
804 an die Direktoren von Ogilvy & Mather International, 21.12.1971
805 an die Direktoren von Ogilvy & Mather International, 27.07.1972
806 an die Direktoren von Ogilvy & Mather International, 17.01.1973
807 an Bill Phillips, 30.03.1975
808 an die Direktoren von Ogilvy & Mather International, 20.08.1975
809 an die Direktoren von Ogilvy & Mather International, 06.10.1975
810 Bower war der langjährige Chef der bekannten Unternehmensberatung McKinsey & Company.
811 an Ron Daniel, 25.02.1978

812 an die Direktoren von Ogilvy & Mather International, 10.11.1975
813 an die Executives von Ogilvy & Mather International, 05.05.1978
814 an die Direktoren von Ogilvy & Mather International, 31.03.1979
815 an die Kreativdirektoren, 01.07.1979
816 an Joel Raphaelson und Kenneth Roman, 24.09.1979
817 an Joel Raphaelson, 26.03.1980
818 an Jock Elliott, 28.02.1980
819 an Bill Phillips, 11.10.1981
820 an Ogilvy Group Board, 18.09.1985
821 an Steve Gardner, 22.09.1977

Register

17 Kriterien 230

Abbott, David 178 f.
Adenauer, Konrad 9, 306
Advertising Hall of Fame 89, 169, 246, 320
Advertising Research Foundation 291, 313
Alleskönner 334
Allied Ironfounders Ltd. 62, 83
Alzheimer 9, 306 f., 309
American Association of Advertising Agencies (4As) 126, 146, 231, 303, 351,
Amische 111–114, 143, 211 f., 218, 225, 248, 307, 347
Arbeitsmoral 174, 231
ARF Ogilvy Research Awards 291 f.
Association of National Advertisers (ANA) 24 f. 282 f., 299
Auchincloss, Louis 32, 121, 218, 229
Audience Research Institute (ARI) 94, 96–98, 101
Autonomie 266, 268, 303

Bear Hug 258

Bernbach, Bill 161, 165, 174–182, 184, 236, 269, 286, 292, 299, 311–313, 315, 358
Börsengang 187, 201–203, 221, 260, 270, 277, 319
Brower, Charlie 163
Buffett, Warren 203
Bullmore, Jeremy 169, 180, 183, 271, 313
Burnett, Leo 143, 161, 163, 165, 169–174, 181 f., 216, 236, 292, 309 f., 315, 348
Business Hall of Fame 246

Cabot, Anne Flint (zweite Ehefrau) 38, 157, 217
Caples, John 88, 91, 193, 237, 289
Château de Touffou 11, 219–221, 223, 225–227, 229, 246–250, 271, 287, 301 f., 306, 310, 342, 348
Churchill, Winston 103–106, 120, 134, 248, 330, 332
Crowther, Herbert Oakes 79

»Das Heilige Gespenst« 218
David-Ogilvy-Award 234, 278

Day-After-Recall-Test 180 f., 237
DeLillo, Don 242
Direct Marketing Hall of Fame 288, 314
Direct Response Hall of Fame 246
Direktmarketing 198, 236, 255, 287–289, 304, 313, 316, 318
Direktwerbung 65, 90–92, 180, 193, 232, 289
Doyle Dane Bernbach 139, 175, 177, 252, 269, 315

Elliott, Jock 191f., 195, 200, 206, 208, 230, 232, 240, 267, 283, 295, 319f., 347f.
Etat 122f., 125f., 128f., 132, 134, 138–140, 142, 144f., 155f., 162, 166, 171, 174, 186f., 189–194, 196, 199, 207, 239, 243f., 248f., 253, 259, 268, 281, 304f., 323, 331f., 334f., 376

Fettes College 30, 46–51, 76, 346
Fine, Jules 264f., 348
Firmenkultur 150, 152, 237–239, 245, 271, 304, 320
Fremdfinanzierung 257
Fusion 30, 173f., 187, 198f., 201, 251f., 255f., 258–260, 262, 264, 267, 317

Gehaltskürzung 276
»Große Ideen« 25f., 129, 139, 141, 154, 159, 249, 318, 338
Handelsreisender 62–65, 68, 84, 90f., 183, 193
Hewitt, Ogilvy, Benson & Mather (HOBM) 122, 137

Honorar 119, 189f., 203, 252, 283, 296, 313

Konservatismus 203, 247
Kreativabteilung 116, 188, 245f., 270
Kreativagentur 129, 251, 253, 298f.
kreative Revolution 176, 278, 312
Kündigung 233, 268, 276

Langweilshausen 279, 281
Laterna Magica 214f., 281, 304, 331, 338, 340, 343
Lazarus, Shelly 304–306, 348
Leibovitz, Annie 247
Leszt, Gerry 112, 117, 347
Lichtwerbung 73
Limericks 328

Mackenzie, James IV. Hector Roy 34
Mackenzie, John 35
Mackenzie, Osgood 35
Managementprinzipien 162, 213, 314, 335, 343
Managementstil 59, 238f., 254, 341
Markenbewusstsein 26
Markenimage 146, 313, 316
Marketingplan 84
Mather & Crowther 61, 70–76, 83, 91, 93, 101, 109, 115f., 118, 122, 178, 197–199, 201, 260, 264
Mather, Edmund Charles 71
Mather, Edmund Lawrence (»Laurie«) 74, 78
Mather, Harley 71, 74
Mayle, Peter 144, 243
McCall, Bruce 244

McCall, David 22, 39, 86, 126, 131, 194, 240, 269, 347
Meynell, Sir Francis 91–93, 357
Morgan, J. P. 32, 154, 210, 227, 283

National Business Hall of Fame 246
»neue Medien«-Firmen 276
Neutrality Act 103
New Deal 85, 93
New Saatchi Agency 300
Ney, Ed 16, 320

O&M Direct 287
Ogilvy & Mather (O&M) 9–11, 71, 82, 149, 153, 193, 201, 204–208, 213f., 216, 219, 233f., 237f., 240–242, 251, 254, 258, 263f., 266, 269–272, 275, 277, 279, 287, 292, 295–299, 302–304. 314f., 318, 320f., 324, 330f., 333–335, 341–343, 345f., 348
Ogilvy & Mather International, Inc. 201f., 208, 234, 353
Ogilvy & Mather Worldwide (OMW) 263, 272, 321
Ogilvy Center for Research & Development 291f.
Ogilvy, Benson & Mather (OBM) 13, 122, 143–145, 186f., 197, 209, 243, 329, 349
Ogilvy, Christina (Schwester) 29, 35–37, 83
Ogilvy, Cicely Isabel Fairfield *siehe* West, Rebecca
Ogilvy, David Fairfield (Sohn) 39, 112
Ogilvy, David George Coke Patrick 31

Ogilvy, Dorothy Blew Fairfield (Mutter) 36
Ogilvy, Francis (Frank) Mackenzie (Großvater) 32
Ogilvy, Francis Fairfield (Bruder) 29, 36–38, 47, 51, 61f., 76–82, 85, 93, 104–106, 109, 111, 115–117, 119, 132, 198–201, 281, 346
Ogilvy, Francis John Longley (Vater) 33
Ogilvy, Herta (dritte Ehefrau) 11, 38, 223–228, 247, 270f., 283, 301, 306, 308–310, 322, 348
Ogilvy, Ian (Neffe) 76
Ogilvy, Kythé (Schwester) 36f.
Ogilvy, Kythé Caroline Mackenzie (Großmutter) 34
Ogilvy, Mary (Schwester) 29, 36f.
Ogilvy, Melinda Fairfield (Enkelin) 41
Ogilvy, Thomas (Urgroßvater) 32
Operation Overlord 120, 122

Page, Shelby 125f., 190, 333
Plakatwerbung 146, 237, 314
Printwerbung 91, 298, 321, 338
Provision 64, 123, 126, 132, 151, 189, 196, 203, 313, 317, 333, 365
Psychoanalyse 145

Reeves, Rosser 39, 88f., 100, 119, 134, 157, 161, 165–169, 196, 332, 347
Rubicam, Raymond 99, 119, 162f., 183, 213, 236
Rubinstein, Helena 19, 21, 127–129, 158, 162, 306, 331

Rushdie, Salman 239, 242

S. H. Benson, Ltd. 73, 75, 118, 122, 204, 206
Saatchi & Saatchi 251f., 300
Schimpansen 326
Schlachtruf 25, 284, 288
Schreibkultur 240
»Schwarzer Bleistift« 173
Sorrell, Martin 10, 252–271, 294–296, 300, 302f., 318f.
»Springer« 337
Sponsoren 74
Story Appeal 130
Stowell, Esty 187f., 191f., 203f., 213, 269f.
Street, Melinda Graeme (erste Ehefrau) 38–40, 100f., 111, 113, 157
Svenska Aktiebolaget Gas Accumulator (Aga) 61–63, 65–70, 83, 90, 104, 202, 245

Tantiemen 40, 162, 203
»Testen der Versprechen« 293
The Ogilvy Group 254f., 259, 263, 265f., 295
The Omnicom Group 252
Topmanagement 213, 239, 256, 262, 341
Trompeterschwäne 243

»Überflieger« 153
Umsatz 63–65, 90f., 134, 140, 149, 170, 173, 175, 179, 186, 193, 197, 199, 202, 254f., 278–280, 286, 288f., 291, 297, 333, 336f.

Unique Selling Proposition 166
Unternehmenskultur 11f., 149, 153, 214, 237, 253, 276, 316

Vergütung 163, 316f.
Vermächtnis 12, 14, 249, 313f.
»Vorzeigewerbung« 280

Wachstumskurs 205f., 247, 255
Warren, Peter 264, 268, 346
Weihnachtskarten 329
Weltkrieg, Erster 58, 74, 125, 332
Weltkrieg, Zweiter 15, 58, 74f., 101f., 105, 108f., 121, 175, 198, 209, 220
Werbefernsehen 167
Werbefigur 132f.
Werbefilm 23
Werbefoto 133
Werbekampagne 25, 78, 91f, 94, 117, 129, 133f, 136, 155, 159, 162, 164, 169, 179, 194, 196, 236, 242, 292, 311, 313, 315, 345
Werbephilosophie 154, 162, 286
West, Rebecca 37f, 87, 113, 163, 240
»White Knights« 261
»White Squires« 261
Wilson, Lorna 270
Wix Hill 28, 33
Wochenendfarmer 212
Wolfes, Tom 16
Woods, Leonard 227

Young & Rubicam 16, 87, 94, 99, 115, 136, 173, 182f., 187, 276, 292, 318, 320